讀史論曉事

談中美關係

張建雄 著

商務印書館

讀史論曉事 —— 談中美關係

作　　者：張建雄

責任編輯：吳一帆

封面設計：涂　慧

出　　版：商務印書館（香港）有限公司

　　　　　香港筲箕灣耀興道 3 號東滙廣場 8 樓

　　　　　http://www.commercialpress.com.hk

發　　行：香港聯合書刊物流有限公司

　　　　　香港新界荃灣德士古道 220-248 號荃灣工業中心 16 樓

印　　刷：美雅印刷製本有限公司

　　　　　九龍觀塘榮業街 6 號海濱工業大廈 4 樓 A

版　　次：2021 年 7 月第 1 版第 1 次印刷

目　錄

世界大事往績

廿一世紀大事（一）：中美之間有超限戰的影子

廿一世紀大事（二）：貿易戰

美國人物的影響力

美國的相對衰落

目
錄

vii

中國的復興與外交

香港和台灣的前景

中美抗疫後的變化

序

　　歷史的真相，本來就是在一個又一個看似偶然而又必然的事件中邁進。但是要在此起彼伏、紛亂繁複的事件中找出真相，達到「觀大局，察大勢，尋規律，明時局，看世界，見未來，悟人生」，當然不是易事。筆者在過去五六年，嘗試寫下讀史五書：《讀史論知人》、《讀史論曉事》、《讀史觀世》、《讀史觀勢》、《讀史論人生》，亦是略盡綿力，希望讀者在細讀下，達到「知人者智，曉事者明，觀世者和，趨勢者昌，知人生者達」的境界。廿一世紀的頭廿年過去了，吾人處身中國最近世以來最好的發展時期，但亦是整個世界百年以來未有之大變局。兩者同步交織，互相激盪，香港處身於中國之內，卻是西方進入中國的橋頭堡。

　　西方人不得不承認，廿一世紀是亞洲世紀，大部分世界歷史，寫的將是亞洲史。經濟上，2020 年，亞洲 GDP 將超過非亞洲 GDP；2050 年，亞洲四大國（中國、印度、日本、印度尼西亞）的經濟規模將達世界的 40%，而西方大國「G7」（美、日、英、德、法、意、加）只佔 21%。人口就更不必算了。亞洲的崛起以及隨之而來的一切，將成為今後三百年歷史中佔主導地位的事件。世界權力由西向東轉移，渡過太平洋，西方國家在未來數十年間，亟待應付新的全球戰略挑戰。在不遠的將來，世界三十大城市將有 21 個在亞洲，世界發展亦在亞洲。中國人不必去遠，在亞洲就可以大展拳腳。香港人更應如此，可以北上，可以南下，具備適應環境的能力就可。但西方會袖手旁觀，還是拼力一搏，就看事件的發生了。

　　人生必有事件發生，所以必須曉事，但人幹的事，與幹事的人，兩者有別。事件是由人幹的，人換了，所幹的事必變。所以中國古語：「人存政舉，人亡政息。」這個「政」不僅指政治，而是一切事件皆然。廿一世紀，最大事件當然是中美關係。2000 年以來，美國先後由小布殊、奧巴馬、特朗普

三位總統主政，所採用手法，所用班底，各有不同，所以發生的事態亦有不同。其中由於「9·11」事件、雷曼兄弟事件，令美國攻勢放緩，美國民眾最終選擇特朗普。世事最大確定即是不確定，中國面對這局面，安然處之，由劉鶴一人鬥美國「七鷹」，連最後簽約，亦是由劉鶴主持，美國則由特朗普來簽，主客之勢，已很明顯。

當然，事件發展，有中國軍事作家所言的「超限戰」的態勢，各種手法和戰爭層出不窮，讀者可細味。中國文化講究「有事必有道」，有大道，有小道，有正道，有邪道，有得道，有失道。凡事有合於道之大之正而得者，必有人主持而默運其中。人類歷史的演進，必有賢人豪傑的「心血之所灌注，意氣之所瀰漫，精力之所撐架」，而能成為歷史。所以本書細述美國建國以來重要人物，包括「中國通」的存在，及美國如今的相對衰弱。中國的復興，勢不可擋。港台發生的事件亦是歷史進程一部分，至於到 2050 年最佳結局，是筆者的希望。一切大好。是為序。

張建雄

二零二零年一月廿二日　大寒

錢穆對「曉事」的定義

錢穆對「曉事」的定義

　　錢穆歷史三部曲：知人、曉事、論世。甚麼是曉事呢？曉事就是通曉明白人事。歷史就是許多人事的匯集，人事或者事件，就是歷史的內容，沒有人事，就沒有歷史。

　　何以用人事來形容？因為人事的主動，在人不在物，物可以為人事的限制和誘導，而決定人事的動向，則在人心的願望（亦即願慾和想望）。從組織來看，每一事件，必有少數的領導和多數的附從。同一事件中，羣眾的願望應大體相同。去到極端，有少數領導者，揣摩到大眾的心理，創造口號，以資煽動；亦有多數附從者，假裝服從，別有企圖，這就變成「爾虞我詐，難於控制」，事件隨時失控。但每當一些慾望獲得大多數人贊同而形成一個事件，此事件就成為當時歷史的動力。所以歷史動力在人心，此一動力，有時會吸引乃至裹挾其他動力屈服與合作，同時前進，成為歷史的主流。除非遇到不可克服的阻力，否則必逐步向前，達到目的，而成為歷史的趨勢。《讀史觀勢》一書，亦由此而來。

　　所以歷史事件的開始，早有其「勢」上內在必然的演進。但歷史絕非單軌，而是諸多事件齊頭並進。有時互不相犯，有時匯成一流；有時互相抗拒，力大者壓倒力小者，使力小者消失；有時雙方相持不下，而在極度衝突下引起戰爭。各種動力，有時因機緣而暫時合作，成為大力量，但到一個階段，合作解體，有時亦會因其中部分力量得到滿足，而失去動力。應對此等動力，道家主「避其鋒，乘其怠」，儒家主「教導和感化」，誰才對呢？

2019 年 9 月 23 日

由錢穆之「曉事」看中美關係和香港

為何讀史要曉事呢？錢穆在 1953 年一篇〈漫談歷史與盱衡世局〉中，註釋很清楚明白。通曉甚麼呢？是人事或者事件，歷史正是許多「人事之叢集」。除了人事，將不復有歷史，「人事之活動，在人不在物」。所以亦要知人，決定一切人事的動向，是人心的某些「願慾與想望」，智慧和意志則隨之。人事的活動，必有少數的領導和多數的追隨。總之要有一個合乎羣眾心願和想望的口號，得到多數人的響應和團結，才能形成一事件，此事件成為當時「歷史之動力」。錢穆特別指出，少數領導當可以揣摩羣眾心理，「偽造口號，以資煽動」，但是亦有「多數附和者，假裝服從，別具期圖」。這點是觀察事件所必須注意的。這一「歷史的動力」，有時可能會吸引乃至裹脅其他動力屈服與合作，會合向前，成為此期「歷史之主流」。此一動力，若非遇上堅強不可克服的障礙，勢必逐步前進，到達其所欲達的目標，這就是「歷史的趨勢」，「讀史論世」亦由此而起。

由錢穆的理論來看，香港過去三年（2016–2019 年）由「佔中」事件到「反送中」事件，是一脈相承的。是少數的領導，揣摩了一部分人的心意，即追求自由、民主、雙普選的願望，但另一部分人追求穩定平和生活的願望，卻被忽略了。

香港貧富懸殊，基尼系數 0.53，是世界上有數的高。選擇在此生活，除了勤力奮發，力求創新，香港人不是沒有退路，一是移民外國，一是移民內地。但前者「貧賤不能移」，要有錢有技能，後者「心有不甘」，自認高人一等。只要放棄錯誤的優越感，便海闊天空。自 1990 年以來，移民出去者多達一百萬，但不服水土，回歸者亦達六七十萬。外國護照只是保險單，有朝一日要用到時可用而已。香港回歸以來，除了 2003 年「沙士事件」，社會是安全的，「馬照跑，舞照跳，股照炒」，各路人等繼續以自己的方式生活，各有進程，並不相犯，只有貧富懸殊加劇。1996 年，頂層 20 萬人收入比底

層 20 萬收入的比例是 13 倍；2016 年是 23 倍；2019 年恐怕是 26 倍了。中產階級不太在意，頂層階級分散風險，資產外移。道家主張「謹小慎微」，在事態初兆端倪，就要設法融解消散，要「圖難於其易，為大於其細」。董伯伯「八萬五」[1] 被屈死，「曾煲呔」時代，停止興建公屋，更是烈火加薪。如此失機頻頻，事態演進已到矛盾最激烈的「籠房」現象。但這景象是不是新事物呢？筆者一代戰後嬰兒，是住木屋區、板間房成長的，未有得到合適教育，遇上七十年代的金融機遇，沒有辜負時代，可以全身而退。不要忘記，1997 年出現了「三個五現象」：「中五學歷、年屆五十、月入五萬」，這批戰後嬰兒，即使沒有上大學，一樣出人頭地。回歸之後廿年，五十歲中年人，遇上科技狂潮，境遇便差點。如今廿歲的人，面對 30 年後 AI 全面主控大局，更無可奈何。但是沒有誰應負責，這是歷史趨勢，每一代都有勵志者和頹廢者。有的時代在吶喊，有的時代沉默着，五千年來的中國就是如此。

以道家而言，事態至此，便不主張用強力來鎮壓，只能「因勢利導，任其更益向前，到達於自趨崩潰、破裂之階段」，才「緣起而乘其微」來解決這事件。歷史上任何一事件，其推動力決非單純的和諧，而是由於多數人的願慾與想望，因機緣巧合而偶然湊集，暫時合作，成為一大力量。2019 年 9 月的香港，正是如此，但只到達到某一階段。此種合作將會解體，而某種願慾和想望，亦可因某一部分的滿足，而失主動力，所以道家主張「避其鋒銳，待其怠疲」，「將欲歙之，必固張之」。這是道家的權謀術數，是在大亂之時應有的思想。儒家只能治太平世，重於教導與感化，待事件達到終極的融和。那只是大治時的教育觀，救不了燃眉之急。2019 年巧遇「無妄」卦值年，勸人不能有妄，「無妄」的狀態是「不妄求，不苟得，當行則行，當止則

---

1 指 1997 年，時任香港特別行政區行政長官的董建華在施政報告提出的「八萬五建屋計劃」，提出每年供應不少於 85,000 個住宅單位。這項政策的推出，加上亞洲金融風暴，使香港樓市一落千丈，很多中產階級的物業成為負資產，香港經濟一片蕭條。直到 2003 年後才逐漸復甦。

止」，「有妄者必遭天譴」。是時候三思了，「天道昭昭，人心昏昏」，「無妄」年還有四個月而已，香港只能自救。「無妄之疾，勿藥有喜」，只要改變不良習氣，便可無咎。

看香港還要看大局。世界大勢是中美之爭，香港只是一粒棋子，是事件之一，而歷史絕非依循某一條路線而單軌前進，同時必有許多事件，頭緒紛繁，各自前進。許多事件，各有進程，互不相犯，有時則匯成一流，有時互相抵抗。力大者遇着力小者，使力小者之進度，受到阻礙而失於消亡。有時雙方勢力不相上下，端端相遇，變成衝突，甚至戰爭！中美之爭，表層是貿易戰，打了 18 個月，沒有停止的跡象，中美各自受損，中國的 GDP 成長率降至 6.3%，但美國的則降至 2.1%，不利於特朗普連任。2019 年 7 月特朗普的支持率仍有 44%，9 月已降至 38%，支持其貿易談判者亦跌至只有 35%。如此，導致中美協議太早達成，對特朗普無用，所以拖到選舉前亦有可能，但中美之爭已進入中間階段。科技戰和知識產權保衛戰中，美國舉全國之力，打擊華為。尚幸華為有任正非，「拿得穩，見得透，計得早」，否則若如中興，中國已敗。可見管理人之重要。但中美之爭，乃制度之爭、意識形態之爭，甚至宗教之爭。美國自認為是自由市場經濟之祖，不能認同政府主導和自由市場並重的經濟制度，只能由歷史證明其錯誤。

持資本主義意識形態者無法接受中國特色社會主義可以成功，而最基本是美國以基督教立國，要全世界的人得到救贖，美國眼中信教比自由民主更重要。過去百餘年，為數不少的美國人曾深入接觸中國，但不是為了學習和認識中國文明，而是為了傳教，要通過基督教來實現對中國人的救贖。但在清末民初，中國人信奉佛教、道教，說甚麼萬佛朝宗、玉皇大帝——中國社會的情況本是多神教，到新中國則變成推行無神論。雖然目前中國信神者已不少，但不一定更信美國推崇的宗教。可是，對於美國學界和政界中只相信善惡兩派對立的人而言，他們無需理解中國和中國文化，五千五百年太長了，他們只需要壓制中國、圍堵中國、擊敗中國，這才是他們的最終目標。這方面，特朗普只是個商人和賭徒，頭腦強硬，已如他手下七鷹。但

到 9 月 10 日，七鷹首折其一，國家安全顧問博爾頓首先下馬，只當了 18 個月，內外積怨甚深，去職已是必然，但之前的弗林只當了 22 天，麥克馬斯特只當了 14 個月。此職不易，這些人比起上世紀前輩如基辛格、布熱津斯基，能力威望相去太遠了。至於下一任危如累卵的人物，當然是說了那句「我們撒謊，我們欺騙，我們偷竊」並引以為榮的國務卿蓬佩奧，看他接受訪問的神情，就更「不以為怪」了。

若說特朗普因金正恩炒博爾頓，那麼金正恩更不願和蓬佩奧交往。何以要提及此七鷹呢？原來以錢穆的看法：「整個歷史進程乃由人類共業所造成。其間有少數傑出人才，有多數無名羣眾，但此兩端之中間，尚有不少人物，雖非傑出人才，但亦不能歸入於一大堆無名的羣眾之內。此等人物在歷史上各有其作用與影響，或大或小，或正或負，相乘相除，總獲得此總結數。」中美之爭，兩國的領導人，當然是本國的傑出人物。而圍繞特朗普的七鷹，除了上述兩位外，還有主持中美貿易協議的貿易代表萊特希澤和財長姆努欽。最仇中的經濟顧問納瓦羅，創出中國「七宗罪」，另外還有庫德洛和商務部羅斯。平心而論，特朗普的人才庫並無高手，真正有自尊的好手，加入亦會求去，所以這三年來，特朗普團隊換人頻繁，而特朗普的談判技術亦不外「極度施壓」和「出爾反爾」兩招。七鷹亦只能代表「極度施壓」部分，任何談判成果都可以被特朗普一票否決，所以中美貿易談判，一談 18 個月，亦只是以互加關稅告終。雖然說不加，結果又加，加完又延期，一切只為了美國民調支持率，美國人民生死，在所不計。除了政府之鷹外，國會也有反華之鷹、經濟之鷹、國安之鷹、人權之鷹，各自在其領域攻擊中國，極不友善，其中自然亦少不了台灣遊說團之功，如今尚談「三鷹合流」，加強攻擊，不可不防也。這些鷹不分黨派都有，只為利益所驅。老實說，美國主流對鷹派的定義是「無能的極端主義者」，同時極不合羣，堅持己見，不惜和同僚衝突，甚至老闆亦一樣。博爾頓之離職，是由入職就開始有危機，撐了 17 個月，已算「功成身退」。另一隻鷹納瓦羅，更被評為「一隻缺乏理智和常識之鷹」，這是美國人自己的評價。但鷹亦怕被老闆炒魷

魚，特朗普最喜歡的一句話是 "You are fired"，3 年下來已炒了數十人。但鷹的信條是「只崇尚權力，不崇尚才華，不辨是非，只論利益」。一旦只論利益，尤其是個人利益，結果是「始於作偽，終於無恥」。世人只見群鷹的「巧言令色，獻媚人主，爭權取柄，荼毒人民」，美國將舉國為群鷹所為付出代價。最高估價，每個美國家庭將會為貿易戰每年多付 3,641 美元，這是很大的痛苦啊！很多家庭連 400 美元突發需求的現金都拿不出來，群鷹都是盆滿缽滿之人，不接地氣，如何知民間疾苦？農民有事，補助 280 億美元，是群鷹眼中小事一件。

在中國方面，只是派出副總理劉鶴，一鶴鬥七鷹，綽綽有餘，歷史將記上一筆。歷史整體只見一件大事，每一人，每一活動都與此件大事有關。廿一世紀的重要歷史當在亞洲，美國霸主地位不能永久保持，不在其硬實力之不見，而在其軟實力之衰退，再不能「一聲號令，萬眾追從」，而是各國「左顧右盼，能閃就閃」。在廿一世紀上半葉，中美關係是大事，合則兩利，鬥則兩傷。2020 年世界將因中美之貿易戰而進入衰退階段，特朗普不能連任的機率變大，對手拜登的民調支持率是 54%，比特朗普的 42%，佔先 12%。拜登是否能潛移默運，把歷史的頹勢重新挽回，就看特朗普的殺傷力有多強。中美之爭，香港和台灣卻成為棋子，除了主力在角力，亦有投機分子從中取利。香港作為金融中心，難免被襲擊，而台灣更因 2020 年選舉而成為磨心。美國陷入戰略焦慮，中美難免有交鋒出現，2020 年要謹小慎微啊！

2019 年 9 月 15 日

中美關係「曉事」：跌宕起伏 200 年

錢穆的讀史方法，「知人、曉事、論世」，筆者發而為《知人》、《觀勢》、《論人生》、《觀世》四書，如今只餘下《曉事》一書未完成。事者，事件也。要通曉一個事件的來龍去脈，當先知「世運」如何走，各方「勢力」如何均

衡，知道其中主要人物的特性，及其和配角們如何配合，才知道整個事件的真相。事件又會延續，一個事件可以引發另一個事件，一事接一事，如走馬燈，亦有如自然環境的物換星移，寒來暑往，世事循環，有其脈搏。這亦是「曉事」的重要性。

21 世紀最重要的事件，當然是中美關係，細說便有 200 年。美國華盛頓 1776 年建國，開國第 68 年 1844 年（約翰‧泰勒任總統），美國和大清簽訂《望廈條約》。不費一兵一卒，便得如 1842 年《南京條約》的五口通商之利，條件和英國一樣，只是少了一個香港島，時維道光二十四年。

1861–1865 年，林肯當上美國總統，被殺，中美沒有大事。1882 年，美國國會通過《排華法案》，不准中國勞工入境，政策延續逾 60 年。直到日本 1941 年 12 月 7 日偷襲珍珠港後，美國加入戰局，正式成為中國對抗日本的盟友，才有改變。1943 年 12 月 17 日，《排華法案》正式廢除，在日本侵華的 10 年間（1931–1941 年），美國「支日」不「支華」。對中國市場的傷害，不得不提 1931 年，美國國會通過的《關稅法案》，在 35% 關稅率基礎上，再加 25%，即關稅率 60%，禍及全球，結果全球商貿下降，美國亦身受其害，失業率大增。中國當然受害，國民政府的黃金十年（1928–1937 年）亦空有其表。但造成最大災難的是 1934 年羅斯福的《購銀法案》，美國以高價在全球購銀，結果中國白銀外流，白銀制破產，改用貨幣制，造成通貨膨脹，貨幣大貶值，中國更窮困。

美國援華抗日，亦非全心全意，早期援華的飛虎隊，也只是民間組織，是志願軍而已。日本投降後，國共內戰，美國人舉棋不定。羅斯福去世，杜魯門上台，馬歇爾在任國務卿之前，曾作國共調停人，他在上海主持，所居之處如今仍稱馬歇爾公館。但調停一年下來，無功而返，大使司徒雷登最後亦不得不離開，毛澤東寫下著名的〈別了，司徒雷登〉。美國的如意算盤是「分散中國力量」，中國由國共隔江而治，對美國是有利的，司徒雷登離開上海 3 個月後，蔣介石退守台灣，新中國成立（1949 年 10 月 1 日）。中國千瘡百孔，百廢待舉，美國卻在進行朝鮮半島爭奪戰，建國不到 1 年，1950

年 10 月中國就投入抗美援朝戰爭，3 年後停戰，簽定和約，換來中美和平 60 餘年。1950 至 1955 年，在美國發生錢學森歸國事件。

《與台灣關係法》仍是死結

中美進入冷戰期近 20 年（1953–1972 年），才有基辛格秘密訪華，尼克遜隨後來華，簽下三個公報。但尼克遜因「水門事件」下台，中美一直拖至民主黨卡特上台，1979 年才能建交，費時凡 7 年。留下一個《與台灣關係法》的尾巴，至今仍是一個死結，40 年不變。1978 年鄧小平復出，毛澤東和周恩來都沒趕上中美建交，都在 1976 年去世，蔣介石更早一年在台灣去世，兩岸關係亦落在鄧小平和蔣經國兩位曾是俄國師兄弟的人身上。台灣是四小龍之首，正在崛起，但中國這條巨龍醒過來了。中美關係是不是一帆風順呢？由中國 1986 年要恢復 GATT（關稅及貿易總協定）的會員開始，中美和其盟友一共談了 15 年，才在克林頓末年，談判成功，GATT 都變成 WTO（世界貿易組織）了。當然 1989 年那場運動，美國有多少牽連，仍未水落石出，但香港這個所謂「第二戰場」的遺禍，流傳到 2019 年仍未止。事實真相還有待歷史揭露，但在香港已影響了兩代人，才開始有大反思，歷史的潛伏確也驚人。但若不是克林頓在離職前要建一件功業，也就將應對中國入世一事交給小布殊政府處理，一拖又可以 8 年。所以當年朱鎔基捉到這個機會，一舉入世，確是功不可沒，否則 2001 年至 2019 年這 18 年的中國，與世界貿易冠軍亦失諸交臂。這亦是國運已轉（1987 年），所以 1989 年六四事件，擋不了國運興隆。

六四後由美國領導的對中國的抵制，由法國首先破功，進行不到 2 年，就無功而退。美國在台灣培植李登輝，撐「兩國論」，1996 年乃有台海危機，中美碰撞不止，中國軍事力量當時仍和美國有大距離，只能忍耐。隨後 1999 年，北約轟炸中國南聯盟大使館，5 個炸彈，第 5 個未炸，只死了 3 名中國人，神差鬼使，有大批人員 15 分鐘前離館，否則大使死亡，大量人員傷亡，中國更難忍耐。2001 年再發生南海撞機，中國機師壯烈犧牲，中國

仍只能忍，直至入世成功。2001年，亦是小布殊上台第1年，反中氣氛仍濃，但「9‧11」改變了美國「遏中」政策，美國改向中東，中國之幸。買來小布殊8年的暫安，成為世界工廠，而美國卻遇上2008年「九一五」的雷曼兄弟破產案。金融巨變，美國亟需中國的支持，中國出手大買美國債券，中美關係空前密切。2009年奧巴馬上台，希拉莉為國務卿，提出「重返亞太」戰略，希拉莉2013年下台，奧巴馬的「重返亞太」沒有進展，美國醞釀巨變。特朗普現象出現，精英治國中衰，鷹派上台，「美國優先」如何容得中國崛起？中國雖一再說明不是崛起，只是「再興」和「復盛」，不讀歷史的美國人如何能接受？2018年3月，中美貿易戰由特朗普發起，向3,000億美元中國商品加關稅；2019年9月，向2,000億美元中國商品再加關稅。另外進行科技戰、匯率戰，這是一次綜合全面的遏制，不到黃河心不死，其間中興事件、孟晚舟事件、華為事件逐一發生。中美貿易戰只是中美事件的關鍵點，特朗普2020年連任與否，已無關宏旨。

　　曉事由見「因」而起，了解其中過程，然後見到「果」。中美200年來大事可見附表。

2019年10月20日

中美200年來大事總表

時間	事件
1844年	中美簽署《望廈條約》，美國不費一兵一卒，得《南京條約》（1842年）之利。
1882年	美國頒佈《排華法案》，沿用60餘年乃廢。130年後，也只是Regret，不是Apology。
1900–1901年	美國簽署《辛丑條約》，獲得庚子賠款，國會訂「分散中國力量」之國策。
1931年	美國總統胡佛頒佈關稅法案，波及全球。
1934年	美國總統羅斯福頒佈購銀法案，中國白銀流失，創紙幣制。

時間	事件
1937－1941 年	美國售軍火給日本，支持其侵華。
1945－1945 年	美國飛虎隊志願軍援華抗日。
1945 年	羅斯福訂雅爾塔協定，出賣中國權益。
1945－1947 年	馬歇爾調停國共和談，以失敗告終。
1950－1953 年	抗美援朝戰爭，中美雙方簽署《朝鮮停戰協定》，帶來 60 多年和平。
1950－1955 年	錢學森歸國事件。
1953－1972 年	中美冷戰。其中 1955－1970 年在瑞士日內瓦、波蘭華沙有 136 輪大使級談判。
1971 年	基辛格秘密訪華。
1972 年	尼克遜總統訪華。
1979 年	卡特總統任內，中美建交。
1986 年	中國申請加入 GATT。受阻 15 年，終於 2001 年入世（WTO）。
1989 年	西方抵制中國之顏色革命之祖。
1996 年	台海危機，美方出動航母。
1999 年	北約轟炸中國駐南聯盟大使館，中國 3 人死亡。
2001 年	中美在中國南海撞機，中方駕駛員犧牲。
2008 年	美國金融危機，中國出手購買美國債務。
2009 年	奧巴馬出爐「重返亞洲」戰略。
2018 年至今	中美貿易戰爆發，美方抵制華為。中美簽定第一輪協議。

錢穆：美國人忽視歷史，易竭本源

　　中國歷史一個大問題是，周代為何有天下 800 餘年，而秦代為何不到 20 年而亡，趙高真的有那麼大能量嗎？秦始皇滅六國，統一天下，開中國歷史三千年未有的新局面。始皇帝自以為是自古未有的偉大統治者，自認為站在歷史之頂端，兩眼向前，只看將來，認為過往歷史，早被超越，無留意的必要。接下來的劉邦，以平民為天子，亦是歷史從未有的新局面。但漢初人物，卻並未如秦始皇般勇往直前，而將歷史放在心頭，乃有司馬遷《史記》出現在漢武帝治下的全盛時期，兩漢乃有約 400 年的局面。此後約 2,000 年，每一朝代完結，皆有一史，作為下一朝代人的教訓。唐初唐太宗君臣，日日以隋朝為訓，乃有貞觀之治；兩晉敗於清談；兩宋敗於奢華；明清敗於海禁，閉關自守，不知改進科技。

　　西方歷史，當其開創新局面，亦不乏秦始皇的心情。哥倫布發現新大陸，一時間，西班牙人、葡萄牙人，跑遍全球，到處尋金。心中只有將來，不問過去，只知向前，不知從何處來，將世界分成兩半，一半屬西班牙，一半屬葡萄牙，各自擴展。但不旋踵，荷蘭、英國、法國崛起，西班牙、葡萄牙的尋金美夢，亦只曇花一現，因不讀歷史也。大英帝國以海外殖民為盛，不過百年，乃有美國人之崛起，錢穆以短短幾十字，已將美國簡史，說得明明白白。其文曰：「……美國人，遠從英倫移殖，一面殲滅了大羣印第安紅番（數字之大，不堪提，亦少有歷史學家敢提），一面蓄養了大羣黑奴（奴隸制度取消 144 年後，奧巴馬當上美國總統，亦算一個新局面，但未振興美國。2008 年金融危機之禍是歷史事件，是歷史的積累，不可免）……較之其前面大英帝吸納了大羣歐西意、法猶太移民（最後由猶太移民主導美國金權，始料未及）。」錢穆此文成於上世紀七十年代之初，拉丁移民尚未成風，在 21 世紀中葉將成為美國最大少數民族，美國老白男要封此管道，還要建牆，成敗未知。美國定下門羅主義（1823 年），在世界另一邊生息茁長（英

國人和歐洲人都始料不及，直到 20 世紀初，仍視美國為二流國家，是文化優越感作怪），自經兩次世界大戰，一躍高踞全球羣雄之首座，掌握列強全盟之牛耳，舉世瞻其容光，仰其鼻息。

美國執列強之牛耳 70 年

由 1945 至 2015 年，凡 70 年，乃有中國復興，推出「一帶一路」倡議，英國不顧美國之反對，率先加入亞投行的股東陣容，歐洲列強，趨勢加入，成為美國失話事權之始，歷史記上一筆。這 70 年間的情況，可用錢穆的話描繪，並加以註解，美國「較之其前面的大英帝國之盛況，尤遠過無不及，誠可謂在世界人類歷史上又展開了一新頁，猶非秦始皇帝統一中國，與哥倫布發現新大陸後，西葡海上競雄之可比（當然 1945 年開始的前 45 年，美國和蘇聯共分天下，各有勢力範圍，最後蘇聯崩潰。但繼起的俄國，範圍雖小了，美國卻並未能將俄國同化成資本主義國家。普京出現，20 年後俄又成美強敵，經濟雖未及，但軍事已成威脅，美國聯中抗俄成功，但想聯俄抗中，則成幻想）……但就其歷史言，移民初來，最遠不到四百年（到 2019 年已經 412 年了）。獨立建國，最近恰足兩百年（到 2019 年已經 243 年）。再經西部開發，而擴大成為今日美國（美國自西班牙取得佛羅里達州、得州、加州，自俄國取得阿拉斯加，還有加勒比海的波多黎各）。」

錢穆總結美國史：「統觀全部美國史，殊無煊赫輝煌之事功，除卻華盛頓、林肯幾位人物，可資後代追憶外，亦乏驚風駭浪之波折，因緣時會，平步青雲，真可謂是天之驕子。」細觀美國 45 任總統，確也沒有幾個值得稱道的，除了幾位開國先賢。幾位開國先賢亦不過立下憲法，忠實執法，也不需要太有能力，是普通人就可以，反而若太有能力，出事可能性更大。錢穆研究的是 1970 年以前的總統，若再往後看，上世紀七十年代有尼克遜，九十年代有克林頓，今日有特朗普，賢奸品德，自有公論，但任期內都有被彈劾的危機。尼克遜的「水門事件」，克林頓的實習生風雲，特朗普的「通俄門事件」及「烏克蘭通話門事件」都是聰明過度，水過留痕，三人的事功則都與

中國有關。尼克遜打開通中國的大門，聯中抗俄，最後令蘇聯崩潰。克林頓和中國達成 WTO 協議，雙方全部盟友跟隨趨勢。中國入世後，全球貿易大增，美國得廉價貨品而受惠，通脹得到控制。特朗普和中國大打貿易戰，要維持「美國第一」地位，結果未知如何，但世界已開始混亂。美國已得意 70 年，太得意了，未免為所欲為，甚至蠻橫無理，再沒有以德服人的風範了。

美國變得不太受歡迎，美式外交，由徹頭徹尾的災難，到古怪無能和無謂的好鬥。世界亦由於美國的失能而沒有變得更好，中東更亂，更多國家擁核，民主在全球範圍倒退。英國脫歐，歐盟不穩，自由主義價值觀受到懷疑，凡此種種，都是太得意之禍！

錢穆的結論是：「美國人心理，亦不免忽視歷史，偏重將來，求變求新，似乎可以漫無止境般向前。」但只向前，不顧後，一味求變求新，求速求快，結果是「本源易竭，下流易湮」。美國人從英倫歐洲遷來，他們讀歐洲史，有如秦越人相視，無法了解。所以美國人讀歷史，多出於一種好奇心、求知心，和他們研究自然科學之興趣無大分別，而欠缺對其自己民族的感情，這和中國人是大異的。

中國人注重彰善癉惡

中西文化的分別亦在其史觀。中國人論史，對當時的權勢得失，事變利害，往往有所不計。西方人則注重其在當時，是否掌握一世風雲，支配一世權力。中國人注重人的品格，在乎是君子還是小人，重視當事人的居心和品格。所以南宋出一岳飛又出一秦檜，其二人對後世影響之吉凶，皆不可以數量計。中國人建岳廟，又鑄一秦檜跪於階前，此非感情用事，亦非迷信，而是「彰善癉惡」的極深理智和極大教育，此則西方所不見。歷史上有泰世，時多君子，當時的羣心羣力皆在助長此君子之道；歷史上亦有否世，時多小人，小人道長，當時的羣心羣力同在助長此小人之得意。歷史之否泰，皆由於人心的轉向，君子小人亦由其存心而分。到西方的民主投票制，兩黨紛爭，各自以為自己是君子，對方是小人。小人之心，乃是一種自私的小己個

我之心，而君子之心，則是大羣團體之心。

21 世紀的現象是 1% 和 99% 之分，誰是「小己個我」，誰是「大羣團體」，西方再也分不清。西方政治的任期只得 4 年，只能在那 4 年內，一意盡力，爭雄於世。兩黨相爭，競權競利，放棄前代，犧牲後代。債台高築，經濟數字可能極其燦爛，亦如曇花一現，何況數字亦可為虛假，自我欺騙，歷史命脈為之中斷。而中國歷史在長期表現，則堅韌無匹，百折不撓，這就是中西的分別！

2019 年 11 月 4 日

對錢穆歷史精神的十二種理解

在新亞演講談《讀史觀勢》時，筆者多次引用錢穆的說話，作為理論根據。聽者云，何不錄其大要，以饗讀者。其實筆者在「讀史四書」中，錄入錢穆思想不下百篇，已可輯之成書，但仍有遺珠，今試錄之如下。

（一）錢穆最看重的一本書：《論語》，其中最精警是〈子罕篇〉中：「歲寒，然後知松柏之後凋也。」這是中國歷史精神的要處，士窮見節義，世亂識忠臣，亦知人之道也。小人在治世或與君子無異，很難識別，青年人容易中計，只有「臨利害，遇事變」，然後才看得見君子之所守護的道。這是曉事的要素，時逢亂世，更要小心。

（二）錢穆最被看重的書：當然是《國史大綱》。那是 1937 年的作品，是錢穆才 42 歲時的作品，尊人對本國歷史「有一種溫情與敬意，而不是虛無主義」。

（三）錢穆壯年作品，當推《中國歷史精神》的 1964 年版（這是 1951 年錢穆 56 歲時的作品，著於新亞書院時代），講的是錢穆對歷史的信仰，極有見地。

（四）錢穆晚年作品當推《世界局勢與中國文化》（九州，2011 年版），包括〈天人合一論〉那篇遺作。《人生十論》是小書中精品，教學子入大陸

工作之道：「謙虛、憂患、謹慎」，有此三特質，天下去得。

（五）錢穆對歷史學的貢獻：「知人、曉事、論世」。「知人」必先知己，知道自己在社會的位置，努力扮演好自己的角色，是每一個人的作用，如此才不會有破壞、無建設，才可糾正 100 年來青年運動的缺失。「曉事」是能通曉事件的來龍去脈，歷史是由無數事件匯集而成，其間奔流激盪，大事吞併小事，小事無疾而終。歷史並不由單軌而形成，在知人曉事後，才能知世事的浮沉，亦知道各種局勢如何形成，然後才知論勢，讀書之用，大矣哉！

（六）錢穆最重要的一句話，「你們不要忘了自己是一個中國人」，刊於 1986 年 6 月 28 日《聯合報》副刊。這是一切的大本大源，年輕人要根據這本源來規定自己學習的路向，來改良社會風氣。

（七）錢穆平日常勸學子們，寧為一通人，勿為一專家，沒有一個中國史學家，可以不通文學。西方史學家和文學家、政治家是分家的，是專家之學，中國人則主「通儒」，做一個通人才不會有流弊，這是錢穆的教育最終目的。

（八）錢穆對西方文化的看法又如何呢？西方是工具文化、手段文化，亦是外顯性的，核心是希臘民主式，對外卻是羅馬帝國式，500 年來如此，至今亦如此。但西方文化，一旦衰落不易復起，雅典毀了希臘就完了，羅馬毀了，羅馬帝國也就完了，沒有再復起。拿破崙的法國，維多利亞女皇的英國，也完得差不多了，連歐盟—北約也岌岌可危了。西方文化重視「個人目標」和「物質生活」，是「時代潮流」，對人對事，卻是「衷心無誠，盡出於偽」。錢穆時代的青年，只知崇美，自謂前進，不知美國的「是非利病」所在，沒有更高的「生活觀念」，更大的心胸，更平正、更開闊的「生活情調」。

（九）錢穆追求的是文化復興。1950 年後視之，新精神、新號召興起，文化復興正在啟動，香港要急起直追，不能陷入「可悲、可惜、可羞、可恥」的境界。中國 5,500 年文化復興，是民族精神和民族自信的復興，物質經濟力量只是其次，立國基本也不在武力和財力而已，而在其文化精神。世界民族各自立國，敦睦相處，亦即今日的「世界命運共同體」之意。「以眾欺寡，

以強凌弱，大肆侵吞」，都是要不得的行為，最終必然失敗。「立國在人，不在物」，物質昌明、武力財才兼備的西方古代大國如羅馬帝國，今之大英帝國，一蹶不振，可資為鑑。

（十）錢穆論中國是否能醞釀出嶄新的人生理想：儒家仍是希望。1962年之際的世界四大分趨是：其一，西方的基督教宗教信仰（以英美為主）；其二，西方民主政治，所謂自由與平等（今日西方已是極度不平等的貧富懸殊，1% vs 99%），自由亦已無限度，西方亟須改變而無所作為；其三，共產主義與集體領導，中國已改進為中國特色社會主義和幹部制度，改革40年，有可觀成績，但西方不能接受；其四，個人主義。這四大分趨，都來自西方，又彼此不相顧，各奔前程，互相衝突，直到1991年蘇聯解體。2018年，美國又將中國視為新競爭對手，要糾纏數十年，美國無力再鬥，始會罷休。此其間又生出1979年的新自由主義，資本力量無限大，荼毒全球，但到2020年亦開到荼蘼了。新號召、新理想，必須出現，世界才有新力量。歷史動力在人心，若連基本的「見義勇為」都做不到，那真是「天地不仁，以萬物為芻狗了」。

（十一）錢穆論世界人類前途所繫：是有賴於東西雙方兩大文化體系之「綜合與調和」，這一番大事業之成功或失敗，是人類文化進展的一大課題。錢穆認為走出第一步的是日本明治維新（1868年之後），日本大量學習西方後富強了，但日本走錯一步，學了帝國主義的向外侵略，而沒有進行東西文化的綜合調和。其後中日成仇，戰後70餘年，到2019年才有轉機。中日必須休戚與共，互相親善，相互提攜，相互合作，將東西文化綜合調和，中日兩民族，各有出路，世界才可以和平。日本文化，「義」勝於「仁」，「忠」勝於「恕」，中國則相反，但勤勞刻苦，則中日相若，所以日本先崛起，中國才復甦，但中日前途還寄託在教育。中國在2000年後，大量投資教育，大學已近3,000家，每年大學畢業生超過800萬，總人數4,600萬，加上海歸300萬，已近5,000萬，到2025年，有一億的大學生人口。日本人口反而縮減，似有不足之處，但日本研究文化之深，在其老一輩，有值得借鑑之處。

這是錢穆的希望，學習西方而保留東方，將雙方文化結合而有更大躍進，人類之福也。

（十二）錢穆的〈天人合一論〉，寫於 95 歲之時，是最後一篇作品，主張東方文化將「天命」與「人生」合而為一。除卻「人生」，何處來講「天命」？天命人生同歸一貫，並不再有分別。而西方文化需要另有天命的宗教信仰，來討論人生的前途，這是東西文化之別。孔子「五十而知天命」，又說：「知我者，其天乎？」錢穆對孔子、顏淵等，在乎其人品德性，各以其離天命遠近為分別。中國文化精神，自古以來即能注意到不違背天，不違背自然，且又能與天命自然融合一體，所以世界文化歸趨，將以中國傳統文化為宗主。錢穆指出中國人最喜言「天下」，其義即有使全世界人類文化融合為一，各民族和平共存，人文自然相互調適，此亦包涵「世界命運共同體」之義。文化共同則命運亦共同，這個發明，出自錢穆去世前 3 個月，錢穆亦死而無憾了。

此文寫於 2019 年 11 月，亦是無妄卦值年之際。無妄之災驟起，正在警告世人不能有妄，有妄者，有違天命，有違自然。「有妄者必遭天譴」，正是此卦的中心意義，而「天人合一」，是解救之道。人人能不違天命，不違自然，世界自然平和，劫難自解，這亦是錢穆「天人合一」的體悟。是為記！

2020 年 2 月 13 日

讀歷史，看文化分別

中美貿易戰之際，再讀錢穆舊作，不禁想到中西文化歷史鴻溝之大。西方人重事功，崇拜當代傑出人物，諸如馬其頓的亞歷山大、法國的拿破崙，至於是否「一將功成萬骨枯」，製造大量人間悲劇，在所不計。所以西方人只自封閉於其所處時代，「一意盡力，爭雄爭長，競權競利，而忘棄了前代，犧牲了後代，徒快當前」。但此時代「縱極燦爛光明，亦必如曇花一現」，一旦歷史命脈中斷，人物的價值亦告消滅。所以讀歷史要知道歷史命脈在誰

手中，亞歷山大和拿破崙在他們的時代是「震爍一世，傲視千古」，在歷史上亦不外是悲劇製造者。

中國人「重在人，不在事」，事功不是首要，人之可貴在其品德，不在其事業。而德性是古今人所「共通俱有」，最高最富的德性才是最上品，所以錢穆堅持「凡欲知史，必先學知人」，「欲學知人，其本在知己，其極在知天」。正如讀三國，歷史命脈在管寧，不在曹操。

讀歷史若僅是讀「治亂興亡，成敗得失，而不知其命脈所在」，「下不知人道，上不知天道」，全部歷史就只是一堆「權謀功利，鬥爭殺伐」。

歷史將無前途，不可久，所以今日的貿易戰亦只是文化戰、歷史戰。中國歷史五千年，美國歷史 242 年，若論過去 200 年，中國歷史所表現之力量似有不足，但通觀五千年，則中國歷史所表現之力量乃「堅韌無比，百折不撓」。

中國人文歷史背後有人道和天道的存在，現世表現是人類命運共同體，美國文化是工具和手段，目的是「惟我獨尊」。兩者相遇，看人心！

2018 年 7 月 19 日

曉事真偽要金睛

看歷史事件，錢穆所謂知人曉事，一定要看深層原因，而非看表面現象。因為歷史的進行，千流競奔於地下，只看水面，大概都是錯的。當然，很多事件要多年後才發現真正的原因，明眼人不多，好發議論的人卻不少。

中國宋、明、清的一千年，好發高調的士大夫太多了，都是看似正大，實則居心不可問。

今日沒有士大夫了，代之而起是所謂「公知」吧！如何分辨真偽，看「誰是有誠意的，誰是唱高調的」，要金睛火眼。所以要讀歷史，才能曉事，宋末、明末、清末的例子多得是！

即使世界範圍內，近 40 年的景況，亦復如是，很多事情，不能妄下結

論，一定要等歷史資料沉澱下來，世人方知真偽！比如 1991 年蘇聯解體，西方輿論吹噓是因為西方成功遏制，打敗了共產主義。蘇聯變了天，共產主義在俄羅斯下野了，但西方為何仍要遏制四分之一世紀，至今未止？蘇聯事實上是國內戰略決策失誤，內政不治，小兄弟離散。但換了主義，卻未換來安和利樂，西方有幫到忙嗎？

其二如日本之迷失，快 30 年了。表象是 1985 年的《廣場協議》，日圓每年升值 8%，引致迷失。事實上是日本政府無力改革經濟體制，十年九相都沒做事。安倍上台，已虛耗了 20 年，安倍三箭的最後一箭，始終未發，就是無法改變經濟體制，注定要失敗。日本人口收縮，又不願增加移民，改革在歷史上從來不易，安倍非改革之人。

其三是美國的相對衰落。表象是中國崛起，所以美國一定要壓下去，但美國無力進行大規模社會改革，才是主因！

2018 年 8 月 13 日

21 世紀讀史曉事

21 世紀歷史將如此紀錄：2001 年小布殊上台，並無威望，要遏制中國立威，剛開始行動，就遇上「9‧11」慘劇，小布殊立刻改變戰略，出兵中東，要中國合作反恐，中國得暫安 8 年。2008 年是轉捩點，這年不是無災難，5‧12 汶川 8 級大地震，死亡近 7 萬人，要奮力賑災。但 2008 年 8 月 8 日北京奧運開幕，中國迎難而上，得天時地利人和，以 51 枚金牌，擊敗美國的 36 枚，證明美國不是不可以被擊敗的，中國民族自信再上一台階。

出人意料的是，同年 9 月美國發生雷曼兄弟破產事件，可以不發生的事畢竟因「人事」而發生了，不救雷曼而救 AIG 和各大銀行，豈非人的因素？雷曼 CEO 若是人緣較佳，西方也不會踏入「西式迷失十年」。華盛頓共識破產了，歐洲因緊縮而削弱了，「阿拉伯之春」更帶來難民移民問題。右翼崛起，美國兩黨相爭並分裂，奧巴馬並未能扭轉乾坤，對中國最大威脅是「重

返亞太」。

中國 2013 年提出「一帶一路」、「世界命運共同體」，5 年有成，但特朗普現象出現了，1945 年後美國建立的西方聯盟和國際秩序正在自我摧毀。美國一方面將中國和俄羅斯定為「戰略對手」，對中國進行貿易戰，另一方面制裁俄羅斯。

但中國已不是 2008 年只有 4.6 萬億美元 GDP 的中國，2018 年將是 14 萬億美元的經濟體，大了 2 倍。

中國當然有自己的問題，要去債務槓桿，但比起日本和美國，只是小巫見大巫，FT[1] 作者稱中國過去 10 年是「黃金十年」，下一個 10 年又如何呢？那就要看 2020 年前發生甚麼大事，以及如何處理。自信不可少！

2018 年 9 月 19 日

讀史曉事打油詩

聖誕前夕仍是農曆十一月十八日，冬至後兩日而已，離豬年不遠；立春在農曆除夕，狗年最後 44 日會發生甚麼事，還在未知之數。投資者人心不定，美國總統和財長的兩番表態，股市大跌，波及美日，使聖誕最不快樂。這一年股市既然有破紀錄上升，就有下跌，是何時何地何人之分而已，為紀其事，得打油詩三首。日後人們讀史曉事，知道歷史事件的前因後果，作為談資，亦是好事。

第一首：「獨坐白宮為怨客，發推多回恨未消。兩黨相爭無誠意，忍見股市變成熊。」記美國股市轉入技術熊市，雖然假後反彈，但大勢已成。共和民主黨不能達成協議，政府停擺，連白宮前聖誕燈飾亦不亮。

第二首：「財長無銀三百兩，六大空言有力撐。托市無功益動盪，佳節

1　*Financial Times*, 英國《金融時報》。

陰沉主席危。」聖誕前夕財長忽然宣佈打了電話給美國六大銀行，保證無事，正是此地無銀，引起恐慌，今股市更跌。特朗普是否要炒聯儲局主席？他亦要闢謠，但誰信呢？非但聯儲主席危，財長亦好不到哪裏去。

第三首：「三司俱退空洞化，政府關門只為牆。貿赤演成持久戰，經濟不前入妄年。」狗年尾，司法部長、國防部長、白宮幕僚長均去職，高官去職已達 35 人，去職率達 75%，不確定性帶入豬年，墨西哥牆成為政府停工之因。

中美貿易拉鋸戰是否能在 90 日內談成，適逢美國停擺，中國春節，看來延期有需要矣。變成持久戰，亦有可能，不確定性大增，持久戰的要素是耐力、毅力、戰略和信念，就看誰強了。豬年值年卦為無妄，若是有妄，災矣！

2019 年 1 月 7 日

由占星術看歷史過程

《易經》八八六十四卦，每卦一年，每週期 64 年，不易明；占星術 12 星座，天王星入主，每個星座 7 年，故而每週期 84 年，也不易明；但總是有周而復始之義。

最近有研究占星術者強調，2018 年 5 月，天王星離白羊座入金牛座，變革之星進入固守之座，主固守系統的破裂，引起無限聯想。而《易經》則由震動的隨卦，進入無妄卦，無妄之災起，變和亂是特徵，財富集中的 10% 又要憂心了。

第三個 7 年變亂

天王星這顆變革之星，是 1781 年才由英國人發現，所以其理論只在其後才可驗證。第一個 7 年之變亂，是由 1850 年開始，第二個由 1934 年開始，第三個由 2018 年開始，都相隔 84 年。

若看中國歷史，1850 年是太平天國之始，天下大亂，財富轉移，清室大傷，其後有同光之治，中興名臣取代滿人的權力。1934 年，美國羅斯福提出《購銀法案》，由金本位制改成「金三銀一」，以高價購銀，令中國白銀外流二億元，由明朝張居正推行的白銀本位制崩潰，通貨緊縮。

國民政府改用「法幣政策」，國民政府財政破產，由此而起，中國大傷。美國亦只有銀礦主人和花旗銀行得利，中美俱傷。而走私白銀的日本漁翁得利，實力大增，乃有 1941 年偷襲珍珠港。這就是天王星佔金牛座 7 年的情況。

美國《購銀法案》之害，美國經濟學家 Friedman 有專書說明：2018 年至 2025 這 7 年，會有哪種系統被破壞；本來牢不可破的國際系統，在美國脫羣後會如何；美元霸權如何，WTO 如何，新出的 5G 系統會有何影響……

中國人說《易經》，西方人不信，但占星術又如何呢？7 年後方知！

2019 年 3 月 27 日

讀史要知命脈何在

錢穆堅持，「凡欲知史，必先學知人」，不知人，不知歷史命脈在哪一位人物；又說：「欲學知人，其本在知己，其極在知天。」下不知人道，上不知天道，讀歷史只是在看「權謀功利，鬥爭殺伐」，那是沒有前途的，所以讀歷史之可貴在看命脈，這亦是中國文化與學術要旨所在。世人讀不通歷史，又怕太沉悶，亦是原因之一。

讀歷史要看人物的「賢奸品德」高下，所以人物有「時代人物」和「歷史人物」。時代人物不能超越自身所處時代，雖然在其時間內爭雄競利，廢棄前代，犧牲後代，得一時光輝，也只是曇花一現，時代一過，也就隨之淹沒。中國歷史五千年，皇帝、公侯、將相多少人，在當時莫不威風八面，人人崇敬，但又有幾個能在歷史上留個好名，受人懷念？

錢穆在書中只舉了三國時代為例，命脈在與華歆割席的管寧，而不在

曹操。當然曹操是「治世之能臣，亂世之奸雄」，三國是亂世，小人多，君子少，曹操身在其中，不得不被視為奸臣。

春秋戰國時代的命脈自然在孔孟，楚國屈原亦有其歷史地位。漢朝命脈不在漢武帝，而在張騫。21 世紀有「一帶一路」，人們會記得張騫出西域，而不記得漢武帝派大軍征匈奴，勞民傷財，最後要出「罪己詔」。

唐朝命脈不在唐太宗，而在魏徵，以古為鑑可知興替。宋朝命脈不在皇帝，亦不在六大文豪，而在岳飛、文天祥，留取丹心照汗青。明朝命脈在明末各遺老，影響到清末革命。筆者寫《讀史論知人》（商務，已出版）其理亦在此，注意命脈！

2019 年 6 月 7 日

讀史識人物而知命脈

錢穆論人物，有所謂「時代人物」和「歷史人物」，時代積累成歷史，歷史貫徹時代，沒有此歷史，就沒有此時代。所以要判定一個「時代人物」能否成為一個「歷史人物」，必「求其能超越於其自身所處的時代」，一個人物「若僅自封閉在其所處之時代中，一意盡力，爭雄爭長，競權競利，而忘棄了前代，犧牲了後代，徒快當前，則此時代縱極燦爛光明，亦必如曇花一現，而歷史命脈為之中斷，人物價值亦隨以漸滅」。

錢穆以三國史為例，則歷史命脈在管寧，在諸葛亮，而不在曹操，不在司馬懿。讀歷史一定要知道「人物賢奸，品德高下」，否則讀歷史僅見「治亂興亡，成敗得失」，而不知命脈所在。「下不知人道，上不知天道」，全部歷史只是一堆「權謀功利，鬥爭殺伐」，而歷史終將無前途，不可久。

西方人對中國文化不得其要旨，讀中國史亦不會有心得，因而得不到教訓。放眼 21 世紀的西方，政治上一定要推翻前任的所作所為，視為大錯。司馬光在宋朝亦要全盤推翻王安石，不管對錯，所以北宋縱在文化上最燦爛，財富多豐收，亦不得不亡國。

西方政府以舉債為樂，以為只要將利率降至零，便可無限量舉債，債留子孫，一切都是權謀功利，乃有黃背心運動之出現。

中國歷史的教訓，必在「人物賢奸，品德高下」；西方之弊，是視而不見，只要有眼前效果，只看一時得失。經濟、就業數字，看似燦爛，實則問題重重。時代人物，最後隨風而散，命脈中斷，不可不察也！

2019 年 6 月 17 日

錢穆偉人論

錢穆論偉人，人雖不在，其「志氣德行，事業文章」仍在人間，永存不朽，而推動歷史的偉人，也必有其「眼光、意志和威望」。中國有運，乃有1977 至 1997 年的「小平廿年」。而其最大敵手是美國 4 位總統：卡特 4 年、列根 8 年、老布殊 4 年、克林頓 8 年，反而打開大門的尼克遜任內，中美並未建交。

「小平廿年」間，美國影響力到達巔峰，中國才開始爬山。鄧小平的「韜光養晦」發揮作用，美國人仍看不起中國，只是用中國做「抗俄」的棋子。投資中國的美資是慢慢來的，「四小龍」才是第一批投資者，繼而是日本，西方大軍還是在上世紀九十年代之後才來的。

事實上，只要改革開放得對，外資總是會來的，這就是鄧小平的信念。當然，鄧小平沒有「聖人」款，有人評他是「俗人」，因為他「吸煙、喝酒、打橋牌」，愛好家庭生活，不肯幹「過勞死」的活。這只是說明他是個「接地氣的人」，明白老百姓要甚麼。

亦有評鄧小平沒有文采，來來去去是「黑貓白貓」、「摸着石頭過河」，「解放思想，實事求是」，是執毛澤東的口水尾[1]。其實「實事求是」是來自東

1　粵語「執人口水尾」，意為拾人牙慧。

錢穆對「曉事」的定義

漢班固的「修學好古，實事求是」，但班固另一句「犁庭掃穴」，今日可能更管用。鄧小平看起來是位慈祥老人，但他意志堅定，三起三落的經驗不是白過的，威望更一時無兩。若不是他有擔當，壓得住陣腳，改革固難，香港回歸亦無望。所以偉人也不是定格在一個模式。中國文化亦是注重一個人的深沉厚重，才能出幹得大事之人；西方人的關注點在公眾演講能力、聰明才辯，往往不得其人也！

2019 年 10 月 4 日

知我者稀

錢穆論宋代范仲淹變法失敗，將當年的知識分子，分別稱為「士大夫」、「官僚」、「秀才」、「讀書做官人」，分別在是否能「以天下為己任」，「先天下之憂而憂，後天下之樂而樂」。兩者的比例是壓倒性的分別，絕大部分知識分子都是「僥倖者」。所以范仲淹先敗，王安石後敗，是必然的，不管那些人被稱為「小人」或是「君子」，都是一樣的。

到了 21 世紀互聯網時代，知識分子多了國學以外的知識，有科學，有商業，有醫學，都是知識；要「名利雙收」，也不是只有做官一途。當個商業寫手、焦慮販賣人，都可以大有市場，亦有大量知識分子甘做粉絲。有人為之危，認為五四運動百年以來，一直在販賣外來知識的風氣，注定也是要帶來失敗的。

流傳後世須時代生命力

自古以來，知識分子得以流傳後世，必定是在生時久經憂患，無名無利，甚至鬱鬱而終，屈原、司馬遷、韓愈、柳宗元及杜甫，哪一個不是生活在困苦中？葉龍在《錢穆講中國文學史》（商務）中，記錢穆所言：「最高的文學是不求人解的」，「老子曰，知我者稀，斯我貴矣」，所以孔子、老子都不會追求當「暢銷書作家」。可以流傳的文字，除了生命、感情外，還要有

時代性的「內在生命力」和「外在生命力」，才能流傳。

　　商業分析文章，一過了時，就無生命力，不可能傳下去，所以一時所謂的「名利雙收」，很快被取代、淘汰，不足以為憂。甚至今天在美國，所謂「國師」級人馬，只要傳媒沒有報道，很快亦成過去式，這亦是互聯網時代特色。還是老子所言正確。

2019 年 1 月 19 日

曉事乃第一要務

　　看歷史要「知人、曉事、論世」，現今三者哪一樣最有用？人羣之中，就是那幾位可以影響世界風雲，最會折騰的當然是特朗普。自從 2019 年 6 月宣佈競選連任，一切以得勝為重，世界從 2020 年 11 月就進入不可預知的情況，世人只會看到一連串輕率而魯莽的行動，一切都是戲劇化的事件。所以「曉事」變得最重要。

　　世界大局是中美之爭，還未到中美之戰，但已牽動到香港和台灣。香港乃有「無妄之災」，若中美達成協議，一切終將過去，據《焦氏易林》的無妄卦象：「牧羊逢狼，雖憂不傷，畏怖既息，終無禍殃。」

　　年初見此卦象，參不透，何以有「畏怖」呢？原來如此。當然何日才息，如何才息，天機未洩，但世界大勢是經濟衰退，誰也不能力挽狂瀾。美國過去 10 年早已享受了低息環境，也沒有幹出甚麼大事，只是「數碼經濟」取代「製造經濟」。美國製造業是「效率低、產出低、不能管」的現狀，加上「罰款高」的第四大害，經濟形勢怎麼回歸？美國的 MBA 還少嗎？美國只能靠美國人的消費信心，信心一失，全局就散，而美國 GDP 增長率到 2020 年低於 1% 的估計，已經四出了。

　　股市不會好是自然的，特朗普在敗選危機下，任何輕率魯莽的折騰手法都可以出現，還會全面出擊。對中國出手不在話下，而俄國、伊朗、朝鮮、阿富汗、歐盟，全部都是戰場。2020 年行「明夷卦」，不是個安穩的好年，

中美之爭進入重頭戲，各處事件亦頻發。惟有曉事，知道來龍去脈，才知如何自處。有暇讀《易經》！

2019 年 11 月 6 日

讀史觀體系

19 世紀初，拿破崙的「法國優先」體系失敗，盟友倒戈，拿破崙下台。1815 年，英國、俄國、奧地利、普魯士領頭建立「維也納體系」，英國重新控制歐洲，各勢力平衡百年，大英帝國亦紅了百年。

直至一戰完結，在巴黎建立「凡爾塞體系」，但維持不了多久，二戰又起。1943 年先有開羅會議（英國、美國、中國開會），但卻稱所謂四巨頭會議，不知者以為是英國、美國、中國、蘇聯四巨頭，其實當時自稱四巨頭的是指羅斯福、邱吉爾、蔣介石和宋美齡。當時斯大林不願見蔣介石，於是開羅會議之後，立即開德黑蘭會議，由英國、美國、蘇聯開會，蔣氏夫婦無份。

所謂《開羅宣言》，亦要斯大林同意才得宣佈，主因是美國要俄國對日本開戰，自然有條件。但 1943 年距德、日投降還有一段日子，所以又有 1945 年 2 月的雅爾塔會議，而英美更先在馬耳他開會，開完才去克里米亞的雅爾塔開會。那時的克里米亞還是蘇聯土地。

美蘇兩國瓜分全球

1945 年後主導世界的就是「雅爾塔體系」，由美蘇兩超級大國瓜分全球，英國只是陪襯而已。但英國總算保住殖民地，香港也就沒有回歸了。

美蘇沒有談好的是朝鮮（變了南北朝鮮）的問題，德國變了東西德；中國變了國共之爭，外蒙古已獨立了，當然維持現狀，南庫頁島、千島羣島歸蘇聯。

大連旅順駐軍是雅爾塔會議中提出的，會議決定中蘇共管旅順港 30

年，名為中蘇共用，實為蘇聯獨佔；中長鐵路、南滿鐵路亦要共管。美蘇都要「分散中國力量」，乃有重慶43日的國共和談；最後一場朝鮮半島戰爭，美蘇的如意算盤都打不響。

1991年蘇聯解體，新體系未出，且看歷史將如何延續！

2019年11月11日

聰明睿智東西之別

老友傳來一份西方人看聰明和睿智之分別的短文，十分有趣，試譯如下：

聰明人會領導，睿智者卻引導；聰明人堅守，睿智者捨得；聰明人求知識，睿智者求真理；聰明人有熱情，令你燃燒；睿智者供溫暖，令人舒適；聰明人好爭論，睿智者達和解；聰明人以為自知一切，睿智者知學海無涯；聰明人求證自己的觀點，睿智者知觀點乃多元。

聰明人好給忠告，睿智者等待齊全；聰明人知道自己說甚麼，睿智者知道不說甚麼；聰明人比較事物，睿智者關聯事物。

聰明人知何時應發言，睿智者要言之有物；聰明人掌控羣眾，睿智者驅使羣眾；聰明人會說教，睿智者會達成。

總括來說，聰明人不一定有智慧，睿智者一定很聰明。從東方文化的角度看人，聰明才辯只是不高的級別，注重的是深沉厚重、磊落豪雄。智者千慮，必有一失，聰明人可以機智靈活，足智多謀，但敗在恃才傲物，炫耀心雄。睿智者要謙遜謹慎、低調心寬，看起來並不聰明。這是東方與西方文化之別。

《三國演義》中極多聰明人，如楊修，如許攸，如孔融，都是聰明外露，恃才至極，都被大智者曹操所殺。楊修死於雞肋，許攸死於表功，孔融死於

對着幹，恰遇智而狠的曹操，不能「知人」不讀歷史，只能一死。若三人遇上司馬懿這位智者，可能收為己用，可以不死，而楊修不幸，對手就是司馬懿。在兩位智者手下，聰明人又怎能不死！

狡兔死，走狗烹，聰明人不知形勢，並不知人，不知低調，「讀史論知人」誠不我欺。睿智者必低調！

2019 年 11 月 13 日

古代選官之制可觀

錢穆論中國古代制度，值得留意學習的是「銓選」，是指古代量才授官，按資歷或勞績核定官職的授予或升遷。古代就有「諸侯貢士」的例子，到了漢朝改為「舉孝廉」，由郡國長官每歲推舉，亦謂之「選舉」。今日稱之為「競選」，但標準去之甚遠。

漢代選人分四科：一曰德行高妙，志節清白；二曰學通行修，經中博士；三曰明習法令，足以決疑，能按章覆問，文中御史；四曰剛毅多略，遭事不惑，明變決斷，才任三輔令。至於郡國舉人亦平均分配，由 20 萬舉一人，至百萬舉 5 人，不滿 20 萬者，兩歲一人，十分公平。朝廷要哪種人，特別標出科目，令公卿郡國各舉所知。

制度走向腐敗是慣性

任何制度開始時很好，慢慢就腐敗，是歷史的慣性。魏文帝曹丕，改用九品中正制，州郡設中正之官，品評本地人物，分為九等，尚書用人，再加覆核。後漢清議極重，鄉評有力，所以尚可行，即該制度的運行需要街坊評語，「中正」一定要「公正」。但只知品行，不知能力、閱歷，也是毛病，到隋唐就變成科舉制度了。

銓敍亦稱銓選，歷代由尚書主持，唐時分為文武二選。文選由吏部，武選由兵部，文選標準有身（體貌豐偉）、言（言辭辯正）、書（楷法遒美）、

判（文理優長），再加上以資格年勞用人，這比「在上任意抑揚，在下夤緣奔競」好得太多。以此看美國民主制度，大官隨時被炒，一言不合，You are fired，但位置一空，仍然有大把人在下奔競謀職。制度已至腐朽，而民眾制衡無力，沒有銓敍，一切被廢，看來還要看東方！

2019 年 11 月 15 日

行己有恥

　　錢穆論晚明諸老（以顧亭林、黃梨洲為代表），一是博學，二是知恥。到錢穆的時代，他感歎：「學者不尚通博而尚專門，行則不尚謹嚴而取通倪。」通倪是指「豪放不拘，不習禮儀」。到 21 世紀，更發展到「喜怒無常，朝令夕改，飄忽不定，自由散漫」的人，居然在發號施令，影響全球。不知錢穆若在生，會如何想，顧亭林論為學之道，「博學於文，行己有恥」。博學是指我們周圍的一切，自然和社會的，都是學習和研究的對象。

　　西方教育說 To Learn How To Learn，只要知其「法」，就可終身學習。但學習最重要是「行己有恥」，不知恥，則為無本之人，以「無本之人」講「空虛之學」，必然是無前途的。人人可為堯舜，所本的就是「知恥」；「出入往來」和「辭受取與之間」，都可為有恥之事；正義感、堅貞不屈，都是恥的來源。不知恥者「懵然而生，惝然而死，營營於衣食，戚戚於有利」，「皆死皆生，常於生死」，「愚夫貪世利，俗士重虛名」。這現象在明末清初，都發生過，歷史只是換個地方和時空重演。

勿做沉默大多數

　　如何解救，顧亭林提出：「天下興亡，匹夫有責」。不要做沉默的大多數，從「知恥」做起，世間太多「無恥」之事。「安定繁榮」是有代價的，要維持之，是每個人必須參與的；自由是有限制的，無限制的自由只帶來更大的貧富懸殊；法治當然是美好的，但最講法治的地方，人民卻是最痛苦、焦

慮及怨恨的，心理病醫生最盛行。人類不需要反思嗎？學術不能憑多數少數來判定是非，知恥才知是非！

古來師道之尊

1949 年錢穆初到香港，發現廣東人住處門口，家家戶戶都掛一個「天地君親師」牌位，供奉香燭，深感中國文化傳播之深遠。

60 年後，筆者到長江三峽深處的移民家中做客，見到大堂中座也供奉了「天地君親師」的牌位，家中兒童人人有書讀，師道很好。

天道君親，為甚麼還要有師呢？因為有師，才能領導人們遵守天道、地道、君道、親道，教育的地位遠在政治的地位之上。中國文化「尊師重道」，孔子萬世師表，至聖先師，歷代皇帝由秦始皇到清宣統，誰都要祭祀孔子，誰也不敢說自己在孔子之上。

直到五四新文化運動打倒孔家店，師道才開始衰落。清末民初，康有為、梁啟超是師徒，康有為由先進維新者，變了落後保皇黨，梁啟超雖不贊同，但也終身未反出師門，這也是師生之道。清末廢科舉，乃有西方教育，師變了教員，是 TEACHER，職業之一，不再是韓愈所說的「師者，所以傳道授業解惑也」。師既不傳做人之道，沒有了道德底線，授業就只是知識教育，解惑就只是解職業技術之惑。即使有職業道德水準，也欠缺了人格尊嚴和道德精神，又如何可親可尊？

若傳的是歪道，也就更誤人子弟了。要知古來師道之尊，宋朝王安石坐着講經，宋神宗要站着在聽，新式教育恰恰相反，教員在站，學生在坐。

當然「拜師禮、弟子規」太古板太儀式化，無甚可保留，但要了解「天地君親師」這個道理，才不會一切個人為重，國家為輕。仁從二人，人與人之間，要互相尊重對方人格，何況師生，不是嗎？

錢穆逝世 30 年的感想

1955 年 11 月，錢穆訪問日本，回來寫了一些感想。筆者注意到一段話：「因當前世界人類前途，其命運所繫，實大有賴於東西雙方兩大文化體系之綜合與調和。這一番大工作之成功或失敗，此乃人類文化展演當前一大課題。」錢穆認為日本在明治維新，實已開始這項工作，對此課題，寫下了一篇值得參考的試驗報告。可惜日本在學習西方，驟得富強後，移步換形，追隨了西方帝國主義的後塵，侵略中國和亞洲，引起世界第二次大戰，成為戰敗國；明治維新，未竟全功。中國則轉成馬克思主義國家，東西文化體系綜合與調和，乃遙遙無期。如此，65 年就過去了。

1990 年錢穆逝世之前，口述了〈天人合一論〉這篇文章，說是最新發現，說到歐洲文化近 50 年來「近於衰落，此下不能再為世界人類文化向往之宗主」。西方文化一衰則不易再興，而中國文化則屢仆屢起。「中國傳統文化精神，自古以來即能注意到不違背天，不違背自然，且又能與天命自然融合一體。」錢穆認為「此下世界文化之歸趨，恐必將以中國傳統文化為宗主」。錢穆舉出「天下」的概念，是全世界人類文化融合為一、各民族和平並存、人文自然相互調適之義。錢穆離世 30 年了，這個看法落實了多少？

2014 年，習近平提出「一帶一路」，就是「天下」的概念的引申，而「人類命運共同體」亦有文化融合、和平共存、互相調適的意義所在。單看這幾年，世界不斷在注意這個命題，美國對此抗拒，歐洲則比較能接受，「一帶一路」國家則愈來愈多。2020 年應是一個轉捩點，病毒降臨，是上天（自然界）對東西文化一大考。歐美文化裏，自由民主人權，早已衰落，同時個人主義泛濫，早已過了界。所以當病毒降臨，手足無措，不論在政府組織和個人行為，都變得無序。西方文化沒有中庸之道，只有贏家通吃，自由演化為自私，民主演化成民粹，人權變成私權，超越了公權。政府不是為人民服務，而是為 1% 服務；政府追求經濟而放棄健康，招致大敗。

事實上，美國 30 年來，人均 GDP 只上漲了兩倍，而同期中國人均 GDP 上升了 32 倍。觀乎此，美國精英無法不焦慮，只能劃下紅線：中國科技不能超越美國；中國軍事不能戰勝美國。但文化呢？5,000 年中國文化源遠流長，是戰不勝的，只能走向綜合與調和。馬克思主義扎根中國 70 年後已中國化，市場經濟進入中國亦 40 餘年了，市場亦中國化了。西方企業要在中國市場成功，亦要了解中國文化，用西方那一套是無法打開市場，亦無法在疫情中取得重大突破的。如何鼓舞員工士氣，增強員工幸福感，使面對市場更樂觀，有待這次疫情考驗結果。

　　有真正稱得上「中國通」的西方企業，在中國取得重大進展，有目共睹。中國文化令中國人在疫情中，更相信政府，其比例在 2020 年 7 月的調查中是 95%。美國人相信政府的比例在 1960 年是 75%，2020 年是 48%，全球平均是 65%，低於 49% 是不合格，西方文化令人民不相信政府，是近 60 年來的經驗。美國人經此一役，連自豪感也降至 42%，是 20 年來新低。這次疫情中，西方精英仍拚命批評中國是威權主義和舉國體制，他們無視自己的官僚主義和組織能力欠缺。「為民族謀復興，為人民謀福利」本來是全世界國家天經地義的事，但西方文化已演變到「天下為私」，只為那 1% 着想，忽略了東方文化的「天下為公」、「天人合一」。值此錢穆逝世 30 週年之際，再論東西文化的綜合調和，「天人合一」，不亦宜乎？西方精英要醒覺了。錢穆在文章中認為中國、日本最好能合作，共襄東西文化綜合調和的善舉，正如剛去世的美國知華人士傅高義的希望。中日和平合作，在這巨變之年，也該開始了。錢穆夫子安息吧。

2020 年 12 月 28 日

由知人曉事而見人才

《讀史論知人》的五點必知觀點

書展將屆，筆者也為新作《讀史論知人》（商務）作一個導讀。免得捉到鹿卻沒有脫角。

（一）最令人扼腕的歷史人物：王安石、司馬光和宋神宗

這是一個古代黨爭的故事，亦是今日美國兩黨相爭誤國的史跡，發生在 1069 年至 1086 年之間，距今近千年，和今天的民主之爭並無兩樣。從歷史看，執政要成功，首先要知道使命（mission），第二要組合最佳團隊在身邊，第三團隊內要互相提點，指出不足改善，而不是互相攻訐。觀乎今日西方所謂民主制度，已達至「無論甚麼人，都不能放手做事情，就算奮勇去做，也會四面多人牽制，不得徹底。即使一時勉強做到，不久政局轉變，也被人取消掉」。21 世紀最佳例證，是美國式的「行政命令」式治理，奧巴馬當年所簽下的 executive order，一一被特朗普廢棄，自行其是，他日特朗普下台亦一樣，世界再沒有可信而不被廢棄的協議，不穩定性可想而知。加上使命錯誤，團隊沒有最佳人選，政府和國會互相扯後腿，不管今日表現如何霸凌主義，亦只能走上衰落之路。

岳飛既死風波亭，只留下八個字：「天日昭昭，天日昭昭！」筆者相信天道是在的，回顧千年，宋神宗和王安石的熱心和勇氣，知不可為而為之的精神，令人敬佩。而當時所謂君子們，欠缺了進取精神，不能與時俱進。宋朝的制度，只能將京官降職，到地方去搞蛋，使新政好的部分無法施展，舊的部分不能被修正，才使北宋速亡。所以上述執政三要訣，是世人不能忘記的。香港近日發生的事件，亦由此可得知。

（二）最令人討厭的奸角人物：楊國忠（執政時間：公元 753–756 年）

執政四年就天下大亂的楊國忠，有時筆者真心以為他在一千二百多年

後投胎到西方去了。上任兩年就引發「安史之亂」，卻無對策，只能伴唐明皇、楊貴妃西逃，最後被處死，禍及全族，但他紅到發紫之時的行為是怎樣呢？總結資料：「自命不凡，自我炫耀，自行其是，自我表現，追求效率，從不三思，決定急而亂，往往適得其反。」楊國忠型人物，是不是中外俱有？若加上朝令夕改，喜怒無常，就更像了。一個人最紅之際，就是「內外所見最盛」之際，楊國忠是不知，若是他有自知之明，絕不會陪唐明皇西逃，而是會早早辭官。但唐朝命脈就此而衰，也必須有楊國忠的出現，楊貴妃被罵了千多年，實在無辜。楊國忠的所為，若在 21 世紀，也不過是「巧言令色，獻媚人民，藉謊取柄，荼毒農商」而已，有沒有補救方法，沒有，只能等四年，還可能再被騙。自古至今，不分中外，人民只是「崇拜權力，不崇尚才華，不辨是非，只論利益」。明末忠臣袁崇煥（死於 389 年前）被崇禎以通敵凌遲，百姓還將他的肉吃盡，多恐怖，忠臣要無我啊！

（三）清末民初的兩位偉人：蔡元培和梁啟超

　　「看人要看下半截」是讀本書的要訣。何以哲學大師梁漱溟認為蔡元培和梁啟超是偉人，而梁啟超的師傅康有為不是呢？若在 1898 年戊戌維新時看，40 歲的康有為確是鼎鼎有名的，25 歲的梁啟超只是為初生之犢。戊戌維新失敗，康有為的學術生涯和政治生涯就停止了。單看康有為的學習方法：「吾學三十歲已成，此後不復有進，亦不必求進」，就知道此人無前途。梁啟超一生成就「不在學術，不在事功」，而獨在「迎接新世運，開出新潮流」；而蔡元培的貢獻不在「五四運動」，而在「引進新思潮，衝破舊羅網，推動了整個國家大局」。如今又到「新世代」了，百年不遇之變化在此一舉。歷史又會出現哪些人物呢？康有為、梁啟超都不知人，錯認光緒皇帝是可以扭轉乾坤的人物。可以逃亡日本，亦算有大運。蔡元培知人善任，亦看錯蔣介石，更被蔣介石視為「鄉愿」。「鄉愿，德之賊也」，多大的侮辱。蔡元培最後只能逃亡香港，鬥不過「時代人物」的老蔣，亦是「時不我與」也。但中國舊元氣復甦，追上新潮流，兩人功不可沒；蔡元培論自由和政要更精警。

(四) 看好中國國運的三位人物：梁漱溟、錢穆和南懷瑾

95 歲的梁漱溟 (1893–1988 年)、95 歲的錢穆 (1895–1990 年) 和 94 歲的南懷瑾 (1918–2012 年) 都是看好中國的三位大人物。

筆者在本書 (第 105–107 頁) 列了清末民初 24 位文化大師的簡歷，15 位死於大陸，7 位死於台灣，2 位死於香港，可見文化中心都在大陸。錢穆死於台灣，歸葬大陸，南懷瑾索性晚年回歸大陸辦學，提出丁卯之變 (1987)，國運轉了，美國是遏制之位的，先賢們眼光是不簡單的。這批 24 位人物，值得大家細細摸索，得益無量，錢穆生前勸台灣人要做到大陸的準備。「謙虛、憂患、謹慎」是不能式忘的六字訣，至今仍有效，到大陸不是發大財，而是共患難，講國家百年大計、長遠的前途。

(五)「新亞精神」和「歷史精神」的聯繫

本書收錄了〈由致新亞人公開信到《人生十論》〉和〈由新亞精神到馬雲的未來世界〉，都是筆者近年的力作。其中涉及新亞書院「新亞精神」和錢穆所言「歷史精神」的聯繫，筆者由錢穆所言「三不朽」(立德、立功、立言)，體悟出「三不變」：「不受不義之財，不受飛來豔福，不受嗟來之食。」幾十年職業生涯，躲過了很多劫，感謝新亞精神。自孟子以來，人間便是：「環境不好，教育不良，人不為善。」當今環境變更，錢穆說：「青年容易接受無學術、無根柢的過激思想」，每一代都如此。五四剛過百年，百年變化，都在「知人」而始。何時能有「破壞」，更有「建設」，才是突圍之舉。梁漱溟感謝父親當年對他「信任和放任」，才能有後來的人生。梁漱溟如何能成功，大家好好研究《讀史論知人》。是為禱。

2019 年 7 月 8 日

有命無運的實例

北宋最後幾位皇帝都短命而死，得何疾病不得而知。宋英宗 31 歲登位，4 年而死，得年 35 歲。兒子宋神宗 19 歲即位，進行變法，18 年而亡，得年 37 歲。兒子哲宗 8 歲即位，祖母高太后當權。

哲宗 16 歲，高太后死，哲宗才正式執政，盡復新政，舊黨被貶；但哲宗更短命，23 歲就死了，連惟一的兒子也僅兩個月就夭折了。向太后負責從宋神宗一家尚在的 5 個兒子中選一人立為儲君，哲宗死前亦無權立儲，可見病得不輕。最有希望是申王趙佖、端王趙佶、簡王趙似，申王最年長，端王次之，簡王是哲宗同母弟，和端王只差幾個月。

野史載，申王懼內，簡王單眼，端王最好演技，自幼逢初一、十五都入宮同向太后請安，極得歡心，惟其風流「輕佻」之名在外，宰相章惇認為不足為君。然而向太后力主趙佶登基，宰相章惇則支持簡王，但拗不過向太后，於是不到 20 歲的趙佶在公元 1100 年成為宋徽宗。

奇怪的是申王、簡王都在 1106 年去世，也是短命，若選上又要換人。還有未選上的成國公、祁國公都在靖康之難被金兵拘拿北上時慘死。宋徽宗北上吃苦多年，53 歲才死，是宋神宗 14 子中最長命的。這種命運是不是很奇怪，是有命無運的天子的最佳例子。

向太后在垂簾半年後就退回後宮，再半年後就死了，完全不知道自己的選擇導向了北宋亡國，只是知道祖宗舊制不能改，摧新復舊，所有新黨遭貶逐。但向太后一死，宋徽宗立即改元為崇寧，崇尚熙寧變法之謂也。熙寧變法正是宋神宗傑作，可惜至此已面目全非，才 30 餘年，制度已崩壞！

2018 年 7 月 10 日

讀史論現世，知人最重要

　　讀宋朝以來 1,000 年的歷史，漢民族都受制於遊牧民族，北宋遇遼金，南宋遇金元，明遇滿清，都是慘遭亡國，卻又復國，原因是民族主義。

　　北宋是萌芽期，南宋是成長期，兩個民族對壘，不定於所有的人力物力，而定於能利用於競爭的部分有多少。遊牧民族，全民皆兵，以掠奪為生，而其生活又極適宜於戰鬥，所以文明民族為其所乘。西方亦如此，如羅馬為北方蠻族所滅。

　　中國最近 1,000 年莫不如此，但有了民族主義，亦亡不了。北宋亡於黨爭，小人當道，是腐敗的集團面對蠻族的精英。北宋文化欠競爭力，未能急劇轉變。到了南宋，開國就有一個只知私利的國君，軍政腐敗，人民困苦，士大夫歌舞湖山，賈似道之流貌似有才，卻不能切實辦事，焉得不亡？但異族壓迫，引起全民族的覺醒，所以「胡不過百年」，又發生在元朝身上。

　　明雖亡於滿洲，而民族未衰，民族主義不但在上流社會植下根基，亦在下流社會立下組織。滿清亦支持不到 300 年，但歷來外敵壓迫時，見有一班唱高調的人，議論似屬正大，居心實不可問。這是由宋明直至今日都有的，但議論正大之人要分別來看，這是「知人」最重要一環，大眾要能分別真偽，看誰是有誠意，誰是唱高調。在危急存亡之秋，一定要睜大雙眼，看清楚誰真誰假，不能盲目附和，也不能一筆抹殺，只喊一句漢奸，那是沒用的。有一時的成功，也有將來的成功，主張正義，看似迂腐，隔多時後才收效果，今日要深思！

2018 年 8 月 10 日

中國的人才紅利基礎

中國雖然是四大發明之地，但歷史上科學家極其有限，所以中國錯失工業革命 1.0，落後了 300 年。作為「聖君」的康熙，有機會讀講西方科學的書，但完全沒有反應，又錯失良機。到了「五四運動」，要推行「賽先生」和「德先生」，科學也沒有生根，只是多了留學生。抗美援朝，中美交惡，能回國的錢學森、鄧稼先等返國科學家，亦只能「幹驚天動地事，做隱姓埋名人」，默默耕耘。屠呦呦也是得諾貝爾獎後，方為人知。無他，形勢比人強，要發展科技，只能自力更生，核心技術「要不來，買不到，討不得」。

西方疑慮之深，科學家真是「九死一生」。還好，經濟發展是以百倍為單位，所以研發經費，亦是百倍增加，30 年間，由 30 多億美元增至4,000 多億美元。每年產出的科學和工程學博士生已達 34,000 人，比美國的40,000 人差不了多少，只要讓在美國讀博士的人有 3,000 人當海歸，中美就持平了。

中國「千人計劃」已招了 7,000 名學人歸國，單是一所生命科學機構的70 個實驗室，有 69 個是由「海歸」負責，美國再收緊簽證，「海歸」就不只是九成了。2017 年，中國科學家們在科學出版物上發表的論文已比美國同行多出 17,000 篇，但「引用」仍是美國多，有進步空間。中國大學畢業生2018 年預計 800 萬人，其中有一半，即 400 萬名是科學和工程系畢業，這是繼民工潮的「人口紅利」之後，今後又可期待的「人才紅利」。科學家強，則中國強，多了「千人計劃」的人才當導師，基礎教育更穩固，貿易戰如何打，也不影響人才庫，時間在哪方呢？

2018 年 8 月 23 日

改革開放論知人

回顧改革開放 40 年，中國人的變化不可謂不大，「知人」也是老外的學習過程。

第一階段要有「關係」，由血緣、學緣到鄉緣，姻緣都管用。沒有關係，就甚麼都按兵不動，不開綠燈，一切不通，中國的馬特別慢，「馬上來」就是來不了。

第二階段講「膽識」，不必有戰略眼光，只要敢於「下海」。反正退潮時間還早，只要投入，必有回報，反正規範還未建立。

第三階段講「智慧」，中國文化抬頭，開始需要誠信、堅持，策略眼光、可持續性、工匠精神，都來了，很多品牌建立了。

中國亦由一窮二白發展到消費掛帥。後生可畏是指改革開放後出生的那一輩現在 30 到 40 歲的中產階級。他們是家庭中的意見領袖，指導消費，受過良好教育，非常自信，有國際視野，不再是「土包子」一代。消費行為是無情而善變的，沒有中國智慧，不能應變。西方的品牌不再是市場的保證，奢侈品牌還好，大眾品牌慘遭滑鐵盧。

5 年前，快速消費品市場裏，中國品牌市場佔有率為 66%，2017 年是 75%。中國品牌去年上升 7.7% 之際，西方品牌只上升 0.4% 而已，所以西方認為這是不公平的。自負自滿是要付出代價的，用人均 GDP 來衡量中國的消費力是錯誤的方法。1 年 8,000 美元當然不會有巨大消費力，但中國在世界性中產羣體裏已有 1 億人，這已和日本全國人口和美國中產人口差不多。

每年海歸達 60 萬人，還有 1 年畢業的科技和工程師人口達 400 萬，加起來已和新加坡人口差不多。這些人的紅利，知道有多大嗎？

2018 年 8 月 24 日

人才紅利助稱霸

中國人忽略了工業革命，因而領先世界的地位被西方取代了 200 年。若由 1650 年看起，那是順治七年，清朝才剛開國，清初戰亂，人口才 5 千萬不到，而歐洲人口已經 1 億了。清朝要到康熙六十一年（1722 年）人口才過億。

20 世紀是歐洲的世紀，人口到 1900 年增至 4 億人，若將在北美洲、大洋洲和拉丁美洲的歐裔算在一起，人口佔世界的三分之一。清末的 1900 年，中國人口也是 4 億左右。

憑着工業化的優勢，歐洲人雄霸全球是天賦大任。當然異數是美國，這個祖先是歐洲人的國家，和加拿大在一起計，1900 年已擁有佔全世界 5% 的人口，二戰後的 1950 年佔 6.7%，到 2018 年仍是 5%。

5% 人口可以雄霸天下，是不是可以持續到永遠呢？美國是因移民而強大的，移民政策改變，國勢亦可改變，這是人才紅利理論。歐洲人口由 1900 年的 4 億，增至目前的 9 億，上升了 1.25 倍，美加上升 3.6 倍，中國上升 2.5 倍，亞洲則增加 4 倍，所以中國人口第一只是基數大。亞洲其他部分人口增長更多，印度、日本則已開始下降。到 2050 年只佔世界人口 1% 的國家，存在感不會高。

亞洲人口在 1650 年佔世界 60.6%，2018 年則是 61%，這段時間大部分被殖民或半殖民，但畢竟人口還是增長了，這也是因醫學和污水處理進步降低了死亡率。歐洲人口仍佔世界人口 12%，但卻未能如移民出去的美國，佔 5% 就可以稱霸了。深層原因是不合作，再加上英國脫歐，歐洲只會再走下坡。以後世界各地局勢的比較，是比人才紅利了，不是嗎？

2018 年 8 月 31 日

荒淫、昏瞶、荒怠者的結果

　　武則天自天皇天后共治開始，到兒子中宗復位，共執政 45 年，不是沒有才能，是一代女強人。但史學家評之為「宅心不正」，「只計維持自己的權勢地位，而不顧大局的政治家」，手法其一是「濫用祿位」，收買人心 —— 時至 21 世紀的台灣，則是分派各種公營機構的肥缺，大家一齊搵銀，民間疾苦，可以不管。其二是「任用酷吏，嚴刑峻法」，以恐嚇異己之人，防其反動 —— 照見今天台灣對國民黨黨產的清算，各種綠色恐怖，層出不窮。其三是驕奢淫佚的事情，不知凡幾，以致政治大亂。

　　武則天時代的荒淫奢侈之習，浸染數十年，即使唐明皇亦不能自拔。中國歷史上，凡歷時已久的皇室，必定被推翻，因為一個團體，積弊深的，往往無可挽回。唐朝國祚 289 年，到安史之亂，才開國 137 年，還未到一半，國勢已衰。

　　武則天的遺習，不能不說起了很大作用。再以明朝為例，國祚 276 年，過半是 138 年，剛好是正德這位 14 歲頑童上位，重用太監劉瑾，劉瑾死後用江彬，堪稱明朝三大昏君之首。沒有王陽明平亂，明朝可能又一次靖難。

　　荒淫的正德之後，是昏瞶的嘉靖，中年好神仙，任用青詞宰相嚴嵩。嘉靖是個嚴而不明的昏君，又好殺，政事遂至大壞，倭寇為患，尚幸出了張居正，和戚繼光合力，才解倭寇之患。但明朝第三個昏君萬曆，在張居正死後，全面執政但又荒怠無比，有權而不理政事。到萬曆孫子天啟，又重用太監魏忠賢，為時雖 7 年，足以亡國。荒淫、昏瞶、荒怠者，當然要被推翻，是歷史定律。

2018 年 9 月 26 日

多血質之人

漢武帝在位 54 年，康熙 61 年，乾隆 60 年，在位太久，年紀太大，莫不昏庸。雖然在年輕力壯時，莫不有對內對外的大計，但要當「十全老人」和要得諾貝爾和平獎，都是一回事。漢武帝是何許人物，呂思勉評估為「多血質」人物，多血質的定義是：活潑、好動、敏感、反應快、喜與人交往、注意力容易移轉、變化無常、粗枝大葉、浮躁、缺乏一貫性是也。漢武帝生來好運，沒有兄弟奪嫡的問題，康熙亦如此，乾隆則免不了。

漢武帝生平，溺於女色，行事全憑一時感情衝動，沒有深謀遠慮，至於對外用兵，不用功臣宿將如李廣，而專用外戚衛青、霍去病，和後來的李廣利。對匈奴用兵 20 餘年，紀律既不嚴明，又不愛惜軍需，以大出塞一役，漢馬死者至 10 餘萬匹，從此馬少，不能大舉。

到李廣利出征大宛，兵出敦煌 6 萬人，馬 3 萬匹，回來時，進玉門關的只有一萬多人，馬一千多匹。史家稱此戰死人如此多，「全由將吏不愛士卒之故」，可見用人不守成法之害。

當然漢武帝在歷史上最大成就是遣張騫出使西域。西域乃西洋文明傳佈之地，中西文化交流由此而起。而通西域後，天山南北路有了防禦措施，後來匈奴敗亡，未能由此入侵，亦是中國之福；匈奴大軍，從此去了歐洲，建立匈奴的帝國，那是後話。但歐洲人眼中的「黃禍」，亦由此而起，早於成吉思汗大軍一千年之久。

漢武帝晚年有巫蠱之禍，太子造反，輪台罪己後兩年才死。年長之時，諸子不侍，只得一個八歲小孩[1]，亦太無奈也！

2081 年 9 月 28 日

1　指漢武帝晚年所得之子劉弗陵，後繼位為漢昭帝。

無效獨裁

　　蔣介石去世已經 43 年了，還未能入土為安，也不能歸葬故土，遺留下是四萬五千個雕像，卻要遭受斬首潑漆之禍，在台灣也快不能「容骨」了。蔣介石戎馬生涯，居然能活到 88 歲，也不能不說是意外。

　　他 39 歲北伐，40 歲另立南京政府，主要功業在抗日，到 62 歲兵敗大陸，在台灣執政 26 年，日記自述在大陸「為政 20 年，對社會改進，與民眾福利，着手太少」。管理喜歡越級直接指揮，手下將材只得胡宗南、邱清泉等嫡系，白崇禧非嫡系不能用，讀《曾胡兵法》，只求手下有李鴻章之輩，不敵毛澤東是意料中事。

　　抗日戰爭後的 1945 年，手下猶有 450 萬大軍，卻不敵只有 127 萬的中共軍隊。可見以少勝多，是永遠有可能，重兵器、飛機、戰艇都無用武之地！只能自歎軍隊「六無」：「無主義、無紀律、無組織、無訓練、無靈魂、無根柢」；而軍人亦有「六無」：「無信仰、無責任、無廉恥、無知識、無生命、無氣節」，不得不敗。

　　蔣介石數百萬大軍，在國共內戰中，作戰被消滅 20%，投降 20%，逃亡 20%，隨老蔣赴台只有 10%，軍紀有多好，可以想像。70 年過去了，台灣軍隊已經脫胎換骨了嗎？有作戰經驗嗎？存疑。蔣介石兵敗，最恨是美國馬歇爾。馬歇爾主持國共和談一年多，無功而返，但亦放棄蔣介石。但最後因朝鮮戰爭而出兵台灣海峽，蔣介石乃有 26 年的「暫安」。最後台灣成為「亞洲四小龍」，有「台灣奇跡」，但功勞應在蔣經國。蔣介石管治，被評為「無效獨裁」，夠貼切！

2018 年 12 月 14 日

精英之戰

歷史學家呂思勉談古代大國之爭，鬥的是精英部分，不然只有十幾萬兵的滿清軍隊，何以能打敗人口過億的明朝。明政府的精英不爭氣，李自成則是烏合之眾，並無大志，所以漢族就輸了。

放諸 21 世紀，是中美之爭，雙方精英博弈。美方早在特朗普上台前已達成共識，試圖一舉擊垮剛剛崛起的中國，使其永不翻身。但 2016 年，美國精英居然讓特朗普上了台，令人為之愕然。打垮中國之舉，由特朗普班子執行，但這個團隊並非精英，是當年的 Rejects 翻身。所以動起手來，有企圖心卻使不上全力，只能採用愈來愈殘酷的手段（如孟晚舟事件）來實現自己的目標，很明顯是不得人心的。

美國人憑着二戰後幾十年來累積的金融、軍事和科技三大霸權，處處吃香。特朗普上台後，要以「美國優先」當口號來重建霸權，說明原有優勢已經不穩。於是最佳方法是把老二打下去，沒有人挑戰就萬事大吉；中國既然已坐穩二哥之位，不管其想法如何，要不要當老大，都會遇上打擊。

美國人文化中的「衷心無誠，盡出於偽」是不可忽視的。北京面對三個「逼人」：「形勢逼人，挑戰逼人，使命逼人」，中國精英必須達成共識，全國一致，才能渡過這個難關。

美國的挑戰不會是短期的，在中共建國百年的 2049 年前，將是一場 30 年的持久戰。短期是政策之戰，中期是制度之戰，長期是文化之戰，三個戰場都是精英博弈之地，美國的三大霸權各有弱點，可破也！

2018 年 12 月 28 日

察其心，智而忍

如今又到亂世，不得不看《讀三國‧論管理》（商務），看看三國中三大智者，各人面目如何。曹操智而狡，諸葛亮智而慎，司馬懿智而忍，忍者笑到最後。三人中，曹操是上一代，諸葛亮和司馬懿是下一代，司馬懿年長諸葛亮兩歲，諸葛亮死於 53 歲，55 歲的司馬懿支持到 72 歲，還有 17 年時間來經營。

諸葛亮和司馬懿互相研究甚深。雙方背後都有一個庸主，同樣可以胡作非為，不信老臣是必然的，所以都成了二人的弱點。要明白甚麼事會發生，中華文化提供三部曲「聽其言，觀其行，察其心」，第三點最重要，又最容易被忽略。

中美關係要看特朗普團隊之「心」是甚麼，「言」、「行」都是虛招。特朗普是否庸主不重要，因為背後有智囊獻計，只看他採用哪一條而已。捧場者說他是「殘忍的戰略家，精明的戰術客」，但美國政治精英只給他打了 12 分（奧巴馬是 71 分，克林頓 64 分），在史上各美國總統中排名最尾，可見一斑。

特朗普最喜歡說取勝很容易，但歷史上的戰爭，是「大勝易，善敗難」。美國在中東戰爭，開始是大勝，但過後是無法取勝。司馬懿的最後勝利在於他的「善敗能忍」。和陸遜的石亭之戰，保存實力；對諸葛亮的六出祁山之戰，穩守待其糧斷，諸葛亮只能無功而返。事實上維持糧道困難，但財力更重要，蜀國國力弱，糧草供應不足，只能急攻。司馬懿「忍功」第一，面對諸葛亮以婦女頭巾相辱，也不主動出擊，自己做自己的事，諸葛亮結果是「過勞死」。忍功最後取勝，急不得，慢慢來！

2019 年 1 月 23 日

英雄造時勢，歷史傳千古

1918 年，第一次世界大戰才結束，四川小地主鄧文明到重慶一遊，偶然讀報讀到一段留法勤工儉學預備學校招生消息。鄧文明不應太知世事，卻建議自己大兒子鄧希賢去報名就讀，令寫《鄧小平傳》的老外大惑不解。

1920 年，16 歲的鄧希賢去了法國，一去 5 年，勤工為主，儉學為副，但練就了一身好本領。這 5 年的意外生涯，造就了一個歷史上的英雄人物。

鄧希賢其後改名為鄧小平，經歷三落三起，1977 年再出山之時已經 73 歲，別人已是風燭殘年，鄧小平還再幹了 20 年活。75 歲去美國，88 歲南巡，都是重要時刻。

具備不凡能力

鄧文明不可能明白他的意外決定，影響有多深遠。1978 年改革開放，主力是「解放思想，實事求是，團結一致向前看」。當然 side effect 也令人民向錢看，「時間就是金錢，效率就是生命」，劉伯承的「不管黑貓白貓，捉到老鼠就是好貓」也被鄧小平引用而「名留千古」了。

歷史一再證明，英雄能造時勢，但這位英雄應具備終身學習的能力，善於發現事物本質的察覺力，不怕失敗的行動力，不隱瞞觀點的真誠力，長期競爭的忍耐力，有實幹力，有創新力，還要能謙虛，承認自己的不足。鄧小平 1984 年 10 月說了一段有意義的話：「在經濟問題上，我是個外行……如何搞開放，一些細節，一些需要考慮的具體問題，我就懂得不多了。」這些曾協助鄧小平完成大業的幕僚又是誰呢？史家應給一個紀錄。

不到 40 年後，美國也出了一個意外，此人具備這些特點嗎？他的幕僚又是誰？歷史不會忘記！

2019 年 2 月 4 日

由知人曉事而見人才

49

世道亂治，小人君子

中國的文化觀念裏，君子多是治世，小人多則是亂世，君子小人的分別，在其人的品格，以及其對人羣乃至於後世的影響。無論在世之時，如何掌握一世風雲，支配一世權力，若品格不佳，仍然可以確定其為一小人。

從歷史上看，三國人物，曹操和司馬懿兩大智者都被定格為小人，為奸雄，而諸葛亮與管寧，則被定性為君子，是維持大羣的命脈、文化的生機人物。至於南宋的岳飛及秦檜，亦是君子和小人的典型，到南宋滅亡，仍有文天祥這樣「留取丹心照汗青」般的人物。

吉凶留待歷史定斷

中國文化在蒙古治下仍「可推拓，可綿延，有前途」，於是百年後，中國復起，元人退走，明朝開國，仍是人才輩出。但得觀三國人物，君子終不如小人之多而得勢，三國終是一亂世。兩宋則是治世，雖然軍事上是弱國，但文化上是強國。元人取南宋，仍花了數十年，凡四代人才得勝。

從歷史看人事，5 年一小變，10 年一大變，而且變在眉睫，變起倉卒。到了 21 世紀的西方民主制度，則變更為 4 年一選舉，8 年一大變，而人事亦不可逆料。

人之吉凶不在事，事之吉凶乃在人。短時間內，小人吉，君子凶，實例不少，如秦檜、蔡京，但若在長時期和大羣中，君子仍必吉，小人仍必凶。

所謂吉凶，不單指其個人，亦指其加諸大羣的影響。南宋的風波亭殺岳飛，現世的發起貿易戰，對全球經濟和世界大羣有何影響，歷史必記一筆。史家「誅奸諛於既死，發潛德之幽光」，「美國優先」若建築於「全球落後」的基礎上，歷史亦必有評價！

2019 年 2 月 20 日

英雄還是惡魔

唐朝大時代的沒落，在安史之亂的 120 年後，卒之發生大騷動，唐僖宗以 11 歲被太監田令孜擁立，王仙芝起兵（875 年）。

黃巢這位不第文人亦起兵響應，三年後王仙芝被殺，黃巢取代王仙芝，到處流竄，到處大捷，號稱「殺人 800 萬」，田令孜挾唐僖宗出走，黃巢入長安，時維 880 年。當黃巢橫行時，藩鎮坐視不理，最後還是請沙陀人李克用，打敗黃巢，但已經橫行近十年了。黃巢死了，又出現蔡州節度使秦宗權作亂，殘虐比黃巢更甚，食人為樂：「啖其人，可飽吾眾」，可見唐末之亂，又為禍 5 年。

而篡唐之人，居然是黃巢手下一名將官，朱溫。朱溫投降唐朝，封為宣武節度使，大功是撲滅秦宗權，和朱溫成為對手的是沙陀人李克用。朱溫的歷史評價不一。有人認為是英雄，亦有人認為屬惡魔。有人認為是篡弒之人，私德多缺點。但有人則認為，政治家只講政治，不能和道德倫理混為一談；在大局危殆之際，只要能保護國家，抗禦外族，拯救人民，就是有功的政治家，是不是英雄，評判標準是「能否定亂，是否恤民」。

朱溫篡位後 6 年遇弒

而在 21 世紀，朱溫是否有現代意義呢？不過，歷史是朱溫天不假年，篡位後僅 5 年而遇弒，不得好結果，而後梁不敵後唐，梁末帝自殺，沙陀人登位，是為唐莊宗。這個野蠻人，滅梁後，志得意滿，縱情聲色，寵愛伶人，聽信太監，政治大亂，最後莊宗為伶人所弒，又一個不得好死。

李克用養子李嗣源立，是為唐明宗。唐明宗女婿石敬塘，亦是沙陀人，造反，滅後唐，成為後晉，但大遼已成強國！

2019 年 2 月 22 日

知人知面不知心

　　籌寫了兩年的《讀史論知人》（商務）終於要出版了。錢穆將「知人」列在「曉事」和「論世」之前，因為「知人知面不知心」，不讀歷史，不知道真正的結果。筆者在《讀史觀世》和《讀史觀勢》中討論了世界大勢的進展，這個進展要「人物」來推動，不看清楚這些人物是「時代人物」還是「歷史人物」，就看不到真正的大勢。

　　歷史上多少奸妄人物在開始時風光無限，同時可以和時代同行，時間可以達 20 年之久，無論忠正方面如何努力，亦無濟於事。古代是皇帝，現代是選民，皇帝可以昏庸，選民亦可以無眼光，選出無能的領導人，做出注定失敗的事業。這些人物行事笨拙，不能觸及問題的核心，只願搞「大人物政治」，歷史總會作出交代，古代如此，現代如此，所以「知人」第一。

　　在 5G 時代，全球一切關聯，而中國歷史最長，人物最多，案例亦最貼切。不因東方西方有異而改變人物的行為，「知人」不止在國家領導、企業領導，家族領導亦作如是觀。風光一時的日產汽車領導，何以致今日，值得世人三思，雖然真實的內幕還未見光。家族紛爭更無日無之，教育失敗是主因。

　　如今世上億萬富豪最焦慮，因為頂層 1% 的財富等於下層 90% 財富的總和，本身就是一件禍事。富豪的財富享受效益極低，只是多了幾個「零」，而下層的怨毒，終有一日爆發，中國歷史的案例還少嗎？由「天下苦秦久矣」開始，就無間斷，西方以為民主選舉就不會有問題，就是不知人。既不知人，又不知己，是世間問題所在。復活節，可以三思！

2019 年 4 月 17 日

知人應先知己再知天

《讀史論知人》（商務）出版了，這是筆者研究錢穆大師的第四本專論，錢穆閱史三部曲：「知人、曉事、論世」。每一部曲都有其細節，筆者單是「論世」發展到「論勢」，已窮了幾年之力，才敢去發掘「知人」，因為「天道有則，人心莫測」，相識滿天下，「相知」有幾人。

人生得一知己極難，而知己肯每次都說真話，無所顧忌，更難，人生就是如此。所以錢穆強調：「讀史在知人，其本在知己，其極在知天。」這三句話，本書盡量去發揮。如果連自己也不了解自己，哪裏可以去知人？今日教育，只來 Ready for Job，而不是 Ready for Life，如何可以成功？不必機械人出現，早已被淘汰。其極在知天道，自然的規律，不可以違背，否則必有亂。無妄都可以有災，何況有妄，其災更大，波音飛機出事，不正好說明何為「有妄」嗎？其害極大而不自知。

錢穆已說：「認識了自己的舞台，再來扮演自己的腳色吧！」書中介紹了科學家黃大年，知道自己的舞台，不在國外，而在大陸，拚命工作，得病而死，但一生名言：「青春無悔，中年無怨，到老無憾。」這三個階級，循序漸進。但能做到無悔、無怨，已然了不起，老年沒有機會享受，不是大問題，看看諸葛亮不就是如此。我們看歷史人物，多少人被時代淘汰，諸葛亮的姪子諸葛恪就是三國時的名人，當打之年，無人不知，但千多年後，已不知所終。所以求名求利，利是帶不去的，不用說，名也是一時的，很多人至死不知。連己也不知，如何知人。此書可細讀！

2019 年 4 月 24 日

讀史論知人

西方人要了解中國之難，難在那悠長的五千年中國史。同時若不能深通中國的文化與學術的要旨所在，亦無法讀通中國史，這是錢穆的感歎。凡欲知歷史，首先學「知人」，筆者乃有《讀史論知人》（商務已出版）之作，不能「知人」，不知歷史命脈所在。錢穆舉三國史為例，讀三國僅知有曹操，而不知有管寧，就是枉讀了，因為三國命脈在管寧，不在曹操。錢穆指出：「欲學知人，其本在知己，其極在知天。」若看人物只看其「人物賢奸，品德高下」，則讀史僅其「治亂興亡，成敗得失」，而不知其命脈所在。全部歷史只是一堆「權謀功利，鬥爭殺伐」，歷史終將無前途，不可長久。

要成為一個「歷史人物」，「必求其能超越於其自身所處之時代」，「若僅自封閉在其所處之時代中，一意盡力，爭雄爭長，競權競利，而忘棄了前代，犧牲了後代，徒快當前，則此時代縱極燦爛光明，亦必如曇花一現，而歷史命脈為之中斷，人物價值亦隨之漸滅。」這段話有如寫在 2018 年，美國尚未到「極燦爛光明」，但當事人已自以為此，不知歷史的忠告。

重視居心與品格

中國人論史，對當時的權勢得失，事變利害，往往在所不計，而更重視其當事人之「居心與品格」。所以諸葛亮和管寧，其者行不遂，為人所惜，曹操、司馬懿奸詐得逞，為人所恨；而西方恰恰不是如此，對政治家或政客的品格要求，和真實人性有一定距離，只要「居心為國」，品格便可不論。中國注重賢者，《易經》曰：「天地閉，賢人隱」，但隱者隱者，只隱於當身，而史家必表而出之後世。此乃中西之別也！

2019 年 4 月 26 日

計和勤

北宋邵雍名言：「一日之計在於晨，一歲之計在於春，一生之計在於勤。」這就是中國文化最基本部分。中國人善於計劃，勤勞勇敢，只是在清朝末年，部族統治到極致，變了一盤散沙。人口由 6,000 萬變成 4 億，95% 是文盲，還談甚麼文化？

所以 21 世紀是中國 14 億人雄起的年代，當中 95% 能認字，而且有大量大學生，是歷史上所無的，單是人口加 IQ 加教育程度，人力資源就舉世無敵。西方要如何遏制，能令中國孩子不讀書嗎？經濟學家只知計量，卻算不出人口的耐力和創造力，那是甚麼模式都算不出來的。

中美之戰自 2012 年美國調查中興開始，對其過程和結果，任何有識見的管理人是必須要有對策的。分散來源和儲備原料是短期對策，自力更生是長期戰略，否則不必經營。短期對策是去買時間，華為的一年原料存備仍不算安全。中美貿易之爭已於無聲中變成科技戰。若相信毛澤東的「持久戰論」，「戰爭的偉力之最深厚的根源，存在於民眾之中」，則不論貿易或是科技戰，民眾就是民營企業家，還是低調那一種，不為人知，默默耕耘。

任正非 1987 年以 2.7 萬元起家，沒有依賴股市，每年付稅達 1,000 億元。正能量有多大？連激勵員工也身先士卒，名言「我若貪生怕死，怎麼讓你們去勤勞奮鬥」，是在利比亞戰爭前夕向當地員工講的。今日場景，應了他那句「除了勝利，我們已無路可走」。韓信背水一戰是歷史教訓，任正非只是軍人轉業，確是普通人做非凡事的範例。計和勤，無他法！

2019 年 5 月 20 日

常識重於一切

任正非在訪談中說：「一個人一輩子能做成一件事，已經很不簡單了。」筆者將這句話轉贈給兒子，兒子說：「每個人做好一件事，不如每人做一件好事，正能量更足，因為做好一件壞事的人亦不稀罕。」

兒子正在寫一本叫《尊敬》的童書，認為下一代目前最欠缺的是對事物的尊敬，任正非亦推廣尊敬常識的理念，認為常識在這個時代是稀缺品。一切回歸常識，英文說是 Common Sense，古人怎麼說呢？古人不用尊敬，而用敬畏二字，君子有三畏，畏天命（自然規律），畏大人（有德行之人），畏聖人之言（教化天下）。下一段更是常態：「小人不知天命而不畏也，狎大人，侮聖人之言。」天命其實也就是常識，自然規律，任正非辦學，定下了校訓三點：「立志，崇實，擔當」。

多麼簡潔的常識，古來校訓多來自古書如《大學》、《中庸》、《周易》，要向小孩解釋如「誠明」、「厚德載物」，可不是易事！但由辦學到辦企業，豈就是「志向分明，絕不務虛，永不卸膊[1]」，如此而已。

「感謝」美國攻擊華為

做企業家到了任正非這個層次，就是教育家，教化天下了。當然這要「感謝」美國攻擊華為，我們才能聽到這麼多常識之言：「與美國競爭，惟有提高教育」，「振興教育，不在房子，在於老師」。「用優秀的人才去培養更優秀的人」，吾人忘之久矣，「實體經濟最重要一句話是誠信」。「只為理想而奮鬥，不為金錢而奮鬥」，所以華為至今仍未上市。

任正非又說：「我們 13 億人民每個人做好一件事，拼起來就是偉大祖

1　粵語，指放下肩上扛的東西。

國。」這也是常識，不要指望別人做好事，而自己不做，也是常識！

2019 年 5 月 31 日

自古雄才多磨難

早在 1951 年，錢穆已經作出結論：「美國政治和理論決不能救中國，蘇俄政治和理論亦不可能救中國。」只有回歸中國舊傳統，配合世界新潮流，採用各國之長，配合自己國家實情，創造一套適合中國自己理論的政治。政治如此，企業也是如此。中國的企業家和員工都是勤勞和智慧的，但企業卻往往缺乏合適的制度和管理，難以成為世界性的跨國企業，所以只能向全世界取經。

上世紀九十年代，中國的銀行有大量壞賬，瀕於破產。除了撇除壞資產到資產管理公司以外，也要聘用國際性諮詢公司，將銀行制度重組，引入戰略性夥伴銀行，結果脫胎換骨，上市成功，如今成為世界五大之四。雖然管理文化仍是中國式的，但已有世界競爭力。當然沒有制度是十全十美的，一段時間後就要大修正、大改進！

華為是另一個例子。大量引入外資顧問：IBM 負責產品研發和供應鏈體系，Hay Group 負責人力資源，Mercer 做組織架構，Pricewater 做財務系統，Accenture 負責銷售；大量僱用外國員工。偏偏是沒有上市，任正非只是小股東，員工才是大股東。但管理哲學仍是中國式的，勤勞的員工不畏加班文化，任正非只怕員工沒有了磨難，就懶下來，才是大危機。

任正非是中式文化的「得道之士」，是有大智慧之人，「自古雄才多磨難，從來紈絝少偉男」。華為這次的磨難，是傾美國全國之力而來，只為拖慢 5G 進程，使美國企業可以追上來，5G 之後還有 6G，遇難成祥！

2019 年 6 月 26 日

由知人曉事而見人才

57

千年以來主持改革五大人物

《讀史論知人》(商務)介紹千年以來五位主持改革的大人物，范仲淹、王安石、張居正、康有為、鄧小平，結論是一要睿智，二要定力，三要威望，四要高壽。

而四者皆全的只有活到 93 歲的鄧小平；范仲淹敗於小人，王安石敗於君子；張居正只活到 57 歲，他若有同事嚴嵩的高壽（87 歲）多幹 30 年，明朝不會敗於萬曆年間；而康有為只有百日維新，41 歲就生涯完結，威望不足是主因。清代講資歷功名，康有為 41 歲還是舉人，在那時代算是留級生，李鴻章等人看不起書生，他又是一個 30 歲起不再看書研究的人，如何改革？必敗無疑！

鄧小平是一個傳奇。沒有他父親偶然發現有留法勤工儉學的補習班，鄧小平就不會出洋，一切就變了；1948 年 44 歲時若果淮海戰役陣亡了，又是另一回事；74 歲前三起三落，若沒有保留黨籍，復出就無望了，哪裏來 1978 年的改革開放；沒有 1984 年南巡，哪裏來深圳的發展，那年鄧小平 80 歲了，古人早退休了；1989 年當然是一個坎，30 年後看，多像「阿拉伯之春」的預演，誰肯負起歷史的責任，是 85 歲的鄧小平。

「中國崩潰論」興起，是西方精英的願望而不是預測，他們卻預測不到 1991 年的蘇聯解體。發生在 12 月 25 日，是戈爾巴喬夫送給西方的聖誕禮物，還是最有計劃的消亡？鄧小平只是「摸着石頭過河」，但 1992 年 1 月 18 日南巡（蘇聯解體的 24 天後），多迫切啊！那年鄧小平 88 歲了，鄧小平若不撐到九七，香港回歸是不是會有變數呢？今日看四十年改革，一切大好，其實風雲變幻，要實事求是。多謝鄧公！

2019 年 7 月 17 日

君子必敗，奸劣必譴

書展期內，筆者的「讀史四書」全集將在商務展台展出，四書各有角度，最合時宜是《論知人》中的「奸劣人物的認知」。筆者結論是「君子必敗」，但禍害過不了千年，「必遭天譴」，尤其在今年的「無妄卦」值年。兩千年來禍害第一名的趙高，「指鹿為馬」，無人敢反對，趙高只在秦始皇死後三年內橫行，就足以令大秦亡國。雖然這是錢穆所論的「由貴族社會轉向平民社會的過程」，乃大勢所趨，遠因當然是由秦始皇這位「改革家」所種下。

秦始皇是貴族味最濃的皇帝，「不恤民力」，建長城、建阿房宮、車同軌、書同文、統一度量衡，是「功在後世，怨在當代」的典範。筆者說，若趙高殺不了太子扶蘇和大將軍蒙恬、上卿蒙毅，以扶蘇之崇尚儒家，也許不必等80多年後的漢武帝才「獨尊儒術」。秦制其實由漢全盤承繼，劉邦沒有多大貢獻。趙高專權，殺李斯，已經自大到瘋狂，看不起養晦的子嬰，卒為子嬰所殺，是天亡之，不是子嬰有何良策。

秦亡後，劉邦稱帝，其實是進入楚漢之爭，為時五年，項羽也是「天亡我也」。但項羽是失敗英雄，千年後仍為中國女性所喜愛，李清照有「至今思項羽，不肯過江東」。劉邦的7年皇帝不好當，到最後3年，仍有陳豨、韓信、彭越、英布等反叛，到平定，自己也死了，才得52歲，沒有甚麼福好享的。

六國貴族不支持項羽，但全部被韓信平定了，天下再無貴族。韓信手上鮮血太多，死於呂后之手，也是天意，無得怨。這批叛臣在漢代歷史當然都是「奸佞之人」，天日昭昭，好自為之。

2019 年 7 月 22 日

MBA 所學的幻滅

40 年前讀 MBA 的人學會：一、資本主義可以極度解放生產力；二、CEO 的責任是無限量提高效率和 ROE，為股東服務；三、市場要完全自由開放，是 Level Playing Field，全球化無處不可入。40 年前進入大陸市場的「中國老手」，莫不如此推廣這些觀念，CEO 只要夠 Tough，萬事可成，但西方有一句話：It is really to be tough when someone else absorbs the pain。自己不須付出痛苦的代價，當然可以一往無前，但這 40 年中，CEO 和普通幹部的薪酬差距，由 10 倍變成 500 倍。

一將功成萬骨枯，這些骨都是中下階層的，自由不受限制，財富就走入 1% 的口袋，這是 21 世紀的現實。開始改革了嗎？還未，資本主義的變革還停留在學術界，但商學院教授的聲音，多麼微弱啊！所以中國的老闆們都覺得去讀 MBA，愈讀愈傻，要自己辦商學院。在中國經營，只有善於變革和善於學習的企業才有生存之道。

西方 MBA 所教的管理方式並不更加優越，只能令員工恐懼、焦慮和絕望，想轉工外面又差不多，所以創業不失為解決的方法。西方企業 40 年來，一直在流失工業生產力，而不是解放生產力，企業一直要工業外移到發展中國家，這基本上是管理的問題。所以要工業回歸本土，根本上是個笑話，CEO 由打工仔變成億萬富豪，手下只是一個數字，大筆一揮，就可解決。至於自由市場，只能對本國企業開放，外資企業不能在科技上超越，自由市場神話亦破滅，嗚呼！

2019 年 7 月 26 日

中國八十後

中國八十後有多優秀，老友介紹看現代舞台劇《永不消逝的電波》，看過其中片段，十分好看。回到上海，一定要找來看，雖然是全國巡迴演出，但一票難求。一個中國故事，卻東西文化元素交疊，渾若天成，老友認為這批八十後在「民族國際化浪潮中，已毋庸置疑地成為主角和贏家」，中國人在全世界「雙向參與，得智拾慧，未來已至」。

事實上，中國八十後是 1978 年改革開放後的產品，生來自信，目前人口已超過 4 億人，是消費主力、時尚主力、科技主力，又是 KOL（Key Opinion Leader, 主要意見領袖）。比他們的前輩七十後和六十後，更看清世界大勢，不會盲目崇美和崇日，只會用平等的眼光來看事物。

在 1984 年推出「一國兩制」時，香港人自然認為自己那制度是較佳的。30 多年過去了，無論「制度優越性、普世價值、法治、契約精神、市場經濟、人權、知識產權、民主自由」，每一項都不是一邊倒，而是要商議。中國八十後正是可以正視這些問題的新人物，他們年紀已經夠成熟，正是壯年，充滿自信。沒有制度十全十美，西方制度正面臨要改革修正的關頭，但權力在「老白男」手裏，只會保障「利益攸關者」。

中國沒有這個問題。單從時尚消費看，中國早已領先。中國在 2000 年，民間消費只是美國的七分之一，2019 年的 19 年後，中國是美國的 102%，跨國企業若沒有了解中國市場的消費者心態，便無可為；用國家力量，強行進入市場，但沒有人買，誰會永遠埋單呢？中國八十後是 KOL，今後看他們的，打不敗他們，就加入他們吧！

2019 年 9 月 2 日

從地區實力看人才教育

　　一個地區的實力，是看其人才紅利，定義是人口乘以 IQ 再乘以教育程度，兩岸四地都是中國人，IQ 是一樣的，過去分別只是人口多寡和教育程度。

　　大陸最不幸是文革 10 年，教育停頓，所以港澳台才有機會超前；決定性的一年是 1977 年，鄧小平恢復高考，570 萬人報考，取錄 27.8 萬人，1982 年投入工作市場，大都是筆者的同齡人。筆者佔了 12 年的優勢，還念了 MBA，可以說佔盡先機。但錄取率只有 5% 的這一羣，是累積 10 年的尖子，他們就是改革開放的先鋒。和他們同屆畢業的港澳台學子，年輕了 12 年，成熟程度就有差距了，所以追上來不難。

　　37 年後再看，大家成就差不多，不見得港澳台學子有甚麼優越，所以港澳台只是自我優越而已。37 年後，大陸畢業生已是 834 萬人了，是當年的 30 倍，這條人口紅利數如何計，很清楚。台灣 1996 年由李遠哲實施的教育改革完全失敗，只成功地種入「台獨」。

讀歷史以知人曉事

　　香港回歸後的通識教育，效果是「通通不識」，港台學子的中國歷史知識極其貧乏，只知西方人說，中國政治是專制的，就是專制了。中國政治在明清兩朝確是有點專制，但若看唐宋就是另一回事了。中國 2,000 年來，既有考試制度，也有監察制度，君權和相權互相牽制，誰也專制不了；反而西方政治出了「暴君」，誰也制裁不了。

　　西方教育也是問題多多，港澳台要回歸中國歷史，了解中國老百姓過去 5,000 年是甚麼一回事，才是正理。歷史知人曉事，絕不沉悶！

2019 年 10 月 18 日

仁者壽，惡者亦可壽

《讀史論知人》（商務）討論了歷史上十大惡人，其中蔡京活到80，嚴嵩87，李林甫70，秦檜65，古代「人生七十古來稀」，這批惡人居然都壽，何解？孔子說：「知者樂，仁者壽」，但不仁也壽，五代馮道更被譽為「與孔子同壽」，活到72歲。孔子當然是仁者，孟子活到83，更壽，到了現代，90歲才能稱壽。

筆者書中提到清末民初出生的文史學家，雖然生於亂世，但陳垣91、梁漱溟95、季羨林98、南懷瑾94、錢穆95，都得高壽；人生稍為短些的史學家，有呂思勉73、陳寅恪79，所以忠於研究學問是有壽的。饒宗頤更達101，因為香港近數十年更安定。這批仁者都是「勤勤懇懇，志存高遠，為國為民創造出巨大價值」（任正非語）。但惡人若不橫死如楊國忠（50）、魏忠賢（59）及和珅（49），卻可以長壽。

有分析說，惡人只要「內外一貫，能夠做到足夠的無恥」，不會有良心責備，自以為永遠正確，活到103歲也有，台灣最近死了一位。惡人也可以「有本事、有志向、有情義、有作為」，只是方向不對，明明不對，但可以認為自己幹得出色，有爭執，只會認為對方受到嚴重影響，而自己則全無影響。看看中美貿易戰，美國大統領在說甚麼，便可心領神會。「善有善報，惡有惡報，若然不報，時辰未到」，中國人最識自我安慰的精神。廣東人有句「顧住收尾兩年」。如何得好死？安詳中謝幕，才是人生福報，搶救不及，才是幸福，臥牀6年，不死的壽者，才是最痛苦的。讀歷史最有味道，是看惡人謝幕，怎會悶！

2019年10月25日

以言取人，治國無方

中國科舉制度，有摧毀貴族壟斷之功，但毛病是「學非所用，用非所學」。甚麼是「無用之學」，到現代居然是「治史」。學歷史無用，但唐朝不是如此，「明經進士」兩科有用，「詩賦和帖經、墨義」兩科無用。學詩賦最難，學好詩賦，已無時間學習其他。所以到了宋代王安石變法，其一以「學校養士」，代替「科舉取士」。宋真宗最誤人子弟是「書中自有黃金屋，書中自有顏如玉」，要知學問和功名是兩回事；若以利祿美人來誘人，來的都是貪此兩類的人，哪裏有希望「學以致用」的人，所以王安石失敗是有原因的。

科舉特色，一以利祿誘人，二以「言」取人。有學問才能的人，固然未必不會「言」；無學問才能的人，也未必不會「言」。以「言」來判定人有才能學問與否是極難的事。到 21 世紀，人們還要以「推特」來判定一個人有無學問才能，那簡直就是笑話了。

然而，利祿所在，自然有人全力去研究，如何發「言」，乃至「應考試的語言」和「應競選的語言」。有了應考的語言能力，自然不必有才能學問，所以 21 世紀才有「選舉有術、治國無方」的現象出現，選民無法分辨，選舉後又無力制衡，是現代的悲哀。

宋太祖趙匡胤為了平息民怨，乃在禮部考試之後，又設殿試，皇帝親臨，防止私通關節。所以宋太祖說：「昔者科名多為勢家所取，朕親臨試，盡革其弊矣。」問題是並非每位皇帝都具宋太祖之能，歷代昏庸皇帝多得是，到了元明清「仕進有多歧，銓衡無定制」，制度一老化，自然失效，古今中外，俱如此，真理甚明哉！

民主與民權之分別

孫中山的三民主義於 1906 年面世，5 年後清朝滅亡，孫中山讓位於袁世凱，三民主義不得其用是當然的。輾轉 18 年，1924 年三民主義豐滿了，但 1925 年孫中山就去世了，嗣後有北伐戰爭、日本侵華、國共大戰，三民主義亦不得其用。直到 1949 年老蔣父子逃台，三民主義入憲，人人要讀，中學課程、大學入學都要考，但學子讀完就算。然而，台北總算有個國父紀念館，街道有民族路、民權路、民生路，但市民還有多少知道這是出自三民主義呢？最少一輩，連蔣介石都不知是誰了！

1987 年蔣經國解嚴，准老兵還鄉，南懷瑾稱 1987 年是中國國運逆轉的一年。但蔣經國 1988 年就死了，在李登輝主政下，用了李遠哲進行教育改革，三民主義不在課程中，大學入學試不考了，三民主義研究所改了名，三民主義從此失蹤。四分之一世紀了，只有金門島上還有「三民主義統一中國」，是給大陸遊客看的。

三民主義還有大陸人知道，因為錢穆的書在大陸全數出版，其中談及三民主義者不少。錢穆不是國民黨員，反知其義。有問何以三民主義無民主，若看英文解釋：民族（Nationism）、民權（Democracy）、民生（People Livelihood），就知孫中山之義，這是一個翻譯問題。

一百年前要譯為民主，還是民權，是有爭議的，「主」、「權」兩字共用。人民要有權，還是要作主？人民作主，還是為民作主？最後民主勝。但事實上民主政治，人民只在投票那秒有權作主，投了後就有人為民作主，一點權也沒有。翻譯有誤，誤盡人民，不是嗎？

2019 年 11 月 25 日

由知人曉事而見人才

65

世界大事往績

中美交往120年來八大事件

　　美國抵制中國人始於1882年的《排華法案》，實施了約60年，再拖了約60年，到2012年才由奧巴馬代表美國regret（後悔），而不是apology（道歉）。法案是共和黨提出，後悔由民主黨總統出聲，可謂諷刺。不過這是針對大清時代的中國人，而不是打擊大清政府，不算是戰略交鋒。回顧中美交鋒，自1900年來的120年，共有八大事件，值得一談，使大眾明白，中美關係，從來不是一帆風順，而美國總統換人如流水，換了30任，但國會政策，不動如山。「分散中國力量」的宗旨，120年不變，不要單看哪位鷹派議員，其實都是一樣。中國必須有「防人之心」，早早準備，華為的鴻蒙系統（Harmony OS），就是發揮到極致。

一、八國聯軍（1900年）

　　八國聯軍入北京，訂下辛丑賠款450,000,000兩白銀。美國分得32,939,055兩，折合美金24,440,778元，到1940年實付46,189,359美元，退還28,922,519美元。退款事緣中國外交官梁誠發現美國賠款有「浮報冒報」的實情，乃推動退款，而美國傳教士和大學校長，亦影響老羅斯福。傳教士明恩溥（Arthur Henderson Smith）著《今日中國和美國》（*China and America Today*），提倡招募中國學生來美，「使修業成器，偉然成材」。1908年5月25日國會通過老羅斯福咨文，同意將庚子賠款半數退回中國，作為資助留美學生之用，目的就是通過吸引中國留學生，來造就一批為美國從知識到精神上支配中國的新的領袖」。1908年10月25日開始招生，必須「身體強壯、性情純正、相貌完全、身家清白、恰當年齡」，每年100人。

　　1911年改為清華大學，由此學校出國，超過1,000人，其中有胡適、趙元任、竺可楨、梁實秋等人。上世紀三十年代留美學生的人數，超過日本。美國國會亦自1900年開始定下「分散中國力量」的百年國策，招攬中國人

才，亦是目的之一，而往後幾十年，美國成功創造「留美親美」，但在日本卻是「留日反日」，日本人百思不得其解。其後五十年代的麥卡錫主義，反共反華，才令大陸學人如錢學森等返國，那是後話。

二、購銀法案

　　1934 年美國國會通過羅斯福建議的購銀法案，6 月 19 日羅斯福簽字生效，由財政部在國內外採購白銀，直至白銀市值每盎司達到 1.29 美元以上，這項採購案一直執行到 1961 年，1963 年才廢止。1932 年至 1933 年間，白銀每盎司才 0.25 美元，所以美國 7 個產銀州苦不堪言。此 7 州礦業人口只得 3,000 人，但在國會議席卻佔 1/3。1929 年後，美國經濟大蕭條，物價下跌，農民生計困難，購銀法案有提高物價之效，通過後 1934−1940 年間，美國物價上升 14%，農產品價格上升 79%，白銀業產量由 1934 年的 34,000,000 盎士，增至 1940 年的 70,000,000 盎士，其他礦業亦見就業人數大增，購銀法案成為美國救市靈丹。

　　但在東方的中國，自明朝以來就是銀本位，銀價上升，白銀流入美國，形成中國貨幣供應大失血，物價下跌（1932−1934，下跌 34%），百業蕭條。1934 年正是蔣介石治下的民國政府，財政困難，只能擴大債務。1935 年 11 月，國民政府終止銀本位，採用紙幣制，但印鈔過度，1935−1937 年物價上漲 24%。不幸，1937 年日軍侵華；1937−1945 年貨幣發行量增加 300 倍，物價飛漲，1937−1945 年抗戰八年期間，平均每年上升 150%，其後國共戰爭。

　　據弗德里曼（Milton Friedman）的著作 *Franklin D. Roosevelt, Silver, and China*，購銀法案是失掉大陸的始作俑者，美國以鄰為壑，把自己的幸福建立在中國的痛苦之上，蔣介石和羅斯福事實無友誼可談。

三、胡佛關稅

　　美國憲法明確表示：提高關稅，權在國會，不在總統。所以 1930 年 6

月 17 日，國會通過斯穆特－霍利關稅法案（The Smoot-Hawley Tariff Act），當了總統才一年的胡佛，才可以簽行政命令，在原有關稅 35% 之上再加 20%，比 1989 年後亦屬共和黨的特朗普的關稅率更高。當然誰也不能確定，日後特朗普會否亦將關稅加至 55% 的，他是全球徵稅，對象不單是中國，盟友也沒有例外。美國成為關稅最高地方，全球各國只能依樣葫蘆。面對「美國優先」的老祖宗，蔣介石政權尚無招架之力，所謂民國的「黃金十年」，就此報銷，但美國有沒有好果子吃呢？沒有。銀行出事了，1930 年上半年，471 家銀行倒閉，全年 1,350 家暫停營業。

美國出口縮水，汽車產量只是產能一半，大宗商品下跌 25%，農產品下跌 29%，隨後兩年零八個月，股市暴跌三次，全球進入衰退，歐洲經濟慘跌，拉美亦出事。德國希特勒出頭了。美國政府 1932 年進行干預，無法逆轉經濟下滑，胡佛不理 300 名經濟專家警告，繼續用關稅作武器，中國經濟復興的勢頭，到此為止。1930 年 11 月美國中期選舉，民主黨橫掃共和黨，敗局已成。1933 年胡佛仍參選連任，為小羅斯福所敗，胡佛下台時 59 歲，但居然活到 1964 年——90 歲才去世，雖然不及卡特長命，但他的晚年生活如何，真無研究。害得貧弱的中國夠慘，無力的中國反要捱打！

四、抗日戰爭（1937–1945 年）

從 1937 年七七事變到 1941 年 12 月珍珠港事變這段時間內，美國以其國家利益為中心，開始是姑息養奸，對日軍侵華，不但不阻止，還提供了美國市場、資金和大量戰略物資，支撐日本侵華的戰爭經濟。對蔣介石擺的面色，是極端不友好，亦顯露美國的「衷心無誠，盡出於偽」的文化。當然隨着日本的「大東亞共榮圈」和稱霸全球的野心曝露，美國才逐步援華制日，讓中國充當遏制日本的橋頭堡。從美國利益觀點，中日戰爭若是「持久」的話，軍火生意做不完；若是「必敗」的話，到時出手也不遲，反正八國聯軍先例，大家可分一杯羹。

日本侵華原是非正義之戰，如毛澤東《論持久戰》所言，只要動員全國

老百姓，就會造成陷敵於滅頂之災的汪洋大海，彌補武器不足的缺陷，這一點蔣介石做不到，但毛澤東卻做到了。當然，二戰之後，中國並未得到任何補償，這亦是美國的「分散中國力量」的國策。因為戰爭，劃江而治，符合美國利益，但國共和談，在美國馬歇爾主導下，亦談崩了。大使司徒雷登捱到 1949 年 8 月才離開中國，四個月後蔣介石逃到台灣，美國亦無可奈何，但這場中日之戰的啟示，是全國人民必須同仇敵愾，自力更生。美國援華戰爭之初，飛虎隊都是志願軍，而不是正規軍，美國有多少投入呢？自力更生，艱苦奮鬥，是必須的。

五、抗美援朝戰爭 (1950 年 10 月–1953 年 7 月)

1949 年 10 月 1 日，新中國成立，百廢待舉，美國就將戰爭強加在中國頭上，中國面臨「打與不打」的抉擇，毛澤東不信邪，選擇了打。「抗美援朝，保家衛國」，經過連續五次戰役，中朝聯軍將美國這個世界盟主，從鴨綠江趕回三八線，戰爭進入僵持狀態；美國憑制空和制海權，以炸彈、大炮和飛機作本錢，要中朝讓出 1.2 萬平方公里作為補償，毛澤東斷然拒絕，提出「談，可以；打，奉陪」的答案，和 2019 年的貿易戰多相似！經過艱苦卓絕的「談談打打，打打談談」，終於取得抗美援朝戰爭的最後勝利。其中最出人意外的是麥克阿瑟被杜魯門中途換帥，撤銷其聯軍統帥職務，由李奇微接任，一年後再換克拉克，直至 1953 年 7 月 27 日為止。此戰美國支出 400 多億美元，中國戰費 25 億美元，1953 年 7 月雙方簽訂《朝鮮停戰協定》。1958 年志願軍全部撤回中國，自當年起 10 月 25 日為抗美援朝紀念日。實踐證明，戰場上得不到的東西，談判桌上也很難得到。美朝關係處於敵對一直延至 2019 年，66 年了，仍無改善，美國一直制裁朝鮮。到特朗普上台，放棄重啟六方會談，改為元首會面，一見在新加坡，二見金正恩在河內，並無寸進，但朝鮮已發展成擁核國家。美國對朝外交，是其敗筆之一。

六、兩彈一星（1960-1970 年）

「兩彈」是指 1964 年成功發射的原子彈和三年後的氫彈（1967），「一星」指 1970 年成功發射的人造地球衛星，這是在美國的核威脅和蘇聯撤走專家之下，中國自力更生而成功。當年的海歸如錢學森、鄧稼先等發揮了大作用。這批「兩彈一星元勛」，「幹驚天動地事，做隱姓埋名人」，且看西方拚命防止核擴散，打擊伊朗、朝鮮，便知當年中國如何不易。沒有核彈，沒有發言權，當年恥笑「寧要核子，不要褲子」是書生之見，當時還有很多支持者。

這是封鎖中國的二十年，但「封鎖一百年，我們甚麼東西都有了」，現在不是「科技封鎖」又來了嗎？ 2020 年都到 5G 時代、AI 時代了！中國的科技人才培養亦起來了，不會像 50 年前那麼艱苦，「華為華為，中華有為」。那年代，任正非正在當兵呀！誰又料到，「要不來，買不到，求不得」的核心技術，也如「兩彈一星」，得投入大量 R & D[1] 支出，自己發展出來呢？科學家黃大年至死仍堅持「振興中華乃我輩之責」，只有「自力更生」的精神，「艱苦奮鬥」的意願，將壓力變為動力，才是立於不敗的方法。2019 年 8 月 9 日，華為宣佈鴻蒙（Harmony OS）操作系統面世，在美國政府大力打壓之下，有自主的系統，其作用有如 1964 年 10 月 16 日的原子彈面世。同時華為在壓力下，站穩了道德高地。防人之心不可無，確是管治良言啊！

七、咄咄逼人的二十世紀九十年代

二十世紀九十年代的中美三大事件：1993 年美國扣留檢查中國船隻「銀河號」，中國忍耐；1999 年美國「看錯」地圖，炸了中國駐南聯盟大使館，死了 3 人，只差 15 分鐘，死亡人數可達數十人，連大使都性命不保，中國忍耐；2001 年中美南海「撞機」事件，中國空軍駕駛員死了，中國也只能忍耐。這三宗事件證明「落後就要捱打」，但亦因此，中國軍隊生產出很多種

1　Research and development，研究和發展。

武器。中國每一變，「國防建設與經濟建設」同步協調發展。

2001 年中國進入 WTO，經濟大躍進，國防亦大躍進。2001 年美國亦遭逢「9‧11」事件，從此不能再維持昔日光輝。2018 年以來美國所採取的遏制中國的手段，只會加速美國自身的衰落，中國亦將在以芯片為代表的新科技大力投資，封鎖只能逼出一些更爭氣的工程，中國工程師的實力，不再是吳下阿蒙了。美國的衰落已不可止，只因它不再是遵守法治的健康民主之國，不再是移民之夢，高科技領域人才三思何處去，政治僵局無法打破，醫療體系支離破碎，基礎設施落後，不能追上 21 世紀的需求了。

美國也不再是世界最後的消費者所在地，中國可以在歐盟、東北亞、東盟，甚至「一帶一路」國家，找到新的市場擴充地，而美國卻無法填補中國市場的空白。因為盟友們事實上亦是競爭者，自己也有同樣產品。世事就是如此。

八、 WTO 申請案（1986–2001 年）

中國自 1986 年 7 月申請恢復其 GATT（關稅及貿易總協定）締約國地位，開始與多國談判。最大憤慨當然來自美國領頭的西方國家。經歷 15 年的時間，終於在 2001 年 11 月 10 日晚上 6 時 35 分，由 WTO 第四屆部長級會議通過加入 WTO，這 15 年間，連 GATT 都改名 WTO 了。中美談判，歷經列根、老布殊和克林頓 8 年，由共和黨談到民主黨，處處刁難，「科技產品禁運」、「大陸市場開放」、「零關稅」，層出不窮。而其盟友日本、加拿大、歐盟，亦是「老大不簽」，他們不敢。情況膠着，中國不能入世，拿不到市場地位，就是撒手鐧，直至克林頓末年，要有一項拿出手的政績，才下必須談成的命令。中方龍永圖出陣亦無符，最後要朱鎔基親自出馬，當場交換幾項條約，才告塵埃落定。

克林頓當年沒有不滿意，16 年後特朗普卻不滿意。入世不能推翻，於是有可以推翻 WTO 的言論，抵制 WTO 而不通過裁判法官之舉，層出不窮。中國入世後，無疑成為世界工廠，成為世界貿易第一大國，顯然不是特

朗普和他的鷹派所樂見。關稅之舉，在美國看來是靈丹，但 89 年前胡佛所為，正是最佳證明 —— 只會引起世界貿易大蕭條，連任亦不得。但 89 年的歷史，對美國人太久遠，不能成為前車之鑑，奈何！

結論

綜觀上述八大事件，其實第九事件貿易戰正在進行中，而且還全是持久戰，中國不得不吸取以下經驗：

- 要有堅強的領導層，不會退縮，迎難而上；
- 制定正確的戰略，針對對方的弱點；
- 早有準備，防人之心不可無；
- 爭取外援，但要自力更生；
- 加強教育科技投資，培養人才紅利；
- 全民敵愾同仇，上下一心，防止分散；
- 科學家做驚天動地事，艱苦奮鬥不可急；
- 一般人做好份內的事，努力消費。

2019 年 8 月 10 日

東西方換位的亞洲世紀

東西文化的最大分別，演變到 21 世紀是：東方以人為主，西方以選民為主。更諷刺的是西方「抱殘守缺」，要力抱民主懷舊；東方反而力求創新，面向未來。東方拚命於基建，令人民有更多選擇；西方拚命於軍備，獨沽一味，所以東方出現互聯網革新、e 商業革新、高鐵革新、WeChat 革新。「苟日新，日日新」是古老當時興，是正面的。

西方卻保護主義復活，民粹主義復活，金融危機復活，聯盟解體復活，亦是古老當時興。只是東方的古老有 3,000 年，西方的古老只有 500 年。令西方人更不解的是，東方的習大大、普京的民眾支持度，遠高於西方的特朗普、馬克龍等領袖們。

過去 15 年，西方不斷送大禮，由小布殊從 2003 年開始，出兵進攻伊拉克，除了令西方花了一萬億美元外，西方道德高地亦盡失。奧巴馬並未能扭轉形勢，美國國內更分裂，西方聯盟內亦民粹主義復起，英國脫歐，法國有運出了馬克龍，死了民粹主義的勒龐，拖慢了民粹腳步。

2008 年西方繼續送大禮，金融系統大穿幫，政府不干涉，沒有 QE123 這幾筆巨款，西方必定癱瘓。但「白鱔上沙灘，唔死一身潺」，今日這筆巨款在股市興風作浪，股市再不是經濟指標。因為企業的成功指標 EBIT（稅前息前利潤）都人為降低多年，但利率一升，形勢大變。

2018 年，特朗普雪上加霜，再送大禮，保護主義出招，盟友也要加關稅，打破全球化的進度，東方笑納。二千年初，當「亞洲世紀」概念面世，西方不信，但領袖送大禮，善哉！

2018 年 3 月 14 日

重新發現資本主義

錢穆在《中國歷史精神》一書中說：「每一好制度，必須有一種良好精神來維持。若精神一衰，最好的制度也要崩潰的。」

這句話放諸中外都一樣適用。以美國而言，根據 Max Weber 的理論，資本主義制度是配合以清教徒的勤奮和無私奉獻的精神，才有這百年的成功。但清教徒的精神已經被享樂主義精神所取代，如今再加上「美國優先」的精神，只知利己，不知利他，制度的崩潰是必然的。這是歷史的精神。

無法為大多數人帶來幸福

西方商學院有心人，提出資本主義要「重新發現」（Re-imagining）的必要性。資本主義已無法為大多數人增加財富和帶來幸福，美國貧窮家庭的孩子賺得高薪的比率只有 6%；香港人的幸福排名列全球倒數第七；大自然的環境愈來愈壞，會影響到下面幾代人；商業和政治領袖既無能力亦無意

願，將利益攸關者的利益，放在個人利益和短期利益之上。

當然，資本主義自 18 世紀以來已經歷多次改變，馬克思甚至將資本主義全盤否定，但資本主義畢竟亦在工時限制、利益攸關者理論和三重會計報告（Triple Bottom Line）方面下過功夫，20 世紀更加上社會保險這一項。但始終敵不過「股東資本主義」，過去幾十年的季度收益比較和股票期權分紅，最後導致 2008 年這次學界所稱的「大衰退」（Great Recession），至今未恢復原狀。當前學界對資本主義的最大任務，是發展出一個步驟，去達到一種負責和可持續的資本主義。要臻此境界，需要的是「有遠見的領袖、有思想的策略和無瑕的執行」，三者合一，資本主義得救。有可能嗎？

2018 年 7 月 4 日

西方精英陷焦慮

西方精英最焦慮的是「民主價值觀」。全球倒退，而「專制價值觀」居然有了市場，因為「民主」只能決策遲緩，而「專制」卻能一錘定音，哪種方式才有良好的效果，見仁見智。西方要領導是「庸才」，東方追求「明君」。

這是文化差異，西方精英既死抱自己的文化，不去了解別人，焦慮是活該的。西方的「衷心無誠，盡出於偽」，錢穆在五十年前就得出結論。讓東方學人知道，西方人在彈藥充足，生活十分優裕時，是表現得寬容守信的。但在相對衰落之際，崇尚謀略而不講戰略信譽的本性就出來了。

美國過去 18 個月表現出來的，是一切協議都是可逆轉的，換了人就可以一切不承認。國際協議從此無信用可言，美國自己制訂的 WTO 規則，一到情況逆轉，就變成不公平，就要反悔。最後悔是當年放走錢學森和一班中國留學生，中國居然變了擁核國。如今 3 萬名在美讀科學科技的博士生變成美國眼中潛在偷科技者。老兄，這些人是交學費來學藝的，不一定要留下來。中國的「千人計劃」吸引留學學人回歸，變成美國眼中的偷技術計劃；美國企業以過氣技術換市場，又變成「強制技術轉移」，多麼的不自信。

中國的 2025 科技升級計劃，是任何有上進心的國家都會計劃的，就變成美國眼中的挑戰其科技霸權。美國就是不知，領導世界可以霸道，亦可以王道，霸道是用武力威脅和利益誘惑，成功了也是不受歡迎的領導。中國文化講王道，要用樣板示範，要公平、正義、仁道的，但在西方精英眼中，又變成「危險侵略行為」。不要怪特朗普無連貫性，精英也好不到哪裏去！

2018 年 8 月 9 日

全球貿易 40 年變化

美國人為甚麼對全球貿易如此焦慮呢？回看二戰後的 1948 年，美國貿易執世界牛耳，是 21.59%；中國百廢待舉，只是 0.89%，連印度也有 2.21%，可見日本侵華禍害之劇。

中國 1978 年改革開放，外資仍在觀望，1981 年仍只佔全球貿易的 1.09%，真是急不得。但中國求得暫安 40 年，2017 年佔了全球貿易 12.77%，而美國已降至 9%，產業外移，全球化是 40 年來大勢所趨。時至 2018 年，幾乎沒有一家跨國企業不牽涉中國業務，負責人不再是開荒牛，而是總行的中堅分子，明日之 CEO。

要進入中國市場，就要明白中國十九大在推行甚麼。跨國企業不一定成為中國市場的領導者，把技術（當然不是最高層次）轉移給中國的競爭者，連台灣的企業亦如是。但中國如此就淪為美國眼中的偷技術者，到美國學藝，變成美國眼中的間諜，針對新技術的學生簽證，更由 5 年縮至 1 年，可憐的學子們！

特朗普應運而出，最大好處是脫掉美國的偽善外衣，令中國看到真相：要更努力彌補人工智能、大數據、半導體領域的不足，以及改變「加工者」的地位。其實美國進口中國商品只佔中國製造業收入大約 3% 而已，回報率有限，而中國的出口有六成來自跨國企業，所以 13% 的全球貿易佔有率也是虛的，美國何必如此焦慮！當然，中國業務如手機和汽車的市場已超

過美國本土，一榮俱榮，貿易戰變成熱戰，跨國企業利潤必受影響，直接影響下半年的股市業績，最後也是全球股民埋單，不只是美國。焦慮傷身，何苦哉！

2018 年 8 月 21 日

世界 100 年間變化有多大

　　根據北京大學出版社的《全球通史》一書，1763 至 1914 年這段時間，是歐洲直接或間接成為全球主人的時代，政治、經濟、文化、武力都冠絕一時。1800 年，歐洲宗主國的人均收入，與殖民地和半殖民地區的人均收入比例是 3 比 1，到 1914 年這個比例是 7 比 1。

　　100 年過去了，歐洲再不是宗主國了，殖民地都獨立了，但變化走兩極。英國的人均收入在 2017 年是 39,869 美元，是印度 1,958 美元的 20 倍，當然新加坡 53,870 美元和香港 46,000 美元反超越了前宗主國。中國 100 多年前是半殖民地，如今「富起來」了，但人均收入 8,643 美元，仍只是美國 59,501 美元的七分之一。當然，中美 100 年前不是殖民地和宗主國的關係，如果中國沒有改革開放，那差距會有多大？

　　1876 年，歐洲的工業生產佔全球 65%，美國 23%，合共 88%；1913 年，歐洲下降至 48%，美國上升至 35%，合共 83%；1945 年，美國上升至 50%；如今美國 25%，歐洲 25%，合共只得 50%。世界當然變了，中國要人均強起來，還有一段長路，所以要歐美人士要放棄他們 100 年來累積的優越感，還是蠻難的。

　　《全球通史》還紀錄了 1899 年前後，歐洲人被認為是上天注定的統治者的時代。那時，印度人恭敬地稱呼他們為「大人」Sabib，中東人稱他們為「先生」Effenoi，在非洲則是「老爺」Bwana，在拉丁美洲他們被稱為「恩主」Patron，在香港則是「大班」Taipan。在這種情況下，歐洲用自我中心的視角去看世界，不足為奇。當然殖民地的少數上層分子，有學習西方的機會，

他們由不加鑑別地讚美西方的一切，到回歸自身傳統文化，費時極久！

2018 年 9 月 3 日

全球經濟新定義

　　IMF 出爐世界經濟增長報告，2018 年增長率預測維持 3.9%，恐怕是樂觀了，很快就要調整。中美貿易戰已開始了，這是一場持久戰，中國 GDP 成長率 6.6%，而美國仍有 2.4%，這是真的嗎？

　　美國是全球開戰，世界不同地域的 GDP 成長率，歐元區要降 0.2% 至 2.2%，英國更只得 1.4%，日本亦被下調 0.2% 至 1%，日本個人消費和投資都疲軟。IMF 預測德國、法國、意大利都被下調 0.3%，法國因世界盃冠軍效應，個人消費轉好，也許不致下調 0.3%，1998 年那次就是如此。但德國和意大利無此福分了，意大利選舉右翼化後，歐盟政治風險大增，如今更被特朗普定性為問題最大的「敵人」之一。

　　西方陣營一家親不再，那麼世界經濟成長來自何方呢？東盟嗎？印度嗎？印度 GDP 成長率仍有 7%，但分量不夠重，保不了歐盟、日本之失；新興市場受到匯率和資金流出之苦，用美元計算的成長極其有限，所以 IMF 估計影響會到 2020 年才發生，成長率下降 0.5%，折合 4,300 億美元，看來有點保守。

　　貿易戰盡顯特朗普好賭一鋪[1] 的性格，不到破產不收場的歷史紀錄，到破產後才講數[2]，要對賭方 Haircut，才不愧 Dealer 的稱號。

　　美國貿赤 8,000 億美元若能一鋪清，世界經濟下跌 4,300 億美元，屬於濕濕碎[3]，「美國優先」的真正企圖「美國獨尊」，當小兄弟者一定要踴躍支持。

1　粵語，量詞「局」。
2　粵語，討價還價，談判。
3　粵語，小意思。

今後「全球化」的意義只能是「非美國化」，不考慮美國市場仍可生存的企業，才是安全的企業。

IMF 一再批評美國，導致恐怕華盛頓也住得不安穩，難怪主事人想搬家！

2018 年 9 月 5 日

300 年來的體系交替

回顧全世界過去 300 年，1700 至 1900 年是英國主導的帝國主義和殖民主義體系，其間有法國和德國作為挑戰者，但文化相同，挑戰的是領導權而不是體系。1914 至 1945 年是二次世界大戰，中間加上一個經濟大蕭條時代，羣龍無首，直至二戰結束，英國交出領導權。

1945 年至今是美國主導，殖民地消失，美國推出自由、民主、全球化的資本主義。但直至 1991 年之前，蘇聯推出共產主義與之抗衡，以蘇聯解體為終結，但俄羅斯並未投入美國懷抱，美俄關係亦無改善。美國獨霸亦不過 10 年，就發生了「9‧11 慘劇」，本來要打擊「儒家文明」的小布殊，改為面向中東，要實現布熱津斯基的中東「大棋局」理論，誰控制中東中亞，誰就控制全球。

但歷史從來不從人願，佔領伊拉克無功而退，反而國債狂升，美國的道德高地後退，2008 年金融大災難引起全球「大衰退」，慘如上世紀三十年代的「大蕭條」。美國例外的「政府不干預」，亦變成大干預，銀行「大到不能倒」，亦保住頂層 1% 的財產，貧富更懸殊。

10 年後更嚴重，奧巴馬虛耗 8 年，所有業績在特朗普的「逢奧必反」下，不到兩年已清潔溜溜，但亦只能冷嘲熱諷，無所作為。奧巴馬的「重返亞太」戰略是在希拉莉當國務卿時代建立的，特朗普擴大為「印太戰略」，其實只加上一個印度，要對抗中國「一帶一路」倡議。但印度雖是美國「盟友」，在這次貿易戰也受池魚之災，匯率大貶，美國真的可以合作嗎？四處

樹敵，戰線太長，是歷史上大國沒落的徵兆，中美關係是世界秩序的大棋局，只看如何下這步棋！

2018 年 9 月 10 日

匯率波動期又來了

貶值是不是世界末日呢？回顧 1997 年亞洲金融風暴，亞洲貨幣大崩潰，一年後的 1998 年 6 月 30 日，各貨幣基本跌定了。傷最重者是印尼盾（-84%）、馬幣（-39%）、韓圜（-36%）、菲律賓披索（-37%）、泰銖（-38%）；其次是印度盧比（-21.4%）、台幣（-20%）、坡元（-14%）和日圓（-13%），毫髮無損的是港幣和人民幣。

如此渡過了 20 年，到 2018 年 9 月 5 日，亞洲看來不錯，雖然近月因中美貿易戰而動盪，但 20 年來，兌美元升值的有泰銖（+27%）、日圓（+28%）、坡元（+23%）、人民幣（+21%）、韓圜（+23%）、台幣（+12.4%），連印尼盾亦升（+1%），馬幣微跌（-2%）。而大貶值的居然是印度盧比（-36%）、菲律賓披索（-22%）。印度 2018 年第二季，GDP 還上升 8.2% 呢，如何解釋呢？人民生活會很苦嗎？

再看「金磚五國」中其他三國的貨幣，20 年來，俄羅斯盧布貶值 91.9%、巴西雷亞爾貶值 71.7%、南非蘭特貶值 58%，但「金磚國家」最近 10 年有不錯增長。俄羅斯仍是核大國，美國仍視為重要對手。再看在中東舉足輕重的土耳其，上次貨幣危機在 2001 年，當時一美元可以兌 65 萬土耳其里拉，一貶至 165 萬，是 60%；2005 年取消了百萬之數，改成一美元兌 1.65 里拉；2009 年再換成新里拉。這次和美國對着幹，土耳其新里拉一貶至一美元兌 6.43 新里拉，自 2001 年危機前至今亦貶了 90%。

當年日子難過，不能出外旅遊，不能買外國貨，但大家亦都捱過來了。如今又到如何評估貨幣波動風險的時節，20 年前選擇去印度、菲律賓，單是匯率已經虧了，不要說是營運風險；南向雖好，匯率歷史不可不知。當然

「一帶一路」亦有此風險，要高回報才成！

2018 年 9 月 12 日

另一角度看雷曼事件

回顧雷曼兄弟破產，問題不在 2008 年 9 月 15 日發生了甚麼，而是源頭在哪一天。歷史說是 2007 年 7 月 16 日，美國第五大投行 Bear Stearns 宣佈旗下兩隻次按基金已經「歸零」，說明銀行次按風險已無法控制。

但事件燃燒了 14 個月，期間在政府安排下，摩根大通在 2008 年 3 月收購基本上已破產的 Bear Stearns。同年 7 月，美國政府再出手救了房利美和房貸美（此二公共機構若破產，外資死傷無數）。最後不肯救雷曼兄弟，才導致一日股價跌 94% 之慘劇，其實雷曼股價在 2008 年全年都在跌跌跌！

其後 AIG 和美國五大銀行都不妥，全球 20 個國家的銀行系統亦散了，事件一直擴散到小布殊下台、奧巴馬上班日。2009 年 1 月 20 日，道指 7,949 點，小布殊 8 年，道指跌了 25%。奧巴馬 8 年後下台日，道指 19,732 點，上漲了 1.48 倍，當然得益是財富最高羣的 10%。特朗普上台，到雷曼 10 年的紀念日前夕 9 月 14 日，道指 26,154 點，上升了 32.5%，能否保持到 2020 年 1 月 20 日，相信很難。

經濟循環主導一切，天命也，有論者曰：雷曼兄弟破產日，道指跌破 8,000 點，上證指數跌破 2,000 點，相差 4 倍。10 年後的 9 月 14 日，道指 26,154 點，上證指數 2681 點，相差近 10 倍。133 年歷史的紐約股市的成分股和只有 28 年歷史的上海股市成分股能否相比呢？機構投資人股市和散戶投資人股市能相比嗎？

美國股市市值是中國 5 倍，但若論 P/E，美國是 32 倍，中國是 12 倍（日本是 27 倍），日後在跌市中，誰會有更大下跌空間，理至明顯。禍兮福所倚，福為禍所伏，至理明言！

2018 年 9 月 21 日

十年間變幻無窮

2008 年至 2018 年間，中國和美國有何大變化呢？美國總統已由小布殊換到特朗普了，美國頂層 10% 人羣雖然在「九一五」雷曼事件中吃了大虧，但 2018 年已完全超越，貧窮的人固無錢買股票，只能更窮。貧富懸殊加劇，這是為何美國的老白男人人投特朗普，搞貿易戰在所不惜。

其實，2008 年中國剛超越美國，成為第一貿易國，但中美 GDP 增長率只是 10% 和 9% 之比而已。到 2018，中國升至 13%，美國仍是 9%，如何能不生氣，都是奧巴馬之過。所以，逢奧巴馬贊成的必要反對。2008 年「中國崩潰論」仍大有市場，2018 年則變成「中國威脅論」了。

2008 年，中國的 GDP 是美國 31%，2018 年至 65%，升了一倍。2008 年，中國高鐵元年，京津高鐵啟航，時速 350 公里。如今中國高鐵四通八達，由零發展至 2.2 萬公里。2018 年 9 月廣深港高鐵通車，可以轉接全國。

美國這 10 年，還未有高鐵。2008 年筆者還未有手機，2018 年用了華為幾年，華為已成為世界第二大智能手機品牌，是少有的沒有美國市場，仍可以存活的高端企業。美國政府全力抗拒華為入侵，當然是以虛偽的安全理由，華為不是不想有美國市場，更重要是如何活得更好。

2008 年筆者為沒有內地信用卡而感到不太方便，2018 年已用微信支付，不用帶現金出街。2008 年沒有「一帶一路」的概念，2018 年亞投行、金磚銀行都在營業了。2008 年之初，上海股市由 2017 年 6,124 高點一直下跌至 1,664，下跌了 73%，中國股民撐過來了，2018 年 8 月仍在 2,750 點以上，貿易戰開始了。出外就餐沒有起步價，三億中產消費者出現了，市場太大了！

2018 年 10 月 3 日

二戰後的貿易史

　　看世界經濟史，1945 年二戰後，美國是出口大國，世界市場佔有率為 20%，戰後的日本、德國百廢待舉，只佔市場的 1%，中國更不用說。但經過 30 年的復興，德國、日本都追上來，德國已和美國各佔 12%，日本已追至 8%。

　　美國不再優先，但美國選擇向日本出手，1976 年至 1989 年的 13 年間，用了當年的 301 條款，對日本的汽車、鋼鐵、藥品和半導體進行調查，也是以消減出口逆差為名。1976 年日本的 GDP 只是 5,620 億美元，是美國的 30%，強弱懸殊。到 2018 年美國向中國開貿易戰，美中的差距是 35% 而已，並不懸殊，但美日之戰打來打去，逆差只是愈來愈大，日本車索性去美國生產，在美國本土賺美國人的錢。

　　日本人最苦是簽了《廣場協議》這不平等條約，要日圓不斷升值，由 1985 年初的 1 美元兌 250 日圓，一直升值到 1995 年的 1 美元兌 79 日圓。如何有競爭力呢？只能出外投資設廠。日本也真厲害，戰鬥了 14 年，1989 的 GDP 增長仍維持在 4%，直至 1992 年進入「迷失 20 年」，增長才下降。1992 年至 2012 年的 20 年間，GDP 成長率只有 0.66%，那已與貿易戰關係不大，因為中國已崛起。

　　2008 年，中國出口佔世界份額已達 10%，德國和美國 9%，日本 5%，美國仍未出手。中國到 2001 年才准入 WTO，已延後了 15 年，美國當然誤判中國人的製造能力。2016 年中國出口份額已升至 13%，美國和德國則在 8% 至 9% 相持，中國已成世界第二大經濟體，和日本當年不可同日而言，但美國仍要人人如日本般臣服，可能嗎？威信已失啊！

2018 年 10 月 5 日

一萬億美元的概念

美國總統特朗普以關稅挑戰中國和各盟友，效果是適得其反，知名顧問公司估計，在 2017 年 5,252 億美元貿易逆差的基礎上，2018 年是 7.393 億美元，2019 年更將達 1 萬億美元。不單如此，美國在 2018 年的 6 個月內，國債增加了 1 萬億美元，達 21.4 萬億美元，是 GDP 的 110%，國債增速是 10%，相當於 2018 年 GDP 預估增長率 2.5% 的 4 倍，利率若增加 1%，2019 年平均國債息率 3.5%，單是利息已達 7,800 億美元。

貿易戰若在 2019 年並不停息，特朗普即使把 5,000 億美元中國商品加徵 25% 關稅，亦只得 1,250 億美元，只是利息費用的 16%，政府夠不夠錢出糧[1]呢？又關門大吉乎！減稅的結果如何，2019 年自有分曉，財政赤字有多大，最少也要 1 萬億美元，美國股市可以再衝一年到 2019 年底嗎？存疑！

財赤 1 萬億美元，貿赤 1 萬億美元，國債增加 1 萬億美元，這三個 1 萬億美元是夠頭痛的。在民間又如何？2018 年美國個人循環貸款（主要是信用卡）超過 1 萬億美元，和 2008 年金融海嘯時差不多，美國學生貸款更是達 1.5 萬億美元，比 2008 年時 1 萬億美元多了 50%。

1 萬億美元是甚麼概念呢？蘋果和亞馬遜在高峰時的市值於 2018 年打破 1 萬億美元，美國三大銀行，摩通、美銀和富國加起來的總市值也是 1 萬億美元。若以 GDP 計，在亞洲，一個印尼、二個台灣或三個香港都是 1 萬億美元。若出了事，怎麼算呢？這些 1 萬億美元在 2019 年如何變化，將影響很多人的生計，至於「一帶一路」上的投資何時達到 1 萬億美元，亦是至關重要，達到這個水平，一切大好！

2018 年 10 月 10 日

1　粵語，發薪水。

世界大事往續

購買力平價和匯率

　　際此美國向新興國家大打貨幣戰之際，重看購買力平價下的人均GDP，恍如隔世。2017 年，中國的人均 GDP 恰是世界平均水平 16,324 美元，排在世界第 79，是排第 11 的美國的約四分之一，但大城市如上海，數字已到 35,924 美元，只是約二分之一而已。中國還擁有排世界第 2 的澳門（114,420 美元）和第 9 的香港（61,016 美元），購買力極強，只是在本地買不起樓而已，出外仍是強的。

　　不可忽視的是，排第 19 的台灣（49,827 美元），比排在第 28 的日本（42,659 美元）要強 17%，真的嗎？日本人外遊已無復當年風光，那倒是真的！俄羅斯 27,840 美元（排第 48），希臘 27,776 美元（排第 49），土耳其 26,453 美元（排第 53），三國排在一起，這次大貶值，到 2018 年底排名，肯定大降級，大概會落在世界平均數之下。1997 年亞洲金融風暴中第一個陷落的泰國排在第 72 位，17,786 美元，比中國還稍高。當年匯率跌得最慘的印尼，20 年後又回到 1998 年的慘境，1 美元兌 14,560 印尼盾，遠遠排在第 97 位，12,378 美元。被視為明日之星，給人力捧的印度，匯率是 20 年底點的 1 美元兌 70 盧比，遠遠排在第 122 位，7,174 美元，只是美國八分之一，要追多久才能有資格成為美國的敵人呢？安心吧，最少下半世紀！

　　上次金融風暴裏跌得很慘的南韓，今次只能排在第 30 位，39,387 美元，落後台灣，這次匯率能否守住上次紀錄的 1 美元兌 1,200 韓圜，是一個疑問。貿易戰，中日韓同受影響，不可能幸免，匯率危機，這次不單是在土耳其周邊，亞洲也受影響，最後發展不可知，但人均 GDP 排名大兜亂不可免。邪氣已生，十分明顯。

2018 年 10 月 12 日

反思民主制度和資本主義

麥肯錫公司董事長及加拿大舒力克商學院院長、教授合編了一本談資本主義沒落的書,中文簡體字版譯為《反思資本主義》。20 世紀中,資本主義的確在工時限制、利益攸關者理論、三重底線和社會保險方面下了工夫,但終於不敵「股東資本主義」,在 21 世紀一敗塗地,引致 2008 年的「大衰退」。

貧富懸殊無法糾正,不能不作反思和修正,否則資本主義在 21 世紀再無立足之地。其實,21 世紀何止資本主義出事,美國民主體制亦面臨長期大失敗(哈佛教授 Graham Allison 語),美國若不重建有效的民主制度,後果就是綜合實力的衰退。美國在全球推行了美式民主 70 年,實現了的只是「形式民主」,民眾的權力只體現在投票那一刻,此後就各安天命,再等下一次投票而已。

21 世紀美國的綜合實力相對衰落,具體表現,例如美國的盟主地位再難以一呼百應,跟 20 世紀時的「一言九鼎」大有分別;歐盟由英國領頭加入亞投行更是最佳例子。

此外,日本居然敢私會朝鮮官員,在上世紀亦屬不可思議。中國的迅速崛起,令美國無法適應;另一方面,美國自認為在 20 世紀末擊敗了蘇聯的共產主義,但蘇聯變了俄羅斯,並未投入資本主義陣營,還在普京領導下漸趨復興。

有關資本主義和民主制度的改革,書中指出三大要素:「有遠見的領袖,有思想的策略,無瑕的執行」,美國社會準備好了嗎?當然,21 世紀才走到 2018 年,還有 82 年的時間去培養有遠見的領袖和堅強的執行隊伍,但別人會等着不進步嗎?

2018 年 10 月 31 日

全球化的盛衰因果

《全球通史》談第一世界和第三世界之間的人均收入比率，在過去二百多年的差距如下：1800 年是 3 比 1、1914 年是 7 比 1、1975 年是 12 比 1，過後就沒有數字了，是繼續升還是降呢？1975 年是中國改革開放前三年，中國人均收入才 178 美元，全球人均收入是 1,440 美元，美國人均收入是 7,800 美元，歐洲地區人均收入是 4,234 美元，與美國差距頗大。跟全球收入人均水平相若的，是墨西哥的 1,445 美元；若以歐盟作為第一世界平均數計算，相差 11 倍的是泰國（351 美元），而中國和美國的人均差距是 43 倍。

第三世界冒起

42 年後的 2017 年，世界範圍內的人均 GDP 有何長進呢？世界平均上升 7.3 倍，美國上升 7.6 倍，跟世界整體差不多；中國上升 50 倍，中國和美國變幅差距為 1 比 6.7，中國還要繼續改革。若仍將歐盟代表第一世界（33,700 美元），泰國代表第三世界（6,593 美元），則第三世界和第一世界的比率是 1 比 5；第三世界有大長進，因為中國和印度都有大貢獻，第三世界將佔世界 GDP 的 50%，會否引起第一世界的恐慌呢？

看人均 GDP，美國以中俄為敵手，若論人均 GDP 之比，中美為 1 比 5.1，俄美為 1 比 5.6，俄國人均剛巧是世界平均人均的 10,700 美元，中國還差 21% 才到世界平均水平。但美國精英們已緊張到不得了，由俯視到敵視，也就是 40 年間的事，西方的技術、觀念和制度全球化了 40 年。《全球通史》的作者認為，正是第三世界在「有選擇地採納西方文明來對西方進行更有效的抵抗」。西方全球霸權本來神聖不可侵犯，但凡事必有陰陽盛衰，成功全球化帶來西方相對衰落，現正在挽救，但數字就如此說。

2018 年 11 月 16 日

分裂的西方文明

歷經挑起全球貿易戰、「特金會」、「特普會」後，特朗普的支持率升至 45%，仍是近代最低。同時共和黨選民的支持率為 88%，只有「9．11」後的小布殊比他高（90%），但若共和黨選民和民主黨選民各佔一半的話，民主黨選民的支持率只有 1%。這是一個分裂的美國。特朗普訪歐後，稱歐盟為「敵人」，說歐盟不加軍費，就可能自北約撤軍；又和普京「稱兄道弟」，說明「意識形態」不重要，原則也不重要，只有「共同立場」才重要，不過再邀普京訪華盛頓，並未獲熱烈反應；又批德國是俄羅斯俘虜，德國人反應如何？84% 德國人認為他是「完全荒謬」，認為沒有美國軍事支持，歐洲也能保護自己者達 58%，不能者佔 37%。

北約真的有那麼重要嗎？歐洲一年為此花一萬億美元值得嗎？就算美俄和解能獲成功，歐洲面臨的俄國威脅是否就能減低呢？歐盟地大，不是克里米亞啊！俄國人想重返歐洲大家庭，只是特朗普卻想歐盟垮台，「同宗同源」在特朗普風暴中不是中流砥柱，歐盟更走向窮途末路。似乎歐洲人不經過一次分崩離析，不能充分了解到政治和經濟團結的價值，歐洲不在未來三四十年出現一個偉大的政治家，歐洲文明的封建分裂不可免，那與特朗普風暴關係不大。

美蘇冷戰 50 年，以蘇聯解體為終結，但華盛頓並未能統一整個歐洲文明，也未能同化俄羅斯，如今更發生大西洋鴻溝，但歐洲文明的生命力也是強壯的。天下合久必分，分久必合，歐洲要從長時間來看，脫歐、仇俄都是歷史的一瞬，幾十年後，又另一回事了！

2018 年 12 月 3 日

世界貿易前景

美國人為何如此焦慮？中國 GDP 欲追上美國，還要等到 2030 年，足足 12 年呢！但貿易不同，2015 年就超過美國了，2016 年美國追回來，但 2017 年江山又不保了。2017 年中國內地貿易總額 41,052 億美元，佔全球 11.48%，美國佔全球 11.06%，輸一個馬鼻[1]。但若將中國內地及香港的 11,402 億美元一起計，佔全球百分比是 14.67%。那美國是輸一條街，軍火賣得再多，也不過是 1.4%，這保護費其實是有限的！

四小龍貿易總額佔全球比例的排名，是香港第一（3.19%），韓國第二（2.94%），新加坡第三（1.96%），墊底的台灣（1.61%）約是香港的一半，表現確實欠佳。當然，可以說有很多台商在大陸那條數未計，但沒有超國民待遇，這些台商有多少可以存活下去？

中日韓三國的貿易總額，加起來佔全球 18.25%，故中日韓自由貿易區豈可成功？哪時沒有「毒丸條款」？只好搞個釣魚島事件，於是乎一拖就是 7 年了。中韓的雙邊自由貿易區倒是在 2015 年底簽妥，這下美國認為怎麼得了？韓方一定要推出「薩德方案」，中韓關係自然轉壞。日本貿易總額佔全球 3.84%，韓國想超越，也就成空了，只能排在第九；韓國想和朝鮮和好，也要特朗普批准，當真可憐！

中日韓合作成美國眼中刺

金磚四國又如何，貿易總額加起來也佔世界的 16.25%，其中印度 2.08%，俄國 1.65%，巴西 1.04%，有點意外是巴西如此多資源，但貿易上尚不如馬來西亞的 1.15%。無論如何，安倍轉了軚，又來訪中國了，中日韓

1　賽馬用語，比喻相差不遠。

貿易區是比美日或美韓各自為政潛力較大的,對金磚四國前景亦可持樂觀態度!惟一障礙當然是中美貿易戰的發展對全球貿易的影響,先看 2018 年第四季就會有苗頭。但無論如何,即使 2020 年真的有衰退,長期而言,貿易還是會增長,因為有新血!

2018 年 12 月 5 日

亞洲世紀的聯想

　　19 世紀是英國世紀,20 世紀屬美國世紀,21 世紀是美國世紀的延續,還是亞洲世紀呢?從人口角度看,亞洲 42 億人佔全球的 57%,到 2018 年,亞洲 GDP 為 29.16 萬億美元,佔全球的 36%,已超過歐洲和北美洲的 28% 及 25%。

　　亞洲擁有全球第二大經濟體中國,及排第三和第六的日本與印度,雖然日本自 1995 年的頂峰以後,因匯率問題並無寸進,但中國和印度仍以可觀的速度增長,亞洲 48 個國家的潛力,肯定比歐洲和北美強。只是歐美仍控制着高科技,不肯外傳,日後亞洲投入更可觀的研發資金,要與歐美並駕齊驅亦是可待的。

　　「一帶一路」欲串聯歐亞大陸,再加上蓄勢待發的非洲。雖然非洲 GDP 只佔全球的 2.8%,但 12 億的年輕人口,只要肯加以訓練,由 2.3 萬億美元躍升至 23 萬億美元,依中國經驗並非不可能(中國 40 年飆 53 倍)。非洲只要來 10 倍,在 21 世紀下半葉出現「非洲奇跡」亦非妄想。當然,目前南美洲的 5.1 萬億美元 GDP 是非洲的兩倍,若「一帶一路」由印尼、菲律賓開一條分支,走上當年西班牙開發的舊航線也可,只怕美國要守住其後花園,不給南美洲機會而已。

　　美國世紀是否終結,還看本屆美國總統特朗普有多大能量,其國運要看是否長期維持「老白男」政治。中期選舉只是一場春夢,雷聲大雨點小,特朗普已為 2021 年再選熱身,到時已 75 歲,對手若為今已 78 歲的桑德斯,

就是老當益壯了。美國的年輕人都去了哪裏？Techie 只搵銀乎！奇也！

黃背心觀察

　　來到巴黎兩週，跟各路英雄談黃背心運動，由聲勢浩大到逐漸無聲，也是法國中下階層的悲哀。此次運動導火線是在油價下跌前提高汽油價格，若是遲兩週才做，汽油價大跌，也就成不了問題，這是馬克龍政權的不幸，也不是法國人的大事。

　　黃背心是來自大巴黎郊區和外省人士，原是和平宣泄，但混入不法分子，結果釀成禍亂。但也不算甚麼大禍，因平日若有喜慶，如法國得了世界盃，一樣有人燒車。基本這兩週，若不看電視根本不知外面有事；同時遊行只出現在星期六，其他日子生活如常，不在法國的人只看傳媒畫面，對事態過慮了。

　　有人大喊馬克龍下台，但若看民調，法國其他政治人物支持度更低，馬克龍若今日再選舉，只會必勝。所以法國政府要加強罰則，處理暴民，這些暴民與和平大眾是有分別的。當然，法國目前要進行大變革，有如中國歷史上王安石變法，已拖了 50 年的不變。法國已到臨界點，但法國人卻表現出「怕變」的心態，這是改革大障礙。

　　英國「無序脫歐」在即，法國要領導歐洲是必然的，但內政不穩，外交也無從談起。法國正在大力吸引外資，要取代倫敦金融市場，不加財富稅都是為了振興法國，中下層階層認為被遺棄了，這是歐美普遍現象，才有極右翼的興起。但黃背心中，右翼、左翼、中間，甚麼人都有，沒有統一意志，不知自己想要甚麼，最後被認為「不想變」。法國人連中小企的經營方式也是數十年不變，如何追上現代！慘也！

讀民主的危機

在美國出生的烏克蘭裔哲學家 Chomsky 已經年屆 90，但頭腦清晰。最近接受日本雜誌訪問，作出值得人類細心思考的議論，記錄如下：美國總統特朗普是人類歷史上最危險的人，原因不是和中國打貿易戰，而是「放寬危險化石燃料煤炭的使用限制」，讓人類在 10 至 20 年後無法有序生活。

特朗普是由民主程序選出來的，但決定性因素是「收入處於下層的 70% 的美國人」，他們在 10 年前選了奧巴馬，然後兩年前又選了特朗普。民主在美國也無法發生作用，因為受到富裕階層（即 0.1%）的攻擊，國會議員只會為金主制訂政策，而不是為普羅大眾。

從歷史上看，影響最大的是近 30 年來新自由主義崛起，導致普羅大眾的「收入停滯，公共服務倒退」，1% 卻受到優待。處於收入下層的人當然憤怒和不安，要找替罪羔羊來釋放情緒。在歐洲，人們選擇了敍利亞和阿富汗的難民。（在美國，特朗普選擇了中國，但真的會成功嗎？）

氣候變暖的危害，人所共知，美國前國務卿蒂勒森，身為埃克森美孚的前 CEO，當然知之甚詳，但被炒了。目前特朗普的態度是「只要現在能賺錢，就無所謂人類會否在不久的將來無法體面地生活」，Chomsky 稱之為「終極的邪惡」。任由氣候變暖，海平面未來會上升 6−9 米，導致南亞沿海地區數百萬人淪為難民，特朗普到時不知在哪裏了。

氣候變化的害處足與核武器相提並論，民主的失效和人類的未來息息相關。Chomsky 說「是時候拿出我們的決斷力」，美國人會聽嗎？

2019 年 1 月 28 日

法國人的思路

跟法國各路英雄聊天，發現他們的定見真是根深蒂固，同時又容易接受傳媒的誇大報道，最近他們的說法是中國經濟崩潰了，世界也要亂了。筆者說，中國經濟增長率由 6.9% 下跌到 6.6%，就是世界末日嗎？那麼美國由 4.2% 大挫至 2.9% 就沒事了？日本在 1% 停滯不前已 10 年，但人們還是把日本股市當作安全島，又是甚麼思維？

2018 年中國 GDP 達 90 萬億人民幣，IMF 預計今年增長 6.2%，那就是 5.6 萬億元（人民幣‧下同），即使 2020 年縮至 6%，也增加 5.8 萬億元，實際數字仍屬上升，而不是衰落。5.8 萬億元是甚麼概念？在 2020 年，多於 1 個沙特阿拉伯（5 萬億元）或瑞士（4.9 萬億元），約是 1.4 個台灣（4.1 萬億元），而香港（2.4 萬億元）與新加坡（2.2 萬億元）加起來也不及。很容易嗎？

另一個問題長在法國人心中不改，是中國領導要玩終身制了，這是指國家主席的兩屆制取消。那麼在此之前就可以接受嗎？答曰：是的。這班老兄們又抨擊中國是槍桿子出政權，但軍委主席從來沒有連任次數限制，黨總書記同樣不設，這兩個職位比起國家主席，哪個是有實權的呢？

同時，德國總理默克爾不是已歷四任，到 2021 年就 16 年了嗎？她是自動放棄再連任，否則長選長有。中國也是要投票的。日揆安倍不也由兩任改三任，他亦有自由去改為四任，羅斯福也曾因戰爭而連當四屆美國總統。

中國在此「危急存亡之秋」（西方要壓制中國之際），中國領導要多當一兩任又有何不可？反正是「中國特色」，法國人不總是戴着有色眼鏡看這問題嗎？願法國人恍然大悟，善哉！

2019 年 2 月 15 日

這是一個好時代

《讀史論人生》（商務）中，筆者討論了 1895 至 2015 年間的各代青年，每代各有背景，究竟哪一代最值得信任？120 年過去了，五四青年，也已經百年了，最新一代青年又要出現了，是不是更值得信任呢？從人口統計來說，每一代的「人精」和「人渣」的比例是差不多的，機會亦均等，誰能出頭看「人運」，亦看「國運」。

有些人出頭了，擾亂世界，有些人則安定世界，但歷史地位如何，要百年後才能定論。最後能留下來，為人所知，是因為健康的原因，留不下來的可能更優秀，但沒有在保命上下功夫而已。

中國文化講究「持久」，美國文化講究「速戰速決」，講究「持久」，要求耐力、毅力、戰略和信念，要訓練中國青年注重這四者。「速戰速決」只能取勝一時，無法持續，且看美國入侵伊拉克，17 年了，結果無疾而終。所以中美之爭亦在青年之爭，等今日 20 歲的青年到了 50 歲，人們才能看到結果。

了解自身文化是王道

西方哲學家曾說過：「如果一個時代讓你覺得很不適，很焦慮，充滿危機感，惶惶不可終日，每天戰戰兢兢，如履薄冰，說明這是一個好時代。」

不確定的時代會是好時代嗎？安逸亡國，多難興邦。中國人面對着表面上被民意綑縛的「特朗普美國」，但背後還有一個「反中」百年的刻板美國。中國積弱時，它反對，要「分散中國力量」；中國轉強時，它則要打擊制止中國前進。

內地青年要充分了解這個現實，才能在持久戰中抗衡。120 年來多少人在「美國夢」中醒來，才有了文化自信，知道多了解自身文化，才是正道！

2019 年 3 月 8 日

安倍經濟救平成？

日皇明仁今年 4 月退休，幹了 30 年餘，謂之平成 30 年。令人聯想起「萬曆十五年」，大勢已到頂，誰幹都沒有意義。平成最後一位首相安倍晉三有所謂「安倍經濟學」，成績如何呢？

若以 GDP 看，用日圓為標準，安倍 2013 年上任，當年 GDP 是 480 萬億日圓，2018 年 548 萬億日圓，上升 68 萬億日圓，升幅 12.4%，每年 2%，和 1960、1970 年代起飛階段不能比。不過，若以美元計算，因為貶值關係，2013 年是 5.16 萬億美元，2018 年是 4.97 萬億美元，反而縮水了。

貧富懸殊，人口老化

縮水最大是中小企業家人數，1986 年有 530 萬，2014 年 380 萬，減少 150 萬人，安倍當政只照顧大企業，所以股市由 8,000 點升至 20,000 點，算是最佳業績。然而，社會貧富懸殊增加，日本的「白色企業」[1] 消失了或被變賣了。人口老化也是大問題，人口孤單問題甚大，35% 的人口獨自生活，超級市場賣的蔬菜肉類，以一人分量為主流；電視節目教人煮菜也是以一人分量為主，再無節目為一家四口考慮。

國家和地方借的國債，6 年來亦增加 175 萬億日圓，教育經費降至 GDP 的 3.5%，在經合組織（OECD）國家中算低級生，比法國的 5.4% 差得多，但法國亦叫苦連天了。

日本企業在 1989 年是世界企業龍頭，世界十大銀行有八家是日本的，筆者的東家排第九，像是日本外的世界第一了。但俱往矣，如今已被中美瓜分。企業狀況更差，最大的豐田在 40 名外了。有人誤信日本 IT 行業暗中領

1　指制度健全、對員工友善，從而社會評價良好的企業，與「黑色企業」相對。

導世界，但為何 5G 龍頭們沒有來自日本的呢？所以安倍救不了平成時代！嗚呼！

2019 年 3 月 25 日

朝鮮的好日子在何時

　　朝鮮在美國人眼中本是「世界上最集權、最不開放的經濟體」，何以在特朗普眼中忽然就變成最有「光明前景的經濟體」呢？答案是棄核。朝鮮目前的 GDP 是 300 億美元，人均 1,200 美元，這是被聯合國制裁多年的結果，如果取消制裁，經濟發展當然會有進展。但亞洲其他小國，未被制裁的，柬埔寨人均 1,300 美元，緬甸人均 1,400 美元，巴基斯坦人均 1,550 美元，印度人均也只是 1,900 美元，菲律賓人均 3,000 美元，哪個算是景況光明呢？這次美朝峰會的地點越南，人均也只是 2,340 美元，變成越南就很光明嗎？

　　小金不知怎麼想，過去 40 年最光明的經濟體必然是中國，其 GDP 實體上升了 238 倍，那是聰明、勤奮又樂於拼搏的中國人民做到的。朝鮮人口只有 2,500 萬，學中國很難，越南人口也有 9,000 萬，朝鮮也很難跟越南學。

　　反而兄弟之邦南韓，人口只得 5,000 萬，比較相近，但分離 70 年，朝鮮半島的兄弟們是不是一樣的性格呢？上世紀，朝鮮半島由 1910 年起被日本殖民 35 年，社會階級被分化，那些貴族士大夫的後人去了哪裏，是在北方，還是南方呢？

經濟理論上可超南韓

　　目前朝鮮和南韓的經濟體量 GDP 相差 50 倍，人均相差 25 倍。是不是可以追上來？還是最後如東西德，合併後就不分家了？但理論上是可以追的。40 年前，深圳 GDP 是香港的 1/570，0.175%，在 2018 年超越香港，40 年上升 21.5 倍，也是大躍進，但深圳以科技取勝。經濟增長，最後還是看人力資源，是人口、智商和教育的總和，深圳有全中國支援，朝鮮的人力

資源怎麼看呢？難明！

2019 年 3 月 29 日

令和之思

平成將逝，令和快臨，是不是愚人節的噱頭呢？據日本年號專家的選擇，年號來自日本古詩集《萬葉集》的詠梅詩：「初春令月，氣淑風和」，是八世紀成集的作品。

靈感是不是二世紀東漢張衡的《歸田賦》：「仲春令月，時和氣清」，不重要。但若專家們讀過相傳是孔子作的《禮記・經解》，恐怕就不會說與中華經典無關了。當然也有研究說此經解乃偽託孔子，但按那樣的說法，也是戰國末期的作品，原句是「發號出令而民悅謂之和」。這句「令和」更有意義，因為安倍既然在「令和」時代又要修憲，又要擴軍，能「令出人和」，是皆大歡喜。這篇解析，除了說明「和」之外，還分析了「仁」、「信」、「義」，十分通透，上下相親謂之「仁」，民不求其所欲而得之謂之「信」，除去天地之害謂之「義」。

《經解》又說：「義與信，和與仁，霸王之器也，有治民之意而無其器，則不成」，所以安倍要稱霸，不止要和，還要「仁信義」，才能真正治民成功，只要和，是不足的。春秋五霸裏齊桓公的成功，是靠管仲幫助行仁政，方能稱霸，雖然齊桓號稱有五好，但「好酒、好色、好馬、好狗」問題不大，只要能「好士」，就有士人投奔，而能稱霸。21 世紀，日本能否稱霸，頗成問題，很明顯日後是「二超多強」的局面，而不是五霸先後稱雄的形勢，美國在，安倍自然不能顯出稱霸的雄心，只求「氣淑風和」，是低姿態。但漢文化自七世紀入東瀛，薰陶已久，取任何年號，都逃不出已經出現過的情況。可能做到「和仁信義」是大好事，何必隱諱呢？孔子之言呢！

2019 年 4 月 3 日

漢文化培養日本國力

1603 年，明朝第三位昏君萬曆正在享受他當皇帝的第 31 年。日本則進入德川家康的江戶幕府時代，15 代的德川大將軍們，雖然鎖國，但在日本全國範圍內，普及日本民眾的漢文素養，以日本自行創造的訓讀漢文方法，解讀漢文。

1860 年，江戶幕府最後幾年，日本識字率（漢文）達 54%，是世界之冠，西方也無此紀錄。中國在對應江戶幕府的 264 年間，進行了朝代交替，由大明變成大清，變了部族統治。人口由萬曆時代的 6,000 萬人口，變了同治元年的 4 億人，由慈禧執政。

人口增加了 7 倍，但讀書人並未增加，部族政治用的是愚民政策，最怕讀書人太多。大清和朝鮮一樣，漢文僅限於上流知識分子階層，沒有大規模的學校。大清人口 90% 都是農民，日出而作，日落而息。到清末，大清子民的識字率只是 5%，部族政治的禍害大矣。

日本的江戶時代 264 年，通過漢文文化基礎培養出可以迎接近代化的國力。1867 年明治天皇開國，進行工業化；28 年後甲午之戰，擊敗大清；37 年後，在大清土地上擊敗俄羅斯。明治時代，日本人更大量創造漢字詞句，回饋中國。多少今日漢字用語，來自東洋。當然，漢文教育只出文科生，而現代化最需是理科生，沒有現代科技，一切工業都是虛的。大清末年有所謂洋務運動，只注重買槍炮戰艇，對科學研究未有重視，浪費了 50 年。到民國初年，才有理科出現，中國人等了 100 年才每年有 400 萬的理科生和工程師出現。科技立國，誠不容易！

2019 年 4 月 8 日

歷史上的大國輪迴

看英國由英倫三島到全球殖民，成日不落帝國，經二次世界大戰，美國崛起，加入歐盟，脫歐，到「拖歐」，基本上就是歷史上大國輪迴的軌跡。最後英國甚至不是英倫三島，因為愛爾蘭已獨立了，只餘北愛，200 年間，歷史變化如此；美國今日亦到頂了。

英國當年當然不願意放棄老大地位，最少文化上如此，是當年宗主。但歷史潮流無法擋。且看匯率吧，英國在 1821 年本來是金本位制，1 英鎊兌 7.32 克黃金；二戰期間實行固定利率，1 英鎊兌 4.03 美元；但二戰後要貶值，1 英鎊在 1946 年只能兌 3.58 克黃金，兌美元在 1949 年只能兌 2.8 美元，從此漸進式貶值；1967 年 1 英鎊兌 2.4 美元，到脫歐公投前，1 英鎊兌 1.5 美元。

英國加入「一帶一路」屬必然

如今脫歐變「拖歐」，1 英鎊兌 1.3 美元，前途當然不看好，脫歐之後，歐元交易為何仍要在倫敦呢？法蘭克福和巴黎已磨刀霍霍，英國只能希望人民幣海外交易興起，成為離岸人民幣中心，但不能一蹴即至，是很明顯的，加入「一帶一路」是必然之舉。意大利已開 G7 的先河，在 2019 年 3 月簽了合作文件，英國還能遠嗎？

德國的海口已得實利，法國正在加把勁，英國不能因「拖歐」而放棄其他要務，雖然 2019 年 10 月 31 日是期限，但看來仍可拖，歐洲不願「無序脫歐」發生是很明顯的。正如中美貿易戰的期限本在 3 月 1 日，亦延後了。英國打回原型是二戰後才開始的，已經 74 年了，要拖也拖不了多久。英國遭殃，歐盟就能獨好嗎？這是「無妄」之年，無錯也會有災，還是小心好！

2019 年 4 月 12 日

廿年的變化可以極大

1999 年歐元面世，定價 1 歐元兌 1.18 美元，美國人當然視為大敵，拚命打擊，但歐元力量比德國馬克要堅穩得多。20 年後，2019 年，世界使用美元支付佔 40%、歐元佔 34%，穩佔半壁江山；英鎊 7%、日圓 3.5% 及人民幣 2%。人民幣跨境支付系統仍需努力，期諸 20 年，看 2039 年會如何。

市值下降非無妄之災

1999 年前，美元是獨霸者，世界支付使用率在 70% 以上，所以凡事拖長來看就不一樣。正如 1999 年，世界上市值最高、管理最一流者，非通用電氣（GE）莫屬。CEO 中子彈傑克，是 MBA 學子們的偶像，評分 AAA，但 20 年後，評分降為 BBB+。

2019 年被定為 Reset 之年，重新啟動；但世界已進入 21 世紀，GE 市值只有蘋果的十分之一，能追得回來嗎？GE 曾是美國實力象徵。另一個是波音，波音市值亦只得蘋果的九分之二，市值下降不是無妄之災，而是有妄。

假以時日迎頭趕上

近年中國亦出現大飛機 C919，還不是美國競爭對手，但已可自食其力，「先為不可勝（意為先求不敗），以待敵之可勝」是《孫子兵法》的精粹。

2000 年中國零售市場金額是 4,720 億美元，只是美國零售市場的七分之一；2019 年中國零售市場預計大幅上升，將會是 5.7 萬億美元，將超越美國的 5.6 萬億美元，美國只上升 3.3%，當然人均零售消費額，美國仍是 16,600 美元，是中國的 4 倍。但內地人口多，愛奢侈品，中國市場對外國供應商更吸引，所以短短 20 年，中國和美國的變化已極大。正如錢穆所言，中國不在變革之不速，而在暫安之難得。再買 20 年的暫安，有代價也值得！

和歷史上的偉人打交道

《讀史論知人》（商務）介紹大量歷史人物，其中不少是歷史上的偉人，而現代的自學之道，就是學會和「歷史上的偉人」打交道，了解他們的為人之道，是「知人」的基本功，即使目前世上最成功的投資家，也列這點為首。呂思勉 50 年前就教人與古人溝通，少看暢銷書，因為要求讀者最大化，書就要將思想水平降低，亦會被時代淘汰，道理很明顯，但不深思就不察。西方人還有一句名言：每天慢慢向前挪一點，到最後如果你夠長壽，大多數人將得到他們所應得的東西。東方只有四個字：「愚公移山」，這個精神是東西共通的。

要有毅力，最重要是有體力。要小孩少打遊戲機、多運動，亦是今日父母自救之道，沒有鍛煉和健康，就沒有體力，就不能在關鍵轉折點發力；拚命追逐一生，筋疲力竭，也就無法如願以償了。筆者中學、大學時代打球，「永不言倦」、「亦不言敗」，對日後工作有無限助力，體力充沛方能任大事。

體力充沛方能任大事

剛毅第一，反覆無常，人生大忌，絕不會是一流人物的特性。嫉妒亦是人生的大病，愛攀比而又嫉妒，更被嫉妒驅策一生的人，是最苦惱的。「知人」亦是看穿人的特性，是不是合作的對象，只好一時一刻的輸贏，看不見人生長河，而夜不能寐，太慘了。

人生是一場馬拉松，要長期保存體力，有永不言敗的毅力。知道對手的實力，保持自己的定力，不為外面壓力而改變戰略，不怕被人暫時超越，不好一刻的輸贏，是歷史偉人們的心得。知人知己，便知天！

2019 年 5 月 22 日

時代呼喚傑出人物

筆者在《讀史論知人》的總結中指出：「歷史規律證明，時代變革需要並造就傑出人物，就算沒有，也會把他們創造出來，號召、組織、指揮人民群眾去完成這個時代的任務。」

1987 年，任正非以 2.7 萬元，創立華為，意為「中華有為」，成績雖好，但為人低調。這十年來，知馬雲、馬化騰者多，知任正非者少，加上並未上市，無人炒作。華為再好，人們知的仍是蘋果，誰又料到美國出了一個時代人物特朗普，傾舉國之力，攻一個 75 歲老人，綁了他的女兒，還要合盟友之力，全力圍攻。從而創造出這樣一個局面 —— 一個看起來普通的任正非，卻是曠世奇才，傑出人士，是「持久戰」的執行者，指揮着華為的員工，奮力抗戰，早已準備好應戰糧草，長期作戰。

當然筆者又說：「歷史的變動是由於多種力量合併而成，如能『合力』則成功，只是『分力』則失敗。」時代進步的失敗，是因為缺乏堅強明智的領袖，令社會無法「合力」。領袖要有「人品人格」，也要有「人緣人情」，看來任正非都具備了。能身先士卒，不偷生怕死，才能鼓勵員工奮戰，所以他說過：「除了勝利，我們已無路可走。」

任正非具備領袖素養

如今美國打擊華為，已不是一家公司的事，而是中國科技進程的事，一定要合全部人民的力，團結在一起。對方是工具文化，只求勝利，一切都是工具，「衷心無誠，盡出於偽」，萬變不離其虛偽。無論成敗，任正非已名垂千古，是傑出人物。他的對手只是歷史上的時代人物，時間一過，就如第31 任的美國總統胡佛，大搞關稅，但後世誰記得他呢？

2019 年 5 月 24 日

胡佛四年的傑作

　　回顧美國歷史，共和黨總統胡佛 1929 至 1933 年一任四年，比照他和共和黨總統特朗普的生涯，也許有些啟示。胡佛上任七個月就遇上「黑色星期一」的 10 月大跌，至同年 10 月 28 日跌幅達 18%，至 29 日跌幅達 22%，至 11 月跌幅更達 48%，最低到 198 點，但 1930 年 1 至 3 月間，股市回彈至 297 點，一切看似大好。

　　可是，在胡佛任期內的 1930 年 6 月 17 日，國會通過了斯穆特-霍利關稅法案，在原有關稅率 35% 上再加 20%，全球徵稅。工人大喜，投資者大驚，這是當年美國的窮人和富人之爭，股市大跌回 207 點，美國成為全球關稅最高地區。全球其他國家只有採取同樣行動，哪裏有盟友之情？

　　胡佛也是「美國優先」之徒，驅逐墨西哥移民的法案生效，銀行出事，1930 年前半年，471 家銀行倒閉，全年 1,350 家銀行暫停營業，美國出口縮水，1930 年由佔全球 5.25% 跌至 4.44%，汽車產量只是產能的 50%，大宗商品下滑 25%，農產品急降 29%。1930 年 5 月至 1932 年 11 月，股市暴跌 3 次，通用汽車股價由 92 美元跌至 7 美元，美國鋼鐵股價則由 262 美元跌至 21 美元，著名經濟學家也盡失家財，終生潦倒，不能翻身。

　　1932 年證明政府干預也無法防止經濟下滑，流動性危機導致最後一段在 1932 年大跌，直至 6 月才算觸底，股市一路下跌經歷兩年八個月。聯儲局曾建議胡佛免德國賠款 40%，以及免戰爭債 70%，但胡佛拒絕。歐洲經濟更慘，而南美本來欣欣向榮，阿根廷被評級為 Aa，但卻發生叛亂，德國希特勒已出現。1930 年 11 月民主黨橫掃中期選，1933 年胡佛爭取連任，敗給羅斯福。歷史重演，會嗎？

2019 年 5 月 29 日

大國衰微看百年

　　看大國衰微，有時要 100 年後更清晰。1919 年，一戰之後，大英帝國並未失去殖民地，仍是日不落之國，絕不肯放棄其領先角色，1 英鎊仍兌 4.1 美元，今日兌 1.3 美元仍有掙扎。這個開始衰落的大國，亦有土地 3,400 萬平方公里，是世界的 25%；人口 4.5 億，是世界的 22.5%。2019 年連英倫三島也保不住，愛爾蘭已獨立，只餘北愛爾蘭，成為脫歐的麻煩之一，北愛是實際佔有，有一半的英格蘭人移民此地，擁有投票權，否則亦早已脫英了。還有蘇格蘭亦不穩，今日土地只餘 24.4 萬平方公里，是全盛時代的 0.7%，微之又微，人口只 6,000 萬，倒仍保持全盛時代的 15%。

　　財富方面，當年百萬富翁已經了不起，當然雲集大英帝國。21 世紀，以億萬富翁來算，英國只有 54 人，位列第七，還不如香港的 67 人。和第一名的美國 585 人比，零頭不及，和第二名的中國（373 人）亦相去甚遠，這才是衰微。當然英國仍有倫敦這個金融中心。

　　1999 年，歐元面世，英鎊並未報銷，倫敦反而成為歐元交易中心，歐盟諸國，始料不及，法蘭克福還未準備好，而當時英國仍是歐盟一分子。到 2018 年 10 月，拯救倫敦的居然是人民幣，倫敦成為離岸人民幣交易中心，人民幣美元兌換交易，超過英鎊歐元交易，人民幣美元每日交易量 730 億美元，而英鎊歐元交易只是 660 億美元。脫歐後，英鎊歐元交易只會更少，沒有人民幣交易，倫敦如何維持金融中心地位？但何以香港和新加坡都未能爭取這一生意呢？英國能善待今日這位老二，忘了當年就好。

2019 年 6 月 5 日

世界銀行業 25 年大洗牌

筆者《日本經濟四大教訓》一書中記錄了 1993 年世界 21 大銀行的資產排名，日本獨領風騷，佔了 16 家和資產的 81%，其餘五家，兩家是來自法國的里昂和法農（已合併），以及匯豐、德銀（在談合併）和中國銀行，美國銀行一家都沒有上榜。富士資產達 5,380 億（美元，下同）排首位，至於排名 21 的大和，資產為 2,620 億元，當時中國最大的中行，資產 3,340 億元。

25 年過去，美國和日本的銀行都經過大合併，中國四大銀行崛起。去年全球最大銀行排名頭四名都來自中國，以工行居首，資產達 40,274 億元，是 25 年前排首位的富士的 7.5 倍；中行是四大行中最小的，資產 30,922 億元，但仍是 25 年前的 9.2 倍；建行排第二，資產 33,765 億元；農行則以 32,865 億元排第三。日本 21 大銀行合併成三大行，但只有三菱日聯入十大，資產 28,128 億美元，排在第五位，其他均未入圍。

日本銀行已無力戰江湖，美國重新入圍，其中摩通排第六，資產 26,225 億元，美銀美林資產為 23,545 億元，排第八。25 年來美國十大銀行和投資銀行大合併，變成 TBTF（Too big to fail，大到不能倒），2008 年差點全軍覆沒。美國四大銀行只有兩家入圍全球十大，總資產合計 9 萬億元，而中國四大行總資產則達 13.8 萬億元。中美銀行業務都佔其國內業務 50% 左右。

中國銀行業資產比美國大，是不爭的事實，這是 25 年前想像不到的。估計中國銀行業總資產達 28 萬億元，美國銀行業則達約 15 萬億元，中國人存款遠遠高於美國。至於排在第九和第十的，居然是法國的法巴和法農，資產也有 2.3 萬億元和 2.1 萬億元。最稀奇的是，德國經濟在歐洲稱冠，但銀行卻不爭氣。英國飽受脫歐問題困擾，英資只有匯豐和渣打仍活躍，其他免談了！

2019 年 6 月 19 日

大戰略的比較

大國之爭：「十年看領導，五十年看戰略，百年看文化」，中美之爭亦作如是觀。1945 年至 1991 年，美國大戰略是和蘇聯競爭，場地在中東。1991 年初，老布殊在海灣戰爭獲勝，國內支持率達 90%。1991 年 12 月，蘇聯解體，美國自以為大獲全勝，但 1992 年老布殊競選連任失敗，戰爭戰略敗給克林頓的經濟問題。

1993 年至 2001 年是克林頓時代，美國是「無可置疑的超級強國」，但克林頓並無留下大戰略。到 2001 年底，中國進入 WTO，是克林頓讓了一步，但克林頓建立甚麼大戰略呢，好像沒有？有亦全被小布殊推翻。2001 至 2008 年是小布殊時代，一上場對中國態度就是負面的，但「9‧11」出現，注意力去了反恐，又一個戰爭總統，國內問題累積到下台前的 2008 年金融危機。這 8 年小布殊沒有魄力去建立大戰略，亦看不出中國的復興速度。

2009 年至 2016 年是奧巴馬處理小布殊爛攤的 8 年，只是累積國債。到第二任期，才推出「重返亞太」的戰略，但並不執行透徹，只挑起一個南海問題，台海仍在桌底，經濟上的策略採用了 TPP[1]。但特朗普一上台就廢了，取而代之是貿易戰，以壓制中國對美國的超越，只是策略。

「一帶一路」聯通「歐亞大陸」

而中國已在 2013 年推出「一帶一路」大戰略，聯通「歐亞大陸」，6 年有成，已與 127 國家達成協議，外加 29 個國際組織。2013 年至 2018 年的「一帶一路」貿易額已達 6 萬億美元，絲路基金已達非洲，非洲大陸亦已加入「一帶一路」，「人類命運共同體」已成形。內地金融界投入「一帶一路」

1　Trans-Pacific Partnership, 跨太平洋夥伴關係。

的融資已達 4,400 億美元，美國只指摘造成「債務陷阱」，那可是美國人發明的！

2019 年 6 月 21 日

20 世紀百年大變局

20 世紀的百年大變局，是歐洲各國自相殘殺，令歐洲變成廢墟，美國則乘勢而起，得歐亞者得天下。

1944 年美國建立布雷頓森林體系，即以美元作為中心的國際貨幣體系。1947 年推出馬歇爾計劃，成為歐洲大債主，盟友人人要聽話，形成「美國統治下的和平」，但當時欠缺了蘇聯和中國兩個敵手。直到 1979 年中美建交，1991 年蘇聯解體，美國在克林頓時代（1993–2001 年）才真的是「毋庸置疑的世界第一強國」，但也不過是 8 年光景。其中還有一個重要節點，就是 1971 年 8 月，時任美國總統的尼克遜取消美元和黃金的連繫，美元由每盎斯黃金兌 35 美元，到 2019 年每盎斯黃金價格高達 1,300 美元，美元兌黃金相對貶值了多少？世界貨幣隨之而已。

1948 年美國在世界經濟的比重是 50%，到了克林頓時代已降至 30%，但仍是超強，中國仍未出頭，還在申請進入 WTO，克林頓一直拖。中國自 1986 年申請開始，被阻了 15 年，到克林頓下台前才放手，因為這也算「業績」的一部分。

美國由二流國家變成超級強國

美國自己種下的種子，是在阿富汗培養阿蓋達組織來對抗蘇聯，這也是布熱津斯基的「得中亞者得天下」的棋盤理論。但推而廣之，中亞是連繫歐亞「一路」的戰略要地，而實質是歐亞大陸是一個整體。世界大勢和歷史如此看，在 19 世紀英國和俄國就在這塊土地上爭個不亦樂乎，世人忘了喀什的存在，要 21 世紀才再出頭。所以 20 世紀的大變局，是美國由二流國家

崛起變成超級強國，但是由戰爭而起，並非仁政。

2019 年 6 月 24 日

2019 年 6 月要事記

2019 年 6 月下旬，世界政經好不熱鬧。6 月 20 及 21 日，習大大首訪平壤，「習金會」當然會談到如何應付特朗普，才有 6 月 30 日朝鮮三八線的特金握手。其後 G20 在大阪舉行會晤，在「習特會」中，朝鮮問題當然也是議題之一，一切都是連鎖反應，不要忘了。6 月 21 日，特朗普在最後一刻取消空襲伊朗，否則中東戰火又生，3 萬億美元用來燒銀紙只會令美債雪上加霜。同是 6 月 21 日，美國又把 5 家中國超級計算公司放入黑名單，這是繼華為之後又一大動作。美國人在 G20 大會前，的確是用盡全力，極度施壓，還要把貿易額最後 3,000 億美元的關稅加到 25%，作為最後一注，但聽證會九成六與會者都反對，國內壓力不可謂不大，但結果是 Time out，且看下回又有何新招。

特朗普以推升股市為己任，2018 年最後一季大敗，但物極必反，2019 年前半年，標普 500 指數反彈 17%，是 1997 年上半年以來最佳，從歷史看這不是好消息。1997 年下半年發生甚麼事，亞洲人最難忘：亞洲金融風暴 7 月由泰國開始，吹及印尼、南韓，那可不是無妄之災。貿易戰後，半導體業不景氣已不可免，G20 無法在反保護主義和全球變暖兩件事達成共識，只能 20 減 1，1 是美國，真是第一也。

法國最高溫破了 2003 年紀錄，高達攝氏 45.9 度，工作機會則變冷。福特歐洲裁 12,000 人，德銀投行部裁 7,000 人，歐洲人更痛苦了，但最少歐洲貨幣支付系統 INSTEX 終於運行了，否則連伊朗石油也不能買。下半年有劫，恐怕歐洲受影響最大！

2019 年 7 月 3 日

21 世紀百年大變局

「美國統治下的和平」延續了 57 年，到 2001 年的「9‧11」事件，就開始解體了。美國培養的阿蓋達組織反噬，炸了紐約兩座大廈，全球都看見了。美國不是那麼安全，槍擊案亦頻頻發生，國內安全部成立，全球監聽，CIA 的「撒謊、偷竊、欺騙」為榮（國務卿語），手段文化表露無遺。小布殊變成戰時總統（美國歷史 243 年，只有 16 年不打仗，誰不是戰時總統？卡特好點，所以活到九十幾）。

美國因打仗而債台高築，但 2008 年雷曼兄弟破產案仍來了，全國金融系統崩潰，10 年後仍未恢復，沒有中國出手大買美國國債，全球都不妥。這段期間，中國脫穎而出，俄國重拾舊勢力，伊朗成為死敵，伊拉克失控。而國內貧富懸殊益重，1% 的人財富劇增，美國白人中產極為不滿，乃有 2016 年 11 月，特朗普以小競選資金勝持巨資的希拉莉。政治素人入局，自戀狂，推特治國，「白人至上」抬頭，老白男治國，發動貿易戰爭，要遏制中國之心，路人皆見。但特朗普畢竟是時代人物，只能在他的時代，揚威耀武，拋棄前代，犧牲後代。

中國勢成全球第一經濟體

若看 2050 年發生甚麼，就知與特朗普無關。美國不論如會計師 PWC 或者高盛的未來預測，2050 年世界第一經濟體是中國，其 GDP 佔全球比重約為 20%，排第二的印度則為 15%，美國只是 12%。20 世紀是美日聯手超過 50%，2050 年美日聯手佔 14%，亞洲四傑加上歐盟 27 國，比重達 50%，歐亞大陸更高。「一帶一路」連接歐亞，延伸到中東和非洲，美國孤立不可免，印度崛起，世界大國要達成新平衡，放眼來看可也！

2019 年 7 月 5 日

中美百年六個 C

中美關係百年歷史分三段，第一段是 1949 至 1979 年，這 30 年美國戰略就是 Contain：防範兼壓制，但並不成功。中國成為擁核國家，若沒有這一實力，中國只是朝鮮。這段時間，尼克遜當副總統，聽了戴高樂的忠告：「不要等中國強大了才去承認她」，所以才有 1972 年的中國行。但中美建交還是多等了 7 年，直到卡特時代，才達成「一個中國」協議。在特朗普治下，甚麼協議都可以改的，也是籌碼。1979 至 2019 年這 40 年，加了兩個 C，Connect（交往）和 Cooperate（合作），包括經濟交流、人文交流，但誰也改變不了誰。

中國變成了世界工廠，提供廉價生活商品，美國失去工業生產力，中國多了環境污染，成為洋垃圾收藏地，不是沒有代價的。中國民工犧牲了家庭生活，留守兒童知多少，所以中國人均 GDP 達到世界平均數是應得的。西方科技傳入中國者，只是二流部分，先進的都在禁止之列。連台商都是如此，否則台積電老早全廠搬來了，何必等到今日尚且如此！

得人才者得天下

不要怪特朗普，他只是反覆，國會反華是堅定的，同時已持續百年以上，由《排華法案》便如此！往後 30 年的 2019 至 2049 年又如何？中國建國到時百年了，我們會見到中美之間三個 C。Compete（競爭），特別是人才，海歸已是無路可走，且看其他國家的人才哪裏去，研發經費要捨得。Confront（對抗）是必然的，美國人只信強者，退讓只會讓美國人更狠。Conquest（征服），美國當然想，還無所不用其極，但得人才者得天下，被人才拋棄，才是大危機，看天命吧！

2019 年 7 月 29 日

亞洲化世紀來臨

從世界歷史來看，19世紀全球歐洲化，歐洲列強全球殖民，傳教經商，東亞的中日韓不同程度歐洲化。洋務運動、明治維新是19世紀的產物，短期內日勝中敗，但歐洲文化並未深入東亞，科學卻已萌芽了。

20世紀全球美國化，下半世紀更甚，馬歇爾計劃令美國變成全球霸主，最大變化是世界進入電腦時代和互聯網時代。美國遙遙領先，全球人才都有美國矽谷夢，學成留不下來，回國創業亦是亞洲人發達之機會。美國領導的歐洲文化雄霸全球，知識分子言必美國精神，美國資本主義擊敗蘇聯共產主義後，美國更成獨霸。直至1999年5月8日，美國炸中國駐南聯盟大使館。1915年5月9日是民國四年五九國恥日，袁世凱政府接受日本《二十一條》，中國人毋忘歷史。

美國2000年進入科技泡沫階段，2001年「9．11」事發，美國永遠無法恢復2000年時的全球主導地位，甚至2016年奧巴馬最後一年的脆弱而穩固的地緣政治地位，亦未必能保住。美國要以4%的世界人口主導全世界一切的日子過去了，甚至美國加上他們的高加索盟友亦已是13%世界人口。21世紀將是亞洲化世紀，中國、印度、巴基斯坦、東盟加上日本已是40億人口，超過全球50%。

中國文化領導的亞洲化由2020年開始，還有80年。而21世紀進入移動互聯網時代，移動支付物流業誰領先？即將到來的5G，最多也就是造就一個世界，兩個系統，以及40億的消費市場，最具吸引力。中國無意獨霸，畢竟中國人口只是亞洲三分之一，GDP二分之一，FDI進出亦是二分之一，亞洲共享是必然的！

2019年7月31日

2050年的世界

　　若論 GDP，在 1894 年美國就超越英國了，但英國還有無數的殖民地，所以綜合實力還是英國最強。直到 20 年後的 1914 年，一戰開始，英國戰艦仍是隨時截停美國船隻，防止美國賣武器給德國，毫不留情，美國亦只能忍辱負重，美國平民亦未準備好當世界老大。如此又過了 30 年，在二戰瀕臨尾聲的 1944 年，美國才真的在 GDP、科技、軍事，全面超越英國，開始領導世界。美國人亦自信滿滿，寬容而進取，是自信心成熟的表現。如此 75 年過去了，世易時移，世界又到了「百年不遇的巨變」之時，美國獨霸的時代亦快過去了。

東方崛起勢不可擋

　　東方崛起，西方收縮，是不可擋的。美國四大會計師之一的 PWC，作出 2050 年經濟預測，以 PPP[1] 算的 GDP 的分量，第一名是中國 20%，第二名是印度 15%，第三名是美國 11.6%，第四名是印尼 3.6%，第五名是巴西 2.6%，第六名是俄國 2.4%，第七名是墨西哥 2.34%，可憐日本已降至第八名 2.32%，第九名是德國 2.1%，第十名是不是英國 1.8%，脫歐後存疑。

　　但更應注意的是，十大中有 4 個亞洲國家。ASIA 的 A4（中國、日本、印度、印尼）佔 41%，金磚 5 國亦佔 41%，EU27 只佔 9%，G7 佔 21%，E7（金磚 4 國加墨西哥、印尼、土耳其）佔 48%，E7 是 G7 的 2.3 倍，2050 年的發言權在誰，理應很清楚。

　　美國人信心消失，幸福感下降是現實。美國精英只要打擊中國，還是也打擊印度呢？還是打擊 E7，打擊金磚國？美國對亞洲、歐洲的歐亞大陸

1　Purchasing power parity, 購買力平價。

說，以及「一帶一路」戰略，是否要打擊呢？美日聯手只是 14% 的經濟，要孤立還是要融入，看歷史便知！

西方文化的物質性

錢穆在上世紀六十年代談「從中西歷史看盛衰興亡」，指出西方文化是外傾性的，傾向於求在外表現，這表現在物質形象上，使人不得不受其感染，力量相當大。但缺點是，一旦成形不容易再改。此文化之物質形象化，到達一個限度，衰象便隨之而起，而且不容易再盛。

西方歷史由巴比倫、埃及、希臘、羅馬到中古時代，文化都存在如金字塔和各項遺物，沒有這些遺物，文化都無存了。

轉到近代，若去參觀英國的倫敦、法國的巴黎、意大利的羅馬、美國的華盛頓和紐約，瞻仰到西敏寺、白金漢宮、國會、凱旋門、拿破崙墓及古羅馬遺跡，莫不肅然起敬。同時物質形象亦已定形，極難追隨新歷史的無窮演變而前進，歐洲人的精神被困惑住，新生命不易再發展，於是生機衰落，停滯不前。這是 50 年前的觀察，在那個時代德國柏林是一個新興城市，物質形象還未定形，所以德國的生命力比較旺盛，這亦是為何這 50 年來，德國成為歐洲的領頭羊。

而在大西洋彼岸，華盛頓市區的形象是平民化，仍有樸素的民主作風，紐約則代表資本主義社會，華爾街代表西方文化的登峰造極階段，那是 50 年前所見。但錢穆認為美國在全盛中潛伏衰象，紐約不可能變出何種新花樣，而現象也難有長久維持之可能。錢穆沒機會看到西岸矽谷之興起，令到美國之興盛又持續了二三十年。但無論如何，物質限制着生機，有物質就有死亡，生命只有轉向「新物質體」去，以求再生。未來西方文化的「新物質體」又是甚麼呢？難知也！

文化內傾性

西方文化是外傾性的，而中國文化卻是內傾性的，所以西方人用自己的觀點來看中國文化是看不明白的。西方將文化寄託在物質、在外表，而中國文化傳統精神寄託在人的「身」和「心」，以每個人為中心出發點。人人皆可為堯舜、為聖人，各自修身齊家治國而天下平，以「天下平」和「世界大同」為「道」的極限，21 世紀術語是為「人類命運共同體」。

到了這個極限，「道」仍可有隱顯消長，所以「人類命運共同體」仍然可以在外部勢力下有一波三折。但「道」是不變的，是長存的，「德」也是不變的，所以中國歷史文化可以不斷有「再興」和「復盛」。

「道」的興亡既然寄託在每一個人身上，每個人各負一份責任，文化傳統與「道」就不容易亡，當然 14 億人中不免有些「奸人」，但畢竟是少數。一個人的「道」和「德」可以變成一個時代的「氣運」，氣運一轉，時代就復興了。「士可殺，不可辱」，「匹夫不可以奪志」，一個人的道、德和志是誰也奪不走的，西方人可能覺得有點神秘，但這恰是中國文化的內傾性。

西方人看到中國文化是自清朝，是中國文化積弱之時，道在隱，所以西方人看見中國人蟄伏、低頭，但中國人並未喪志。中國忍了蒙元近百年，忍了滿清二百多年，又忍了西方百年，但道仍在，故而中國人的自信心和自負力回來了。中國人知天命，信運勢，知時悟道，天道循環，物極必反。國運既然轉了（南懷瑾 1987 年語），只要重道不重器，每個人負上自己的責任，覺醒者成為大多數，那些不醒覺的，只會被「道」所淘汰，然乎！

2019 年 8 月 12 日

五十年的虛耗

1860 年第二次鴉片戰爭，中國再割九龍半島和賠款給英國。滿族人無作為，洋務運動「得啲樣」[1]，清亡還要等 50 年；但 1860 至 1910 年這 50 年，全世界大變，日本 1868 年明治維新，全面西化和現代化運動，成為清朝大敵。1894 年甲午之戰，清朝再次賠巨款。

李鴻章洋務運動失敗

1861 至 1865 年美國南北戰爭，林肯解放黑奴，全國統一；20 年間，GDP 超越英國，1910 年已成一流大國，只等歐洲自己大戰，便成為世界盟主。1871 年德意志帝國成立，君主立憲，統一全國，鐵血首相俾斯麥執政（1862 至 1890 年），成為新興大國。李鴻章來德請教治國之道，但慈禧在位就強不了，李鴻章的洋務運動大失敗。

1861 年，俄羅斯沙皇亞歷山大二世簽署廢除農奴制的法令，農奴有人身自由，提供社會勞動力，俄羅斯工業化，成為歐洲強國。所以 1860 至 1910 年這 50 年，全球都大改革，向工業化進軍，成為強國。大清這頭睡獅，仍在部族政治氣氛下，漢人能出頭的是曾國藩、李鴻章之輩，只知大清會亡，卻不知自救。

1859 年袁世凱才出生，孫中山更是 1866 年才出生，到晚期才有機會參與這個時代（1860 至 1910 年）的活動。時代呼喚巨人，結果巨人是袁世凱，還相信自己可以稱帝，理由是俄國、德國、日本、英國都是君主立憲制。

但袁世凱只愛當皇帝，卻不願受憲法所限，視國會如無物，孫中山是體制外的產品。中國虛耗了 50 年，還好西方文化亦出了毛病。1914 至 1945

1　粵語，就那樣。

年間，西方發生兩場大戰，無暇東顧，促使日本在亞洲獨大，但日本文化亦出了問題，欲獨霸全亞洲，不知人力和物力皆不足，短視也！

2019 年 8 月 19 日

環顧全球誰最慌

市場有多恐慌？美國 10 年國債利息已降至 1.5%，但看看日本，是 -0.25%，德國更是 -0.72%，所以哪裏才是避險天堂呢？

德國面臨衰退，日本亦是在掙扎，日經指數跌破 2 萬點亦是指日可待。英國脫歐，對自身有影響，但歐盟亦好不到哪裏。2016 年，若說英鎊兌歐元是 1 比 1，那是黑天鵝[1]，如今二者只差 7%，一個大消息，就可能成為事實，國債收益率曲線倒掛，已在美國和英國出現。中美貿易戰，其影響使中國去美國的遊客銳減，跨國企業在 2019 年第 2 季的盈利已成負數，標普 500 企業的盈利下降已成事實，美國市盈率 16 倍能維持嗎？歐盟和日本只有 13 倍，印度仍有 18 倍，恐怕也支持不多久。日本企業淨利下降 7.3%，已連續 3 個季度下降，安倍經濟學還有效嗎？

美國企業在 2019 年第二季的利潤，除了 IT 行業，只漲了 1%，無以為繼，而 GAFA 的利潤真的可以無限期上升嗎？美國 2019 年 7 月的 PMI 指數，只是 50，是 2009 年 9 月來最低水平，下半年製造業只會減速，美國 GDP 成長率上半年只是 2.6%，下半年最好也只能是 1.5%。

「特朗普衰退」已不斷在報章上出現，弄假也成真，特朗普所吹的 4%，下一屆才能實現，有人會信嗎？一個重要指標是產能利用率，2019 年 7 月只是 77.5%，比 2018 年 7 月的 79.7%，下降了 2.2 個百分點，說明更多的工廠設備處於閒置狀態。特朗普仍在熱中極限壓制，對華為不肯鬆手，新

1　經濟學上指極難預測的不尋常事件，往往引起市場連鎖負面反應，乃至市場顛覆。

房開工率在公寓部分已下降了 17.2%，房貸利率下降還有沒有用呢？能樂觀嗎？

對京都縱火案的反思

7 月到京都小住，不料卻遇上兩場火災，7 月 8 日是京都祇園祭的前夕，花見小路的百年老茶舖美登幸卻被一把火燒了，心疼。但 7 月 18 日的京都動漫縱火案更慘，73 名員工，燒死了 33 名，一幢三層的大屋，被一個人用剛購來的 40 升汽油，往僅有的樓梯通道一潑，一點火，就死了一半員工，慘哉！41 歲的嫌疑犯，自己亦被燒傷，正在搶救，案情未白，但日本卻全國在討論。原來這已不是第一宗，這類案被稱為「無差別放火殺人案」，有「大阪池田小學殺小學生案」、「大阪此花區彈子房放火殺人案」，所謂「無差別」是指無特定要殺的人，誰都一樣，這不就是「無妄之災」！

日本本來已是推行「快樂教育」，但社會上仍有競爭，有狀元就有名落孫山之人。美國有鐵銹區不滿的人，但美國人有槍，所以多槍擊案，以為發洩，日本的失敗者，人生一直過得不順（甚至坐過牢），長年慾求不滿（無固定工作），孤獨地生活（所謂平成宅男）。日本人說，一百年來，他們本是昭和勇男（由侵華到東亞共榮圈，到挑戰美國，再到戰後從商征戰全球，可謂勇矣，如今垂垂老矣）。昭和共 63 年，到平成 30 年，這一代被稱為「平成敗北」，被美國在貿易科技上打垮了，年輕人當了「平成宅男」。2019 年剛轉了「令和年代」，還未能定義，卻發生了此一縱火案，這位宅男代表甚麼呢？案情未知，但前幾案的嫌犯，認為「我的人生已經結束了」，怨社會，想報復，想大家一齊死，不必有特定對象，這已是精神病態，不禁令人憂慮 21 世紀的日本社會。美國 8 月也發生了無差別槍擊案，反思啊！

亞洲四小龍前景

中美貿易戰波及池魚，日本和四小龍的 GDP 都大受影響，不得不下調。香港最慘，下調率達到 1.4%，南韓 2.4%，新加坡 2.0%，台灣 2.1%，相信仍然是樂觀估計，下半年仍得再下調。

台灣最不被看好，從歷史趨勢看，由 1949 年兩蔣父子遷台，經濟靠美國，但 36 年經營（中間有 3 年是嚴家淦接班），平均 GDP 增長 9.1%，到「長人李」12 年，平均為 6.8%。此時經濟開始靠大陸，但 GDP 平均增長只得 4.8%，小馬哥清廉有餘，用人有禍，平均只得 2.8%，到小英上台，第一年 1.8%，4 年下來估計 2%，只能是歷史上最差，但仍有機會連任，可見台灣選民不知想甚麼。台灣出口已是 40% 只去中國大陸，200 萬人已移居大陸，人民幣存款亦已不少，最受歡迎的電視劇亦來自大陸，正如台灣老友所言，統不統一，有分別嗎？但台灣進入選舉年，只顧票源，不理經濟，不可能有好消息。至於南韓，日韓發生糾紛，日本禁運高科技產品，結果是兩敗俱傷。新加坡受到半導體電子業的困擾，第二季已見端倪，中美貿易戰發展下去，新加坡只會受傷更深。至於可憐的香港，看來要浴火才能重生。

行文至此，不禁想起《讀史觀世》（商務）中對四小龍的結語：四小龍影響力下降，只能成為服務中心，新加坡在領軍，內地、台、港、澳在融合，當然四年間，新加坡失去了李光耀這顆腦袋。治國大腦，是每一個地方成功的要素，南韓仍拋不開總統下台後的詛咒，台灣仍被變形的民主所困擾，何時能解脫，才是四小龍的大幸。

2019 年 9 月 6 日

專制 vs. 民主

英國經濟學家問美國人何以無法正視中國的成就，只懼怕「專制制度」可以超越「民主制度」。美國人心目中只有兩條路，一是天堂，一是地獄，民主是天堂，專制是地獄，沒有第三條路走。中國人觀念裏則是滿天神佛，但又相信「萬佛朝宗」。

美國人不相信政府，國會謾罵開打，隨意取笑總統，就是民主（這點台灣學到十足，所以美國人最支持）。中國人講敬老尊嚴，有 Respect 這回事，美國是自由可以掩蓋一切，最誤導世人。

美國人看中國，「中國通」也只是從晚清看起，看到君主專制，自古如此。但如從漢朝開始看，就能看到中國有銓敍制度，選拔賢良，全國學子通過選拔，加入文官系統，治理國家，是最民主的方式。皇權有相權牽制，文官系統不執行，皇帝令不出紫禁城，皇帝只有任免權；宋神宗用王安石失敗，就是皇權專制不了的說明。

中國歷史上從不是一黨專政，新舊黨事，層出不窮。黨內有派，各有山頭，和美國國會無異，需要深化改革。新中國七十年，既有毛澤東時代（1949–1976 年），也有鄧小平時代（1978–1997 年），如今是習近平時代（2012 年至今），各有特色，不能一概而論。

中國文官系統有問責制

美國偏偏每一代總統都要推翻前任的功業，中國是百年大計，永續經營。美國學者中，已有人發現原來中國文官系統已有問責制（Accountability）、放權制（Decentralization），甚至有用 GDP 成長來作為業績的。這些已成過去。中國成功，是因為鄧小平不用蘇聯制，也不用美國制，走合自己國情的道路，用外國的優點。美國人接受不了，何時才覺悟！

2019 年 9 月 16 日

文明的傳播

《文明之光》一書的作者吳軍博士，指出「如將地球的年齡縮短成一年，人類出現僅在最後半小時」。人類有文字的歷史約為 5,500 年，中華文明大概就是 5,500 年，那就只得半小時；只有約 240 年歷史的美國，那就只有 1.3 分鐘而已。

「死因令人存疑」的科學家張首晟，將文明定義為：「平行於生物基因，可以代代相傳的一個訊息系統。」中華文明和美國文明，哪一個訊息系統可以持續和耐久，那是一眼就明的。李叔同譯了一首西方的詩：「一花一世界，一沙一大國，君掌盛無邊，剎那含永劫。」

文明的發生和延續，也是從小處入手，西方文明最厲害處在其科學文明，而西方科學的大盛卻是亞歷山大大帝在埃及建立的亞歷山大圖書館。此圖書館盡收天下藏書，獨欠春秋戰國時代諸子的作品，否則東西文化早已合流了。亞歷山大圖書館收藏了歐幾里德的幾何學、亞里斯多德的物理學，以及托勒密的天文學，很可惜當年的絲綢之路拓荒者並未帶這些科學回中華，一直到明朝才有傳教士帶來，中國已落後一千多年了。

車同軌，書同文

有人認為秦始皇建萬里長城，阻礙了文化的傳播，但若沒有「車同軌，書同文」，中國文明在本土也未能通行，哪有後來漢武帝的「獨尊儒術」？儒家文化盛行至今，訊息系統是需要文字統一的，羅馬大道到處通行，並未通到中國，所以羅馬的政治制度、法律制度、經濟模式與生活方式，並未來到東方。雖然在 20 世紀，美國想學羅馬，將自己的東西遍及全球，但 1.3 分鐘的文明，可以「去得幾遠」呢？

2019 年 9 月 20 日

歐美文明的衰落

　　美國和歐洲文明的征程，在未來要抵達甚麼地方？有人說這要美國負起推進歐洲文明的責任。在特朗普的領導下，美國正坐在一條千瘡百孔的破船上，既無航海圖，亦無人會看北斗星，亦無命中注定的航線。歐洲文明的核心價值觀亦被拋棄，沒有了目的地，21 世紀的前景將會如何呢？是東方文明出來補救嗎？東西文明中的價值觀會融會貫通嗎？

　　這要看世人的努力，「人類命運共同體」的概念要令人類接受才成！歐洲文明的「軟實力」本來是不錯的：理性思維、自由市場資本主義、人權、民主、法治、基於規則的全球治理、科學世界觀。多元主義和開放社會，多麼美好的元素！然而從 2019 年來看，關稅戰、保護主義、反自由貿易，是多麼非理性的行為！

　　英國公投脫歐，特朗普當選，都說明民主不一定帶來好的結果。退出巴黎氣候協議，是多麼反科學，但西方文明無法阻止其發生。所有自由貿易，說退就退，所有美國總統的行政命令，說取消就取消。

　　多元主義、移民難民、種族對抗、從仇外到仇中，都在說明歐洲文明已經不成了。錢權大於人權，更是西方普遍現象，所以有學者說，不是歐洲文明不成了，而是歐洲文明被拋棄了。更有甚者，指來自中國和印度的古老東方文明，已經開始「再興」和「復盛」，而不是「崛起」（這裏有貶詞之義）。

　　西方文明的精華已被東方採納，捍衛自由市場的倡導者已是中國。難怪西方人有世界已經 Upside Down 的感覺，不是嗎？細想。

2019 年 10 月 7 日

分散中國力量

　　大清帝國最後 10 年的最大事件為何？對後世有何影響呢？答案是 1900 年 5 月至 9 月的「八國聯軍」入北京，百年前的八國就是當年的 G8，和百年後的 G8，惟一分別是加拿大取代了奧匈帝國，因為奧匈帝國不久就亡了。要注意的是，老寡婦慈禧在 6 月 21 日向 11 國宣戰，但只代表了北京的勢力。

　　6 月 26 日，東南各省由李鴻章、張之洞、袁世凱為首，和列強另外簽訂了《東南保護約款》，全部對八國和北京的戰爭置身事外、隔岸觀火，更言帝后出事的話，由李鴻章當大總統，對外交涉。亦即是東南各省變相獨立。

　　1900 年的 6、7、8 月，大清事件上了美國報章的頭條，美國人對大清的看法，是要分散中國力量。北京勢力、東南各省勢力和革命勢力，必須要分散，才可對中國如取如攜，這大概也是如今 G8 的看法。大清簽下《辛丑條約》，西方稱為 The Boxer Protocol，大清子民每人賠 1 兩白銀，共賠 4 億 5 千萬兩。日本在 1895 年已得 2 億兩，大清的財力已衰，不得不亡，命令出不了紫禁城。

　　《辛丑條約》要到 1943 年 1 月 11 日才由民國和英美簽訂廢止條約，而日本侵華時日本的軍火供應國是美國，直到 1941 年日本偷襲珍珠港才停止。

　　到國共和談由美國馬歇爾主持，隔江而治，亦是「分散中國力量」在作怪。

　　1979 年中美建交三個公報，有《與台灣關係法》出現，仍在分散中國力量；2018 年的《台灣旅行法》等新法，亦是美國在加強與台灣的聯繫。特朗普最喜歡退羣，三個公報會否改變？有甘冒天下之大不韙之人在啊！

2019 年 11 月 4 日

亞洲世紀確實來了

21 世紀之初，東方人認為亞洲世紀已來臨，西方嗤之以鼻：無可能！中國會崩潰，印度睡不醒，日本已迷失，其他新興國家只是被宰割之地。不覺之間，五分之一個世紀過去了，大勢很清楚，中國沒有倒，GDP 以 PPP 計，25.3 萬億美元，是美國的 123%，所以美國要無所不用其極地打擊中國。但大勢在 10 年前已形成，如何逆反？

美國政客已絕口不提 PPP 理論，但印度亦起來了，10.5 萬億美元的 GDP 已是日本的 2 倍。所以 G7 開會，亦要請印度列席，以代表被請出局的俄國，但中國是不會被請的，請了也未必來。印尼亦起來了，GDP3.5 萬億美元。要注意的是，印度 GDP 已與德國、英國和法國的總和 10.3 萬億美元差不多。而印尼 GDP 亦超過英國和法國，這是 1997 年亞洲危機之時，誰也不肯相信的。那個當時大貶值 80% 的印尼，GDP 大於 G7 國度，這就是亞洲世紀之讚歌。

當年出事最嚴重的南韓，如今 GDP 已大於加拿大。當年首當其衝的泰國，GDP 如今是 1,330 億美元，非但大於亞太區澳大利亞的 1,318 億美元，亦大於經濟新興的波蘭的 1,213 億美元。菲律賓 GDP 如今大於阿根廷，國際輿論還說阿根廷貨幣貶值，所以不濟了。馬來西亞如今 GDP 達 999 億美元，大於以科技聞名的荷蘭。GDP 上，另有越南大於比利時，新加坡大於瑞士，香港大於奧地利，哈薩克斯坦大於挪威，緬甸大於以色列，斯里蘭卡大於芬蘭。這些超越都在今年發生，西方人能不震驚？所以不要忙於打擊做領頭羊的中國，整個亞洲都發力了，世界 30 大城市有 20 個在亞洲，說明了甚麼？

2019 年 11 月 22 日

廿一世紀大事（一）：中美之間有超限戰的影子

中美春秋爭霸：告別修昔底德陷阱

多年來，偶爾也會讀到瑞士 IMD 學院教授 Jean-Pierre Lehmann 的文章，不意他也榮休了，73 歲不算高齡，能與時俱進就難點。最近（2017 年 4 月 11 日）一篇 *China, US: Same planet but different worlds*，充分表現了歐洲老精英的頑固觀點，不知何時已涉及中國和美國了。

最奇妙是結語：「要努力幫助中國愈合傷口，令中國參與到國際社會之中。」老朋友，中國推出「一帶一路」概念已經快 4 年，亞投行已有 80 名股東，「人類生命共同體」亦於今年由中國提出來了，怎麼還要令中國參與國際社會？「一帶一路」沿途 66 國，不是 G7，而 G7 的人口 7.3 億人，只是世界的 10%，中國早已投入另外 90% 的懷抱，5 月「一帶一路」峰會成功舉行。不要還活在 20 世紀之中了。

歐洲戰略家不斷提起約公元前 400 年的希臘歷史「修昔底德陷阱」，好像世界沒有其他歷史了。美國不到 300 年歷史沒有甚麼實例，但中國 5,000 年歷史，大國相爭，可以看春秋戰國。《哈佛中國史》六冊，是西方漢學家觀點，儘管也可以看；當然能看錢穆《國史大綱》、呂思勉《中國大歷史》，更是正路。春秋時代（公元前 770 至前 476 年）的 294 年有五霸，齊恆公、晉文公分段稱霸，誰也沒有滅了誰。春秋爭霸「文雅風流」，「重和平，守信義」，即使在戰爭中，仍具「重人道，講禮貌，守信讓」的素養。「道義禮信，在當時的地位，顯見超出於富強攻取之上」，這才是 21 世紀國際紛爭中，仍應學習的歷史，而不是甚麼「修昔底德陷阱」。西方漢學家們至今仍未能感化他們的「中國通」們，誠為可惜！東方不是沒有軟實力，只是西方智識分子，閉着眼睛，《國史大綱》和《中國大歷史》也不過是東方的大學生讀物而已。

將美國列為民主國家，和將中國列為 Dictatorship —— 不管譯為獨裁還是專政國家，都是不與時俱進的。不管是不是用「一人一票」的方法，21 世紀的人都在反思如何改進這個所謂「民主制度」。中國和美國都是「精英管

治」的世界，並未在兩個星球。美國精英分佈在兩個黨，由「相爭為國」，發展到「相爭為己」。資本家控制了說客，說客收入高於政客，強大的工會已衰微，工人階級 30 年無實質加薪，公正不偏的媒體早已不存，傳統精英不接地氣，乃有 2017 年「特朗普現象」的發生。只有民主，不管民生，沒有討論。

至於中國，用西方有見地的「中國通」的語言：「是由一羣技術型精英治國」，他們的晉升憑藉的是數不清的精英官僚競爭，精英在晉升至高位之前，需要在無數管理崗位上接受『實際考核』，而沒有經過考驗是永遠當不上國家領導人的。」中國的領導人已有 5 年換屆制，「父傳子，家天下」的古老歷史早已消失，美國反而有老少兩布殊，克林頓夫婦差點齊入白宮，「一人一票」也可以是家天下。日本式的民主，更是充滿家族傳承制，父傳子，祖傳孫，哪裏才是獨裁專政呢！

美國軟實力非常突出，而中國軟實力非常有限，真的嗎？「普世價值」這個名詞在 20 世紀下半段，確也盛行一時，到 21 世紀證明，美國要靠硬實力去推進軟實力的民主自由，是失敗的。在中國 5,000 年和歐洲 500 年輝煌歷史，這也只是一個「流行名詞」，而非「永恆現象」。一定要與時俱進。美國一向最強是流行文化，速食文化和荷里活電影，中國就是一個最大市場，荷里活也要加入中國元素才能保證銷路。中國電影雖說受保護，但已有長足進步，可以爭一日長短；中國品牌也出現了阿里巴巴、騰訊、華為。中國四大銀行也擠入世界十大行列，100 強品牌的價值 2017 年也達到了 5,571 億美元，不再是吳下阿蒙了。對西方國家 G7 的民眾，優越感是無法放下的，但畢竟只是世界上 10% 人口，其他 90% 的觀感，才是最重要的。中國出口已連續 8 年世界第一，中國軟實力不會是零！

再說到軍事方面，2017 年美國軍費 5,960 億美元，是中國的 2.8 倍，2018 年美國還要加到 6,390 億美元，無疑「美國正擁有一個錯綜複雜的軍事聯盟網絡」。這個網絡分佈在全球一百多個據點，是不是太分散了呢？美國在太平洋的軍費是多少呢？中國軍費只是用來保護自己周邊的利益，這

個軍費數字又如何相比呢？老教授有研究過嗎？歐洲歷史 500 年，一再證明，大國「敵人太多，戰線太長，軍費過高」，都是不堪負擔而衰落的。美國的核子敵國是俄羅斯，美國的戰爭陷阱在中東，再多的戰斧飛彈和「炸彈之母」，中東世界也是炸不完的。特朗普在國內政治進行不順，要增加軍費，有如小布殊當年一樣，要當一個「戰時總統」，這對他是一個大誘惑。朝鮮半島先走上戰爭一途，朝鮮敗不出奇，臨死一擊，南韓的 7 個核電站和 25 座核反應堆，甚至日本的 17 個核電站和 55 個核反應堆，都可以成為攻擊對象。一旦中彈，都是生靈塗炭，不必打成核戰爭，美國西岸都可以波及，中國東北亦難避免，所以和為貴。半島無核是為了世界安全，軍費再高，也可以百密一疏，人為錯誤，世界遭殃！

中國五千年歷史，屢廢屢興，是因為中國文化深遠流長，中國史學家一再提出中國人的自信心和自負力，每在危難都會發揮出來。關於此，筆者在《讀史觀世》和《讀史觀勢》（商務）兩書中一再提出來討論。近世的屈辱自 1840 的鴉片戰爭而始，在二戰日本 1945 年投降而止，亦只 105 年，1919 年巴黎和會西方列強無視中國存在，令中國人醒覺，有「五四運動」。但中國轉國運在 1987 年，如南懷瑾所推的「丁卯之變」，完成第一個 60 年，下一個「丁卯」在 2047 年，恰是香港回歸「五十年不變」結束。中國將會是世界第一經濟體，2017 年剛是「丁卯轉運」第一週期的一半，中國也應該開始參加訂定各種「遊戲規則」，而不是被迫「遵守規則」！「巴黎和會」100 年在 2019，還有兩年，時間在中國這一邊。2017 年 5 月 14 至 15 日舉行的「一帶一路」北京峰會，應是歷史轉捩點，是中國人的機會，「北京共識」應是「人類命運共同體」，而不是學「華盛頓共識」的「以我為尊，美國優先」。

美國是由白人移民組成的國度，直到 1960 年，美國白人仍佔全國人口 85%，黑人佔 10%，拉美裔佔 2.6%。但白人不肯生育，本來以為黑人會增加很快，但敵不過南美洲的移民和非法移民。2017 年，美國白人只佔 60%，降了 25%，黑人只由 10% 升至 13%，但拉美裔狂升至 18%，加上非法移民 2% 的話，已佔 20%。33% 的少數民族，選出奧巴馬這個黑人總統，

但 8 年虛耗，國債更高，種族衝突更甚，再過 25 年的 2042 年，美國非白人將超過 50%，到時的經濟和人口結構，是非白人勞動力供養白人退休羣體，這個形勢是否可以逆轉呢？亞洲的日本和台灣都遇上人口減少，勞動力不足，比美國更甚，特朗普以七十一之齡，還有精力解決這 25 年之憂嗎？還是要製造戰爭，導致很多人死亡呢？常規戰死人不多，但核意外，誰也負擔不起，人類會不會遭此大劫呢？目前輪迴，是美國出現特朗普，朝鮮出現金正恩，特朗普經過和習近平一晤，總算明白中國、朝鮮的千年恩怨。金氏三代，金日成訪華多次，金正日來華 4 次，金正恩至今未來華，說明甚麼，特朗普是聰明人，一點就明。

2017 年 4 月 29 日，是特朗普執政百日，百日評語是標準美國式的：「效率至高，效力有限」，是史上所無的大 show！特朗普行事脈絡可以用逢奧巴馬必反形容，但阻力極大，執政到 6 月又添了幾項，總結如下。

一、醫保：Obamacare 有其缺失，但亦有得益者，特朗普全部反對，國會自然不准，結果：暫停。

二、TPP：此協議對日本沒有利，美國仍嫌不足，特朗普叫停，即使入國會，亦未必通過，結果：成功。其他 11 國仍在期望美國回心轉意。

三、移民政策：特朗普二發「禁穆令」，不准中東 7 國入境，被法庭所廢，結果：有疾而停。特朗普要去中東補鑊，5 月成行。

四、Brexit：英國脫歐，奧巴馬反對，特朗普贊成，邀英國首相到華府，結果：美英聯盟，暗破歐盟。成功與否乃未知之數。

五、NAFTA：《北美自由貿易協議》，特朗普要重新談判，加拿大關係尚好，墨西哥未知如何，建「長城」誰付款，未知。

六、伊朗核協議：特朗普要推翻來過，號稱最差國際協議，還要再度制裁，美國總統無不入「中東陷阱」，特朗普不可免。

七、敍利亞：另一中東陷阱，奧巴馬要巴沙爾下台，8 年不改其志，但特朗普先說不一定要下台，隨之又因「化學武器」之謎，又改變主意，和俄國唱對台戲，結果：不變。

八、俄國：奧巴馬和普京關係極差，G8 踢俄國出局，變回 G7，特朗普釋出善意要解凍，但又為俄羅斯干擾美國大選一事，有「通俄門」醜聞，只能放棄，結果：解凍無望，跌至最差。特朗普還有被彈劾的危機。

九、朝鮮：奧巴馬「戰略忍耐」8 年，特朗普為軍方所迷惑，自恃有威脅朝鮮的「無敵艦隊」，要威嚇金正恩，但連航母位置都未搞清，成為國際笑話。但朝鮮之危不在戰勝與否（朝鮮導彈屢發屢敗）而在勝後危機，核擴散，難民潮，統一噩夢，卻未準備好。中國已盡力勸架。結果：本世紀最大黑天鵝，不知何時發生。

十、中國：奧巴馬極力推卻中國所提倡的「新型大國關係」，拒絕亞投行，結果特朗普百日內已在莊園一會，靈活兩通，溝通重建，國務卿更承認「互相尊重」，「新型大國關係」已變進行式。特朗普基本棄「重返亞太」，改而「重返中東」，會見沙特和以色列元首，亦是反奧巴馬，結果：中美關係好轉，但 5 月 25 日美艦又來南海了。

十一、年度預算案：奧巴馬通過「預算控制法」，削減軍隊撥款，導致軍隊縮編。特朗普反其道而行，大增國防預算 10%，五角大廈得其所哉。結果：有待國會通過。

十二、NATO：特朗普由勝選前的北約過時論，到 5 月初訪問北約改為軍費追討論。北約 29 個有 23 國未達 GDP 的 2%，特朗普當面要求，安撫和追債並行，反奧巴馬又一條。結果：北約聽到了，行動有待經濟好轉。

十三、《巴黎協定》：G7 的 5 月大會上，美國是否退出，仍是懸而未決。奇哉！

特朗普面對的八個小問題

特朗普上班 5 個月所面對的問題如下。

一、美國家庭整體形勢略有改善，生活過得去的由 2015 年的 69% 升至 2016 年的 70%，即是 30% 的美國人仍要改善。

二、10% 的美國家庭需要償還 2015 年留下來的醫療有關債務。

三、44% 的美國人無法承擔 400 美元的額外支出，除非借錢或賣家產。

四、美國養老金體系 2016 年的赤字已上升至 3.85 萬億美元，養老金回報率要 7% 才能保住缺口，但利率太低，能提到 3% 已不錯，美聯儲不大大加息，這赤字救不了。很多城市瀕臨破產，奧巴馬的大本營芝加哥無法保養老金赤字已 19 年，特朗普會伸出援手嗎？逢奧必反呢！

五、美國城市債務已高達 3.8 萬億美元，雖然比國債 20 萬億美元低，但不容忽視。

六、美國學生債亦超過 1.4 萬億美元，逾期未還超過三分之一，2016年畢業生欠債金額 37,172 美元，又漲了 6%，欠債人數高達 44.2 百萬。在美國，當學生苦，不當學生還債苦，有多少人認真讀書呢！總之手頭緊。這還是美國未來的希望呢！

七、繼 2013 年底特律破產，2017 年自治邦波多黎各亦破產了，人均 GDP3 萬元的地區也可破產，欠債 740 億美元，只是美國地方債的 2%，好像不多。但美國賣一年軍備也只是 680 億美元，要多找幾個沙特阿拉伯才能補這個洞？波多黎各人是美國公民，但無投票權選總統，特朗普會理嗎？

八、世界銀行和日本管理的亞開行要增資，美國也愛理不理，增資遙遙無期，沒有中國的亞投行，點算好[1]！

總而言之，特朗普受內外問題交攻，5 月和歐盟峰會後，美歐已離心離德。默克爾更宣稱美國總統特朗普不再是德國和歐洲可以依靠的夥伴，不論俄國問題、氣候變化、全球貿易，都無法有共通點，70 年交情一朝散，即使重圓也是破鏡。特朗普在國內的「反奧巴馬」行動，必遇反擊，國外對美國換人就變臉的政策，心所畏忌。美國必須與中國合作，若再任手下人捲起南海、台海問題，只是雪上加霜，重返中東比重返亞太更重要，中國的「一帶一路」亦要美國不再搗亂，參與更好，應是打不起來。特朗普未如自

1　粵語，怎麼辦才好。

己希望得那麼「神」，「通俄」之劫怕在 7 月見普京前就發作，拭目以待！

2017 年 8 月 5 日

對中美持久戰的估計

和美國人打交道多年，美國精英在佔上風時，是充滿自信，亦很寬容的，甚至有幽默感，但態度總是強硬的，說得不好聽就是霸道。2008 年金融海嘯後，美國精英甚至表現出同舟共濟的低姿態，令中國精英誤信為真，但美國本性的「衷心無誠，盡出於偽」是不會改變的。中國當年出手大買美國國債的輸誠，如今又不值一文了。但 10 年來，經濟是「企穩」[1]了，但盟友紛紛不太聽話了，所有霸主指標都向相反方向跑，眼看拉不住了，美國精英們就急了，美國的耐心也就到了盡頭了，再也不「縮頭藏臉」。所以特朗普式的對華表態也就出現了，那是時勢的必然。

所以中國企業不要心存幻想，要有保守的希望，不必垂涎美國市場。美國市場佔輔助性地位，才是最安全的，誰能不靠美國市場而成功，才是真正的夜夜安眠。單是突如其來的美國罰款，就吃不了兜着走。做足最壞打算，沒有市場就沒有打算的必要，「一帶一路」就是現成的代替品。

希望美國精英了解中國文化的無進攻性，也是緣木求魚。要那些早有定見和意識形態的美國精英，花時間了解中國五千年文化，難矣哉！尤其是鷹派當權之際，甚麼都聽不進耳，只知不准中國有高科技，不准中國有創新產品。反正美國崛起花了 100 年，如今才過了 70 年，就此認輸不可能。中國改革了 40 年，距離百年還有段路，世界是變快了，那也要等到 2050 年。往後 32 年就是美國不斷施壓，當攔路虎的時間，還有日本這絆腳石，先搬開再說！

2018 年 10 月 8 日

1　粵語，站穩。

華為之卦的啟示

美國打壓華為，是不是能為所欲為，且看無妄卦值年的豬年，有何卦象。《焦氏易林》出了四句：「牧羊逢狼，雖憂不傷，畏怖既息，終無禍殃。」首先華為不是上市公司，沒有股價波動問題，只要員工有信心，一切好辦。

美國出手，只因 5G 落後了，怕失去市場。由政府出手，幫助企業，這一向是資本主義國家指摘社會主義國家的伎倆，但 21 世紀，乾坤倒轉了，資本主義自打嘴巴，只要市場不要面子。西方看不慣社會主義企業的成功，只能玩流氓手段，確也令人興歎，世界亂了套。

5G 不愁市場

同時發生的是國務院副總理劉鶴率領 7 人團訪美，鬥的當然是 7 鷹。美國是「舊人舊制，新人新政」，「識量淺狹，固執一法」，還要達成的協議「可行可驗，限時限刻」，但「人算人算，不如天算，天道昭昭，人心昏昏」。但易經卦象：「破亡之國，天所不福，優先優先，人憂難先。」

美國在 5G 既無法先行，出此下策，盟友跟風，科技落後，也就無可避免了，但「人情人情，要人情願」，盟友是不情不願，又不得不跟，這是跟錯老大的報應。老大當年「走路有風」，如今「甘拜下風」又不願，只能出陰招。

華為確也「愈進愈難，愈進愈險」，為今之計是「為尊不驕，待愚不矜」之法，「天道天道，忌巧守拙」。也未必沒有忽然突破之道，實為習大大的「以穩求進，以進固穩」。其實，5G 不做西方生意，還有巨大市場，只要產品性價比高，就穩固了，但願「華為華為，中華有為」的祝願成真。至於孟女士可應「西望華夏，東歸無咎」之象，賢人歸里，皆大歡喜，為盼。

2019 年 2 月 2 日

中美蜜月期之變化

　　中美過招令人難忘，不是這次「一鶴鬥七鷹」，而是加入世貿（WTO）之戰，由 1986 年至 1999 年 11 月 15 日的纏鬥。其中有中國和美國兩位鐵娘子之爭，還記得吳儀嗎？美方鐵娘子解甲當律師，至今仍在執業，俱往矣。美方當時拍枱走人是常態，但終歸塵埃落定。

　　從歷史看，1979 年建交是中美蜜月期，美國人對中國人的好感度達 64%。1989 年老布殊訪華，好感度更高達 72%。但 1991 年蘇聯解體，中國反而成為替代品，從此好感度只在 40% 徘徊。入世後，中國不斷提供廉價產品，令美國人生活費用降低，但無助好感度增加。

對華好感度漸升

　　都說美國精英們在這三年意見統一，認為中國對美國構成威脅，但美國精英早已離地，不知民意如何，美國反精英成為潮流。現象是這三年的美國人對中國好感度慢慢提升至 2016 年 44%、2017 年 50%、2018 年 53%，其中民主黨人 59%、共和黨人 42%。至於不同年齡層，有更大分別，18 至 34 歲者的好感度達 67%，35 至 54 歲者達 54%，55 歲以上者只得 39%。美國如今是共和黨的老白男當道，不知年輕人怎麼想，只要幹掉中國，但年輕人一不信精英，二擔心中美相爭帶來損失，目前是無可奈何！

　　只有時間能解決一切，峰迴路轉，應驗在幾年之後。有趣的是，中美 1999 年關於中國入 WTO 之戰，11 月 15 日協議達成，666 日後居然是 2001 年 9 月 11 日（「9‧11」恐襲）。美國人最忌 666，但事情就是那麼巧，「9‧11」後喬治‧布殊注意力轉到中東，中國又得來 10 年安寧。

　　隨後 2008 年之災，美國更需要中國合作，歷史乃發展至今，奇哉！

2019 年 2 月 13 日

反敗為勝之道

《超限戰》一書在 1999 年出版，2000 年就有美國使館英文版和 CIA 版，其後有法文版、意大利文版和日文版，所以這個概念已是全球通曉。筆者後知後覺，最近才讀到 2019 年 5 月的最新版。至於如何運用，正如岳飛兵法：「運用之妙，存乎一心。」兩軍對壘，現代化戰役是大規模空襲，精準打擊，兩棲登陸，亂後空襲，分出勝負，那是軍事上的。

但在 1999 年，若以該書作者所言超限戰作戰的話，可以是「在敵方不覺之下，秘密調動資金，偷襲敵方金融市場。引發金融危機後，預先埋伏在敵方電腦系統的病毒和黑客分隊，同時進行網絡攻擊，使其民用電力網、交通調度網、金融交易網、通訊電話網、大眾傳播網全面癱瘓，導致其陷入社會恐慌、街頭騷動、政府危機。最後才大軍壓境，逼簽城下之盟」。

傳統戰法或是極限戰法較優，理至明顯。該書作者指出 1998 年 8 月的香港金融保衛戰中，面對索羅斯之流的炒家們，香港用的手段是金融戰，外加法規戰、心理戰和媒體戰，在巨額儲備和北京支持下，代價不菲，但戰果良好，否則當時就亂了。此戰買來 21 年的平安。之所以香港成為攻擊對象，而不是上海或深圳，是因為當時人民幣未開放，攻不進去。1998 年一役，訊息技術尚未大躍進，攻防未影響民間。

2019 年一役，香港市民連出外晚餐亦省回，單是最近一個月的餐飲消費可以下降 35 億元。香港何其脆弱，如何可以反敗為勝，只有在「空筐」中裝滿具體目標和內容，有指向性和針對性。快點吧！

2019 年 12 月 13 日

三十年發展到超限戰

　　1997 年，當時的中美元首江澤民及克林頓推動「建設性戰略夥伴關係」，緩和了中美緊張局勢。克林頓在「下班」前還同意中國加入 WTO，同時在台灣、核武、貿易順差和人權各方面重新對話，這是繼 1989 年美國孤立中國，以及 1996 年 3 月台灣海峽危機後的中美最佳關係。

　　1997 年 7 月，香港回歸中國，隨之亞洲發生了一場嚴重經濟危機，亞洲各國匯率大貶，只有中國和香港守住關口；1998 年，索羅斯攻擊香港股市失手，損失了數十億美元（2019 年，索羅斯和對沖基金再次攻擊香港股市，但金額傳說是 1,500 億美元，金額的變化令人咋舌），時任台灣總統的李登輝不自量力，趁此危機自貶台幣，以打擊港元和港股，亦吃不到好果子。

　　2001 年，小布殊一上任美國總統，就宣佈中國為「戰略競爭對手」，強調美國會採用所有必要手段保護台灣，不久發生「南海撞機事件」，又通過導彈相關技術出口的法規，極其不友善；但「9·11」發生了，美國要反恐合作，中美關係又緩和了。2002 年 2 月，小布殊訪華，紀念《上海公報》發表30 年，但互相不信任感沒有消失，當時的台灣總統陳水扁卻變了「麻煩製造者」，小布殊在 2008 年遇上「雷曼兄弟破產記」，衰頭又衰尾。

　　2009 年奧巴馬上台，只有要求中國多合作、買國債，中美關係又緩和了 8 年；但到 2017 年特朗普上台，又把中國變回「戰略競爭對手」，只不過是回到小布殊時代，此外再加上「修正主義國家」一詞，從此走上貿易戰之路，軍事上的「超限戰」開始了。中國早在 1999 年就出了書，大家要研究！

2020 年 1 月 8 日

超限戰借助傳媒

「超限戰」是 1999 年出版的，由中國軍人喬良、王湘穗所著的一本同名書籍裏的概念，是指「超越一切界線和限度的戰爭」。超限戰之目的不限於「用武力手段強迫敵方接受自己的意志」，而是「用一切手段，包括武力和非武力，軍事和非軍事，殺傷和非殺傷的手段，強迫敵方滿足自己的利益」。所以，早在 20 年前，中國軍人早已了解「非軍事戰爭」，包括了貿易戰、金融戰、新恐怖戰和生態戰。而生態戰可以是心理戰、走私戰、媒體戰、毒品戰、網絡戰、科技戰、虛擬戰、資源戰、經援戰、文化戰和國際法戰等，不一而足。

從「超限戰」來看，中美貿易戰進行了 18 個月，戰爭已經開始，而不是快要結束。香港風波則顯示媒體戰亦已經開始，由上世紀的海灣戰爭，已證明「傳媒是戰爭的直接組成部分」，而不是僅僅提供戰爭訊息。

這場海灣戰爭裏，戰地指揮官和記者通力合作，成功牽動全世界視聽，讓世人看到軍人希望人們看到的一部分。而他們所不願世人所知道的東西，誰也沒能看到。美國媒體一致放棄了一向所標榜的中立立場，傳媒只是披着客觀的外衣而悄然產生着沒法估量的影響。在海灣戰爭這一戰，西方傳媒剝奪了伊拉克在政治上的發言權和辯護權，甚至被同情和被支持的權利。傳媒力量一面倒向美國，軍事力量一面倒向美國，薩達姆的失敗就注定了。

傳媒成為美國打贏任何戰爭的重要力量，30 年來就是如此，誤以為西方媒體中立正義，那只是自欺欺人的心態，注定失望和失敗。

2020 年 1 月 10 日

戰爭與貨幣的關聯

《超限戰》一書提供一些事件為案例，說明戰爭的用處。1999 年 1 月 1 日，歐元誕生，歐元兌美元匯率是 1 比 1.18，美國 3 月 24 日出兵科索沃，理由是政府屠殺 9 萬人（事後證明是彌天大謊），7、8 月狂轟亂炸，花錢不少。歐洲這段時間發生甚麼事？7,000 億美元在歐洲的熱錢，2,000 億美元逃去美國，另外 2,000 億美元到了香港，想投資內地。

然而，隨後發生甚麼事呢？5 月 8 日，美國導彈炸了中國駐南聯盟大使館，事後說是地圖太舊，誤炸了，中美對抗在 1999 年有得打嗎？熱錢的答案是走人。一星期後，2,000 億美元也離港，去了美國，歐元共失血 5,000 億美元，去支持美國經濟了。

所以，事件要連着來看。歐元一出生就低迷幾年，如果歐盟內沒有自己交易，歐元早已消失，英國得利，成為歐元交易中心。2001 年 9 月 11 日，發生了美國紐約世紀大災難，一個月內 3,000 億美元熱錢離開美國，這還得了，美國不安全了，但世界更不安全。同年 10 月 7 日，美國出兵阿富汗，打擊恐怖主義。紐約股市第一天下跌 600 點，然後迅速反彈，到了 12 月底，4,000 億美元熱錢又回到美國，美元霸權又恢復了。但阿富汗戰爭打了 18 年，和塔利班談談打打，到 2019 年 9 月又因有美軍被塔利班打死而叫停。11 月底，美國總統特朗普又秘密飛抵阿富汗，又說要談了，這次是為了下一年選舉。歐元兌美元近來一直維持在 1 比 1.1，與 1999 年出世時差不多。伊朗又提出用歐元作石油交易貨幣，俄羅斯當然贊成，其實第一個提出者是伊拉克的侯賽因，致命之因！

2020 年 1 月 13 日

以物易物代替美元

美國歷史上最大權力的副總統非小布殊時代的切尼莫屬，2003 年美國出兵伊拉克就是切尼策劃，藉口是伊拉克手上有大型殺傷性武器（Weapon of Mass Destruction），事後證明子虛烏有。但達到兩個目的，一是油價大漲，由戰前的每桶 38 美元，升至戰後的 149 美元，需要石油的人，必須增加手中的美元持有量，美國可以繼續印銀紙；其次是懲罰侯賽因，他居然夠膽改變石油規則，用歐元代替美元作為石油交易貨幣，這還得了。

維持歐洲伊朗貿易

美國戰勝後，當然要伊拉克用民主投票，選出臨時政府，第一道法令，就是將伊拉克石油交易，由歐元改回美元。當時支持歐元的有俄羅斯、伊朗、委內瑞拉，這些國家日後都被列入黑名單，從此永無寧日。伊朗雖然在 2015 年簽了六國廢核協議，但特朗普一上台就推翻，不准歐洲國家和伊朗交易，但這次不同，美國影響力和 2003 年大有不同。

2019 年 1 月，英國、法國和德國宣佈成立 INSTEX 機制，維護歐洲和伊朗的合法貿易，不再使用美元，而是通過「以物易物」模式，讓伊朗繼續出售石油並進口其他產品或服務。

2019 年 12 月，比利時、丹麥、芬蘭、荷蘭、挪威和瑞典加入此機制，此機制大概覆蓋伊朗 20% 的對外經貿往來，美國只能警告，說要報復和制裁，但歐洲好少理。

美國進軍伊拉克 16 年了，成功推廣美式民主，但伊拉克民生只是更慘，證明美式民主無效，人民上街抗議，後遺症無窮。這亦是「超限戰」的另一形式，伊朗更要小心了。

2020 年 1 月 15 日

奢華戰法的代價

　　《超限戰》一書描述了美國這個好戰民族二戰後的變化。上世紀五十年代的朝鮮戰爭，美國軍隊死了 54,246 人，傷了 103,248 人。七十年代的越南戰爭，美國軍隊死了 58,000 人，傷了 304,000 人，確是傷亡慘重的失敗。由這兩件悲劇的教訓，美國得出要「以最小的風險、最小的支出、最少的人員傷亡，來換取美國的安全」的結論。簡言之就是：「追求零傷亡」，但是不是最小成本，那就各有標準。

　　到九十年代的伊拉克海灣戰事，美國的 520,000 大軍，美軍只有 145 人死，458 人傷。美國已變成「不肯不惜一切生命代價，卻寧可不惜一切物質成本，去爭取勝利的民族」，戰爭不再是「士氣、勇敢、智慧和謀略的較量，而是武器領域的領先地位」。

　　由此可以見到，在 21 世紀，美國人為何如此害怕在科技領域（如 5G）被其他國家追上，要不惜一切代價來阻止。和美國交鋒的敵手發現一條秘訣：「如果你無法打敗這支軍隊，那麼你就去殺死它的士兵。」所以，美國在攻打時少了傷亡，但在佔領後卻傷亡慘重，在中東就是如此。海灣戰爭充分表現出美軍軍費的奢華，在 42 天內，出動平均 2,500 萬美元一架的飛機，進行 11 萬架次的狂轟濫炸，用每枚 130 萬美元的戰斧導彈去摧毀復興社會黨總部。這是一場花了 610 億美元的豪門戰爭，譽為「金子彈打鳥」。

　　在 161 日的戰爭當中，當然花費了倉庫重達 800 餘萬噸的物資。美式奢華是無限量使用隱形戰機、新型坦克、直升機、超視距攻擊、地氈式轟炸，要勝利，不要傷亡。但羊毛出在羊身上，保護費也要成倍增加。奢華的代價！

2020 年 1 月 20 日

新科技下的冷戰

2001 年的「9‧11」大爆炸後，美國總統小布殊的國策第一條是反恐戰爭，中國變成反恐的助力；2008 年金融大災難後，奧巴馬更需要中國來買國債，中美之爭亦向後延。2017 年特朗普上台，世界初初還算安定，反恐戰爭退位，對付「修正主義大國」忽然到了優先，中俄成為競爭對手，距離「敵手」只差一步。

在科技大躍進後，核戰是大家一齊玩完，難以發生，但「後核戰」時代，美國不稱之為「冷戰」，實則玩的是「混合戰」。中國軍事作家稱之為「超限戰」，戰爭已成為不確定戰爭，「沒有確定的敵人，沒有確定的戰場，沒有確定的武器」。一覺醒來，許多溫良和平的事物，都開始具有了攻擊性和殺傷力。數字化戰士取代了幾千年以來的鐵血武士，坐在電腦面前的文弱書生已具備了巨大殺傷力，攻擊了 100 個以上安全系統的黑客居然是一個 16 歲的少年，那已是 1994 年的事情。

在網絡世界裏，有不同背景的人物，根據自己獨特的倫理觀念和價值判斷行事，甚至有的是茫無目標者，無論行善或作惡，都不受現實社會中遊戲規則的約束。在信息時代，一枚核彈的作用，可能不敵一名黑客。戰爭不再是軍人的專利，非職業化戰士和非國家組織，對主權國家構成愈來愈大的威脅，美國放棄反恐第一，而將精力放在中俄，更將軍力移轉到印太地區，歷史會證明其對錯。現代科技與恐怖主義的結合，成為更恐怖的新恐怖主義，連職業軍隊都變成碩大無朋，但缺乏適應力的恐龍，何況其他組織？美國忽略了人類真正的對手是甚麼！

2020 年 1 月 22 日

非戰爭軍事行動的定義

多年以來，美國最不希望的，是競爭者們奉行旨在追趕或超越美國實力的軍備政策。遠在 2002 年，美國國防預算是 3,400 億美元之際，中國才 200 億美元，美國已在大叫中國不透明，實際是 800 億美元。不得了，佔美國的 23.5% 而不是 6%。十八年後，美國國防預算 7,500 億美元，而中國已是 1,776 億，佔美國的 23.7%，那還了得。事實上還差很遠，但世界亦變了。

在高科技條件下的戰爭，永遠回不去朝鮮戰爭和越南戰爭的時代，很難再有進行大規模殲滅戰的條件，只能關注結構破壞性戰爭。戰爭不再有大規模死亡，美國人更追求「零傷亡」。戰爭由此突破通常的界限，不再是狹窄的純軍事領域範疇。所以《超限戰》一書的作者，在 1999 年就指出，未來戰爭可歸納為：信息戰、精確戰（武器精度提高，戰場透明度增大）、聯合作戰和非戰爭軍事行動四種。而最值得注意是第四種。

非戰爭軍事行動包括維和、緝毒、平暴、軍援、軍控、救災。戰爭已擴展到遠遠超出軍事行動所能包括的一切人類活動領域，這種擴展是人類為達到目的，在手段上無所不用其極的必然結果。1999 年，《超限戰》就提出，戰爭會演變成與戰爭不相干的項目，就是貿易戰、金融戰、新恐怖戰、生態戰、心理戰、媒體戰、毒品戰、網絡戰、技術戰、經援戰、文化戰、國際法戰，舉不勝舉。

20 年後，科技更進步，「9·11」發生了，香港金融戰發生了，媒體戰亦發生了，非武力、非軍事，甚至非殺傷、不流血的對戰方式亦發生了。同樣可以達到戰爭的目標，強迫敵方滿足自己的利益。看香港就知了。

2019 年 12 月 10 日

重蹈覆轍的必然

根據美國《華郵》[1]揭發，美國對阿富汗18年超限戰「每一次數據都被改過」，以儘可能展現最好戰績，直接費用達1萬億美元，間接費用如國債利息達6,000億美元，加上醫療費等等，共2萬億美元，往後40年還有1.4萬億美元要花。國防部官僚制度既然如此，其他經濟數據會不會也如此，令人三思。

建民主阿富汗注定慘敗

官僚報喜不報憂，在阿富汗之戰盡現；如今中美貿易戰也是如此，不斷有進展，最後是不是一場空？老布殊在海灣之戰，只死了148人，傷了458人；小布殊發動的阿富汗之戰，死了2,300人，傷了2萬多人。在「零傷亡」的準則下，阿富汗之戰是災情慘重，最諷刺是美國國會結論：「使美國下次入侵某個國家或試圖重建一個破碎國家時，不會重蹈覆轍。」那是不可能的，美國基本上不認識這個世界，只試圖以自己為樣板，去建立一個新的民主阿富汗或者伊拉克，但在部落主義和伊斯蘭教義之下只能慘敗。目前美國對中國也是依樣畫葫蘆，不肯承認美式民主制度已歷時太久，任何制度都有腐敗之時。且看重建阿富汗的1,350億美元，主要用來重建阿富汗的軍隊和警察，但訓練人員只是國防部的承包商，期間多少政客分得一杯羹？所以美國7,380億美元國防費用，有多少落實得到，多少是利潤，誰也不敢去動的。

對於美國政府的謊言，美國人的集體回應只是聳聳肩，更和現任總統無關，一向如此，只是在特朗普時代更惡化而已。美國花了3.4億美元也重蹈覆轍，卻是必然的！

2020年1月29日

1　《華盛頓郵報》，*The Washington Post*。

廿一世紀大事（一）：中美之間有超限戰的影子

143

美國的威脅是甚麼

早在 20 多年前，《超限戰》的作者就指出，世界牌局發生變化，「甚麼都不確定，可以確定的就是不確定。」

21 世紀，特朗普上台，更證明這一點。任何協議都可以取消，戰爭甚至不是戰爭，而是「互聯網上的交手，大眾傳媒的爭鋒，外匯期貨交易中的攻防」。電腦病毒等非戰爭工具可以改變結局，任何事物都可以成為威脅。2019 年 12 月，美國未能使北約峰會宣佈中國是威脅，而只是「機會和挑戰」，特朗普氣沖沖提前離場，但「威脅」是甚麼呢？

國防報告自有分曉

《超限戰》的作者指出，遠在 1996 年的美國「國防報告」，就給多種威脅下了定義：居首位是敵視美國利益的地區強國（當年中國還未到位）；二是對美國繁榮和經濟增長的威脅（2018 年的貿易戰是理所當然）；三是恐怖主義（誰也未想到有「9‧11」）；四是危及盟國政府穩定的顛覆活動和無政府狀態（特朗普上台後重要性下降）；五是非法毒品貿易；六是國際犯罪。

美國當然知道最強大的國家往往敵人最多（所以中國沒有願望要取美國而代之），所受「威脅」也最大。1991 年蘇聯解體後，美國五角大廈和國會都產生了喪失目標的失落感，21 世紀忽然發現了中國這個新目標，大喜過望；同時俄國忽然又復甦了，反恐由 2001 年的第一位又降回第三位了。

2001 年「9‧11」之前，反恐費用只是 2,500 億美元的國防預算的 1/35，可憐的 70 億美元，還要由數十個部門分擔，沒有國土安全部。如今國防費用在 2020 年是 7,380 億美元，是不是太多呢？美國的戰略是甚麼，不妨細心研究 2020 年的美國「國防報告」，自有分曉。

2020 年 2 月 10 日

持久戰的延續

　　美國學界認為最終的悲劇是：「21 世紀將肯定會作為中國的世紀而載入史冊。」21 世紀才 20 年，美國當然會不擇手段阻止這件事發生。這與特朗普是否是總統的關係不大，他的反覆無常只會令這件事更容易發生。所以中美之爭是一場毛澤東最擅長的持久戰，21 世紀稱之為「超限戰」，更詳盡點是「超限組合戰」，能將資源超限地組合起來者勝，這也是歷史的紀錄。持久戰可以長達 30 年，現在算起是到 2050 年，也是中國建國百年的翌年，要美國心悅誠服地承認中國可以平起平坐也要那麼多年！所以儘管此前中國說無意爭奪美國霸權，在美國眼中，這個 20 世紀初還孱弱的中國，如今仍是「咄咄逼人」，再謙虛也沒用。

　　中美貿易戰 20 個月後有個半場休息，居然被炒家認為是好消息，可以看到的只是 1,200 億美元的出口關稅減了 25% 而已，沒有實質的好處。往後如若美國更下狠手，全力打擊華為，南海登陸，放棄三個「聯合公報」，繼續狠打香港，狠批新疆，都不要奇怪。局部戰爭不是不可能，韜光養晦已不可能。但臥薪嘗膽可以，反正，「進一步則死，退一步則亡，橫行一步又如何」？不能不見，也不能不聞，聞而不破，持久戰是必需。保持實力，團結一切可以團結的力量，包括國內民眾和美國的鬆散盟友。世上沒有永遠的盟友，只有永遠的利益，美國既要優先，盟友不會永遠屈從。中美都有內部問題，美國有嚴重的官僚結構和民主體制的危機，自信心是不足的，反而中國人的自信心已醒，不要自傲就好了。

2019 年 12 月 14 日

中美早已進入超限戰

2019 年 12 月，中美達成貿易戰的第一階段協議，股市鬆了一口氣。但同時，美國國會通過「國防授權法案」，內裏乾坤大。首先要情報局提交報告，題目是「中國大陸對台灣選舉的干預」，要台灣選舉後 45 天提交。對選舉的「國會意見」是：「鼓勵美國持續強化對台軍售，與台灣舉行聯合軍演。美國高官訪台，派美國軍艦通過台灣海峽，並鼓勵美國盟友和夥伴採取同樣做法。」所以，美國國會延續百年來的敵意。2019 年 12 月，美國國會已通過「香港人權與民主法案」，繼而通過新疆「維吾爾人權政策法案」，明眼人說下一步就是「保護和加強台灣同盟倡議」，要去減少與跟台灣「斷交」國家的接觸，並展開美台的雙邊貿易談判。擺明車馬，打超限戰。

「國防授權法案」要求五角大廈針對設立「美台網絡安全工作組」的可行性作報告，看中國大陸是否「通過軍事、經濟、信息、數字、外交或任何其他脅迫方式」，影響台灣的人民安全、社會與經濟制度，還要法案生效 180 天內完成。這種長臂管轄，當然是中美關係不能美好的保證。還有一個值得注意是，此法案將空軍太空司令部重新確定為新的第六軍種，不過經費比要來的 7,240 萬美元少了 3,200 萬美元。此正值中國完成北斗衛星系統之際，針對性亦非常之強。

從美國國會的行動看，中美之間已不能用冷戰來形容。21 世紀是中美超限戰的 30 年，中國只能冷靜以對，兵來將擋，水來土掩。美國的招數不會停止，亦會無所不用其極。只要理解美國文化是手段文化和工具文化，一切坦然以對，就是了！

2019 年 12 月 20 日

無妄、明夷後的興起

中美競爭是往後數十年的事，不因貿易戰而生，也不會因停戰而止。「隨卦」的天機是「空返獨還」，有無限想像空間，這亦是《易經》神秘之處。美國鷹派要了解，他們不過是緣木求魚。鷹派只知狂攻猛打，支支都要全壘打，OB 居多[1]，但 2019 年「無妄卦」來了。這是雷卦最後一卦，上乾下震，也是前半震動，有無妄之災。無妄只因行人道而非天道，「天道有則，人心莫測，天道昭昭，人心昏昏」。

不守正道妄為者，受天譴，這一年可見到的，《焦氏易林》對「無妄卦」的註解是：「夏台羑里，湯文厄處。皋陶聽理，岐人悅喜。西望華夏，東歸無咎。」這是講商湯囚於夏台，周文王拘於羑里，是賢人得咎，而舜用皋陶執行司法，以求公正，於是賢人沉冤得雪，民眾喜悅，賢人得平安歸故里的故事，無妄之災乃解，是一個沉冤得雪的卦。思之中美競爭，各種古怪輿論攻擊，要在年底才得雪，但大戰不會停止。

2020 年「明夷卦」來了，上坤下離，完全不同於 2019 年。明夷，明入地中，太陽下山。「無妄卦」是周文王遇紂王，被囚羑里，文王的部下通過送美女而救出文王。但「明夷卦」是講箕子，箕子裝瘋扮傻，紂王貶箕子為奴，直到周武王時才釋出。文王和箕子都是在逆境中用「非常手段」才能求全，這卦是「用晦而明」，表面是晦，實則是明，有傷而無大礙。《焦氏易林》註此卦：「他山之錯，與璆為仇。來攻吾城，傷我肌膚。邦家騷憂。」

2018 年 11 月 28 日

---

1 這裏「全壘」、「OB」都是借棒球術語作喻。OB，Old Boy，退役球員。

明夷卦象，鼠年苦嚐

2018 年世界經濟還是好的，成長率達 3.6%，全球貿易亦成長 3.6%，但美國出手攪局，英國要脫歐，日韓互鬥，印度失速，美國還要制裁伊朗、土耳其、阿根廷，所以 2019 年世界經濟只能成長 3% 或更低。西方發達國家經濟增長率更由 2.3% 下降至 1.7%，其中最慘是德國，只能成長 0.5%，日本 0.9%，美國經濟增長率由 2.9% 下降至 2.4%。筆者更相信商業銀行所預測的 2%，2019 年第四季降至 1%，並非沒可能。

中美貿易戰看似緩和了，實質是中國同意再採購美國農產品 400 億至 500 億美元，但是基於「市場機制」由中國進口商自由採購，隨時亦可叫停。不過，2019 年只買了 60 億美元，確實也夠少的。

總而言之，IMF 預計全球近 90% 地區經濟要放緩，中國的貿易額在 2019 年前 9 個月對美下降了 10.8%，但總貿易額仍上升 2.8%。儘管如此，中國 GDP 亦不得不由 2018 年的 6.5%，下降至 6.2%，勢頭沒有美國嚴重，這要多謝中國消費者的信心。NBA 一場球票在深圳炒至 24,800 元，仍有人肯出價，可見仍是有人消費的。

但 2020 年又如何呢？IMF 預計經濟增長率 3.4%，肯定要調低，英國脫歐勢不可免，英國和歐洲經濟肯定受影響。中美貿易戰即使簽了停戰協議，也會因美國大選而再度告吹，這個不確定性永遠存在。

錢不值錢，連意大利也可以用 2% 的利率借到 30 年長期國債，通脹達 2%，無收益、存款食息的人敢花錢嗎？鼠年是明夷卦值年，主日落西山晦明之卦，前景更不清。豬年只是無妄卦，已經如此慘，此卦是周文王遇商紂王被囚，苦日子長也，大家小心為上！

2019 年 10 月 21 日

明夷卦最後的威力

美國歷史怎麼定性 2021 年 1 月 6 日，有很多選擇：「黑色星期三」、「瘋狂星期三」、「流氓叛變日」、「失敗政變日」、「華盛頓之春」，或直接是「華盛頓之冬」、「國內恐怖主義開始日」，不一而足，病毒是無動於衷的。隨即美國死亡人數破四千，當日確診人數破 33 萬，數字只會更高，疫苗遠火救不了近水。當然人們對同義詞了解得很多了，「民主鬥士」成為暴徒，「抗議」等於「暴亂」，「美麗風景線」成為「暴力事件」，「行使合法權力」無異於「暴力行為」。進入華盛頓究竟有多少人，一百萬，十萬，三萬？只看報道取向，反正衝入國會山莊不過數千人就成功了。防暴警察何以如此警力不足呢？對付 BLM[1] 和對付川粉是兩種態度，國會山莊的老爺們要躲在椅子下，哪裏還有甚麼尊嚴呢？參議員本是神一般的人物，全部跌下凡間了，「後美國時代」來臨了嗎？

硬實力還好，但軟實力玩完了，公共領導人不將公共利益置於政治民生之上，甚麼事都可以發生了。推特的力量有多大？只要將你永遠封號，你的影響力就等於零。此次之事為甚麼不早發生了呢？此次是為人權嗎，還是為政治？最後的瘋狂還有甚麼呢？《易經》明夷卦要到二月三日才結束，商紂王「失則」，是邪惡的，是反社會的，失天道，失人心，是失社會公德的。核武器在狂人手中只是想得到的事，要阻止想不到的事發生，要有非常手段。由晦轉明，明夷卦有啟示。臘月還未進入呢！

2021 年 1 月 8 日

1　「Black Lives Matter」，美國黑人反對種族歧視運動的口號。

廿一世紀大事（一）：中美之間有超限戰的影子

2020 年過去了，但庚子明夷猶在

地干地支一輪是 60 年。1840 年庚子是鴉片戰爭；60 年後 1900 年庚子是八國聯軍入北京；1960 年庚子中國大飢荒、蘇聯撤走在華專家；2020 年庚子病毒降臨全球，經濟衰退，全球 GDP 收縮 7%；庚子確不是好年。《易經》八八六十四卦，每年都有一卦值年，2020 年值年是明夷卦，但值年卻不是 60 年一次，天干地支 60 年，《易經》八卦 64 支，算起來是 960 年才一次。上一次庚子處明夷是 1060 年，北宋仁宗嘉祐五年，歷史發生何事，則要歷史學家去尋找。這年宋仁宗已 50 歲，在位已 38 年，到 53 歲就死了，在位太久，朝政不會好到哪裏，民間如何，就要翻宋史了。

21 世紀庚子要到 2021 年 2 月 3 日立春才完結，所以 2021 年有 34 日仍在庚子明夷卦之內，照卦象，一定要行到第六爻的上六，「不明晦，初登於天，後入於地」。象曰：「初登於天，照四國也；後入於地，失則也。」明夷卦全年由明入晦；太陽下山入海，是無可避免的。此卦亦寫商紂王這位獨裁暴君的時代，臣子們如何趨吉避凶，採用非常手段，保存自己。如箕子裝瘋，文王手下行賄，等到商紂王「失則」，失去天道，失去人心，失去社會的公德，才有後來武王伐紂，全世界都起來反對紂王，才有滅紂的發生。晦明主非常手段，這將會是甚麼？庚子年過去，自然有分曉，不可泄天機！

2021 年 1 月 4 日

廿一世紀大事（二）：貿易戰

歷史上，美國發動兩場貿易熱戰和一場貿易冷戰，有好結果嗎？

　　美國人對貿易夥伴進行關稅戰，不自特朗普而起，也不會到特朗普而終。回顧美國百年歷史，最少有兩場熱戰，一場冷戰，代價高昂，不讀歷史之人，當然沒有感覺，也不會有教訓。

　　兩場熱戰，都是由共和黨人主導，也可說有歷史因由。背景是第一次世界大戰 (1914–1918 年) 後，美國已是世界第一大國，歐洲受戰亂之苦，農業和工業都待恢復，美國農產品獨霸市場。1919 年美國銷歐洲農產品金額是 199 億美元，但隨着歐洲恢復生產力，1921 年美農產品銷歐金額下降至 105 億美元。控制了國會和白宮的共和黨，乃在 1922 年通過福特尼-邁坎伯關稅法案 (The Fordney McCumber Tariff Act)，將關稅增至最高 38.5%，平均 14%，同時把巨款借給歐洲，讓歐洲來買美國農產品。此時紐約已取代倫敦成為世界金融中心，貸款成為主要業務，不知何故，歐洲要到 5 年後才反制。法國將汽車入口稅由 45% 提至 100%，西班牙增關稅至 40%，德國、意大利亦增小麥關稅，令到亨利・福特在 1928 年起而反對。美國汽車已是世界第一，不必保護，而美國農業亦在同一年損失 3 億美元，當時不可謂不慘烈。但美國國勢正盛，仍然繁榮了一陣子，直至 1929 年，紐約股市大災難，世界大蕭條從此而起，是歷史大教訓，但美國政客醒悟了嗎？沒有。

已被世人淡忘的歷史

　　共和黨又一次以保護美國人就業為名，在 1930 年，提出新法案，將約兩萬種進口商品的平均關稅再提高 20%，認為如此可以阻止來自外國的競爭，這時的「敵人」當然是歐洲列強。此法在 1930 年 6 月 17 日由胡佛總統簽署生效，當時雖然有 1,000 名經濟學家聯名請胡佛不要簽字，但無效。結果這項名為「斯穆特–霍利」(Smoot-Hawley) 的關稅法案毀掉的就業，比保

護的還多，銀行倒閉風潮因此而起，關稅高達 60%，威力無限。因股市崩潰而生活困難的美國工人，生活再下深淵，工人們既買不起大多數的入口商品，又無力買美國製造的產品，因為美國產品本身就價格很高，不然，美國人老早就買美國貨了。今日是否和八九十年前一樣呢？

美國產品成本增加自然引起失業和裁員，外國產品因關稅而銷量下降，美國的貿易對手亦同關稅而受到打擊，美國出口亦相應下降，不買美國貨是必然的反應。這種不良性循環，不言而喻，有識者表示將引發全球爆發如關稅行動。1932 至 1933 年，以《世界經濟概覽》的記載，美國政治精英一意孤行，後果當然是災難性的。1932 年，全球貿易下降 67%，40 年的經濟融合一朝喪，美國受傷最重，關稅無疑遏制了 40% 的入口，但報復性關稅和對外國經濟的打擊，影響美國出口減少達 75%，美國小麥銷量下降 20%，煙草銷量減少 40%，玉米出口減少 53%。這次會否同樣慘烈呢？

關稅法種下災難的種子

如此慘劇，胡佛當然只能一任，不能連任，1933 年敗給民主黨的羅斯福，開啟羅斯福四屆總統之任，再到杜魯門二任，都是民主黨統治，選民忘不了共和黨劣績，長達 20 年。羅斯福在 1934 年，簽了 Reciprocal Trade Agreement Act 就是為挽救全球局面，但災難的種子已種下，歐洲政局已變，極端政客黨派已在歐洲上台，希特勒已經坐大，歷史學家也在考證，關稅法是否有此後遺症，令世人三思。但歐洲無暇理會東方，日本侵華已經開始，世界踏入第二次世界大戰，羅斯福當了戰時總統，可以四連任了，但世人似已完全忘了這段歷史！

世人只記得二戰後，美國全力挽救全球經濟，提出馬歇爾計劃，歐洲和亞洲都在拯救之列，日本因而迅速崛起，到 1980 年代更似要超越美國。這就是上世紀八十年代至九十年代初美國、日本「貿易冷戰」的開始。美國、日本互相指責，互相威脅，沒有用上關稅，日本卻簽了 1985 年的《廣場協議》，要日圓年年升值，引發日本泡沫，泡沫在 1989 年後破滅，日本進

入「迷失廿年」，近年才告終結。但時至 2017 年，日本對美國仍有貿易順差 688 億美元，位列第四，順差老大是中國，3,752 億美元，歐盟 1,514 億美元，墨西哥 711 億美元。對美國而言，1988 年後，經濟上歐盟仍是「敵人」，中國更加不用說，在利益下，不能有幻想！

經濟大衰退危機已現

2018 年的貿易戰，不必國會通過，只要特朗普簽字就施行了，國會何以如此無力呢？特朗普的競選宣言，本來就是說：「外國人奪走了美國的工業實力」，他要扭轉一切。「美國汽車將上路」打擊的是德國和日本；「美國飛機將在天空翱翔」，打擊的是法國空中巴士；「美國船艦將在海上巡邏」，地中海、波羅的海、南海都是要去；「美國鋼鐵將把摩天大樓送入雲端」，鐵和鋁的關稅戰不可免。這是一場沒有美國國會參與的貿易戰，中國這次取代了歐洲，成為頭號對手，金額是 340 億美元，再加碼 160 億美元，又再加碼 2,000 億美元，直至全部的 5,000 億美元，後果在所不計，因為特朗普認為會「輕鬆取勝」。

歷史早已說明不會沒有代價，單是大豆出口，2017–2018 年已下降 6.2%，2018–2019 年更估計下跌 11%，高粱、玉米、小麥及豬肉亦不可免。7 月未完，美國已要推出 120 億美元農業援助，反應不佳，美國汽車在華銷量已見下跌，工業股在 2018 年，Caterpillar 見跌 13%，3M 下跌 14%，鋁業公司下跌 10%。88 年前是股市先跌，然後才發起貿易戰，這次是先發起貿易戰，才會有連鎖反應，諾貝爾得主 Shiller 所創的 PE 指數，在 6 月底已升至 32.4，比 2007 年的高點 27.5 已高出很多。債市的兩年息率快要和 10 年息率倒掛，顯示美國經濟陷入大衰退的危機已現，全球貿易要下降多少，失業率能否力保不失，歷史都會記上一筆，胡佛如此，特朗普亦如此。怎能不讀歷史！

2018 年 8 月 10 日

貿易戰真的易贏乎？

老友對美國何以不聯歐攻華，反而獨力大殺四方，大惑不解。首先一個「傲」字，「貿易戰，非常易贏」一天到晚在特朗普口中。美國人「吃虧」了多少，如今要反攻的論調，是最易在「鐵銹帶」選民處得分的，一切為了11月的中期選舉，如果可以一舉擊敗剛復興的中國，使其永不翻生，那是更妙。至於是不是「損人不利己白開心」，美國人未看過古龍武俠小說，當然想不到。

其二，歷史上霸權的衰落，永遠是戰線太長而不自知，到了四處都是敵手，為時已晚。由西班牙、法國到英國都如此！美國何以例外？

其三，美國每年財赤1萬億美元，一定要在某個地方節省下來。貿赤在華是3,600億美元，歐盟是1,510億美元，兩處減到零，就是5,000億美元，兩塊大肥肉，捨不得。另外，北約軍費9,570億美元，美國佔72%，歐洲28%，即使逼到歐洲出一半，也節省兩三千億美元，何樂而不為？商人的計算就是如此。還有日韓軍費亦如此辦，既要減自己那份，又要和俄國、朝鮮緩和。真的緩和，豈不是全省了，但又不肯。

其四，貿赤原因是美國人是全球最後消費者，除非經濟急急衰退，美國減少消費，否則美國人最後要自己埋單，格老[1]都如此說。至於美國再出第二輪2,000億美元加稅單，中招的是在華外商的生產線，若免了智能手機、電腦和電子設備，2,000億美元也是虛的。

但強盜邏輯是無法解釋的，總之中國如今是形勢逼人、挑戰逼人、使命逼人。中美國運交鋒30年不止，站穩腳步，沉着應戰，待其自敗，不要浮躁就好！

2018 年 7 月 13 日

1　艾倫・格林斯潘（Alan Greenspan），20 世紀 80 年代末以來對美國經濟政策最具影響力的經濟學家，被譽為「美元總統」。

如何面對貿易戰後遺症

用選票至上的原則來看，特朗普既已獲得 88% 共和黨選民的支持，黨內已穩如泰山，黨外 0% 也無所謂，因為支持並不只是靠鐵銹區的白人藍領了。其實美國勞動力 1.615 億人中，製造業人口只是區區 3,280 萬，佔 20.3% 而已，日後失業率回升，也損失不了多少票。至於大豆跌價，豬肉滯銷，美國農民只有 113 萬人，佔 0.7%，大哭大喊，也影響不大，主要是那 79% 的服務業和經理級人馬。

如何想，美國失業率 4%，隱藏的問題是勞工參與率，2000 年是 67%，2008 年大衰退前也是 66%，催谷[1] 到 2018 年，也只是 62.9%。那 3% 至 4% 的失業人口已變成無心搵工的人，這就是統計學欺人之處。貿易戰必引來裁員和失業，美國共和黨選民為了「美國獨霸」，可以忍受；那些非共和黨選民，也佔美國一半人口，能忍受嗎？

中國當然有同樣的危機，製造業人口 2.3 億，服務業人口 3.13 億，農業人口 2.27 億，和美國的比例相差極大，農民是美國的 200 倍，但仍要向美國進口，何時才有美國的生產效率呢！貿易戰只會要求農業自給自足率增加，沒有失業威脅。製造業的低端產品基本上在淘汰中，去了柬埔寨、巴基斯坦者也不少，中國接單外地交貨，早已有此模式，美國是否要追查業主是誰呢？服務業多了網購，單是快遞員已有 1,400 萬人，10 年來由無到有，只要消費信心不減，問題不大。最後是一個信心問題，中國還有創業熱，想當老闆者不少，抗逆力應比美國大！

2018 年 7 月 30 日

1　推動，協助，粵語地區報刊常用語。

貿易戰條數點計？[1]

特朗普由「貿易戰很容易贏」，到關稅政策「大獲成功」，令人想起蔡英文「會不會數學」之問！最易計的一條數是「關稅有助減低美國國債」之謎，特朗普上任，美國國債 19.4 萬億美元，到 8 月初是 21 萬億美元，增加了 1.6 萬億美元。

目前關稅最高是 25%，收關稅的外國產品是 850 億美元，所以最高收益是 210 億美元，等於美國國債的 0.1%。即使有朝一日，他將收稅的中國產品增至 5,000 億美元，收到最高的 25%（不可能全部 25%），亦只是 1,250 億美元，不過是國債的 0.6%，九牛一毛。試想美國利率一年增加 4 次，即 1%，國債利息就是 2,100 億美元的增加額，遠遠多於關稅收入，不要忘記還是大部分由美國人自己支付的。

這次貿易戰，單是對大豆農民的補助就是 120 億美元，預估其他行業亦需補貼 270 億美元，加起來就是 390 億美元，已超過目前關稅收入的 210 億美元，這條數不是很易計嗎？美國的老白男真是不懂計數嗎？當然這 25% 的關稅會令中國產品比較沒有競爭力，美國企業會轉移到別的地方去買，那麼關稅就更少了。所以關稅最終是一筆小錢，美國國債隨着財赤每年一萬億而增加，利息支出更大，隨着國內減稅由 35% 至 21%，國庫收入更減。

美國和日本打貿易戰，戰果是愈打貿赤愈大，中國企業出口要減，中國企業的進口可能減得更多。中國消費者行為說變就變，九十後消費者更無忠誠度，只問酷不酷，美國品牌本就危危乎，和本土品牌之戰，是愈戰愈退。發展下來，走向誰曉得？

2018 年 8 月 14 日

---

1 粵語裏「數」有「賬」的意思，「點」有「怎麼」的意思，這則標題的意思是：貿易戰這筆賬怎麼算？

美國：從關稅戰到自由貿易

　　回顧美國歷史，美國工業化起家，由華盛頓時代開始就推行產業保護政策。第一屆財長要將美國由農業社會變成工業社會，建議國會通過徵收高額關稅政策，甚至在極端情況下可以禁止進口，來保護剛起步的製造業，包括鋼、銅、煤、穀物、棉花、玻璃、火藥，甚至書籍等行業。

　　由 1791 年至 1914 年的 123 年間，美國由典型的落後農業國變成世界第一的工業國，歐洲人完全忽略了美國的崛起，只知到處殖民，自己最後變成戰後的廢墟。在亞當斯總統的 1820 年至胡佛總統的 1931 年，這 111 年間，美國平均關稅稅率高達 35% 至 50%。胡佛總統最後一擊，是 1930 年 6 月，在高關稅基礎上，簽署對二萬種進口商品再追加 20% 關稅的法案。

　　歐洲列強加上日本等發達國家紛紛反擊，高關稅的蝴蝶效應成為 1929 年至 1933 年全球大蕭條的導火線，全球貿易額由 350 億美元下降至 120 億美元，下跌 66%。美國及歐洲列強（12 個）的 GDP 在 1930 年下降 5%，1931 年下降 7%，美國進口額由 44 億美元下降 67% 至 14.5 億美元，出口亦由 51.6 億美元下降 68% 至 16.5 億美元。通脹率下降 33%，失業率高達 25%，胡佛總統在此業績下當然不得連任，由羅斯福取勝，連任四屆，因為第二次世界大戰發生了。

　　1945 年戰後，美國已成領頭羊，西方列強只得簽了雙邊貿易條約，對 64% 進口商減關稅，關稅率下降 44%。美國至此才大喊自由貿易，美國和歐盟諸國的關稅稅率降至 3%。全球化貿易對美國有利了 73 年，忽然規則改變，「美國優先」來了！

2018 年 8 月 15 日

中美貿易戰的影響

周小川說中美貿易戰的負面影響不是很大，對中國經濟影響不到0.5%，指的是 GDP 的成長率吧？2017 年成長率是 6.8%，那麼 2018 年是 6.3%，若影響只得半年，那麼更應是 6.5%，和原來的預測是一樣的。

且看美國是怎麼樣？長期趨勢是 2%，減稅催谷到 2018 年第二季的 4.1%，第三季要一樣就難了。回看中國出口美國，2018 年能達 5,000 億美元就不錯了，如今局勢，任何有危機意識的廠家，老早就應分散市場，不以美國為主。美國人壓價厲害，本就不是高利潤的市場，外資以中國為生產基地，佔了中國總出口的大份額，1997 年佔 40%，2007 年升至 60%，到 2018 年又回到 40%，是一個倒 V 形的走勢。

筆者沒有周小川的大數據資料，且用最低的 40% 來算，外資出口美國約 2,000 億美元，本地企業則是 3,000 億美元。這些外資大都是美資，特朗普若大開殺戒，對 5,170 億美元全部徵關稅，受傷的四成是外資。中國損失的是外資的利潤稅，中國企業那 3,000 億美元，可以全部不去美國，部分轉內銷，部分轉向其他市場。

中國企業早已開始採取措施了，行動是迅速的。「一帶一路」市場已開發了 5 年，即使 2018 年來不及，本地企業出口美國全泡湯，若利潤率是 5%，3,000 億美元的利潤亦只是 150 億美元，以中國今日的 GDP14.2 萬億美元，影響是 0.1%，何足道哉？美國市場重要，但不偏重，才不受威脅，2018 年 6 至 8 月的貿易順差分別為 289 億美元、262 億美元、311 億美元，仍在上升中。中國消費者的心態正在轉變中，對進口長遠不無影響，大家等着看！

2018 年 9 月 14 日

急需一場交易的美國

2019 年是看清楚美國經濟真面目的時候，在沒有減稅效應、沒有美國海外資金回流、沒有企業回購股票的活動、沒有巨型基建的計劃、沒有興旺的海外市場、沒有低利率的環境下，美國企業如何維持強大的利潤呢？美國的殭屍企業 Zombies 一直較低效率運轉，將面對「舊債沒法還，新債無法舉」的情況，美國若因政府停擺過長而被降級，失了 AAA 的話，即使利率不升了，但信用溢價還是要升的。

如果大家注意 CDS（信貸違約掉期）走勢的話，五年期信用違約保險費率，最低是瑞典 11.1 基點和丹麥 11.4 基點；美國是 21.1 基點，但曾見過 31 基點，已和只有 AA- 級的日本 23.58 基點差不多了；脫歐危機的英國是 39.5 基點，黃背心的法國是 40.23 基點，均比韓國的 38.56 基點高。再看「歐豬五國」PIIGS，葡萄牙 92.5 基點，愛爾蘭 43 基點，意大利 236 基點，希臘 464.8 基點，西班牙 45.4 基點（1% 等於 100 基點）；由這些 CDS 可以看出風險所在。國家風險如此，那些垃圾債券發行人的保險費率應有多高？

美國除了那 22 萬億美元的國債外，還有 1.5 萬億美元的學生貸款及 1.1 萬億美元的信用卡借款，水平都比 2008 年那次大禍時還高。2018 年蘋果、亞馬遜市值都跌破萬億美元，回落到六七千億的水平；但蘋果預測市盈率是 12 倍，亞馬遜預測則是 80 倍，投資者的期望值與現實有如此大差距，打回原形又如何？

「人紅十分變成灰」，物紅亦應如此，特朗普亞需一劑興奮劑來催谷經濟和股市，中美貿易協議暫時又變成可用之物，美國只要不貪，一定成事，只是無人知何時反悔！

2019 年 1 月 30 日

中美誰笑到最後？

2019 年 6 月底的中國經濟數字出來了，沒有大意外，第二季 GDP 6.2%，比第一季下降 0.2 個百分點。美國笑呵呵，但美國第一季 GDP 3.1%，第二季能有 2.1% 就偷笑，下降 1.0 個百分點，誰更慘呢？有眼睇[1]，只會更慘。因為貿易額並未因關稅而改善，中國出口美國確是下降了 8%，共 184 億美元，但歐盟和東盟市場爭氣，共上升了 226 億美元，所以頭三大市場，反而增加了 42 億美元，夠晒數[2]。

相形之下，中國就是減買農產品和石油氣，由美國進口的就減了 30%。當然，美國農業只佔 GDP 的 1.2%，受傷害只是那 800 多家面臨執笠的農莊，但美國農業相關人口佔全國 13%，選票怎麼計？2020 年就知，不趕快改變，執笠[3]完才再買，太遲了！反正巴西、俄羅斯都有農產品供應。

所以希拉莉說：這屆政府是徹頭徹尾的災難。對農民而言，已是如此。更重要的是，中國的最大貿易夥伴排名，美國已跌至第 3 位。第 1 位歐盟佔 15.6%，雖然英國若脫歐，數字會減少，可能被東盟扒頭[4]；第 2 名的東盟佔 13.5%，目前 RCEP 的談判已近磅，希望年尾完成東盟交易談判，向雙方約定的 1 萬億美元進發。

貿易夥伴排名一跌再跌

美國佔中國貿易額比例由 13.7% 降至 12%，只要中日、中韓交好，貿易額增加，美國有朝一日降至第 5 位，並不出奇，雖非微不足道，亦不至耀

1　粵語，等着看吧。
2　粵語，數量夠了。
3　粵語，關門，倒閉。
4　粵語，超車，喻超越。

武揚威。美國半導體市場佔有率已由 25% 降至 10%，不賣給華為又賣給誰呢？中國人最識「防你一手」，所以中美貿易談判，沒有甚麼好急，可憐港台兩枚棋子將成為「磨心」。但下次巨頭會是在 11 月智利的 APEC 碰頭，慢慢等吧！

2019 年 8 月 5 日

貿易戰後又如何

中美貿易戰打到 11 場也未必有好結果，協議簽了也可以翻臉。特朗普在商場上專門「跣」[1] 對手，看歷史便知未來。總之貿易戰後，中美第一季各自精彩，GDP 分別升 6.4% 和 3.2%，出乎市場意料，可見專家們也是「係噉先」[2]！

2018 年的中國貿易狀態如何？第一貿易夥伴仍是歐盟的 6,954 億美元，上升 7.9%；第二名美國，6,169 億美元，只上升 5.9%（當然受影響，但仍是正數）。第三是東盟，5,724 億美元，上升 11.2%；中非貿易上升 19.7%，至 2,042 億美元，要 2020 年達 4,000 億美元有點難度。正如東盟貿易預計 2023 年可達 1 萬億美元，目標亦太高。

中國的非洲夥伴，第一是南非 435 億美元，第二安哥拉 250 億美元，第三尼日利亞 152 億美元。尼日利亞將是非洲第一大人口國，潛力無限，所以非洲的貿易成長極大，非洲人口將由 11 億人升至 22 億人（對 2050 年的估計）。中國發力是必然，「一帶一路」沿線去年上升 13.3%，誰說無前途？

1　粵語，作弄。

2　粵語，先這樣。

「一帶一路」挑戰美元地位

歐盟外，俄國的 2018 年增長率是 24.5%，至 1,088 億美元，「一帶一路」沿線由 2013 至 2018 年的貿易額已達 6 萬億美元。若有朝一日，此「帶路」上的生意改用歐元和人民幣，美元會如何呢？「天下苦美元久矣」，改變要慢慢來，急不得！但美元危機，隱隱在目。

中國要準備的是一旦沒有美國這個大市場，是否就全死。美國市場的利潤有那麼好嗎？替蘋果加工的利潤可見一斑。美國商人是精明的，不會是塊大肥肉。美國產品真的會那麼好賣嗎？這不是政府的事，是看產品吸引力！

2019 年 5 月 6 日

一拍兩散，有妄之禍

2018 年 3 月，美國發動了一場總統特朗普稱為「很容易取勝」的貿易戰，照例採用「極限施壓」，「逐步進逼」的戰術，同時又隨時加碼，出爾反爾。中國既然明知美國文化是「衷心無誠，盡出於偽」，只要見招拆招，凝聚全民，繼續消費，打長久戰，看誰能支持到底。要知貿易佔中國 GDP 20%，美國商品亦只佔貿易的 20%，全部歸零亦只是不見了 4%。條數不難計，出口盡量維持不賠，進口索性減少，美國第一貿易國，讓位給墨西哥無所謂。

從 PMI 見全球經濟減速

2018 年埋單，全球 GDP 成長 3%；當時樂觀者仍看好 2019 年成長 3.2%，2020 年 3.5%。18 個月過去了，世銀已將 2019 年成長降為 2.6%，但仍看好 2021 年，指望 2.8%，看來亦是樂觀了。全球減速在即，看領先指數的 PMI 採購經理人指數可見端倪。2018 年 8 月最悽慘，由 7 月的 49.7，降至 47，已降低在 50 這條榮枯線之下。美國 49.1，中國 49.5，日本

49.3，韓國 47.5，香港最慘，才 40.8，距離全球平均的 47 極遠。這 3 個月的動亂，破壞經濟能力之大，令人瞠目結舌，止暴制亂之外，還要救經濟；要自救，香港市民要加強消費啊！

美國這次貿易戰和 1931 年那次胡佛加關稅，後果沒有甚麼不一樣，都是引發全球經濟下行。在這種情況下，英國還要玩硬脫歐，後果是一拍兩散。亞洲的日韓已見影響，印度經濟收縮亦現，如今已不是「無妄之災」而是「有妄之禍」。無妄卦主旨：「不守正道妄為者將受天譴。」這不是泛泛之言，古書有之已二千年，能不三思而行？

2019 年 9 月 9 日

中美第一階段協議簽定

經過歷時 22 個月 13 次的艱辛談判，終於在 2020 年 1 月 15 日，在華盛頓簽了第一階段中美貿易協議。美方由特朗普帶領 52 名白宮、政府及各州官員參加，中方由副總理劉鶴帶領 10 人訪問團簽約，也算盛大。當然特朗普推特說要習近平來美簽約，並未發生，特朗普則自己邀請自己訪華，開放第二階段協議。這次特朗普有點收斂，並未宣佈是「偉大成果」，首先關稅未全部減免，美國之前宣佈的 2,500 億美元中國商品關稅稅率 25% 繼續實施。作為第二階段的籌碼，市場當然有反應。美國的措施，只是原要在去年 12 月 15 日實施的稅率 25% 的部分擱置，減的只是在去年 9 月執行的稅率 15% 的部分，降低至稅率 7.5%，美國消費者仍然有得好受。

中國則取消對美國汽車 25% 的關稅，中國同意在 2017 年基礎上多採購 2,000 億美元產品，其中農產品 400 億美元，約中國所需穀物的 3.4% 而已。美國農民可鬆一口氣。中國同意開放金融業，銀行、證券、保險公司可獨資經營，中國金融業應可獲准入美的申請，其他方面，中國不強迫美國企業技術轉讓。

關於匯率，雙方同意不作競爭性貶值，美國在簽約前已取消中國是「匯

率操縱國」的指控。華為問題無結果，放在第二階段。美國繼續施壓，「合則兩利，鬥則兩傷」，雙方都吃到苦果，中國大概買來暫安一年。到 11 月美國總統大選後再算，這是特朗普 2020 年最大件事，被國會彈劾，只是走過場，十分無面子而已，不會因此下台。特朗普實行孤立主義，脫離盟友，影響力已日衰，所以連任對中國有利，談判會繼續。先鬆一口氣。

2020 年 1 月 16 日

美國人物的影響力

由美國人物看中美兩百多年恩怨

美國獨立 (1776 年) 二百四十多年間，中美之間的恩怨情仇不斷，其間又有多少美國人物值得一提，或者不應被遺忘？不妨舉要如下。

1. Caleb Cushing 顧盛 (1800－1879 年)　　中美《望廈條約》的簽訂者。這位號稱 13 歲入哈佛就讀，20 歲當哈佛教員，曾為執業律師，當選國會議員，差點當上財政部長 (被參議院否決)。結果當上駐華專員 (1843－1845 年)，來華原因是鴉片戰爭後，中英簽了《南京條約》，這時還是二流國家的美國要分享戰果，乃派炮艦送顧盛來華。44 歲的顧盛和大清的宗室元老——57 歲的耆英談判，以炮艦為後盾，在澳門望廈村談判。

這位顧盛，大概是特朗普的老祖宗，極度施壓，軟硬兼施。兩年前才簽了《南京條約》的耆英，再次兵敗如山倒，只談判了 15 天 (1844 年 6 月 18 日至 7 月 3 日)，就棄甲曳兵，簽了一份比《南京條約》還差的不平等條約，成為日後和法國簽訂的《黃埔條約》的範本。耆英日後被咸豐判自盡，亦是活該。比《南京條約》更差，是故日後改稅率，要美國領事同意；治外法權下，中國無權審外國人，美國軍艦可自由出入中國港口，連美國商船也無權管轄。日後有新條款，美國亦人有我有，美國當時還是二流國家，獨立才 68 年，就如此霸道，大清之弱，無以復加。顧盛由國會批了 4 萬美元經費，有此成績，多謝對手之弱。

2. Charles Le Gendre 李得仙 (1830－1899 年)　　這位生於法國，後來和美國人結婚，入籍美國，還參加南北戰爭，以准將退役。1866 至 1872 年間任美國駐廈門領事，1867 年處理美國商船 ROVER 號在台灣沉船，航員被殺事件，成為「台灣番事通」，還學了台語。1873 年離職，

經日本，經美國公使介紹，成為日本顧問，專事幫助日本佔領台灣，獻台灣地圖和照片，想出台灣「蕃地無主論」，教日本成立台灣蕃地事務局——如此，李得仙有望在佔台灣成功後，成為台灣總督，而美國人可獨佔貿易利益。李得仙等籌劃攻台灣的催船催人事務，乃有日本藉口琉球船難，佔領台灣。1874 年，大久保利通到北京簽《中日北京專約》，賠款二十萬兩，日本才全體退兵，乃開日本認為中國可欺之門，美國人實有大功勞！

3. **John Miller 約翰‧米勒（1831－1886 年）** 共和黨議員，向國會提交《排華法案》。本來中美在 1868 年又簽訂了「蒲安臣條約」，中國人可以自由移民，但此法案十年內禁止華人勞工入境美國，得到白人至上團體支持，結果在 1882 年通過，直到 1943 年才停止。當年禁華人和 21 世紀禁穆斯林，如出一轍。2012 看 6 月 18 日，美國國會通過對《排華法案》的道歉，但只是 Regret，而不是 Apology，當年共和黨提出，130 年後由民主黨總統奧巴馬 Regret，真諷刺。

4. **John Hay 海約翰（1838－1905 年）** 美國歷史上最成熟和有作為的國務卿，在 1898 至 1905 年間任國務卿，對中國政策是「門戶開放，利益均沾」。美國在打敗西班牙，取得菲律賓後，中國已被列強瓜分，美國只得在 1899 年提出「門戶開放」政策，亦力謀取得一個港口未果。1900 年遇上「義和團」之亂，八國聯軍入北京，美國自然參加，1901 年簽了《辛丑和約》，中國賠 4.5 億兩白銀，美國分得 7.32%，32,000,000 兩，折合美金 24,000,000 元，其中當然有浮報軍費（列強皆如此）。海約翰和大清代表梁誠商議，同意將浮報部分約 12,000,000 美元作為退款，但到美國國會同意的 1908 年，海約翰墓木已朽，死了三年。到其他部分亦退還作為中國學子赴美留學的助學金，已是 1924 年，大清已亡，但賠款仍繼續。最後列強都同意退款，只有日本一毛

不拔。

海約翰的名言是：「全世界的暴風雨中心地點，目前已轉移到中國去了，只要了解中國，便可預識今後 500 年世界政局的變化。」海約翰去世已 113 年，美國人還未真正了解中國！八國聯軍時代，美國國會已制定「分化中國力量」的策略。以大清在 1900 年之弱，美國國會尚如此想，到 21 世紀，中國已復興，美國議員們如何想，不問而知了。

5. William Rockhill 柔克義（1854–1914 年）　不要小看這名字不響的美國外交官，他是美國蒙藏專家，1900 年八國聯軍入京後的美國全權代表，《辛丑條約》簽字人，1905 到 1908 年的駐華大使。袁世凱上任後被聘為顧問，可惜死於上任途中，得年 60 歲。他的著作影響美國國會的西藏政策，直至今日，開近代美國捲入西藏事務的先河。凡事都有歷史因緣，這位仁兄當年努力學習藏語，可算奇人！

6. F. D. Roosevelt 羅斯福（1882–1945 年）　1933 年羅斯福接手前任總統胡佛爛攤子，胡佛的全球貿易戰，引致全球貿易下降 67%，美國失業率達 25%，其禍可知。日本已於 1931 年發動九・一八侵華，西方列強視而不見，美國坐山觀虎鬥，還大賣軍火物資給日本，而日本侵華最大損失是英國，又符合美國之「分化中國力量」，真是何樂而不為。直至日本偷襲珍珠港，1941 年 7 月美國飛虎隊陳納德援華，也要用志願軍名義，不敢得罪日本至此。到 1942 年 7 月，日本偷襲已成事實，飛虎隊才變回正規軍，前後才一年，錢穆說羅斯福是故意引誘日本襲美，那是有可能的。因為開戰要通過國會，支持開戰的議員不足，要民意支持。偷襲只傷海外，不傷本土，成本最低，羅斯福的對手是邱吉爾和斯大林，蔣介石上了一次開羅的枱，隨後「無得玩」。日本戰後只保本土四島，琉球乃無主之物，一說羅斯福要交給蔣介石，而蔣不敢要，乃由美國看管。

國共交鋒，羅斯福已死，杜魯門上台，中國事務交由馬歇爾主持。馬歇爾在上海太原路住了一年，為的是保護美國利益，結果無功而返。馬歇爾返美當國務卿，但朝鮮戰爭時，馬歇爾已下台，由艾奇遜主持了。中美冷熱戰達 30 年之久，朝鮮戰爭後還有越戰，真能相逢一笑泯恩仇？美國國會議員是不會的。

7. H. A. Kissinger 基辛格（1923– ）　　95 歲的基辛格是美國第一「中國通」，布熱津斯基（2017 年已離世）是第二，那是公論。中美建交由基辛格穿針，但到建交已是 1979 年的七年之後了，白宮亦由共和黨轉到民主黨手中。三個公報是互信基礎，但台灣問題卻因《與台灣關係法》而懸而不決四十年。美國的確放棄了「美台共同防禦條約」，但台灣始終是棋子之一，有需要就打。1950 年是第一次，美國派第七艦隊進入台灣海峽，武力阻止台灣統一，此後派美軍駐台，直至 1979 年中美建交，台灣是半殖民地。1995 年是第二次，克林頓允許李登輝赴美，在康奈爾大學發表「兩個中國」言論，再引發台海危機，又派美國艦隊赴台灣海峽，最後以「三個不支持」收場。

2018 年，中國已有《反分裂國家法》，軍費亦增加了 14 倍，不可同日而語。但美國國會通過《台灣旅行法》；2019 年的《國防授權法案》，可見遊說團的能力。而美國國會百年來「分化中國力量」的思想，從未改變，當然美國人民肯相信國會議員的比率不足 10%，國會又代表甚麼民意呢！美國人是信總統還是信國會呢？難懂！

2019 年 7 月 29 日

特朗普元年的是是非非和未來展望

特朗普元年的最後一個月，推出「新型國家安全戰略」。這是一年來逢奧巴馬必反的動作的一個總結，出自美國《國家安全戰略》白皮書。這是取

代奧巴馬 2010 年和 2015 年兩份白皮書的傑作。命運是否和奧巴馬兩份白皮書一樣呢？見仁見智，反正奧巴馬的白皮書是「很快被忘記和沒有真正執行」，「亞太再平衡」熙熙攘攘了四年，達成甚麼結果呢！中國推出的「新型大國關係」互利共贏被國務卿蒂勒森所接受了。但蒂勒森卻被「炒魷」傳聞所困擾，沒有希拉莉當國務卿時的霸氣，是靠不住的！一切都看老闆特朗普如何。

而特朗普是何許人物呢？美國《朝鮮戰爭》一書作者 Cumings 的比喻最貼近。特朗普是美國歷史上麥克阿瑟一類的人物，特徵是「自私、自誇、自負、自戀」，自稱輝煌是必然的。替他打工也要是特殊材料構成的。弗林和班農都夭折了。何況在要削八個巴仙[1] 成本的國務院呢！但如此人物一樣可以當星級上將，掌理三軍，當第一線主管。看麥克阿瑟留下的日本、朝鮮問題。後遺症 70 年也未能解開，特朗普是解開這個結，還是會令它們爆發，2018 年可能有答案。但很明顯 Fire and Anger 是不能解決朝鮮問題的，只有通過高層直接對話才能實現，所有孤立、制裁和威脅，只會引來更大的憎恨，是世界的負能量。中國提出的「雙暫停」，希望今年能實現！阿彌陀佛！

「美國國安白皮書」作為未來戰略方向，也總結了一年以來的業績，對象明是國會，其實是特朗普向擁戴他的鐵銹區選民說的。特朗普是有史以來上任支持率最低的總統，上任一週只得 48%，到感恩節已跌至 38%，到 12 月更低至 32%。2018 年底中期的大選是個考驗，不過民主黨風險更大。33 個重選席位有 23 個是民主黨在任，共和黨只得 8 個，加上 2 個獨立，民主黨要全贏，還要贏共和黨。不過最近一次補選，共和黨議員因性侵醜聞，鐵票區的阿拉巴馬州也輸了。參議院的席位變成：共和黨 51，民主黨 49。眾議院以肯塔基州亦有人因醜聞自殺，當然要補選。這個火種燒下去，誰最受傷，到時才知，美國娛樂界、傳媒界、政商界的醜聞一向被潛規則所保護

1　「percent」的粵語音譯。

而外人不知。這次是民主復活嗎？未必。「Me Too」運動是女性的反撲。成為 Person of the year，令人人自危，美國不是例外。法國明日之星 DSK，今次有人陪了，誰說那次不是政治陰謀？法國也改朝換代了！馬克龍正因姊弟戀成為情聖呢！

特朗普最大的賣點是「美國第一」（American First），但所作所為是「美國至上」（American Supremacy），令人想起「白人至上」，但無忘「亢龍有悔」，舉凡「至上」，就一定無以為繼。下降至「處處領先」（Superiority），到「掙扎求存」（Survival），而城下簽盟（Submission）

逢奧巴馬必反的成本

美國當然已經不是「至上」，所以才要「再次偉大」。而增加軍費至 7,000 億美元，保障人民安全，反恐機制，成為最大目標。事實上，美國人死於恐怖襲擊的只有 103 人，1999 年以來美國自殺人口每年 4 萬 2,800（2014 年數字）。2015 年有增無減，45 至 60 歲，每十萬人就有 30 個自殺，而因槍械暴力而死的，每年 1 萬 5,000 人，傷 3 萬人，這些問題又如何解決呢？人民是不會注意的。自殺人口高於被殺人口，是 21 世紀的問題，但不是選舉議題，這是否民主之弊呢？

說特朗普逢奧巴馬必反不是說說的，更是有成本的，隨便挑幾項來論。

一、退出 TPP。拱手讓了亞洲市場給中國，但又說中國是「競爭對手」，不再是「戰略夥伴」了，剛剛和中國簽了 2500 億美元大單就翻臉，那是標準的美式「衷心無誠 盡出於偽」。但對中國而言，誰又好得過特朗普當美國總統呢？只能「單天保至尊」，買來八年時間，暫安也要代價的，中國的 RCEP 正在進行中，「一帶一路」也要和平環境。其實「競爭對手」一詞，2001 年小布殊就提出來了，只是「9‧11」慘劇後，小布殊就絕口不提了，雪藏了 16 年又拿出來面世，所以不必緊張！

二、NAFTA 再議。受害的是美國與墨西哥關係。墨西哥人對美國的好感大減。

三、退出《巴黎協定》。令法國總統馬克龍擔大旗，聲譽大起，法國人信心大增，經濟方向轉了，將超過「脫歐」的英國。英國民眾已經悔恨，但已難返了。

四、退出聯合國教科文組織。欠交會費已多時，退不退出無所謂。

五、取消奧巴馬醫保。結果是 1,300 萬人失去醫療保險，對選票是有代價的。

六、朝鮮。放棄奧巴馬時的「戰略忍耐」，要發威了，每月搞演習，令人想起古人的一段評論：「以百萬雄師，桓桓大將，與彼蕞爾小蠻，抵為角力。不若以千鈞之弩以射鼳鼠，其得不償失，明矣。」奧巴馬是個 Reasoner，所以八年都不敢動。特朗普要反奧巴馬，決策就難明瞭，但鼳鼠臨危一擊，最大受害人是南韓、日本和中國。美國人的自私主義抬頭，Who Cares？此是最大禍害。朝鮮是否已是擁核國家？美國人仍不相信！美媒分析 2018 年第一戰場是朝鮮，第二是台灣，能信嗎？

七、中俄。這個題目一起談。美國主流精英冷戰以來最忌諱幾件事：一是中國在東亞取得領導地位；二是俄國在歐洲和中東的領導地位；三是邪惡軸心 Axis of Evil（伊朗、朝鮮、敍利亞、伊拉克）的崛起。

在鄧小平的韜光養晦戰略下，美國聯中抵俄，東亞平靜了幾十年；隨着普京出現，中俄友好，美國又看不順眼。十九大報告一出，美國主流更認為中國信心滿滿，更聽不得「能打仗，打勝仗」的調子。強烈反華那一批更是自尊心受損，把中國和俄國改成「競爭對手」是必然的。特朗普剛簽了 2,500 億美金大單，還未落實，出這份白皮書早了一點，何以屈從國安助理 Mc Master 的作品，耐人尋味，是各方勢力協妥的結果為多。

美國目前是充滿矛盾的國家，面對 1% 和 99% 的矛盾，極左和極右的矛盾，黑與白的矛盾，華爾街和工業界的矛盾，全體化和反全球化的矛盾——對此則有暴力和軟實力實施的矛盾，貿易戰和實戰的矛盾。中國雖一向是結伴而不結盟，但美國偏偏要將中俄放在一起來對抗，是過度自信，還是迴光返照呢？美國軟實力已下降，軍事實力需要資金，真的能獨力解決

下列問題嗎？朝核問題中俄不發力，伊朗核協議要退出，年底伊朗大遊行是好藉口。反恐處處又自稱幫了俄國，巴黎氣候變化協議又退出了，全球金融穩定更要談一談。

八、全球金融危機。2018 年是十年祭，美國股市到 12 月已創了 70 次新高，標普 500 指數上升了 25%，市盈率遠高於長期平均數，美國要加息到 2.5%，泡沫能爆破嗎？2008 年建立的金融穩定委員會將全球大銀行分級，有一至四級，一級最重要，亦更大到不能倒，Too Big to fail。目前沒有銀行在一級，但美國的摩通在二級，花旗和美銀美林在三級，都要有最多資本，但危險一出，多 2.5% 資本會否就夠？存疑。中國的工行、建行和中銀只在四級，安全得多，一旦金融危機，中美必須合作，中國四大的存款，遠比美國四大多，這是不爭的事實！美國主流仍採取鴕鳥政策，全球危務和 GDP 比例，由 2006 年的 235% 升至 2016 年的 275%，危也！

九、歐盟這個盟友亦今非昔比了。美國說了算只能在日本發生，歐盟既參加了亞投行做股東，又和日本簽了自由貿易協議。美國在德國人眼中的信任值又由 2016 年的 60% 下降至 2017 年 25%，而俄國一直維持在 28%，俄國比美國更可信任，亦是普京和特朗普的分別所在。

十、中東亂局。經特朗普宣佈耶路撒冷是以色列首都後就更亂了，但全球反應是聯合國安理會要求美國收回此宣告，投票結果是 14 比 1，聯大緊急投票結果 128 比 9，美國完敗。只有美國投反對票 VETO，報復的手法是削聯合國會費 2.85 億美元，小氣至極，是大羞辱。伊斯蘭合作組織 57 個會員更宣佈東耶路撒冷是巴勒斯坦首都，也是很不給面子的事，連沙特和埃及、巴基斯坦這些中東小兄弟也不聽話了。當然武器和援金還是要的，區區一年 2.25 億美元也要省了，這就是為甚麼特朗普一天到晚要「美國第一」，Pay less take more。但適得其反。

特朗普的作用

當然，特朗普不是一無是處，他給予股市極大信心，美國 GDP 回到 3%

水平，失業率降至 4.1%，貧窮率本來就在下降軌道，雖然有人說是奧巴馬餘蔭。ISIS 是敗亡了，但俄國那 36 部戰機和 4,571 支地下部隊亦功不可沒，但 ISIS 由整變散，失去收拾的目標，世界可能更危了！奧巴馬醫保是給廢了，但多了 1,300 萬沒有保險的美國人。稅改計劃是過國會那關了，51 對 48 是僅勝，特朗普急忙在 2017 年 12 月 22 日簽了法案。但結果要過十年才知。國債是要增加 2 萬億美元還是不必加了，歷史會告訴世人，但那時特朗普已經不在位了。正如特朗普的「通俄門」會發展到哪裏？前心腹弗林已經認罪了！還有那些性侵醜聞會不會燒上身，亦在未知之事。

中國當然祝福特朗普能有所作為，重新整合美國政治力量，破舊立新，大家共享繁榮。健康的競爭，大家都可獲更佳成績。奧運紀錄不就是如此破嗎？所以不必介意這個「戰略競爭者」的名詞，不是廢人就好了。中美鬥而不破是後局，特朗普即使下台也不改。

自 1972 年尼克遜訪華，西方社會就希望中國強大，因為可以對抗當時的蘇聯。45 年過去了，中國人憑着傳統文化力量，勤勞、吃苦、隱忍，總算站起來了，但西方人又怕中國人在意識形態、文化影響力、資源分配，市場佔有率各方面太強了，驚叫起來。但包括中國在內的新興國家也只求大家平起平坐，趕快脫貧，達到小康而已。西方又何必如此惶恐呢！不是人人生而平等嗎？哪一天西方報章頭條不是「中國贏了」（China won），而是「中國共贏了」（China contributed），那世界就更美好了。世界無一事不在高速進化中，雖有大力莫之能阻。新年將至，祝願大家平安喜樂！

2017 年 12 月 28 日

特朗普二年的得失和對日後的啟示

美國總統上任時間是 1 月 20 日，所以要算特朗普二年幹了甚麼，就要算到 2019 年 1 月 19 日才算準確，同時更接近中國農曆和《易經》卦象的推算。特朗普元年兩件大事，首先是 2018 年 11 月 8 日訪華，得到超級禮遇，

簽下 2,535 億美元大單，但被評為交換了經濟領導權，所以愈想愈不妥，一返白宮就反悔，確定「衷心無誠，盡出於偽」的美式行為！其二是 12 月簽下退稅法案，但以富人和企業退稅為主，還要美國企業匯國外收入返國，足以彌補那 1.5 萬億美元退稅。當然向全球徵關稅，也是在籌備中，自稱「關稅人」的特朗普卻未將此綽號提前公諸於推特，也是別有心計。「殘忍的戰略家」和「精明的戰術家」的稱號，也不是白白得來的。

那麼在特朗普二年（2018 年 1 月 20 日至 2019 年 1 月 19 日），成績如何，有何成功和不成功的事件？可以逐件道來，但走不出盛極而衰，水滿即溢的自然現象，可論述如下。

1. 美國 GDP

美國在 2019 年被譽為全球經濟的表表者。這是指發達國家而言，日本和歐盟都不爭氣。美國有退稅效應，看似一枝獨秀，GDP 在 2018 年達 20.5 萬億美元（IMF 預測），是人類第一個到達此境界者。而 GDP 成長率在 2018 年第二季達 4.2%，即已見頂。第三季即攀上 3.6%，全年預測 2.9%，比中國的 6.6% 和印度的 7.0%，還是有距離的。2019 年減稅效應消失，成長率回歸 2.5%，也就不出奇。下屆總統苦矣，所以回歸往日的偉大，是不成功的。

2. 失業率

2018 年 4 月，美國失業率成功地破了 4%，到 10 月更下跌至 3.7%，12 月才回到 3.9%。禍兮福所倚，福兮禍所伏，根據美國失業率走勢，來到最低點就會有一段長時間的高潮。1966 年以來已有六次的由低向高的紀錄，1966 年和 2000 年是破 4%，而後有漫長的高潮期。所以只要降至最低，仕仕有個成功的反效果，且看此次能否擺脫魔咒。

3. 股市

　　股市上落本與總統無關的，但特朗普一定要自己引以為榮。無疑，蘋果與亞馬遜在 2018 年先後破萬億美元市值，但盛極必衰，隨即下跌 25%。股市在 10 月巔峰已過，特朗普將罪過推向聯儲局主席，傳言要破格炒其魷魚，但也無此權，聯儲局主席更明言不會因特朗普辭職，他只向國會負責。股市 12 月也創最大跌幅，進入特朗普二年最後 20 日，股市再創高潮，當然是無可能的。

4. 利率

　　美國利率上升是無可避免的形勢。2018 年基準利率升至 2.25% 至 2.5% 區間，但長年期的 2 年至 10 年之間的利率卻發生倒掛現象。2 年利率居然高於 5 年利率，亦意味着經濟不景的發生。特朗普可以連罵聯儲局 12 次，不准再加息，但長息卻是市場決定的，特朗普在此並不成功。

5. 支持率

　　特朗普要在意的當然是支持率，所有的事都要邀功。2018 年 12 月總算催谷到 47%，但年終發生 border wall 事件，「美墨邊境牆」無法令國會通過，氣急敗壞要宣佈國家進入緊急狀態，可以避過國會。但 1 月 10 日的民調下降至 44%，支持實行緊急狀態撥款者只得 33%，反對的有 67%，民意很明顯。共和黨人支持率 75%，民主黨人反對率 89%，民主黨畢竟人數較多，特朗普若衝動行動，必起訴訟，地位更危！

6. 政府停轉

　　政府停轉本來會引致信用降級危機，但特朗普成功地在 2018 年停轉 3 次，而第三次自 12 月 22 日開始到 1 月 19 日仍在停工，又破了停轉紀錄。800,000 政府員工受害停薪，民怨開始增加，至於穆迪和惠譽敢不敢跟隨標普將美國評級由 AAA 降至 AA+，也就是一念之間。美國的拒付保費 CDS

已在 21 至 31 基點之間，不是免費的，若降級則再提高。以美國國債之高，風險更大，是特朗普又一「成功」標杆。

7. 國債

特朗普成功地將美國國債推至 22 萬億美元的歷史紀錄。2 年增加 2 萬億美元，有恃無恐的是出事時特朗普已不是總統了，怕的是一語成讖，利率只要達 3%，年利息即達 6,600 億美元。一堵美墨邊境牆只要 50 億美元，如今相比，美國 2018 年 GDP 雖有 20.5 萬億美元，負債比率仍是 107.3%，亦破了美國紀錄，是大大的「成功」。只要聯邦赤字 7,790 億美元不能降低，國債只會更高。

8. 內閣

特朗普最令人難忘的，是在《飛黃騰達》(Apprentice) 電視節目中炒人魷魚的名言「You are fired」，2018 年在白宮重演，有多少個自尊自重的人物居然甘心受辱。美國人真是奇怪，2018 年因故去職的高官達 35%，轉工率達 75%，亦破了白宮紀錄，共和黨精英，抑或是 rejects 的表現，令人側目，亦是「成功」紀錄之一，只有鮑威爾「動不得」！馬蒂斯因敍利亞而辭職，辭職後，美國又不「即退」了？奇哉！炒魷又一招！

9. 中期選紀錄

特朗普挾最低失業率、最高 GDP 成長率、最佳股市紀錄形勢挑戰中期選舉，令投票率提高至 1914 年以來最高紀錄的 50.3%。但並未獲大勝，只贏了參議院，而失掉眾議院的控制權，令到下半場再無法專權，日子不好過。皇朝老白男特朗普，大戰老白女的佩洛西 (Nancy Pelosi)。

10. 退羣

特朗普元年退出 TPP、TAPP 和《巴黎協定》，二年內變本加厲，再退

聯合國人權理事會、萬國郵政聯盟、伊朗核協定、《維也納外交關係公約》、與俄國的《中導條約》，成功地搞亂世界，使契約精神成為幻想。到最後，聯合國、IMF 要不要搬家呢？這些不可想像的問題，不再是死約一條了，成功啊！但美國的國外聲譽如何呢？民主黨認為下降的佔 83%，共和黨也有 43% 認為下降，不要說別的，即使日本人也認為與美國關係有問題了，如何再說美國第一呢？口服心也不服啊！

11. 特金會

2018 年 6 月的特金會是戲劇性大於實質性，這場新加坡之會並未見對朝鮮的制裁有所緩解，也不見朝鮮肯立刻廢核。美國既不願與朝鮮和解，又不願從南韓撤軍，實在無甚麼牌可打，要寄望 2019 年 2 月底特金在河內再會，也是枉然。在美國內政不和下，外交還重要嗎？

12. 通俄門

穆勒（Robert Mueller）負責調查「通俄門」的一年內，將特朗普的三員大將 —— 前律師科恩（Michael Cohen）、前競選主任馬納福特（Paul Manafort）和前國安顧問弗林（Michael Flynn）都定罪和策反了，而特朗普和普京會面的內容亦被曝光。這場拉鋸戰，特朗普是處於大不利，他是否能寬赦自己的罪行，此為焦點。

13. 美國企業國外資產

特朗普的如意算盤是用減稅來吸引海外資金回流，一次性匯回現金的稅率由 35% 降至 15.5%，非現金的稅率更降至 8%，預期有 4 萬億美元匯回，美元更強勁。但事與願違，第一季 2,949 億美元，第二季 1,937 億美元，第三季 927 億美元，每況愈下，第四季最多 1,000 億美元，合起來 6,700 億美元，只是預期的 16.75%，這就是特朗普式的成功！匯回資金本是增加投資和擴大製造等，但結果是用來回購股票，使股市不正常旺盛，十月狂潮下就能倒下。

14. 貿易戰

特朗普 2018 年一開始，就向全球（不分敵友）發動關稅戰，對北美自由貿易區（NAFTA）、南韓自貿區，都有表面上的收穫。對華貿易戰一開始就演出一幕「七鷹戰一鶴」北京行，但劉鶴太極神功厲害，七鷹無功而返。10% 至 25% 的關稅大矛祭出，結果呢？美國對華逆差由 6 月的 403 億美元開始，月月升，至 10 月達逆差新高的 555 億美元，中國立停進口農產品，大豆下跌 98%，蘋果銷量下降，但美國企業卻猛增入口，因為怕愈買愈貴。到 10 月埋單，美國進口 4,470 億美元，出口 1,025 億美元，逆差 3,445 億美元，10 個月已和 2017 年全年的 3,650 億美元差不多，預計全年逆差 4,450 億美元，關稅真的有效嗎？中方數字，出口美國增 11.3%，入口增 0.7%，所以 12 月 1 日開始的 90 日停戰，這 90 天談得再好，逆差還是很難消滅，不過美國志不在此。科技戰、金融戰才是戲肉[1]，且看 3 月 1 日有何好消息，到時孟晚舟一案應有下文。

15. 台灣

台灣牌是美國國會和特朗普最合作的一環，2018 年出爐多道法案，特朗普照簽不誤。《台灣旅行法》和《西藏旅行對等法》先後出爐，鼓勵美台高層互訪、協助台灣自建潛水艇、美向台出售武器，不一而足。台灣台獨分子能不興奮？但棋子命運，始終走不脫。

16. 科技戰

美國 4 月打中興科技，10 月打福建晉華科技，12 月打華為。加拿大在機場扣押華為 CFO 孟晚舟，波蘭捉拿華為高管，5G 之戰，躍於紙上。看來華為在美國的市場難度大，但世界 200 多個國家和地區，美國阻不了許多。特朗普要在非洲發力，但資金人才俱不足，空有大志。

---

1 粵語，戲劇的精彩部分。

最後啟示

特朗普在 2018 年未解決的問題尚有一大堆，國內問題有醫保危機、基礎設施、公立學校素質、巨額國債、美元霸權、學生貸款壞帳、移民政策；國外問題有敘利亞撤軍的連鎖反應、朝鮮棄核、伊朗核問題、俄國的「通俄門」和《中導條約》、中美貿易戰、北約運轉……最新 CNN 民意調查，特朗普支持率只有 37%，不支持率達 57%，特朗普只能當共和黨羣眾的總統了。和中國的關係問題能如何解決？正如一位在中國打拼的美國人所說：我有一個美國夢，但它 "Made in China"。特朗普下半場會出人意表嗎？不確定性是答案。

特朗普在任總統第二年，成功地將世界翻了天。特朗普在不確定性中運作，可以總結如下。

1. 兩黨繼續互鬥，政府不時停擺，令人覺得沒有政府也沒甚麼大不了。

2. 中美貿易協議總會有一個結果，但若美國不滿意，隨時可推翻，並且中方損失只會佔中國 GDP 3.4%。對大局影響不大，但對中小企卻是天下，事關存亡，當然值得留意。

3. 美國不能讓中國分得更大的大餅，一定會在貿易外，推動科技戰，華為孟晚舟事件不會善了，而會曠日持久。

4. 特朗普的「通俄門」進入高潮，不會不了了之。好戲連場，還有一年，特朗普又進入連任模式，美國人會醒覺嗎？難也！

2019 年 1 月 31 日

特朗普三年的眾怨所歸和四年展望

特朗普新政策三年匆匆而過，並留下不少的無妄和有妄之災，值得一記。

1. 年度金句。最傳神的是，特朗普說：「我的人生就是一場豪賭」。在 2019 年表露無遺，從年頭賭到年尾。最真實一句是蓬佩奧在德州農工大學說的（2019 年 4 月）：「我們撒謊，我們欺騙，我們偷竊，我們還有一門課程

專門來教這些。這是美國不斷探索進取的榮耀。」真是天耀美國，自己如此，卻拼命指責其他人也如此。

最無奈的一句是特朗普說的（2019 年 8 月 23 日）：「我們偉大的美國公司，因此被命令立即開始尋找代替中國的選擇，包括把你們的公司遷回國內，在美國製造你們的產品。」結果是無人聽，美國製造業 PMI 在 11 月下跌至 48.1。

2. 中美超限戰。超限戰包括一切武力和非武力、軍事和非軍事、殺傷和非殺傷的手段，強迫敵方滿足自己的利益。這場超限戰由貿易戰開始（2018 年 6 月），而科技戰則由 2018 年 12 月 1 日溫哥華拘捕華為孟晚舟而揭幕了。12 月 1 日是特朗普和習近平在智利開會，雙方同意開始貿易談判，但同日，國安顧問博爾頓自行其是，不通知特朗普，就下令要加拿大拘捕孟晚舟，一年還未放人，博爾頓自己卻「被辭職」了，又一鷹派下台。華為隨之被列入黑名單，但又每三個月延期一次，讓美國企業可以繼續出貨。但到 2019 年年尾，華為已經不依靠美國產品就可以生產最新手機產品了。美國只能繼續追殺，要美國外（如日本、台灣）的企業亦禁賣華為，是否成功，看 2020 年。

貿易戰停停打打，出爾反爾，劉鶴和美方到 10 月已談判了 13 輪，仍無結果，11 月發生了「香港人權與民主法案」的簽署，由「好事近了」到一無所獲。中美超限戰實則已發展到，表層是貿易戰，中層是科技戰、知識產權保護戰，深層則是制度戰，是兩條道路和意識形態之戰、政府主導經濟對抗自由市場經濟之戰。中國無可能放棄國營企業的存在，特朗普只是緣木求魚。特朗普要簽好的協議不成功，只說要拖到 2020 年 11 月大選之後，誰會更急呢？中國自己不寄厚望，要談經濟，要加關稅請便，反正美國海關數字顯示，中國企業只降了 2% 的價，其他由美國企業和消費者包底。2019 年 12 月 15 日，將 3,000 億美元產品關稅率降至 25% 的危機暫止，世界暫安，亦是不確定。第一輪協議反正在 2019 年簽下了。

3. 外交關係。《金融時報》（FT）作家 Martin Wolf 在 2019 年 6 月 4 日說了一句很中肯的話：「美國政府同時挑起兩個大國的戰爭（中國和俄國），

放棄盟友（歐盟、日、韓），並摧毀美國的戰後秩序。」2019 年 11 月，同時向韓國、日本和歐盟加徵保護費。韓國由 10 億美元增至 50 億美元（5 倍），日本由 20 億美元增至 80 億美元（4 倍），北約軍費則將自己的費用由 22% 降至 16%，相等於德國的費用。2019 年 12 月，又向巴西、阿根廷鋼鐵和法國產品加徵關稅，歐盟各國只在等新關稅出現。法國紅酒和奢侈品更加 100%，媲美 1931 年的胡佛。

全球貿易戰開始，戰線十分長，西方盟友敢怒不敢言，只望自保，還不敢揭竿起義，但華盛頓外交力量正在全球範圍內縮小，軍費再加亦無效用。2019 年 6 月 12 日，2019 年全球和平指數出爐，美國列第 128 名，中國列第 110 名，幾乎所有地區對美國的支持率下降，2008 年以來下降了 17%，特朗普上台不到三年下降了 11.2%，美國被孤立。2019 年 12 月，在聯合國的各種投票，連連受挫。

4. 「通俄門」和「通烏門」。2019 年 3 月 23 日，歷時二季度的「通俄門」調查結束，證實特朗普及其家人不存在通俄行為，但留下 49 個問題要解答，大概要等到 2020 年接近選舉期，才會再度熱起來。但一波雖平，2019 年 9 月 24 日，一波又起，來了通烏克蘭總統之門。特朗普在通話中，亦要求烏克蘭總統調查民主黨拜登兒子的事件。美國國會啟動彈劾調查，看特朗普是否私下凍結對烏克蘭的 3.9 億美元安全援助，以求達到目的，又是選舉的干擾，拜登當然受影響。12 月 18 日眾議院以 230 對 197 通過了濫用職權彈劾，229 對 198 通過了妨礙國會彈劾兩案，特朗普成為美國 243 年歷史上第三個被國會彈劾的總統，當然有參議院支持，特朗普有恃無恐！但民調顯示同意彈劾率已升至 52% 了！

5. 美國國債。2019 年 8 月 2 日，特朗普簽了國債上限法案暫停債務上限，直至 2020 年 11 月大選，即是說美國國債可以無限上漲。2019 年底超過 23 萬億美元，達 GDP 的 108%，聯儲局則被逼下降利率三次，已失獨立性。國債太多，利率不能急升是必然的，經濟若大好，何懼升息。

6. 經濟數字。特朗普最喜歡讓一切的事都與他有關。失業率降至

3.6%，固然低，但勞動參與率仍是 63.2%，和 2008 年以前的 66% 不能相提並論。同時自上任以來，只下降了 1.1%，和奧巴馬由 10%，降至 4.7%，相差很遠。GDP 成長率年初目標是 3%，看來只能到 2%，第四季好不到哪裏去，很快揭曉，總之不達標是確定的。美國股市能在 2019 年 12 月 29 日開市達 28,645，只因中美貿易戰緩和，簽約要到 2020 年，所有大行都不看好 2020 年，甚至 2019 年第三季已見衰退。但 2019 年仍是股市大賺的一年，是特朗普可以自捧的一項，2020 年就難說了，股高必勢危！

7. 支持率。特朗普的支持率在 2018 年 12 月曾到過 47%，但從此下滑，2019 年 7 月是 44%，2019 年 9 月更是 39%，2019 年 12 月因中美貿易戰停火，支持率回升到 43%，被彈劾後反而到 45%，真是奇怪的選民。美國大眾反對對華貿易戰的後果浮現，特朗普一向將一切歸功於自己，如今也要對一切負責。2019 年達不到一個對美國有利的協議，無以交代，所以利用香港來施壓北京也是必然的。特朗普迅速在 11 月 27 日——感恩節前，簽署「香港人權與民主法案」也是夠諷刺的，難道還要中國人感恩嗎？北京當然迅速反應，停止批示美國軍艦訪港（有朝一日改為去台灣高雄，不見得不可能）和制裁五個美國 NGO，日後爭執更甚！

8. 朝鮮。在 2019 年 12 月底解決朝鮮問題，是特朗普的夢。朝鮮早表示不能和國務卿蓬佩奧相見，特朗普改派特使比根轉任副國務卿，但仍無寸進，朝鮮訂下 12 月底為最後日子，還說要送聖誕禮物（結果未送）。特朗普無計，國會則催促進行「二級制裁」。美國國會比負面更負面，要求制裁和朝鮮交易的國際銀行和其他經濟實體，實則劍指中俄，居心險惡。

9. 眾怨特朗普 12 月 20 日簽了「國防授權法」，內裏乾坤，涉港、涉台、涉疆、涉華為，是對中國的「長臂管轄」。但對歐洲也不客氣，制裁參與俄德之間「北溪二號」天然氣管道建設的企業，瑞士 Allseas 首當其衝，立刻停止。制裁土耳其、敘利亞，不在話下。歐洲要去美元化，設立 INSTEX 對抗，參加者有德、法、英、挪、芬、荷、瑞典、比利時、丹麥，後繼者應更多，連馬來西亞也要和卡塔爾、土耳其、伊朗建立黃金或易貨貿易制度，

日本和伊朗也眉來眼去，中國已有人民幣交易制，世界各國羣起自保。美國戰線太長，表露無遺。

10. 德俄天然氣管道。美國在北溪天然氣管道建成 90% 後才出手制裁，有點晚，瑞士 Allseas 雖然被嚇到停止營運，但俄國有力獨自完成。此次激怒的是德國民眾，德國人忍美久矣，正如俄國發言人所言：美國很快要我們停止呼吸！特朗普眾怒所歸在 2019 末！

特朗普四年展望

展望 2020 年，特朗普專注於連任，首先要實施首三年未了之事。中美第一階段貿易協議當然要簽訂，並宣稱「大獲其利」，才能得分，但第二階段是硬骨頭，可拖到選後。制裁伊朗更力，制裁俄國和德國的天然氣管道，事關美國利益，將會繼續。加收各國保護費，由北約到日韓台都要。2020 軍費 7,380 億美元已批出，太空軍對中國北斗，在香港攪局，影響台灣選舉，暗助新疆動亂，戰艦出入台海和南海，變本加厲。甚至軍艦停泊高雄、駐台主任升級大使，亦不出奇，全部有助選舉得分。特朗普因「通烏門」，成為 243 年美國歷史上第三位被彈劾的總統，對選舉可能更有幫助。

而 2019 年應在歷史上定位為中美「超限戰」元年，可以確定，此戰一去 30 年，不因特朗普連任與否而改變。美國的國力相對衰弱卻因特朗普的孤立主義，而眾怒所歸，多四年更好。至於美國人會否在這 30 年對中國更了解，就需看中國的努力，消除美國普羅大眾的誤區，任重而道遠。無論如何，中國聚民心，擁自信，自力更生，是必需的，正如美國已故專家 Rorty 所言：「2050 年，中國將會成為世界監護人。目前中國人還未想到，也未必想擔任。」但中國文化主力是「修身，齊家，治國，平天下」，在古時「天下」只是中國，21 世紀「天下」就是世界。「天下大同」，「天人合一」，與人類命運共同體，是同義。只要不去學習美國全球駐軍，以勢欺人，天下太平，生生不息可期。是為禱。

特朗普末年的有頭威無尾陣

2020 年是一個困難的年，但對特朗普而言，開年的一月和二月，是開春大吉。首先是中國遇上病毒困擾，貿易戰更易打；第二共和黨已完全屈服；第三文官系統被打敗，無人能抵抗；第四想炒任何人都沒問題，沒有遭遇反制；第五，股市特旺，屢創新高；第六，失業率降至 3.7% 的新低點；第七，國會彈劾安然脫身。看來沒有事可以阻擋特朗普連任。特朗普是一個憑直覺做事的人，即不重視亦不尊重科學家的意見，認為病毒根本會奇跡般地消失。在他眼中，眼下只是一個民主黨選舉的局，所以不以為意，只要封閉邊境，不讓中國人入境，萬事大吉。但庚子遇明夷，全世界都受災。要明白明夷卦中，這一年一定要有特殊行動，方能免禍，而武漢封城，正是這個行動。而這個行動，需要組織能力，大規模檢測，須全民配合，才能有成。而美國卻恰恰欠缺了這種能力，加上意識形態是不能向中國學習，才鑄成千古之錯。

當然踏入三月，股市四次「熔斷」（3 月 8 日，3 月 9 日，3 月 12 日，3 月 16 日）令到美國股市將三年來的升幅，打回原形。特朗普無法接受，只能死撐病毒是假，繼續無所作為。有美國人說，3 月 11 日，兩次熔斷後，特朗普出來的聲明，不信病毒的存在，是敗亡之始。從此堅持郵寄選票全作假，但自己管的政府，又無法阻止其發生，所以病毒失控，四月開始死神降臨，直至 12 月，死亡人數達 34 萬。五月弗洛伊德被警察殺死，成為敗選的主因。但甚麼都懂的「懂王」，無法接受，只能在敗選後，不斷以打官司的手法來改變戰果。但成敗是 51 敗 1 勝。12 月 6 日選舉人確定拜登當選，仍不認輸，確也是有驚人的戰鬥力，知不可為而為之。而他的粉絲捐了二億美元給他打官司，當然也是主因。但特朗步不肯用史無前例的公共服務解決方案，打擊福奇醫生，已注定必敗。11 月 3 日的選舉日，特朗普能夠支持下去，只是開票方式令他有幻想。若是開票是拜登一路領先，以 302 對 236

的相差，搖擺州結果早出，特朗普可以是一敗塗地，選票的 81 百萬對 74 百萬，相差 5%，不是小勝。特朗普可謂粉絲盡出，而反特人士卻未必出盡。

當然另一場大戰是中美超限戰的全面發生，貿易戰在三月告一段落，反正關稅已落實 25%，中國同意買 2,000 億美元的美國貨，但年終結果是中國出口增加 21.1%。11 月順差 754 億美元，對美國順差更是 520 億美元，也是紀錄。美國的赤字卻是新高，貿易戰全面失敗。但打擊中國科技公司，由華為、TikTok、騰訊的 Wechat、中芯國際被禁，被列入實體名單的公司已達 275 家，還號召全球盟友齊齊動手，連澳大利亞、印度、台灣、日本，荷蘭都參與了。中國只能奮起，加強自立自主，自行創新，放棄幻想。但超限戰，亦促成幾件意外的事。12 月 RCEP 十五國簽定了，沒有印度，也沒有美國。最大變化是美國形象在中國一落千丈，擁美公知掃地出門，一般民眾都知道美國原來如此。香港牌打了，為國安法所破；台灣牌也打了，未引起戰爭。特朗普的對華戰略一敗塗地，中國於病毒侵襲中迅速回升，再次成為世界經濟復甦的動力。但中國從來只求復興，而並未追求取代美國霸主地位。

中國文化重和為貴，重仁治而不重霸治，特朗普這種不去了解外國文化的人是永遠不會明白的。四年下來，特朗普的初衷三點達到了嗎？一是以一萬億美元基建，重建美國。沒有影，只建了半完成的墨西哥牆。二是減稅，為了吸引資本入美國。稅是減了，但資金回流了嗎？沒有，以美國隨時制裁任何國度的手法，誰都會三思！反而 2020 年，外資投了一萬億人民幣到中國股市和國債，美元兌人民幣貶值。三是製造業回流。結果沒有發生美國成本不降低，美國企業不會回流。即使離開中國，也是去了東盟、印度。所以三張支票，一樣也未兌現。

美國精英怎麼說？《大西洋》月刊 12 月號刊出。「美國變得更不自由，更不平等，更分裂，更孤獨，債務更深（增加了七萬億美元），更泥濘，更骯髒，更刻薄，更病態，更死氣沉沉，更異想天開。」特朗普知道美國人的特點，懦弱而又怕失去工作。只要極度施壓，就能成功。最後功虧一簣，但死

不認輸。美國憲法亦漏洞重重，死了 34 萬人，只要甩鍋中國，一切大吉！但病毒終歸沒有被騙，美國人亦只有 51% 醒悟，是不足改頭換面的，只是虛耗了四年而已！2021 年的頭 20 天仍在庚子年內，美國將會石破天驚，還是虛驚一場，那要看明夷卦第六爻怎麼說 ——《象》曰：初登於天，照四國也；後入於地，失則也。失則又如何，很快分曉！

2020 年 12 月 28 日

歷史怎麼看大寒兼臘八

2021 年 1 月 20 日，大寒兼臘八，佛祖成道日，也是美國總統交接日。特朗普在貪嗔痴中下台，無可能得道，拜登在危亂險中上台，有何道行尚不可知！但後美國時代開啟了，世人對美國的尊敬、愛慕、敬畏、依賴的情緒在四年間慢慢消失。歐洲人在最近調查中，六成人認為 10 年內，中國會超過美國，美國已不可再信任。歐洲人似乎喜歡拜登，卻不相信他可以逆轉局面，4 年後又換一個比特朗普更特朗普的人，怎麼辦？歐洲人必須更獨立自由。

任何制度都會經過奮發、自滿、腐朽和破滅（broken）的過程。美國已經 244 年，奮發期在二戰完結之時，到蘇聯解體達到自滿高峰，然後腐朽而不自知。特朗普的神奇負能量，四年就令美國進入破滅期，拜登任重道遠。美國這個世界上曾經最偉大的民主試驗場，在一場百年病毒中，脆弱無比。美國精英還在強顏歡笑，中等和下層階級已經背棄這個制度，貧富懸殊的現象是無法改觀了。美國乃至西方無法再壟斷權力，是此次疫症的結果。

特朗普聲言要創「愛國黨」，但只能吸引部分共和黨的羣眾，不是他自以為的 7,400 萬。四年後一個分化的共和黨和特朗普黨只會再敗一次，歷史的過程就是如此，一個沒有偉大情操的人怎會領導一個偉大的黨？2017 年 1 月 20 日，特朗普聲言「美國浩劫」在此時此刻完結了；2021 年 1 月 20 日，更大的浩劫在等待美國人：病毒死亡人數在此日已是 411,486 人，超過一

美國人物的影響力

戰 116,516 人、二戰 291,557 人和「9‧11」2,977 人的總和 411,050 人；二月份超過 500,000 人，也是板上釘釘。歷史紀錄將超過 20 世紀的各戰役——朝鮮戰爭 56,256 人、越南戰爭 58,220 人。所以說特朗普沒有發動一場新戰爭，但對新冠病毒一役的懈怠，已超越一切！敗選後煽動國會山之亂，更令人啞口無言。

美國的亂象仍在。城市貧民窟仍在，露宿者未減，失業人數字比 4 年前更多，新工作都是低薪，生銹工廠仍生銹，破敗的學校並未改善，私校貴得驚人，犯罪集團和毒品災難依舊。外面的大敵蘇聯沒有了，但俄羅斯仍是俄羅斯，軍力和科技仍然充實，還可以「影響」美國選舉。對不是敵人的中國，卻拼命要當作假想敵。中國人以和為貴，一切順其自然。

中國已是 128 個國家的最大貿易伙伴，美國只得 70 個，美國全球駐軍，中國沒有，中國只求互相尊重，建立新型大國關係而已。中國《易經》看萬物陰陽變化，此盈彼虧是自然道理，中國 GDP 2020 年已是美國 77%，中國人相信協商民主、經濟增長、科技進步、國際合作，西方人士反而在這些方面退縮。瘟疫嚴重，西方人除身體外，不論精神、心理、情緒都在浩劫中，歷史一定會紀錄下來。後世的人，會看到西方制度無法約制一個濫用職權、任意赦免罪行的總統，得到「一任總統，二次彈劾」就是最大懲罰。支持率上任時 38%，平均 41%，下台仍有 34%，後世子孫也是莫明其醜的！望拜登團隊行事心存善念，世界才有福。大寒之日，明夷卦盡，賁卦值年，天機在此。

2021 年 1 月 20 日

美伊關係下一步

2020 年第一件大事，居然是美國暗殺伊朗第三號人物蘇萊曼尼將軍，理由是他是一個恐怖分子，計劃要炸美國使館。殺敵國要人於伊拉克首都，證明美國的 GPS 定位，天下無敵。任何人都不可以隨便出行，金正恩日後

要三思了，這也是一個警告。暗殺事件之後，美伊互出惡言，一個要復仇，一個要反擊，全世界擔憂中東戰火再起。但想想美軍伊拉克 16 年，阿富汗 18 年的泥足深陷，伊朗豈是好吃的果子？果然是伊朗猛射飛彈於美國駐伊拉克軍營，居然無傷亡。

歷史真相是誰也不知道哪個是真的，伊朗稱殺了 80 人，美國說沒有傷亡，甚至軍營也無大傷害，所以不會反擊。前一日的 52 個選點包括文物古蹟，也不是吹的。美國要擁抱和平，只會加強制裁，制裁已經是極限，還能做甚麼呢？不過是多制裁幾個高官和幾家企業。股市居然大漲，可見市場祈望和平。伊朗文化是「以眼還眼，以牙還牙」，君子報仇，十年未晚。特朗普既是主謀 —— 有說是蓬佩奧，日後的「人身安全」也成疑，又一件「積怨於天下」的事件而已。

美國的目標是要令伊朗變成「非核國家」，伊朗抵死不從，美國要重新再簽一個伊朗廢核協議，並要其他五國「屈從」，以示其霸主地位，會成功嗎？除非伊朗政權倒台，天下大亂。特朗普既以 11 月的選舉連任為第一目標，開戰不是選項，伊拉克撤軍亦不是選項。情況只能膠着，直至伊朗再次出手，走着看！

2020 年 1 月 10 日

基辛格戰略思維是否有助亞洲和平？

由基辛格 47 年前秘密訪問中國大陸，這位德國裔美國人就是對中美關係最有發言權的人。他和剛去世不久的波蘭裔美國人布熱津斯基，都是對中國戰略熟悉者。研究他們兩人一生的言論，就能明白中美關係是怎麼一個事，有智慧的美國人是怎麼想的。念及 2017 年 9 月，94 歲的基辛格來華，留下的說話，比照特朗普 2018 年 3 月的作為，令人感慨萬千。「國有一老，如有一寶」，但美國這個寶用了嗎？

安全概念，共同發展

　　1971 年的中國是甚麼樣？是灰色和藍色的世界，基辛格說：「如果 1971 年我第一次來中國的時候，有人給我一張現在北京或其他城市的照片，我肯定覺得不現實。」北京還算是古都，有故宮，長安大街還是寬的，若拿一張 1971 年深圳的照片和 2017 年相比，蛇口要等到 1980 年才有，過羅湖關口會「深圳」（心震），香港那年人口近 400 萬，深圳才幾萬。今日深圳特區人口 1,500 萬，香港 730 萬，當年的「中國通」最遠也只看到香港和深圳可以合併成大香港或大深圳，如今也不實際了。所以基辛格說：「這麼看來中國會實現自己的夢想。」2018 年「中國夢」是「一帶一路」，「世界命運共同體」，「小康社會」，再過 50 年，歷史學家會紀錄這個夢想的實現。基辛格是看不見了，留給今日的科技人來研究證明吧！

　　47 年後，中國提出的「新型大國關係」概念，仍未被美國接受，反而提出「競爭對手」的概念來抗衡。基辛格如何說呢？2017 年的說法是：「中美剛建交時，雙方基本上是出乎戰略考慮，今天我們尋求的不是安全這個概念，而是共同發展。讓兩個大國能共存，雖然有同與不同，但要尋求一個共同概念和機遇下來實現，這是時代的需要。」

　　2017 年 9 月最大變化是特朗普的「美國優先」的出現，既然「優先」，自然不能「平起平坐」，美國文化又是「衷心無誠，盡出乎偽」的鼻祖。日本是從這裏學回來的，所以儘管特朗普在 2017 年訪華時，好話說盡，拿了 2,535 億美元的合約回美，但貪念是無窮的，始終要在半年後發動商戰。國會通過《台灣旅行法》，不過加入口關稅是向全球挑戰的，不只是針對中國。這看來是「兵不厭詐」，中國也只能「水來土掩」，不能示弱，美國人向來是尊敬強人對手，而漠視夥伴的，日本這個千年老二是習慣了。基辛格說：「中美之間的摩擦對於兩國甚至整個世界都是一個災難。」這個災難只是看到苗頭，特朗普要挑戰全世界，是不是戰線太長呢？這是特朗普式的「交易藝術」，任何事都是一場「交易」。但「交易」太多，變成「交戰」。歷史上一再證明戰線太長的強國最終是要衰落的，西班牙、奧匈帝

國、法國、英國不就是最佳證明？但歷史太短的美國要是不讀外國史，也是枉然的！

美國的進攻步驟是有條不紊的，2017 年 8 月，對華發起 301 調查；2017 年 11 月，拒絕中國在 WTO 的市場經濟地位；2017 年 11 月，美中全面經濟對話在 7 月第一輪後停滯。2018 年 3 月，宣佈對美進口鋼材加稅 25%、鋁材加稅 10% 的反傾銷關稅，歐盟立刻反制，對牛仔褲、威士忌和電單車的稅採取行動，中國則應約派了首席經濟大員劉鶴在兩會期內赴美協商，對手是財政部長姆努欽、白宮經委主任科恩（科恩隨後辭職了，高盛影響又弱一截）和貿易代表萊特希澤，鷹派的商務部長羅斯和納瓦羅（*Death By China* 的作者）並未參加，否則是一對五，劉鶴之行最大成果是：中美「雙方同意繼續在北京就有關問題進行溝通」，也就是防止失控。中方建議雙方確定一個牽頭人，啟動全面對話，美方誰會是這牽頭人，會是談判關鍵。

中國肯買高尖端科技，美國人不肯賣，來來去去就是飛機、大豆、汽車，還想賣牛肉，要減赤字，只好叫美國人少買，美國官員已勸美國人莫買華為。美國中期大選 11 月就舉行了，特朗普是一個沒有戰略耐性的人，也沒有耐性聽專家之言，今後半年的震盪是不可免，至於全球範圍有何不可預測的「黑天鵝」和「灰犀牛」[1]，還未計算在內。所以基辛格的「摩擦論」，是令人擔心的。美國已是一個分裂的社會，單是槍枝之爭，已不可開交，美國國外戰場在中東，國內戰場在校園，已是不爭之論。基辛格說：「儒家思想可能有助於美國改進社會治理的思想。」特朗普的孫女兒正在學中文，但儒家學說距離特朗普尚遠，只有基辛格這種智者才有先見之明吧！

1　金融術語，來自米歇爾・渥克《灰犀牛：如何應對大概率危機》一書，比喻發生概率大、影響大的潛在危機。

控制貨幣，控制世界

　　美國視中國為競爭對手，其中一大問題是人民幣的國際化。基辛格說：「誰控制了貨幣，誰就控制了整個世界。」人民幣要取代美元的時日尚遠，歐元面世 18 年了，也只是在歐盟內貿易使用而已，石油以美元計價仍是牢不可破。以人民幣計價的石油期貨會不會在上海出現呢？當然是特朗普「交易」的籌碼之一。亞投行的出現亦引起關注，會不會以人民幣來貸款？美國不肯參加亞投行，亦使美國沒有了投票權，而且石油是不是永遠的能源來源，亦不確定，終有被取代的一日。所以人民幣加入 SDR，和數十個國家簽訂貨幣互換協議，只是一步步來，以穩為上。完全開放，亦即開放被攻擊之門，美國只是放心不下，疑慮之意，不在話下。中國累積了大量外匯儲備，2018 年 3 月仍在 3.16 萬億美元水平，其中購買的美國國債達 1.18 萬債美元，大約是外匯儲蓄的 37%，遠比日本的 95% 為低。基辛格說：「美國欠中國的錢終歸是要還的。」說得好，只是美國的國債已超 20 萬億美元，以特朗普的大手大腳，搞基建，製造赤字，何時才能學克林頓時代，變得有盈餘？莫忘了美國還在減稅呢。

　　基辛格對秘密來華有如是說法：「在傳統觀念中，透明度自然被認為是可取的，保密被認為是壞事」，「歷史是如何創造的，如果在這過程中，採用官僚方法，讓很多人都知情，可能就甚麼事也做不成了」。基辛格 1971 年秘密來華兩次，到 1979 年中美結交用了 8 年，在卡特時代完不成，尼克遜尚因「水門事件」下台，但時代需要是中美建交，所以最後還是成了，21 世紀亞洲兩大議題，是大陸、台灣統一和朝鮮半島統一，事關東北亞和平，亦是時代需要。

　　朝鮮半島在 2017 年末至 2018 年初，波譎雲詭，忽然因冬奧會的轉機，韓國代表訪問朝鮮，帶來朝韓元首晤面板門店契機，金正恩發出和特朗普見面要求，特朗普同意 5 月前見面。當然每次朝鮮半島關係有了轉機，必有第三方干擾，令好夢成空，這一次如何？從好的方面發展，談判順利，半島無核化將成為事實。正如基辛格戰略思維，美國可以退出第一島鏈，減

了軍費，和中國和平共處，和朝鮮以某種形式結盟，誰主導當然要商榷，不是一蹴即至。而美國維持霸權，不失面子，中國的「一帶一路」建設得以繼續，甚至俄國的西伯利亞發展亦可安心，只有日本斯人獨憔悴，要更快進入「修憲」。

5月之前，一切不穩定，希望基辛格以95歲高齡，發揮餘熱。當然當真相還在準備出發，謠言已環遊世界幾週了，這就是互聯網世界。大和解在秋季是《易經》震卦之象，大家拭目以待，蒂勒森下台只是羣震之一，卦象清楚。

2018 年 3 月 10 日

莎士比亞筆下的暴君有現代意義嗎？

看西方人物，最好是看西方作家筆下的人物。描寫西方人性最透徹當然莫過於莎士比亞（1564−1616年），那位生於伊麗莎白女皇時代的名作家。英文古本難讀，可看梁實秋的譯作《莎士比亞全集》。莎士比亞的歷史劇作是他的起家作品，筆下寫的暴君亦不少。《李察三世》（1591）的主人公、《亨利六世》（1591）中的叛軍領袖傑克・凱德、《亨利五世》（1599）的主人公、《凱撒大帝》（1599）的主人公、《麥克白》（1606）的主人公、《李爾王》（1606）的主人公、《大將軍寇流蘭》（1608）的主人公、《冬天的故事》（1610）中的國王里昂提斯，都令人憶古思今。在 2018 年出版的《暴君》（*Tyrant*）一書，作者 Greenblatt 利用莎士比亞筆下的暴君們，演繹了暴君的掌權之路。

民主時代一樣可以發生「暴君」故事，但暴君也是人，人總會有其收場的時候。只要放遠眼光，自然可以看到。大家不妨看看莎士比亞筆下的歷史演繹。他不是史家，但猶如羅貫中，《三國演義》比《三國志》更傳神。

1. 李察三世：醜陋駝背的軍人

1483 年愛德華四世去世，李察三世輔政，奪位弒君，將愛德華五世及

弟弟關入倫敦塔。但只做了兩年皇帝，就戰敗而死。金雀花王朝滅亡。李察三世戰死後裸體遊街，下葬時甚至手上綁的繩子都未解下。成者為王，敗者為寇。敗軍之將、弒君奪位的人歷史上往往沒有好下場。

2. 麥克白：蘇格蘭大將軍

麥克白班師回朝遇上三女巫，居然被預言稱會封爵，還會當上皇帝。果然回朝後封考特爵士，其後在自己的城堡內殺了皇帝鄧肯，自己稱帝。充分說明一位英雄人物，由於個人的野心和外人的教唆，而成為一個野心家和暴君的過程。個人野心和利己主義可以毀滅一個原非邪惡的人，封建貴族腐朽衰敗，利己主義駭人聽聞。因為金錢關係，麥克白屠殺平民，血流成河，民不聊生。最後夫人自殺，鄧肯兒子自英國殺回奪位。麥克白在良心和野心中掙扎，不得善終。

3. 李爾王：剛愎自用的人

在一個分崩離析的社會中，李爾王又是一個剛愎自用的人，但憑衝動行事。如此管理國家當然亂象橫生，李察王付出生命的代價，給國家帶來巨大的災難，李爾王由絕對權威君王變成一無所有、無家可歸之人。

結論是：即使在有多種節制的體制中，CEO 總是擁有巨大的權力。如果此人精神狀態不宜擔任公職，只會帶來災難。制度令一個有明顯性格缺陷的人當皇帝，東方也有，原來西方也不例外。人性原是一樣的。

4. 寇流蘭：生性多疑的大將軍

馬歇斯被封為「大將軍寇流蘭」，但性格多疑，脾氣暴躁，得罪公眾。結果被羅馬的護民官帶動民眾推翻，被流放。但又不肯低頭，投奔敵人伏爾斯，回頭攻打羅馬。最後被母親勸阻，又背叛伏爾斯。最後被伏爾斯宿敵所殺，不得好死。莎士比亞的歷史劇，相信集體生活是完全不可預測的，拒絕按照某個人的指令步調一致向前。暴君是可以被推翻的，不必是英雄，護民

官就可以。羅馬時代如此，21 世紀會否如此？

5. 里昂提斯：專制獨裁的人

《冬天的故事》中的國王里昂提斯是個歇斯底里的人，專制、多疑、自戀是特徵，將自己化身為整個國家的代表，還要讓所有公職人員向自己效忠，國家淪陷於危險是必然。故事中的國王最後懺悔。古代如此，現代很難。

6. 凱撒大帝

看過電影《埃及妖后》的人當然對凱撒大帝的收場耳熟能詳，就不多複述了。

莎士比亞歷史劇的現代意義是：一個自由社會看似根深蒂固，堅不可摧，有寶貴的制度，何以會突然間被事實證明不堪一擊？何以羣眾明知被騙，卻安然接受呢？但暴君上台不是單憑運氣的。一定要有 Enable（賦權與）推波助瀾者或助紂為虐者，《暴君》作者指出其中最少包括八種人：

1. 暴君收買的人；
2. 忽視暴君的人；
3. 誤以為這種人絕不可掌權的人；
4. 被暴君霸凌所嚇到的人；
5. 自以為可以控制暴君的人；
6. 惟惟諾諾的人羣；
7. 被謊言蒙蔽的人；
8. 興致盎然的旁觀者，還享受其冒起之樂。

莎士比亞的作品是無限的歷史寶藏，也可以折射現實。他筆下伊麗莎白一世時代的羅馬天主教徒叛亂和 21 世紀的恐怖事件有何分別？且看：「恐怖分子不易識別。因為他們大多數都是土生土長的，他們思想激進，被誘往國外訓練，再潛回英國，輕易深入羣眾和忠實臣民之中。他們心懷不滿，情

緒不穩定、年輕、懷有暴力和殉道夢想。」原來西方世界 400 多年前就是如此。要讀歷史啊！讀歷史才可鑑古知今，東西方其實都一樣的。

暴君也是人們助推而來的。因為人人都有利己主義，所以明知被騙也可安然接受，直到分崩離析才想找辦法。歷史上的暴君如何收場呢？一、被刺殺；二、受直言被諫而懺悔，多數是女性所為；三、僕人出手制止暴行；四、普通公僕挺身而出，而不是英雄出現；五、民眾憤怒，揭竿起義。古代暴君影響一城一鎮，今日已是「人數命運共同體」的世界，牽一髮而動全球。值此容易變本加厲之際，美國人出版這本《暴君》，有特殊意義，值得一看。

2018 年 7 月 11 日

狂人時代：奧巴馬執政八年，美國內憂外困

八年前美國白人投票率低於 71%，所以奧巴馬得勝。這次奧巴馬對助選希拉莉的投入，不見太大熱情，而支持者的投票慾望亦顯著下降，選前預計下降 9%。奧巴馬在選前以 56% 支持率助選希拉莉，最終希拉莉仍不敵特朗普。這是為甚麼呢？可從內政和外交兩方面來談。

作為一個黑人總統，奧巴馬未能縮小美國種族鴻溝，社會依舊「黑白」分明，還時有警民衝突，死傷不少，抗議亦無用。2013 年，白人家庭平均年收入 14.19 萬美元，黑人家庭平均年收入 1.1 萬美元，相差達 13 倍，要黑人信服奧巴馬難矣。至於拉丁裔的收入，和白人亦差 10 倍。美國《種族隔離法》廢除了半世紀，異族通婚禁令亦廢除了近 50 年，但異族通婚仍只有12%。

美經濟增長每況愈下

經濟方面，俄羅斯專家說為奧巴馬 8 年執政埋單為時尚早，但德國專

家的報告卻急不可待出爐了，說的是甚麼呢？

首先，過去 24 年是美國獨霸年代，三任老大分別是克林頓、小布殊和奧巴馬。每人 8 年，高舉霸主大旗，但美國經濟增長，卻每況愈下。

克林頓 8 年，經濟增長率平均為 4.25%，最高在 1994 年的 4.7%，最低到 1993 年的 2.7%。小布殊一上任就出兵，2001 年經濟增長 1%，到卸任的 2008 年，爆發金融風暴，只得 -0.3%，平均 2.15%，最高是在 2004 年得 3.8%。奧巴馬繼承小布殊遺產，「落筆打三更」，2009 年是 -2.8%，最高是 2015 年的 2.6%，8 年平均估計不過 1.6%，2016 年雖未過，但前半段只得 1.45%，下半段再怎麼衝（哪怕三季 2.9%）也可能是 8 年最低。2011 年的 1.6% 能打破嗎？有可能，但 2.6% 亦於平均無補。二戰後，奧巴馬是在其任期內，美國經濟增長最為緩慢的一任總統。總之，克林頓 4.35%，小布殊 2.15%，奧巴馬 1.6%，趨勢是向下走，平均 24 年是 2.7%。

勞動力參與率未改善

奧巴馬將失業率由 8% 降至 4.9%，引以為傲，但這是失業率由「U1」至「U6」中的「U3」計算法，一般美國人不會注意。「U6」是包括打散工和已放棄找工作而心中仍想找的失業人士，但「U6」在 2008 年 5 月是 9.7%，2016 年 9 月是 9.7%，就是說在美國金融爆煲[1] 前和 8 年後，指數並未改善，當然 2009 年 9 月的 17.1% 是驚人的。美國企業 CEO 當年下的殺手之強，人們忘記了，還有勞動力參與率，奧巴馬上任時是 65.7%，卸任時是 62.9%，只是說明有 600 萬美國人在統計中「隱形」了，他們的選票投給誰呢？奧巴馬 2009 年上任時，美國股市疲不能興，到 2016 年 12 月會是如何？

那要看到年底前有無「黑天鵝」，是股市還是債市，股市是否正常要看市盈率 P/E，歷史數據永遠存在。到 2016 年 10 月 26 日，美國標普 500 是

1　粵語，比喻秘密泄露。

24.6，平均數是 15.64，正常在 14 至 16 之間，兩個異乎尋常的數字是科網泡沫（1999 年至 2001 年）之頂的 47，以及 2008 年雷曼事件後 8 個月 2009 年 5 月的 123.73。為何如此？因為企業盈利跌得快過股價。所以大企業能否盈利大過天，「低利率的日子」是否最終過去，美國聯儲局局長耶倫是否在位是指標。總之，奧巴馬會是一個維持「高股市」的總統，但這是建基在存款人失去收息和「無股」階級無感的基礎上。

美國欠債情況如何呢？美國國債在小布殊時代上升至 10 萬億美元，但奧巴馬居然能夠增至 20 萬億美元，確是一個大「Change」，連國會也控制不了。學生貸款呢？美國大學生在畢業時的欠債，克林頓卸任的 2000 年是 20,000 美元，小布殊卸任的 2008 年是 27,500 美元，到奧巴馬卸任的前一年 2015 年已是 35,000 美元，2016 年當然只會更多。下任是否要為學生免債呢？奧巴馬為金融業救亡、減稅、醫保和軍事開支花了大錢，但為學生們做了甚麼？至於貧富差距，沒有新數據，堅尼系數在 2007 年是 0.45，此後就不見了，但 1% 賺更多的錢在這 8 年是不用查的，中產階級 24 年間薪資無增則是鐵一般事實，單看內政，就可下結論。

8 年前奧巴馬因黑人和拉丁裔的支持而上台，口號是「Change」，結果改變不了甚麼。選民失望是必然的，轉而支持共和黨的白人，變成了憤怒而沉默的一羣。醜聞不絕是這次選舉的特色，問題是希拉莉代表「不變」，特朗普代表「變」，變到好與壞，誰也不知道。這次美國選舉在特朗普取得指標州俄亥俄和搖擺州佛羅里達，就沒有懸念了，希拉莉取得加州只是拾回面子，不至輸得太慘。這次選舉提醒全世界，一是民調不可靠；二是主流媒體已和現實脫節、不接地氣，社交媒體才是主力；三是民粹主義可因優越感喪失而滋生，不單只在美國發生，其他地方也可以。

美國乏力，中俄崛起

奧巴馬本來繼承美國的「惟我獨尊，改變他者，崇尚武力」的三原則來執行外交政策，但一上道就收到一個「名不副實」的諾貝爾和平獎獎項，日

後行事，不免受影響。美國在行事上不喜歡出頭，要當 backseat driver，在後座指揮，大部分事情上由傳統盟友和小兄弟們跑在第一線，從歐洲的「北約東擴」，到「重返亞太」、「南海仲裁」，莫不如此！而採取制裁，更將對手集中在一起。奧巴馬 8 年恰是「他國崛起」的 8 年，俄羅斯因早期油價被炒高而大得其利，經濟上雖然不成，但亦推出「歐亞經濟聯盟」。在軍事上和策略上，因普京回朝而大大起步。中國因應美國的「重返亞太」而在 2014 年推出「一帶一路」和「中美新型大國關係」兩招，2015 年的亞投行更得到英德法意等美國盟友參加，美國力阻無效，可見一斑。

美國最忠貞盟友一向是「三角帆」JIB，即日本、以色列和英國，英國加入亞投行和「脫歐」，都是美國反對無效的。「脫歐」後，英國再不能在歐盟內興風雨，美國自然是失去臂助，影響力再下一層樓。以色列總理不滿奧巴馬，溢於言表，美以關係是下任美國總統一定要修復的。日本表面上是最聽話的小兄弟，但它不是自願當中國的絆腳石，它的條件是武力解禁和修改和平憲法，為的是自己。美國要在日韓建立薩德反導彈系統之餘，還要加緊看管這兩個亞洲盟友，也是不在話下。

「一帶一路」豁然貫通

美國的盟友日本、澳大利亞、新加坡、菲律賓的聯手，似乎既擋不了中國設立東海航空識別區，也阻不了中國南海建島，南海鬧劇沒有了菲律賓這名主角，亦是美國始料不及。奧巴馬 8 年來到處抵制，卻將伊朗和俄羅斯推入中國懷抱，使中國的「一帶一路」豁然貫通：北方的中歐亞大陸橋、中蒙俄走廊、中國中亞走廊已成形，而南方通東盟的馬來西亞段亦由中國主理。美國盟友日本到處爭奪，只怕最後是「無利潤計劃」，白白為美國打工。中國用中巴經濟走廊和中緬經濟走廊衝出印度洋，前者大局已定，後者日本還在下工夫，要 5 年投入 8,000 億日圓，大灑金錢，但昂山素姬還是先訪中國，才到日本，菲律賓也是如此，美國已無力影響了。

2016 年 11 月 15 日

美國人物的影響力

201

名人智慧：洛克菲勒 5 項原則打破「富不過三代」

　　2017 年 3 月 20 日，大衛・洛克菲勒在紐約州家中，於睡眠中去世，得年 101 歲，「考終命」得優。一段 40 年前的往事，在腦海上揮之不去。那是 1977 年 5 月，大衛・洛克菲勒訪問台灣，大通銀行台灣分行負責接待，一場台灣分行老總家中晚宴，一場在圓山飯店的雞尾酒會，介紹台灣分行業務，和台灣對外交往部門聯絡。不知何故，都由筆者這位由香港調派而來的貸款經理負責。其實筆者當時的內部職位，只是一名助理司庫（Assistant Treasurer），也許就是天將降大任於斯人也。

　　筆者當年三十而立，而來訪的大衛・洛克菲勒已經 62 歲，他的女兒 Peggy，正和筆者同年，筆者是真正的子姪輩。看這位明星銀行家的履歷，是富三代，哈佛畢業、芝大經濟系博士，師從海耶克等經濟大師，1949 年入大通銀行，由國際部經理助理做起，1961 年當上副總裁，1969 年當董事兼 CEO，是國民外交家。1973 年大通到莫斯科開分行，來台灣前已去過北京，但北京辦事處要到 1980 年才開業。筆者前任老闆 Charlton，在 1976 年就被派去開羅當大通與埃及政府合資的銀行的老總，亦是洛克菲勒欽點，所以新老闆藍慕義（Lamonica 的中譯，多優雅），是十分的緊張。老實說，當年藍慕義才 31 歲，面對大老闆，能不緊張？幸好老闆秘書施太太，是圓山飯店老總夫人，是老 K 中人[1]，一切好辦。

　　老實說，上世紀七十年代，台灣外資 11 家，9 家是美資。領頭是花旗和大通，還有大陸、華友、艾榮信託、漢華、第一芝加哥、太平洋銀行和美國銀行，九大銀行，每週在台北美商俱樂部舉辦早餐會。總經理早來，按例必給筆者一張用打字機親打的「Just Heard Note」，台灣政經新聞盡在其

1　指玩撲克牌的人。

中了，美資影響力之大可見。大衛・洛克菲勒能夠來台北，亦算是大事了。問題出在洛克菲勒上世紀六十年代來台灣，曾經摔了一跤，傷了背，絕不能歷史重演，所以連他居住在圓山飯店，亦只能安排在和雞尾酒會同層的套房中，再安排酒會前有盲人按摩，保證最佳狀態。筆者亦只好親自接送。洛克菲勒做足功課，看完分行為他準備的 Briefing memo，其中附照片，所以一見面就喊出筆者英文名字 Jonathan，堅持讓大家叫他 David，所以後來連客戶給他寫信也是 Dear David，成為「佳話」。在酒會前，還要先看各界送的花環，記住是誰送的，見面時說 Thank you，這種大老闆風範，要學也要有耐心和細心。如今大家一陣風而來，一陣風而走，見傳媒要走人，何來古人風範呢！

筆者進入葡萄酒世界，也是因大衛・洛克菲勒而起。大家只知他通曉法語，愛好法國葡萄酒，筆者和老闆都是半點不通，平日亦不飲，只好齊去 American Club 求救。酒保介紹了波爾多區的「靚次伯」Lynch Bages，雖然只是五級，但酒質好，同時不貴，白酒選擇 Pouilly Fume。紅酒要夠老，白酒要夠新，是這時學曉的。筆者巧逢返港探親換證，購酒重任自然落在身上，這時買兩箱已是大戶，還好帶來台灣的不是茅台，否則視為「匪貨」，不准通關。筆者從此與葡萄酒結了不解之緣，亦匆匆 40 年了。

開一個大型酒會，也要出全行之力，其實員工不足 100 人，負責招待任務的是秘書群。連各部門經理夫人們，也要出席，各人還做了一套雪紡晚禮服，隆重之至。筆者夫人連結婚時的禮服也穿了出來，40 年後再看照片，逝水如斯！當年美資銀行吸引人才，連秘書也是台灣大學經濟系或英文系高材生，還是外省籍居多，質素和顏值都奇高，今日不可同日而語。台灣變化之劇，筆者是過來人！

酒會當然吸引各大企業負責人，台灣塑膠董事長王永慶，這年才 60 歲，比洛克菲勒年輕 2 歲。外商銀行人士當時還害怕王永慶有健康問題，結果王永慶工作到 91 歲才去世。但洛克菲勒退休還維持每日工作 7 小時，活到 101 歲，成功人士都是勤力節儉，始得長壽，兩人都是典範。但王氏死後

家族爭產多年，而洛克菲勒家族傳到六代都無家族糾紛，企業傳賢不傳子，值得學習啊！

拙作《讀史論人生》（商務）在 2017 年 3 月底出版，是洛克菲勒去世的同月。書中是筆者 40 年來的人生觀、價值觀和世界觀的總匯，而這三觀的確定，大概也是在 1977 年這個「三十而立」的歲數。而洛克菲勒這位老東家的事跡和人生取向，亦是筆者的典範。筆者由極度崇美到回歸東方，以歷史為依歸，其實洛克菲勒的人生準則也是重東方的。他的財富健康五大原則，可以討論一下。

一、和朋友做生意：洛克菲勒不認為親密私人友誼和良好商業關係有何衝突，他朋友滿天下，當然不可能拒絕生意，而成功商業關係基於信任、了解和忠誠，與朋友交無二樣。這理論和《論語》所說「吾日三省吾身：為人謀而不忠乎？與朋友交而不信乎？傳不習乎」，有異曲同工之妙。東西方文化融合於此，筆者從此受教，和客戶建立友誼，亦是此道之分支，當銀行家當如此！

二、無忘嗜好：洛克菲勒是世界上收藏甲蟲最多的人之一，一共 4 萬多隻。筆者由集郵，集錢幣、貨幣，集壽山石，到全世界的石塊，40 年來樂此不疲，是放鬆身心最佳方法。一進小小石園，回想當年遊歷之處，再神遊一番，每塊石頭都有故事。當然收藏也要立下預算，力所能及，只取自家賺來的錢，這是受教也！洛氏的藝術品收藏亦算無敵。

三、散財：洛克菲勒是億萬富豪，一生捐了 20 億美元，但在富豪排名並不高，估計只有 35 億美元身家，排名在 600 名以外，慈善項目在教育、藝術和國際關係方面。不是人人都可以變成億萬富豪，筆者的結論是，為善最樂，有錢出錢，有力出力，有時間出時間，東西異曲同工，我心安矣！

四、事業要從基層做起：1949 年，洛克菲勒已是經濟學博士資歷，但仍由國際業務部的經理助理開始，年薪 3,500 美元。薪金對「富三代」不重要，1961 年才做到副總裁，升職速度不算快。要知道，美式管理當年講究分權，所以層級特別多，副總裁也要看哪一級。當時的 Hey Points System

VP 也分 18 級才升至高級副總裁 SVP 和執行副總裁 EVP，然後才到總裁
President。後來發現效率不高，才將 VP 級簡化，也是銀行管理的一個過
程。但當上 VP 後，洛克菲勒仍然坐地鐵上班，用腿夾着公事包看報，標準
的華爾街上班族。所以他沒有大架子，有親民形象，由生活而起。

五、節制和謹慎：作為「富三代」當然與眾不同，但如何節制和謹慎地
使用上輩傳下來的巨大財富，實在是一門學問。20 世紀的「富二代」並沒有
這個良好的優點，筆者學會了「理性消費」，將市盈率（Price Earning Ratio）
演繹為 Price Enjoyment Ratio，在工作過程中和生活中，得益不淺，終身受
用。大通在後來要改善盈利，進行成本控制，亦是洛克菲勒必然的措施。證
諸今日投行一輩的大手大腳，不可同日而語。

筆者在 1978 年離開大通銀行，洛克菲勒亦在 1981 年退休，當時離職，
香港管理層尚要筆者寫信到董事會，說明是自行離職，並非被迫走。當時洛
克菲勒仍是董事長，當然筆者亦未收到回信，這雖然是手續，但亦是對人才
的重視，所以筆者對洛克菲勒此後的消息，仍未放棄。

最有趣一件事，是卡特時代的伊朗廢王事件裏，洛克菲勒和基辛格主
張讓巴列維赴美就醫，引發伊朗人質事件，各路人馬對洛克菲勒和基辛格口
誅筆伐。洛克菲勒的回應最幽默，說：「我爭取做到比他們長命。」他果然
做到了，活到 101 歲，從此筆者面對銀行內所有的攻訐，一率以洛克菲勒此
言為訓。洛克菲勒在八十多歲，又在東京出行時摔了一跤，筆者頗為擔心這
位老東家的健康，步態和平衡是老年人健康兩大支柱，他又是喪偶多年，獨
自生活。晚年的感言：「物質很大程度可以讓一個人過得快樂，不過如果沒
有好友和重要的親人，生活會非常空虛和難過，那時物質的東西，也不重要
了。」旨哉斯言。洛克菲勒雖然早年喪偶，但有六個子女，孫輩和重孫輩人
丁興旺，最後在睡夢中去世。「考終命」是中國人人生五福最重要一福，洛
克菲勒先生，走得好！

2017 年 4 月 5 日

基辛格戰略下的贏家輸家

從基辛格的眼光「觀勢」，世界秩序四大力量是歐洲（包括俄羅斯）、伊斯蘭（人口已佔世界 24.6%）、中國和美國，其他不足道。但英國脫歐，完全加入美國的大西洋陣營，歐洲只餘歐盟和俄羅斯，歐盟只有德國最強。

法國若由勒龐執政，聯合國五常中，文女士、勒龐及特朗普是一個組合（奇異的組合），對抗中俄，回歸二戰之初的設計。當時未料到斯大林之強，蔣介石之弱，最終破局，這亦是《讀史觀勢》之義。在基辛格眼中，奧巴馬一無是處，方有今日局面，由「中東陷阱」到「亞太再平衡」都失敗了，特朗普何去何從？看來中美「全面協商」的第一步已進行了，莊園會才幾天，習特又在 4 月 12 日通電話了，美俄友好不太像，但中美俄威權主義聯盟是有可能的。

基辛格要特朗普當老羅斯福，老羅斯福的觀念是「過於溫和的人不可能成為最後贏家」，目前中美俄領導最不是如此，都可能成為最後贏家，最佳是共贏。在基辛格眼中，誰是輸家呢？首先在「強權支配」的世界，事物的自然秩序都體現在「勢力範圍」內，中美俄各有「勢力範圍」。在「強權共同體」下，日本、德國將成為最大輸家，無論如何，日本人口在 50 年內將下降至 9,000 萬人以下，原因是少子，老齡化，德國亦步其後塵。

金磚國的其他國家印度、巴西、南非或會被犧牲，墨西哥和烏克蘭會很糟糕，波羅的海三國將面對災難性的局面，四小龍並未被提及，但在此聯盟的庇護下，世界大戰很難爆發。這個 G3 理論會不會被特朗普接受，從而影響世界大勢，料得到嗎？

2017 年 4 月 19 日

《大棋局》的預言

布熱津斯基以 89 歲高齡去世了，但不無憾事。遺作《大棋局》建議「美國迫切需要參與世界事務」，同時認為歷史性的機會之窗並不很寬，他希望西方世界恢復歷史的樂觀主義情緒：有能力同時對付「內部的社會挑戰」和「外部的地緣政治挑戰」。布氏可謂目光如炬。

布氏是卡特的人，共和黨的布殊二代是不會用的，克仔夫婦和奧巴馬是同黨之人，亦不加重用，所以他亦只能「著書立說」，眼看美國走上孤立之路。如今特朗普當道，布氏大去亦是適時了。

布氏是波蘭猶太裔，雖然歸化美籍，但反俄不反中，是「聯中抗俄派」。但五角大廈和他是敵對的，在五角大廈的眼中，五大對手是「中、俄、朝鮮、伊朗、極端組織」，至於如何排名，看白宮怎樣反應。布氏的《大棋局》理論，是以中亞五國為核心，北有俄、東有中、南有印度、西有中東，這個橢圓形地盤，誰得之得天下；今日中國的「一帶一路」正是通過此處，不過布氏成書 20 年，他亦是參考了全球 5,000 年歷史吧！

布氏認為小布殊入侵伊拉克是美國錯中之大錯，不止花錢、死人，伊拉克再無法和伊朗抗衡，成為極端組織的根據地之一，才是大誤。歷史樂觀主義不再，西方已為右翼思維的崛起而無法樂觀起來，移民、難民問題在 20 年間變成嚴重問題，已影響日常生活。布氏說，戰爭可能已成為這個世界上的窮人才能享受的奢侈品，窮人亦不會按富人對他們的約束來行動，所以由英國到歐洲，脫歐或不脫，都不再安全了。安息吧，布先生！

2017 年 6 月 5 日

「大棋局」20 年回顧

布熱津斯基在《大棋局》中預測，2015 年美國失去世界霸權地位，但美國亦是史上最後一個超級大國。美國的「大棋局」是指歐亞大陸，由葡萄牙里斯本到俄羅斯符拉迪沃斯托克，這一大片土地，誰主浮沉。

不覺間 20 年過去了，2015 年亦過去了，美國在奧巴馬後期，確也無法「發號施令」了。最大指標是「英法德意」4 國加入亞投行當起原始股東，而亞投行的成立是為了「一帶一路」。

「一帶一路」正是連通歐亞大陸這一條線。歐亞土地上五大國是中俄德法印，英國仿佛不在歐亞土地上，脫歐只是全斷關係。布氏亦未包括英國在內，他指出在歐亞土地上的軸心是烏克蘭、阿塞拜疆、南韓、土耳其、伊朗，發生大轉變亦在這 5 個軸心之中。

中國在推出「一帶一路」，通俄羅斯到歐洲，亦可通土耳其，直達歐洲。俄羅斯亦籌建經阿塞拜疆和伊朗到印度的一條海陸路線，烏克蘭雖然失去克里米亞，東部亦在危機中，但仍在邁向民族國家的過程中。南韓在朝鮮半島的局勢不明朗，發展有阻礙，不堪戰火，中韓關係如何修復，亦成問題。

伊朗是中東反美團隊的領隊，美國已經無可奈何，制裁無用。未料到的是民粹主義在歐洲萌芽，雖然有局部性，還要看 2017 年各大國的選情。

5 月將是個動盪月，但歐亞大陸不論人口和 GDP 都已是世界的 70%，美國以 4.4% 人口和 16%GDP，如何繼續領導呢？遠在一隅的日本，還要向軍事大國方向進軍，但時勢是人口繼續收縮，日後 1% 的人口，能有多大影響力，保證不在棋盤中失勢？！

2017 年 6 月 14 日

馬歇爾的影響力

美國二戰後有多強大？就看 1948 至 1951 年間的馬歇爾計劃，拯救歐洲 18 國 —— 當時還未有歐盟，計劃投入 127 億美元。美國 1948 年 GDP 是 2,580 億美元，所以計劃投入大概佔當年美國 GDP4.6%，得益最大自然是英國，獲 26%；另外法國獲 18%，意大利獲 10%，罪魁的德國也得到 10%，西班牙是 0%。

這筆巨款以 2016 年現值來計算是當年 10 倍，比起「一帶一路」計劃的 1.4 萬億美元，則只是 9%。這筆錢用於機器車輛的只是 16%，其他是買原料、半成品、食物、肥料和燃料，當時歐洲一片荒涼，是無異議的。亞洲另有計劃，只得 60 億美元，拯救力度最大是重建戰敗日本，用了 41%，台灣用 18%，南韓用 15%，菲律賓用 14%，中國自力更生，不用感謝美國。

1945 至 1949 年國共和談及內戰階段，國共和談的中間人就是馬歇爾，地點在上海，原址仍在。馬歇爾調停失敗，是怎麼想的？總而言之，美國雖強，在朝鮮半島也得不到勝利。但 1970 年，觀察家是這樣形容美國的：「在 30 個國家駐軍 100 萬，是 4 個地區性防務聯盟的成員，還積極參與另一聯盟的活動；此外，和 42 個國家有雙邊防務條約，參加了 53 個國際組織，對全世界近 100 個國家提供軍事或經濟援助。」

這就是「世界警察」稱號的來源，這些「國際義務」是不是今日國債狂增的原因之一，還是已減退呢？美國人民大概不太知道，這是「精英」們的工作。21 世紀的上合組織、亞投行、金磚國銀行都沒有了美國蹤跡，是戰略錯誤，還是興趣缺乏，還是國力的問題，就讓後人來深思了！

2016 年 10 月 3 日

運去英雄不自由

1930 年美國總統胡佛簽署關稅保護法，他是無法意料到，兩年後全球貿易下跌 67%，美國失業率達 25%，股市早已在 1929 年大崩潰，跌無可跌。胡佛只能當一任總統，讓位給羅斯福，這就是歷史教訓。胡佛關稅不過是 88 年前的事，當時有 1,000 位經濟學者聯名反對，可惜無效，無法阻止這次悲劇。

21 世紀也是如此，自戀者相信輕易取勝，這次又有何不同？悲劇重來是必然，只不知何時和用何種方式出現。美國剛報出 2018 年第二季經濟增長率 4.1%，喜不自勝，因為美國之前的最佳表現，即 1950 至 1973 年的平均增長率，也只是 4%，2008 至 2017 年平均增長率是 1.5% 而已，美國認為怎可能會出事呢？

往往就是躊躇滿志之際，禍事才發生的，「時來天地皆同力，運去英雄不自由」，何況未必是英雄呢！只是英雄氣短！

世界那 70 萬億美元股市會下跌多少？貿易戰可以引致標普 500 指數下跌 21.3%，按目前水平約下跌 600 點。跨國企業是這次最大的受害者，有苦難言，跨國者全球處處有子公司，CEO 們夜不能眠，又一次裁員。全球大銀行都是跨國企業，再次「大到不能倒」嗎？全球國債比 2008 年那次又增加了多少，還有力再寬鬆嗎？買家在哪裏？那 700 萬億美元衍生工具早已無人敢提及，爆起來誰也受不了。誰是雷曼，誰是 AIA？

美國通脹率在 2018 年 5 月是 2.8%，6 月是 2.9%，已成趨勢，貿易戰加劇，通脹只會更劇，再加息難免。美國經濟第二季高歌猛進，第三季付出代價，朝鮮、伊朗第三季再出變局，這個暑假恐怕休假不得！

2018 年 8 月 1 日

彭斯的最大功勞

早聽到美國右翼要發動 10 月攻勢，原來是 10 月 4 日的彭斯「發噏風」[1]，又一次證明美國文化特性中的「衷心無誠，全出於偽」。彭斯本是「無聲老二」的職位，但特朗普身陷「通俄門」、「通以門」和逃稅醜聞，在聯合國鬧了「笑話」，總不能再來一次。彭斯既要表忠，又希望集結右翼在身後，只好「提槍上陣」。

彭斯當然沒有研究過中美關係史，寫手寫甚麼就讀甚麼，美國反正認為歷史是強者寫的。如何「有恩於中國」？是《望廈條約》，不費一兵一卒而得英國之利，還是大賣軍事物資給日本侵華（1931 至 1941 年間日本 54% 軍用物資由美國供應，為何不提呢）？馬歇爾主導國共和談，無功而返，但日後的馬歇爾計劃亞洲部分，有一毛錢給中國嗎？

美國在過去 25 年重建中國，2012 年底，投入中國的 FDI 是 2.16 萬億美元，美國只佔 3.6%，最大投資區域是港、星、台、韓、日、美、荷、德、英、丹。美國只排在第六位，向自己面上貼金也不能「去得那麼盡」啊！中國1986 年申請入 WTO，美國千方百計阻撓，亦不准盟友先行一步，拖到 1999年 11 月 15 日中美才簽署協議，日本只先了幾個月，在 7 月 9 日簽訂，中加在 11 月，歐盟在 2000 年，中國卒之在 2001 年 11 月 10 日入了 WTO，等了15 年，中國起飛本可以早幾年的，「恩」真夠大。庚子賠款是「報大數」部分才拿出來建清華，成功地達到以「留美擁美」來控制中國青年思維，如今又來了 30 多萬。但海歸日多，不留美了，於是又要限制中國學生。此次彭斯最大「功勞」，是今日中國青年醒覺起來，不再被「分化中國力量」了，善哉！

2018 年 10 月 19 日

1　粵語，胡言亂語。

美國歷史學家的看法

美國歷史學家 Graham Allison，以提出「修昔底德陷阱」而聞名於世，但他並未預言中美是否會有一戰！書中 16 個案例，究竟是守成大國贏，還是崛起大國贏呢？

上一次崛起的是美國，是不費一兵一卒的！這次又如何呢？但守成大國的基本反應是「心存芥蒂，懷有恐懼，流於誇大，容易誤解，又會錯判現實」，這是歷史的總結，其行為是可以預測的！

希望守成大國會「及時收手」，是不切實際的，但守成大國在 21 世紀會遭遇甚麼問題呢？Allison 給了四個答案：美國政治體制失敗、美國全球實力衰落、中國迅速崛起、俄羅斯浴火重生。這和 70 年前大英帝國遭遇的環境不一樣，美國的兩黨制已開到荼蘼，國家基本分裂，兩黨相爭不止，社會貧窮懸殊嚴重，0.1% 的家庭財產居然等於下層 90% 的家庭財產；50% 人口居住在 8% 國土上，而另 50% 居住在 92% 國土上。一個國家有兩種人的存在，有社會本質的矛盾，要「全民一心」不可能。白人行將佔全國人口 50% 以下，心理優勢盡失，最富有的 10% 擁有所有股票市值的 84%，所以維持股市於不墜是靠 10% 的人。

美國事實上已處於經濟增長週期的末端，惟一強勁的是國防費用，但 Allison 認為美國實際外強中乾，不論在經濟發展或南海軍事問題上，都沒有能力真正做到遏制中國。美國人民正在醒覺，但追求的答案是「中國崛起是如何發生，又是誰讓它發生的」，這手牌美國拿 K、Q、J、10，中國拿 A、2、3、4，中國只要拿到 9，就贏了！

2018 年 10 月 22 日

老銀行家之歎

連 91 歲的聯儲局前主席伏爾克（Paul Volcker）也要出書發言，可見其憂心的程度，結論是美國從任何方向來看都是一團糟，與列根年代相去甚遠。美國人自開國以來都不相信政府，但仍維持基本尊重，惟特朗普上台不到兩年，不論政府機構、最高法院或總統本人，都難有人尊重。也許那些投票給特朗普的 600 萬人例外，卻只佔 20% 人口而已。

特朗普只相信硬實力、關稅、貿易戰、軍事行動，認為這些高於一切，美國的軟實力已大大下降。美國智庫皮尤（Pew Research Center）的調查結果發現，感到「特朗普領導下的美國已不像過去那麼受尊重」的共和黨人有 42%，民主黨人有 83%；感到「其他國家正在佔美國便宜」的共和黨人有 80%，民主黨人有 20%。這個國家是分裂的。

華盛頓受金錢控制，已不是新聞，白宮淪為財閥政治的平台，由各種遊說團體和智庫掌控，政府官員只是等執位 [1]，多少人還相信「民主」正在運作？這是伏爾克之歎。有 1% 的超級富豪們既不喜歡政府，也不喜歡交稅，得償所願了。然而，政府財赤增加，特朗普為了選票，為中產階級減稅，那最後誰交稅呢？外國債主們吧。

美國教育失敗，只教人如何辯論政治問題，一切強辯就好。但如何管理、運作一個政府，卻沒有教。惟一可以救亡的是加強監管，可是在遊說團體和智庫的操作下，監管消失，問題必然出現，能等 21 個月嗎？2008 年的大害叫 CDO，這次改名 CLO，大家最好先搞清楚危機所在，上次連次按都未聽過就荷包收縮了。

2018 年 10 月 26 日

1　粵語，安排位置。

中美第三次國運交鋒

中美關係有多好，可由大清時代開始看。1882 年共和黨提出《排華法案》，一直到 1943 年二戰時代才取消，但中美男女繼續不能通婚。最後 2012 年由民主黨的奧巴馬代表美方道歉，但字眼是 Regret 而不是 Apology，可見也是「衷心無誠」。過程為時 130 年之久。

到 1949 年新中國成立，不到兩年打了場朝鮮半島血戰，隨後美國阻止中國進入聯合國，也暗戰到 1971 年，花了 22 年，中國才得 76 票贊成，35 票反對，17 票棄權。中國返回聯合國，進入安理會常任五國之列，才有了話語權，35 票反對中當然包括美日澳菲這些鐵桿分子，但英法已經沒有參加了。

1978 年進入鄧小平時代，改革開放，中國申請入 GATT（日後的 WTO），也花了 15 年，到 2001 年才能入會，從此中國成為貿易大國。2017 年，中國出口 2 萬億美元，比美國 1.47 萬億美元多了四分之一，這當然不是美國樂見。美國製造業收縮，製造工人由 1953 年的 32% 勞動人口降至 2016 年的 8.2%，美國的 1% 真的會為那 99% 而發起貿易戰嗎？存疑。

2018 年進入習大大時代，美國再發起超級 301 大旗，前六次都是「無功而退」，當然照例自稱勝利。這次「七鷹」齊出，拿中興、華為祭旗，看似很大一件事。中興年營業額 1,000 億元人民幣，華為 760 億元人民幣，只是中國 2017 年 GDP 的 0.25% 而已，最後也是以罰款作結。去美國上市，開分行，本來就有這個風險。美國七鷹最強就是這陣容了，後面沒有再加碼的本錢，貿易戰最後是一場交易，錢碼而已，要守穩的是金融和科技，中國早就看明了。

2018 年 5 月 4 日

歷史上皇帝的特徵

加拿大老友來中國訪問，問筆者中國歷史上的皇帝中，有沒有具如下特質者。

一、自戀成狂，無捧不歡，一意孤行。答案是有，前有崇禎，後有咸豐，當臣子的不肯捧，沒有好收場。崇禎亡國，咸豐早死。

二、無道德底線，一切都是交易。答案是無，中國皇帝大都被儒家學說所教育，中國文化不重商，皇帝也不需要交易。好財則不少，最著名是萬曆，用盡張居正所蓄國庫，還要開礦斂財，凡數十年。

三、深信自己的謊言是真的，謊言說過萬次就成真的。那有可能，但中國皇帝是金口，天子無戲言，何況是謊言。至於朝令夕改，那是有的，但總有不識相的諫官清流在阻擋，不致太多。午時花六時變[1]，那是極端。

四、懶，不讀公文。那是經常的，如唐玄宗的「從此君王不早朝」。日日要五更三點上朝，確是苦事。最勤力的皇帝可能是雍正，早朝外，還要午朝，設立軍機處，留下數百萬字批閱公文的文字。明朝除了開國幾位君主，其他大都不參加早朝會議，懶是他們的通病，御批「知道了」，就是最交差的方法，簽發命令那是宰相的任務。

五、面對經濟崩潰而無動於衷。那不少，因為很多是小孩當國，權力在太后和輔政。宋朝最多，有心的宋神宗卻無力。現代的面對赤字高漲，利率上升，社會分裂，卻只為選票做事，那是今不如古。

面對這位加拿大老友的問題，只能說集以上各大特徵於一身的皇帝，是沒有的。中國是選賢與能，講信修睦，皇帝最多只能退守後宮，不聞不問，消極抗議而已！

2018 年 6 月 1 日

1　粵語，比喻反覆變化無常。

特普會的前因後果

2018 年 7 月 16 日「特普會」，特朗普視普京為競爭對手，但此日之前所做的美國民意調查顯示，美國人視俄國為不友善（43%）和敵人（25%）的比例，高達 68%，但只是排名第三；頭號不友善（45%）和敵人（38%）是朝鮮（83%），次號是伊朗（82%）；中國雖不算是敵人（9%），但視中國為不友善的美國人亦有 40%，好不了頭三名多少。

中國人可能大惑不解，但意識形態的反應就是如此，不要幻想會和美國人成為好友。自「八國聯軍」入侵北京的 118 年以來，美國「分化中國力量」的國策牢不可破，其他都是鱷魚淚。

俄羅斯人最務實，要見面可以，反正普京已在頂層打滾 20 年，對新鮮人特朗普，遊刃有餘，G8 時以一敵七尚且不怕，怕一個即興而為的人嗎？就在見面前 3 個月內，俄羅斯將所持美國國債下調 85%，由 3 個月前的 961 億美元下降至 149 億美元，改持黃金，美債成為俄羅斯的「有毒資產」，去之而後快。俄羅斯敢為天下先，免得有朝一日被凍結，喊[1]都無謂。

外國投資者對美國國債的持份已由一年前的 43.69%，下降至 5 月份的 41.59%，下降了 2.1%。美國國債已達 21 萬億美元，以後 10 年財赤上漲 8 萬億美元，是保守估計，每年財赤超過 1 萬億美元將是常態。利率上升 1%，利息支出增加 2,100 億美元，美元利率何時回歸長期的常態，快了。6 個月倫敦拆息（LIBOR）已經是 2.52%，比一年前上升 1%，到 4% 就差不多了吧。債市分析員公論，看指標大衰退在 2019 年末到 2020 年初，看來羅傑斯的「有生以來最嚴重的蕭條」還有一年多，世事能逆料嗎？

2018 年 7 月 27 日

1　粵語，哭。

絕招終究會失效

美國人有何絕招，大概是不出 40 多年前出版的一本書，名為 *Winning Through Intimidation*，靠恐嚇取勝，如此而已。這一年多來，演繹多次，套路清楚，大概如下：一、「開天索價」（不准「落地還錢」）；二、極度施壓（無所不用其極）；三、逼對手入死角（不怕狗急跳牆）；四、忽然態度放軟（還說不預設立場）；五、反反覆覆多次（簽約也無效用，一樣照違反）；六、達成利益最大化（不夠大，也可以再反悔）。

美元獨霸，到處制裁

一年多來，對日本如此，可憐安倍還要多次飛身赴約；對朝鮮如此，乃有新加坡之會；對中國如此，乃有「一鶴鬥七鷹」的演出。多次反悔，對俄羅斯如此，好話說盡，制裁不減；對伊朗如此，還要制裁全球與伊朗交易者；對歐盟如此，由取消 TTIP，到零關稅。

美國挾美元獨霸，軍事超強，到處制裁，新興經濟體獨力確也難求存，所以美國戰後確也橫行 70 年。不過特朗普和前任不同之處，是貪得無厭，好面子而不重實質，行為反覆，隨心所欲（因為有 88% 共和黨選民支持，可以不理反對派）。好做大人物，一定要有派頭，攞威攞到盡，大話講到盡；謊言被拆穿，再加碼，變本加厲，好似當賭場主養成的習慣。

問題是美國病症是儲蓄率不足（只得 2.8%），一切要借錢為之，而高關稅政策只是將逆差由一國轉至他國（假定他國更好欺），而不能將逆差消滅。而巨額預算赤字只令國債更高，利率上升，付息更高，替富人減稅，並未能增加消費。

美國歷史太短，從中看不出太多先例，看中國歷史，才知霸王最後烏江自刎！不是嗎？

2018 年 6 月 6 日

美國人物的影響力

217

白宮的謊言與信任度

「軟實力」一詞的推手哈佛教授 Nye 寫了一篇文章，有關美國總統的謊言，雖不算大全，也是二戰以來一個總結。他認為謊言有二。一是有崇高的目的，符合公眾利益 —— 這當然只是美國總統自身的決定，何謂重大利益！二是為了私行，用謊言來掩蓋其行為，以避免尷尬，打擊對手，或為了方便。

運行到 21 世紀，在支持者眼中，謊言是正當的，因為「所有政客都撒謊」，簡直是「積非成是」，也是森林法則，謊言說了千遍就成為真理。華盛頓撒謊的總統在 Nye 筆下包括羅斯福（1933–1945 年）、甘迺迪（1961–1963 年）、約翰遜（1963–1969 年）、尼克遜（1969–1974 年）。

羅福斯的謊言是德國潛艇攻擊美國驅逐艦，事實是相反的，羅斯福還引誘日本攻擊夏威夷；甘迺迪在古巴危機中誤導公眾；約翰遜在越南戰爭中的謊言令戰事升級；尼克遜的「水門事件」更是世界聞名了。當然，Nye 對小布殊為不存在的大型殺傷性武器出兵和克林頓的性醜聞，是筆下留情了。結果羅斯福是病死於任上，甘迺迪被槍殺，約翰遜放棄再競選，尼克遜被迫辭職，謊言收去了信任，都沒有好結果。

美國人對政府的信任度，在二十世紀六十年代初高達 75%；到二十世紀七十年代末，跌至 25%，「水門事件」影響的確大；到列根時代稍有提升；到了說大量謊言的特朗普，上任以來平均每天 6.5 條謊言，到 2018 年 5 月更是每天 8 條。2018 年 1 月的愛德曼信任度報告裏，特朗普的信任度只得 33%，報告的結論是「信任與經濟成果之間不再有關聯」。影響之下，美國的媒體、情報機構、司法部的可信性亦大降。這也許是特朗普一個值得深思的策略，不是嗎？

2018 年 8 月 20 日

交易的藝術

美國又來邀請中國磋商貿易問題了，其實雙方日日有溝通，只是無結果而已，財長公開邀約，只是一次公關行動。在特朗普主導下，自然走不出他《交易的藝術》書中四點：一、提出驚人的目標（最大目標是要中方放棄高科技發展，永遠做加工廠）；二、大事宣傳（特朗普發推文）；三、決策反覆搖擺（目前行動就是其中之一）；四、以求獲得期望的結果（中國屈服，特朗普贏得輕易）。

美國的最後撒手鐧，就是 2,000 億美元商品加徵關稅後再加碼 2,670 億美元，中方的最大損失是不做這 4,670 億美元的生意，讓給那些更有競爭力的國家。新市場是「一帶一路」沿線各國，再加上新的非洲市場，美國能找到這些新供應商，只是把貿赤從中國轉變到別國而已，貿易赤字並不能降低。

美國製造業早已收縮多年，已無生產能力，外資企業在華生產出口美國貨值一年就是 2,000 億美元，這招七傷拳肯定是殺人亦自傷。而這些外資的利潤受影響，自然會影響其股價，再看 Robert Shiller 的道瓊斯指數 P/E，已經是 25.15 倍；10 年前 2008 年 9 月 1 日是 26.48 倍，9 月 15 日就是雷曼倒閉時刻，2008 年 10 月 1 日，P/E 是 27.22 倍，危機時刻不遠了。

11 月就是美國中期選舉，特朗普需要一場大勝，不管對中國、歐盟、加拿大、日本，都要取勝，才能對支持者有交代。誰肯先屈服，或是誰肯最幫忙，都要在 11 月初前表態，目前只有不到兩個月，美國式的「衷心無誠，盡出於偽」是無疑的；11 月選舉後又反悔，絕對有可能。所以讓美國焦慮，並無佳法！

2018 年 9 月 17 日

特朗普巔峰之後

美國評論家說，特朗普巔峰已過，但美國巔峰未過，這已是時值 2018 年 12 月，若論狗年邁入冬季，當在 11 月 7 日立冬。消息卦說，全球智能手機銷售疲軟，全球汽車銷量亦疲軟，中國汽車業進入寒冬，美國在華企業利潤受損，那麼蘋果、通用汽車、福特汽車會好過嗎？即使汽車進口關稅減至 15%，中國消費者的胃口還在嗎？

美國股市巔峰在 10 月 3 日，道指 26,951 點是歷史新高；美國第二季 GDP4.2%，高不可攀，第三季回落至 3.6%，第四季預期 2.8%，美國貿易逆差月月創新高，關稅愈高，赤字愈高；11 月 7 日，美國中期選舉共和黨只保住參議院，民主黨不「玩嘢」才怪；12 月 1 日，中美貿易戰停火 3 個月，美國背地裏卻令加拿大捉華為 CFO，正是「相逢繼續無誠意」，只求多張牌打，股市當然下跌。不高興的是頂端 10%，他們擁有 84% 的股市市值，但打工仔生活好了嗎？打合同工的工人達 20%，失業率是好了，但沒有福利保障，33% 的工資要用來支付房租，供樓者利息又起了，信用卡貸款已破萬億美元，回到 2008 年水平。

美國看上去亮麗的經濟，只是相對歐洲和日本而言，到潮退時，才知道高通脹來了（目前 2.5%）。所以美國巔峰即使未過，進入 2019 年才知經濟形勢，單看豬年值年是無妄，有無「災」呢？日本 2018 年已選了「災」為年度漢字呢！

2018 年 12 月 19 日

「言必信，行必果」威武嗎？

年輕時讀《論語》，讀到子貢問孔子對「士」（政府公務員）的定義。第一級是「行己有恥，不辱君命」，可以理解。第二級是能「孝弟」，對父母兄

弟的行為正確，亦易明白。不過，第三級是「言必信，行必果，踁踁然小人哉」。小人是君子的對立，乃失德之人，何以孔子仍能接受為「士」的標準？「失德之人」何足道哉？孔子當知二千多年之後，最佳例子出現，還是在西方民主政治才能出現。

「言信行果」是為了完成政治承諾，美墨邊境圍牆必要完成，為的是自己的選民，非選民不必考慮。古人對此種人的解釋是：「謀量淺狹，固執一法，不知變通」，所以政府服務要為之停頓，不便於全民，在所不惜，此亦兩黨政治，開剩荼蘼之必然。然而，古人有乃一解釋：「其本末皆無足觀，然亦不害其為自守也。」

為了自己的選票，亦需要「言必信，行必果」，所以去年12月的民調結果，美國人最尊敬的男人，一是奧巴馬19%，二是特朗普13%，喬治·布殊僅得2%，蓋茨更只有1%。美國人尊敬的只是政治人物，這亦是國情。雖然「二號人物」逢「一號人物」必反，被尊敬的人物之間是對立的，由此反映美國人亦是對立的。

西方政治不以「人格」論，只以「結果」論，只要此人「行之有效」，交出結果，是否「有德」，不足論，這亦是東西方文化的分歧。東方的「君子小人」分野，西方無法接受，東方不能以自己的角度來看西方，否則必錯。

2019年是無妄卦值年，金句是「不守正道妄為者將受天譴」，天譴來不來，還看司法能否公正！細觀。

2019 年 2 月 18 日

中美法律界舊事

《張總銀行風雲 40 年》（中華）談到筆者經手的第一宗對北京市下屬企業的貸款。該企業是 BEDC，中文名「北京經濟發展公司」，其總經理是當時北京市外經委副主任肖秧，後來當上四川省省長。上世紀八十年代，單是要證明這家公司是真實存在已大費周章。

談貸款當然要合約，在香港，外資銀行還是習慣用美資律師行，當時用的是 1853 年已經開業的 Coudert Brothers，主持人麥卡菲在行內也是鼎鼎有名的。

筆者要求一份最簡單的合約，結果也來了 40 頁，到了北京，石沉大海，以為不會成功，於是再訪北京，問到合約如何，聯絡人名石堅，和香港「奸人堅」明星同名。這份合約原來用作了法學教材，而教員居然是義務的美國法學教授孔傑榮，英文名是 Jerome Cohen，標準的猶太人名字。目前「最有名」的同姓人是特朗普前律師 Michael Cohen，判了刑，兩者不可同日而語。

回來向麥卡菲打聽，原來孔傑榮是耶魯大學法學博士、哈佛法學院副院長，當時是 50 歲，已名滿法律界，也是 Coudert 的法學顧問。筆者說，這不是大水沖進龍王廟？筆者是初生之犢不畏虎。但最後結果是英文合約由 40 頁減至 4 頁，而翻譯的中文合約只有 2 頁。雙方不同意對方的法律根據：中方的不完備，還在發展中；美國的太繁複，中方看不懂。故雙方同意仲裁，法律意見由中國銀行北京分行發出，如此而已。

孔傑榮也可算辣手，還好利率如何算是最清楚的。

最近聽到消息，80 歲的孔傑榮仍活躍中美法律界，老當益壯，實乃令人佩服的老前輩！

2019 年 10 月 14 日

人生就是一場豪賭

基辛格是當今仍在世的智慧型政客典範，他對特朗普和中美關係的看法值得參考。在特朗普上任之初，他說：「我認為特朗普可能是歷史上不時出現的那種，標誌着一個時代的結束，並迫使一個時代拋棄舊有偽裝的人物。」

這偽裝是甚麼？基辛格沒有說明，但偽善和雙重標準，肯定是少不了。自二戰以來，在美國的偽善外套下，承載的是誘人的核心價值觀（自由、民

主、法治、人權），對外仍在使用，對內已無人相信政府了。堅強的盟友亦變成附庸了，開放而競爭的市場已被關稅取代，建立的國際組織，亦脫得差不多了，只欠 WTO 和聯合國吧。

基辛格對特朗普的忠告是甚麼呢？他說：「美國對華政策首要目標應該是保持兩國關係和平穩定，而不應該尋求改變中國的政治體制，在中國推行美式民主。美國不可能解決世界上所有問題，關鍵是能否解決好自己的問題。」

3 年後看來，忠告和實踐背道而馳，2018 年 10 月 6 日，基辛格提出「中美要互相解釋各自的目標，並非每場危機都是由惡意造成的」。10 月 8 日，習大大見基辛格，提出「中美雙方對彼此的戰略意圖要有準確的判斷」，單是「準確認識」已經不足夠了。2019 年 9 月，中美貿易戰已經持續 18 個月，基辛格仍認為特朗普的言論並未「出格」，他仍是代表着「美國利益」，但將來如何，基辛格只拋出一句：「性格決定命運。」特朗普自稱：「他的人生就是一場豪賭」，如今一切只為賭自己能連任 4 年，到時下台也 78 歲，人生也無多了，為何不賭呢？世人只能陪賭！

2019 年 10 月 2 日

分裂狂躁症 Sinophrenia

西方經濟師創了一個新詞：Sinophrenia 來形容那些仇中人士。Sino 即中國，Phrenia 是精神分裂症。要用中文準確描述，有人譯為「仇華幻想分裂狂躁症」。症狀是一面認為中國即將崩潰，相信中國崩潰論數十年，但都未發生；另一方面又認為中國即將接管世界，取美國而代之。這仍未發生，但無論中國如何解釋，推出人類命運共同體，說明中國文化「和為貴」，美國卻總是不相信。

「仇華幻想分裂狂躁症」三大特徵：憤怒，焦慮，挫折，完全掉入人生三大陷阱：貪婪，浮躁，固執。得這症的人，西方固多，台灣、日本也不少。

有些人根本連中國都未去過，只是聽以訛傳訛，莫名其妙地仇中，不相信可以和平競爭，也不相信可以局部合作，只想要中國死。

　　有這種仇恨別人的負面情緒，其實是很可憐的，因為自己問題太多，無法解決才如此吧。且看美國問題，隨便抓一大堆：毒品成癮者多，無家可歸者亦不少，城市衰敗，社會流動性下降，貧富懸殊，中產階級凋零，實際收入下降，工會解體無法保護工人，社會安全網失靈，醫療系統供應不足。還不夠嗎？往日強大、團結、包容的美國，正向相反方向走。如果「仇中」可以解決這些問題，那還好，將目光轉移，用憤怒來麻醉國民，實在可惡。這症要解藥，也要免疫，但美國的藥品公司可以發明出來嗎？最好能！

2021 年 1 月 1 日

美國的相對衰落

美國貿赤原是夢

美國貿赤一個月平均 666 億美元，一年就是 8,000 億美元。在經濟好轉時，失業率下降，美國人又開始不儲蓄（儲蓄率又降至 2.8%），增加消費，國內沒有供應，自然買廉價外國商品了。這亦是貿赤的來源。

以特朗普的邏輯，最大罪人是有貿易順差的國度，依次是中國 47%、歐盟 24%、日本 8%、加拿大 4%、印度 3.5%，五者已是 8,000 億美元的 86.5%。只要這五個對手「識做」，在中期選前達成美妙的結果，本也不難。美國人從中國買手機（其實是蘋果，華為入不了美國市場）、家庭用品、電腦。

至於美國企業從海外組裝運回的商品，那是不能打稅的，否則是自殘。美國已是石油出口國，只要將油價推高，貿赤亦可減，不然為甚麼要制裁俄國和伊朗呢！收縮戰線，裁減海外軍費，如 NATO，如日韓都是可削減的肥肉，削減後可用來增加國內軍費，正是如意算盤。前任總統們都太大方了，要當霸主就要鬆手些，特朗普則是 Pay Less Get More，商人特性。

必須明白，貪得無厭亦是商人特性，美國人本來就是「手段文化」和「工具文化」，特朗普多變只是手段，而不是目標，是可以預測的。美國市場亦如是，中國企業的風險分散觀念不足，在美國下重注，乃有今日。美國是一個鱷魚潭，法例多如牛毛，隨時可被罰款、制裁，沒有好律師，免不了官司，同時曠日持久，一切都可以 Settle，不明白美國者免來。如今又美國優先，經營環境更不利，中國投資者要夢醒了。貿赤，不過是藉口，後續有危！

2018 年 7 月 9 日

中美數字遊戲和規則

中美貿易戰開打了，公說公有理，婆說婆有理。先看美國如何說：中國出口美國 5,300 億美元，入口 1,540 億美元，所以差額是 3,760 億美元，不公平，所以要制裁；尤其是高科技有關的部分，不准中國進口，美國也不賣高端芯片給中國，要置中國於死地，直到永遠，何止於 2025 的新科技大計；還有中國市場要全部開放，這和當年英國因茶葉而引起鴉片戰爭，要中國五口通商，割讓香港無異。為何一個獨立的國家不准研發高科技？當然是強盜邏輯！

中方的數字不一樣。美國出口中國除了 1,000 億美元商品，是通過港澳台轉口中國的，加上服務，出口 864 億美元，由中國進口 317 億美元，順差 547 億美元。如此一來，美國由中國總進口 5,617 億美元，總出口 3,404 億美元，真正貿赤是 243 億美元，而不是美國說的 3,760 億美元，縮水 41%，可見美國人的「數口」[1]。

另一個是在華美資企業的營業額，2017 年是 3,800 億美元，中資在美只是 200 億美元，中國逆差是 3,600 億美元。蘋果在華營業額 460 億美元，通用汽車 420 億美元，甚至超過美國本土，中國人原來如此喜歡美國車，加價後是否仍有如此忠誠度呢？

若說芯片市場，全球營業額 4,400 億美元，90% 是美國貨，比出口武器厲害得多，利潤豐厚，才可以繼續研發。中國入口 2,600 億美元，達 59%，高端芯片更達 70%。不准出口給中興，中興固死，高通亦死，兩敗俱傷。中國長久之計，當然是自行研發。中國有稀土，是最原始材料，美國規則本來是政府為大企業服務，但這次是為中下階層白人選票服務，能達到目的嗎？

2018 年 7 月 12 日

1　粵語，條件。

對 21 世紀強盜邏輯的反思

強盜邏輯到 21 世紀有何大發展呢？

1. 勝者全取，還要不准反抗，否則加碼，人心不足蛇吞象。

2. 真理只在大炮的射程內。迷戀軍事實力，不斷發展新戰場，將競爭對手當作敵人，也只是一步之遙。

3. 謊言重複千遍就變成真理，不同意的就是假新聞，直到謊言不必重複。自己先信以為真，理直氣壯，羣眾亦信以為真。

4. 叢林法則，弱肉強食，孤身走路，不必聯盟，但未獨霸。

5. 價值觀掛帥，一切以我為尊，不管真正的影響力和接受程度都是若有若無。以求永遠稱霸，不相信氣運有盛衰。要知「當人氣盛，山河可拔，一旦贏衰，人情萬端」。氣運去了就說不公平。

6. 霸凌主義，一定給對方最大痛苦，而自己無痛苦。不考慮會損人不利己，不過白開心而已。

7. 極限施壓，不管是敵人還是盟友，都是施壓到極限為止。盟友要付費入盟，入盟後再付長期保護費，不得造反。可以自己退羣，不准他人退盟，各個擊破最容易。

8. 極限訛詐，挑起事端，要求賠償，層層加碼，言行無賴。所以買保險無用，交保費無用，沒有萬全之策，最後繳費，謂之 Settlement。

9. 善於偽裝，在強盜嘴臉未露之際，世人只見到悲天憫人、慷慨大方、誠實溫雅、深思熟慮、顧全大局、考慮周詳、思想開明、尊重對手的大好人，一旦變臉，令人難於接受。

東方的強盜還是「盜亦有道」；西方強盜沒有制約，連「夢」也不准人發，「計劃」不准有，「復興」當然不存在，只能無條件投降；所以遇到強盜，不反抗便致命。小心！

猜疑、恐懼、威脅去不掉

美國歷史是如此記載的，1929 年 9 月，財政部長梅隆向公眾保證：「現在沒有擔心的理由，這一繁榮的高潮將會繼續下去。」1929 年 10 月 29 日，華爾街股市暴跌，開啟大蕭條，一個月內股票市值下降 40%，這一下降一連持續了 3 年。

1930 年 6 月 17 日，美國總統胡佛簽署了關稅法案，將兩萬種商品在原定的關稅上再追加 20%。歐洲列強紛紛反擊，到 1933 年，世界貿易下降 67%，美國工業總產量和國民收入暴跌將近一半，商品批發價下跌了近三分之一，商品貿易下降了三分之二以上。銀行成為大弱點，沒有足夠的財力來應付金融風暴，紛紛倒閉，引起擠兌，引發連鎖反應。

社會問題是失業潮，1933 年 3 月，美國失業人數 1,400 萬，失業率 25%；英國失業人口 300 萬，失業率 25%；德國最糟，失業率 40%，有 20% 人口只有非全日性工作。社會問題引致生活水平下降，失望情緒嚴重，大規模社會混亂引發深切政治影響，歷史學家認為，這些因素使德國希特勒成功上台變成有可能。

1933 年在倫敦召開的世界經濟會議是一次驚人大失敗，「經濟上的獨立」變成公認的目標。各國間「非但沒有更接近，非但沒有更友好，非但沒有向穩定和平邁進；反而採取了危及世界和平的猜疑、恐懼和威脅的態度」。

85 年過去了，世界形勢驚人的相似，也是美國發起貿易戰，沒有汲取歷史教訓，股市也在被驚人高估，股王要向萬億美元進發。猜疑、恐懼、威脅的態度，亙古存在，世人的悲哀啊！

2018 年 8 月 3 日

渺小的印太投資

美國諾貝爾經濟學得主評美國政府的經濟團隊，是「如此不及格」。單是花了幾個月擬定的「印太戰略」，要遏制中國的崛起，挑戰「一帶一路」，但預算居然只有 1.13 億美元（美國農場支援 120 億美元）。還要投資「數字科技、能源和基礎設施」，令人覺得美國要回到二戰後的馬歇爾計劃，但和 21 世紀的亞太經濟太過不相稱，亦表示美國國力亦僅此而已。

中國的「一帶一路」投資金額是 10,000 億美元，絲路基金 400 億美元，單是巴基斯坦走廊就有 620 億美元，美國這 1.13 億美元能去到幾個印太國家呢？還是只給夥伴們用呢？美國投資為自己的評分公司所限，要投資給「可投資級」的國家，還要評分高的，非投資級就不可以投資，這是先天的缺陷。

如今更是「美國優先」的環境，空談「尋求建立夥伴關係，不追求主導地位」，這是美國作風嗎？肯相信的人沒幾個。美國連出入口銀行貸款也條件多多，「不准這個不准那個」是慣例，印太國家還不飽嚐？

美國連 IMF 貸款也要「話多多」，巴基斯坦貸款不准用來償還中國貸款，連一個國家的資金調度也管了，IMF 每個貸款不是都有「用途」的限制嗎？

不勞美國國務卿的關注，單此一舉已見其霸道，美國如真能「說了算」，就不必加關稅。一聲令下，人人舉手投降，那是二戰後初期的舊事，如今新興和發展中國家已崛起，不只是中國，世界貿易 2017 年增長率至 7.2%，全球增長率只是 4.7%。美國要分一杯羹，就不能太吝嗇，又要主導，又怕有損失，又要自己優先，如此心態，到處行不通，花小錢，更白忙！

2018 年 8 月 7 日

看美國在秋季

歷史上經常有些美國高官們在危機前大言一切安好，繁榮永續，隨之禍事就發生了，這是歷驗不爽的。2018 年 8 月 23 日，美國商務部長羅斯又說了類似的話：「美中貿易戰中，美國目前處於領先地位，美國有更強勁的經濟。」美國文化無法明白「亢龍有悔」，不明白在天道循環中，危機前事物總在上升階段上運行，接踵而來就是下跌的現象。

美國官方為甚麼樂觀？因為失業率是 3.9%，GDP 在 2018 年第二季是 4.1%。美國也不相信那是催谷出來的短期現象，長期趨勢是 2014 年第四季至 2018 年第一季的 14 季度中，美國製造業整體利潤下跌了 51.3%，其中汽車業下跌 73%，電氣設備下跌 77%，連電腦電子設備也下跌 47%。

這是特朗普上任就發生的長期趨勢，要有利潤才能受益於減稅，美國製造業之苦，不是關稅所能拯救。特朗普不明白自己獨力不能救美國製造業於水火之中，單憑推特推不出來的。

毫無疑問，標普 500 的企業自 2009 年 3 月低潮以來，股價上升 320%，再上升的空間不多了。而股價增值去了哪裏？數字假設 84% 的股票市值在最富有的 10% 的人手裏。股票市值增加了 18 萬億美元，中產們只憑自己住的物業升值而略有斬獲，所得不多，工人之輩還是只有希望。

但美國人相信美國正走在正確道路上的只有 38%，相比而言中國是 91%。不必看卦象，美國處於經濟週期的末端是容易看到的，但一切為了中期選舉，贏了萬事大告。隨卦應在秋季，今年立冬是 11 月 7 日，為期不遠了！

2018 年 8 月 27 日

中美經濟軌跡如何看

特朗普又宣佈「中國經濟已脫離快速趕上美國經濟的軌跡」，依據是一篇 Arthur Laffer 的分析，題目當然是誇張得不必提，論點一是中國股價不如美國，二是中國公司債務高，所以離出事不遠。

特朗普得此位比他還老幾歲的人的分析，當然欣喜莫名，繼續衝刺。查中國股市和美國股市，是橙與蘋果，不能相比。標普 500 公司都是跨國企業，受全球影響，84% 市值握在美國最富的 10% 手上，其他人都是搭順風車，窮人根本無得玩。中國股市是散戶市，登記散戶不過一億，影響亦是 7% 而已，但上市企業大多是國營企業，大部分不流動股份握在政府手中。

中國企業雖說「走出去」，但還是在初階，全球化和美國企業「無得比」。國營企業股價可以跌，但大股東是政府，很難倒閉，而佔市場一半的四大銀行亦是政府的，不會做不利國營企業的逼宮，和美國急急的《破產法》第十一章，截然不同。國營企業不求高回報，所以股市「麻麻地」[1]，亦正常不過，但目前不像美國股市，面臨大調整的風險。至於債務水平，美國國債佔 GDP 約 106%，中國國債佔 46%。家庭債方面，美國 78%，中國 47%，亦是美國高。被視為危險的是企業債，美國 93%，中國 163%。

上文已說過，中國企業債大部分來自國營企業，若將 60% 轉化為國家債務，則國債 106%，企業債 103%，中國和美國持平而已。至於經濟成長，2017 年中國 6.9%，美國 2.3%，相差 3 倍。據 IMF 預測，2014 至 2020 年美國經濟成長率平均為 1.52%，中國平均即使是 5%，也是 3.3 倍，怎會趕不上呢？

2018 年 8 月 29 日

1　粵語，過得去。

對美國幾個調查的聯想

2018 年 8 月出爐的幾個對美國人想法的調查結果，頗有令人思考之處。美國一般人對中國不太了解，但有他們的想法，第一是美國人對華的好感度，只得 38%，但年輕一輩（18 至 29 歲）的好感度是 49%，而 50 歲以上只有 34%。隨着時光轉移，老一輩逝去，中美關係會好一點，是有可能的。

至於美國人認為誰是朋友，第一名是加拿大，佔 79%，但美國卻在 NAFTA 上對最好的朋友開刀，那又說明甚麼？下一個是英國嗎（78%）？不要以為以色列是很好的朋友，只有 62% 而已，中國只得 25%，僅勝於 15% 的俄國，朝鮮 9%，伊朗 8%，所以中國人不要存有幻想。

本地人對政府信任度低

美國四處樹敵，誰人都要開刀，拚命想移民，只怕是一場空。美國人對政府是不信任的，只有 33% 信任度；美國總統特朗普更好不到哪裏去，認為他上任後，政府更有效率的只有 37%，說「不」的有 61%。至於有沒有為總統建立道德標準，說「有」的只得 27%，說「不」的有 71%，所以美國人也不是盲目支持特朗普，只是暫時仍有耐性。

在地理分佈上，50% 的美國人住在 8% 的繁華城市中，其他 50% 則分佈在 92% 的廣大鄉村小鎮。上次選舉，希拉莉所籌到的競選資金高過特朗普，居然仍落敗，證明金錢也不是萬能的，希拉莉的負能量太強了。美國人居然陷入「老人政治」，何時才能擺脫，是美國年輕一輩的問題。

美國人不相信天命，不知道人物是應運而生。美國進入「老白男」時代，會持續多久，如何影響國運，歷史會告訴我們。等吧！

2018 年 9 月 7 日

十月跌市含啟示

2018 年的金融史會如此寫：8 月 2 日，蘋果市值破 1 萬億美元，花了 38 年，蘋果教主喬布斯還差 2 個月就去世 7 年了；9 月 4 日，亞馬遜市值亦破 1 萬億美元，花了 21 年，股民額手稱慶。

標普 500 指數向 3,000 點進發，不知「福兮禍所倚，禍兮福所伏」。其實注意諾貝爾經濟學獎得主 Robert Shiller 的 P/E 指數，100 年來的歷史平均值是 16.58 倍，而 2018 年「破萬億」這大好事發生時，P/E 已經是 32 倍，「調整」就不是偶然了。

1929 年的股市大崩潰，P/E 才是 30 倍，1989 年的崩潰，P/E 更只是 17 倍。不過 9 月 15 日是雷曼兄弟的股殤日，並無大事紀發生，歷史很少重演在同一日，命運選擇了 10 月 10 日，辛亥革命 107 年的紀念日，炎黃子孫大概不會忘記。標普 500 指數之前已連跌 4 日，當日再大跌 3.29%，收報 2,785 點，進入跌市第 5 日。

中美貿易戰正在升級，美國跨國企業的中國業務不可能不受影響，利潤調整在所難免，牽一髮而動全身。債市利率也有指示，1929 年股市大跌，10 年國債利率是 3.5 釐，1987 年那次是 7 釐，2018 年 10 月，美國 10 年期國債孳息率破 3.27 釐，這都不是美國聯儲局所能控制的，是金融市場的合力。美國正在加息期，聯儲局能走回頭路嗎？

股市市值下降，受影響最大是那最富有的 10%，他們擁有 84% 的市值，中產家庭的財產（主要在那間屋），在 2017 年已下降了 34%，閒錢買了股票，亦套牢了。失業率低又如何，薪水加不了多少，股市 10 月 12 日大跌小回，以後經不起壞消息，正合隨卦卦象，靈也！

2018 年 10 月 15 日

美國的兩個社會

公元 494 年，鮮卑族北魏孝文帝由北方平城南遷洛陽，並進行漢化。可惜南遷五年即死，抱負理想未伸。南方文治派錦衣玉食，沉醉漢化綺夢；北方軍人，卻低下如奴隸。朝政漸次腐敗，邊鎮乃起禍亂，北方軍人領袖爾朱榮領軍入洛陽，沉南方貴族 2,000 人於河，鮮卑北方的舊傳統舊勢力，打敗了漢化後的新傳統新勢力。錢穆評曰：「一個國家，同時擺着兩個絕不相同的社會，勢必釀亂。」用千餘年前的鮮卑命運，證諸 21 世紀的美國，有否相近之處呢？

美國 2016 年大選，按議員席位計，共和黨以 306 席大勝民主黨的 232 席，但若論投票人數，希拉莉卻以 6,424 萬險勝特朗普的 6,224 萬。人數多了 200 萬，卻輸了總統之位，那是選舉制度的問題。而以人口論，特朗普只取得美國全國人口 19% 的支持而已，真的能代表美國嗎？從地域上看，特朗普的選民散佈在內陸鄉村，佔地是 92% 的國土；希拉莉的支持者 19.6%，分佈在東西岸大城市和墨西哥邊境，佔地僅 8%。

由此可見，美國貧富的分佈是極不平衡的。有人以二戰前後的移民來將美國人分類，特朗普代表二戰前抵美的「老移民」，希拉莉代表二戰後抵美的「新移民」。前者代表傳統製造業，後者代表新科技新工業；「新移民」是新財富的得益者，「老移民」是製造業沒落的受害者。美國由南北戰爭演變到 21 世紀的「冷內戰」，最後誰勝誰負，還看 2020 年大選，但這個社會有本質矛盾，美國優先還是全球化，莫衷一是。須放長遠來看！

2018 年 11 月 7 日

美國歷史如何變化

美國百年歷史，其實就是華爾街資本家和華盛頓政客的「兩華」之爭，21 世紀，加入了矽谷 IT 客這個羣體。單看萬億美元市值的蘋果、8,850 億美元市值的亞馬遜、8,500 億市值的谷歌母公司 Alphabet、8,000 億美元市值的微軟，便可見華爾街的新興勢力是年輕一代，何以能忍受華盛頓那批成羣的七十多歲「老白男」呢？

美國何時由 IT 世代取代，還是取代不及，無法挽回呢？這是國運，也代表選民的真正品質。特朗普的支持者非但不會為他的誇張和粗俗而不快，反而有真實的認同感，不過這只代表共和黨選民的 88%，民主黨選民只能等下一次投票機會。法國人如何看美國？那是「一方面承認他承擔着『有用的白痴』角色，而另一方面又把他當成主權的象徵」。羅斯福的外交名言是：「說話溫和而手執大棒」，而特朗普是手持藤條而大叫大嚷。

80 年間，美國總統的差異如此，相像的是 88 年前的胡佛，在 1930 年大蕭條降臨前，還預告「繁榮即將到來」。特朗普只用觀點和自己相同的人當顧問。所以長期以來都是錯誤的經濟觀念，照行不誤，最後是「致命顧問」達成「致命美國」也不出奇！共和黨選民真的相信「地球上每個國家都想從美國攫取財富，不過總是對美國造成損害」，所以要加關稅，但他們不相信「羊毛出在羊身上」，對謊言更無所謂。真正的問題：朝鮮核問題、國際貿易、伊朗核問題、俄羅斯問題，仍然是問題，不可能短期內有明確的結果。美國的希望是有馬克龍式的年輕人才出現在政壇，上天怎樣決定呢？

2018 年 11 月 9 日

美國中期選舉後又如何

美國中期選舉前，眾說紛紜，老友曰不如來一籤，大仙籤曰：「眾議參議各取一，空返獨還恨未消，相逢繼續無誠意，只待犀牛變了灰。」且勿論大仙是誰，第一句在 11 月 6 日應驗了，第二句應在 11 月 11 日。美國總統特朗普訪問巴黎，參加一戰結束百年紀念，據云遭受冷遇，「親密戰友」法國總統馬克龍重歐輕美，還要歐洲建立軍隊。特朗普和普京之會告吹，馬克龍還不買美軍武器，難道要買俄國軍火？又不增加北約軍費，是可忍，孰不可忍也。

一返白宮，見自己空手而返，孤獨而還，照例大吹「極有成就」，但忍不住連發 5 段 Twitter，猛懟馬克龍，真是恨未消，應籤之至。第三句，「相逢繼續無誠意」，當指 11 月尾阿根廷習特之會，美國文化「衷心無誠，盡出於偽」，是無法改變的。既然任何協議都可以反悔，簽了又有何用？當然此相逢也可指明年特朗普和金正恩之會，朝鮮半島正走向和平之路，美國卻要百般阻撓，小小軍演也要做個樣子。朝韓關係緩和，歐盟與俄國關係緩和，都對美國霸主權威不利。

美國這個山巔之國，心態仍是「惟我獨尊」，不會醒悟。特朗普式的「老友記」和蜜月期，和誰都不會長久。中方雖然願意和平共處，但底線也是「不欠人，不求人，不怕人」的，這樣雙方落台階，巧妙至極。至於灰犀牛和黑天鵝何時在美國出現，各方英雄，言人人殊，但總在往後兩年間，或遲或早，就要看無妄卦和明夷卦如何運行了。美國企業市值萬億美元之日，就是極樂之日，「早見之士，依山谷處」，妙極！

2018 年 11 月 19 日

亢龍有悔的美國

　　2018 年的歷史將會如此寫：7 月至 10 月間，蘋果和亞馬遜的股票市值超越一萬億美元，完成了「乾卦」的「飛龍在天」一爻，世人歡欣，美國頂層 10% 人士佔了 84% 股值，額手稱慶。但從此進入「亢龍有悔」卦象，「當其強盛，山河可拔，及其羸縮，世態萬端」。11 月 20 日，標普 500 企業有四成的股價跌破 20%，工業股先領跌，科技股 FAANG 共損失 1.1 萬億美元，平均下挫 20%，能源股亦報跌，美國油價從 10 月 3 日高點下滑了 30%。制裁伊朗反令油市回落，原因在於企業股票回購，才有此「飛龍在天」現象。如今無銀了，零售業與樓市都「唔妥」，減稅效應未到 2019 年就消失了。

　　關稅戰開打後，美國貿易逆差繼續增加，企業進口成本上漲無可避免，不論總統特朗普如何說美國經濟依然「Doing Great」，有多少人相信呢？聯儲局真的有如此大力量嗎？不是，是「人心」問題。特朗普仍可以說：「我是總統，但你不是。」但總統選舉已無力回天，股市仍有 2018 年 7 月的 24,000 點和 4 月的 2,3000 點兩個關口未破。

　　11 月底的「習特會」會帶來停止貿易戰的消息嗎？但特朗普本色是「相逢繼續無誠意」，習大大再友善，美國仍在「科技出口」、「人才培訓」兩方面加大限制，那是很難改變的。美國本來就是催谷出來的虛胖，及其羸縮，打回原形，世人才知原來如此！美國企業盈利高峰已過，享受了 10 年的低成本、低利率後，CEO 們要發揮真本領，EBIT 中的利息和稅都回到正常水平，過去兩年的「虛假信心」正被現實所打破，這是隨卦之悅！

2018 年 11 月 23 日

世界第一何必愁

美國是世界第一，很多方面無人能及。美國佔世界人口 4%，但擁有 40% 槍支，誰也追不上；全球國債 75 萬億美元，美國佔 21 萬億美元，即 28%，也是無人能及，日本排第二，只及美國的一半（14%）；美國的股市市值佔全球總市值的 42%（2016 年），中國只是 11%，要追上來是幾代後的事。美國人何以如此焦慮，可見原因不在此，回顧全球股市市值過去 11 年的紀錄，知道歷史不饒人。

2007 年 1 月，全球股市市值 51.2 萬億美元，5 月最高點為 57.5 萬億美元，但雷曼事件在 2008 年 9 月 15 日爆發，股市縮水至 40 萬億美元，由最高點下跌 30%。但 2016 年，全球市值已增至 65 萬億美元，股市和全球經濟復甦速度脫鈎，2018 年股市又攀至最高點逾 70 萬億美元，美國股市市值亦超過 30 萬億美元。上次大衰退是次按效應，這次是否會以特朗普主義效應載入史冊，尚待後人鑑定。

分析 PE 或有啟發，看看諾貝爾經濟學獎得主 Robert Shiller 創造的 CAPE 指數，1999 年的歷史最高 PE 是 44.2 倍，Shiller 的巨著《非理性繁榮》（*Irrational Exuberance*），大家還記得嗎？它於 2000 年 3 月出版，翌月科技泡沫爆破，到 2007 年指數升至 27.5 倍，次按泡沫亦破了，解藥是 QE；2016 年指數回升至 24.21 倍，已有先知者驚覺，2017 年 1 月升至 28.06 倍，美國總統特朗普上任，2018 年 1 月再升至 33.31 倍，到 6 月底下跌至 32.29 倍，貿易戰開始了。「聰明錢」是否已經撤退了？世人是看不見的，歷史永遠以另一面貌重演，誰當老大呢？

2018 年 12 月 7 日

「再偉大」的虛無

美國要「再偉大」，上次最偉大是何時呢？大概指上世紀的 1950 年至 1973 年，石油危機之前吧。美國這階段的 GDP 成長率平均 4%，最近 10 年只得 1.5%。所以 2018 年第二季的 4.1%，令共和黨選民相信「再偉大」已來臨了，但可以持續嗎？等一季就知道，選民們就是如此短視！回顧歷史，美國當年的優勢是，歐洲和日本企業還在重建中，毫無競爭力，所以 1955 年美國評估世界企業 500 強，基本上就是美國 500 強。2018 年全球 500 強，美國只佔 126 個，中國由零變至 120 個，歐洲和日本都起來了，競爭力不再一枝獨秀。美國要再偉大，回到 500 強都是美企，可能嗎？答案太明顯！

戰後新技術湧現，美國獨佔鰲頭，以航空業載客量為例，1940 年美國載客量 350 萬人次，1970 年 1.54 億，偉大吧。中國當時微不足道，但 2007 年中國航空載客量 1.7 億人次，2017 年 5.5 億人次，預估 2018 年達 6.1 億人次，美國仍是 1.5 億人次，中國還有高鐵 2.2 萬公里，載客量 15 億人次。美國根本不能比，如何再偉大呢？

20 世紀 50 年代的新技術早已飽和，電視機、冷氣機均已全部進口，所以要用高關稅來阻擋；二戰後，美國經濟學家似乎頭頭是道，控制了商業經濟週期，失業率不再是 20 世紀 30 年代的 25%，並遏抑在 7% 以下，充分就業成為現實。但石油危機一出現，20 世紀 70 年代利率和通脹便失控，1979 年通脹是 13%，利率當然須超過 13% 才能控制通脹，這時富人不必找投資機會，隨便放錢進銀行便有巨大回報，何必買基金？2008 年金融風暴，人們才發現薪水 20 年未漲，無偉大可言，那只是口號！

2018 年 12 月 17 日

美國人死因的側影

美國人平均壽命是 68.5 歲，中國人 68.7 歲，後者首次超越前者。美國人是怎麼死的？有些「奇怪」的數字。

年均計，美國人因暴力致死者 17,250 人，歐盟 5,351 人，中國 8,634 人，在發達國家中，美國是危險的，至於巴西是 63,800 人，墨西哥 31,100 人。儘管如此，美國自殺而亡的有 41,149 人，遠高於暴力致死者，白人勞動階層的死亡率亦一直偏高，美國死於吸毒的有 72,000 人，去年冬季死於流感的則多達 80,000 人。

駕駛比打仗危險

美國無醫保人士佔 8.8%，2,850 萬人，因未獲治療致死者亦不少；美國貧困率 12.3%，說是多年新低，但人數仍超過 4,000 萬，2008 年後貧困人口 4,800 萬，要享用食物券，但沒餓死紀錄。因車禍致命有 37,133 人，去伊拉克打仗 10 年，死去的軍人亦不過 4,979 名，可見駕車也危險，它還是 35 歲以下青年的頭號殺手。

心臟病是美國頭號殺手，肥胖是主因，看到目前美國高官們的龐大身型，風險表露無遺；癌症是第二號殺手，醫院過失和感染排第三，到美國入醫院不得不驚 [1]。最奇怪的是，美國女性本較男性長命 7.8 歲，如今降至 4.8 歲，是何原因未有說明。當地因老年痴呆症致死數字已超越糖尿病患者，有醫療保險的人都知道，醫療保險若不包括老年痴呆，美國保費可大降，可知美國是死得唔病得 [2] 之地！

1　粵語「驚」指害怕。

2　粵語，能死而不能生病。

看了這堆消息，真奇怪要移民美國者有何想法，人家還不歡迎呢！老年才萬里投親赴美，能不三思嗎？如今當地平均壽命已比中國人短了，還要靠「無效醫療」保命，真要多儲點老本啊！

2018 年 12 月 21 日

殭屍企業捲土重來

21 世紀之初，美國最受推崇的企業是通用電氣，股價如日中天，是所有 MBA 學子必讀的管理範例，信用評級 AAA。到 2008 年金融危機的翌年，2009 年 3 月，才被降級至 AA+，大家不以為意，以為是全球經濟不景，同是美國工業股指標的通用汽車和福特汽車還要政府拯救呢。10 年過去了，2018 年 6 月，通用電氣被道指除名，歷 111 年有此遭遇，確實慘，不然道指怎麼會猛升呢？注意的人仍不多，一切大好，但通用電氣的信用評分已降至 BBB+，評分由第一級跌至第八級只用了 10 年！股價更自 2000 年降了 88%，2018 年 12 月 17 日只得 7 美元，當年最高點是 58.69 美元，嗚呼。再看通用汽車和福特汽車，信用評分都在 BBB- 掙扎，只差一級就是垃圾債券了，不要忘記 20 世紀誰都在用的影印機公司施樂 XEROX，評分已降至 B1，是垃圾級了。誰又料得到 20 世紀美國最堅強的工業企業淪落至此，這是舊美國的現象。

最近銀行界談得最多的，是 20 世紀在日本流行的殭屍企業 Zombies，日本人諱莫如深，不肯指出是誰。美國分析員比較務實，分析就是那些大型的垃圾級公司吧。日本目前現狀是「舊債無力還，新債太昂貴」，垃圾企業目前平均借款利率是 7.2%，一年間增加 1.65%，2019 年還要再升，是不是危機呢？據 OECD（經合組織）的紀錄，殭屍企業的比例已升至 12%，還有機構將其證券化，打包出售，B- 級以下的垃圾債券更由 17% 攀至 25%，能不危乎！

2018 年 12 月 31 日

美國失聯青年知多少

據研究，全球 15 至 24 歲青年的失業率在 2018 年將高達 13%，人數達 7,300 萬人，被稱為 NEET 世代，定義是「不在就學、就業和就訓中的人」。最嚴重是中東、北非地區，而美國的數據，也在世界每 7 個 NEET 青年中就佔 1 個。原因是美國教育失敗，一方面訓練不出僱主需要的技能，另一方面培養的人才資格過高，沒有人敢請。事實上，美國的工作 54% 是需求「中等技能」Middle Skill，而市場供應只有 44%，所以社會是「有工無人做，有人無工做」的工作人口錯配情況。移民的技能可以緩解這種社會危機，但無助於失業青年，這批青年又被稱為「失聯青年」。

如何把「失聯青年」，轉變成「機會青年」，是美國最大的考驗。雖然從數字看，美國僱主們投入大量資金到訓練項目，數字高達 1,000 億美元，但主要是提升高層員工的水平，而不在剛入職和中等技能的員工，所以無濟於事。在美國，教育有多重要？只有 6% 的低收入家庭子女們可以成為高薪階層，社會流動性是極低的，「美國夢」中的「個人只要努力工作就有平等機會發達」，只是一句空話。

美國最流行一句話是住址編號（Zip Code）決定人生命運，這句話在香港也合用。在美國，有一個大學學位一生估值大概是 280 萬美元，但美國 4 年大學，能在 6 年內畢業的大學生只有 58%，失敗率之高令人訝異，而學生貸款一萬多億美元都白用了，美國成為很多外國家長送孩子來讀書的福地。事實上，美國青年本身能中學畢業的只有 75%，而少數族裔能中學畢業的更只有 60%，家長們還是快夢醒為佳，嗚呼！

貿赤和美元的走勢

美國自 1976 年開始就是貿易赤字國，40 年間 10 屆總統都無能為力，只有現屆總統特朗普自以為可完成前任們做不到的事。但數字告訴我們，奧巴馬最後一年（2016 年）的貿赤是 5,522 億美元，特朗普元年（2017 年）升至 7,393 億美元，眼看 2018 年已距 1 萬億美元不遠了。關稅愈加，貿赤愈大，特朗普的戰略是要美企回朝，美國回歸實體經濟，使當地消費的大部分商品為美國製造，但廉價而勤奮的工人、工廠管理人、零配件支援及物流業在哪裏？要回歸也不可一蹴即至，須有過程。打擊中國是要找替補的，改在外國採購，貿赤不會消失，可見短期而言，關稅無助貿易。在特朗普治下，言而無信，朝令夕改，誰又肯回歸呢？

關稅戰另一後果是中國放棄對美國貿易的依賴，自力更生；其他盟國亦力求自主，放棄美元作為全球貿易貨幣的地位，亦即「去美元化」開始了。這當然是一個漫長而複雜的過程，但自從歐元在 1999 年面世，改變已經啟動。到 2018 年 6 月底的全球貿易貨幣份額，美元只佔 39.9%（9 月底降至 38%），歐元是 35.7%，僅佔 1.6% 的人民幣尚未構成威脅。但中國已在 2015 年創建了人民幣跨境支付系統，暫有 85 個國家採用，2017 年納入 SDR 特別提款權，已有 60 家央行用人民幣作儲備；歐盟亦稱要建立歐元的 SWIFT（環球同業銀行金融電訊協會），美元霸權已有鬆動，所以美國一開始就打擊歐元，要英國脫歐，才能維持霸權。但美國日日搞制裁，由俄羅斯、伊朗、委內瑞拉、古巴、朝鮮、緬甸、剛果、蘇丹到津巴布韋，實際是建立「反美元」聯盟，一切自招！

2019 年 1 月 2 日

了解多樣化的美國

　　和美國人交往 40 年，不得不承認美國確是一個多元社會，無法定於一，所以對中國的態度亦是多樣化的，反華派永遠存在。自《排華法案》誕生以來，已經 100 多年了。1900 年的 6 月至 8 月，中國出現在美國報章的頭條，熱了三個月，那時是八國聯軍入北京，美軍第一個衝入紫禁城，而「分散中國力量」的說法，亦在這時間形成，成為美國對中國的刻板印象，百餘年不散。中國是專制的、無自由的，人人都是間諜，要偷取美國的科技。禁止華裔科學家返國，於錢學森前後都有多人，至 21 世紀不息。

　　當時不單是美國人，受美國思潮影響的人，不管是經濟或金融大師，都以中國特色社會主義為笑話。他們不能了解中國特色，認為就是中國文化把外來主義加以改良後的結果，一切中國式都是一場口號，所以深圳特區、浦東新區，都是口號，沒有成功的可能。這批大師們 40 年後已歸道山，看不見深圳由漁村變成矽谷，浦東變成金融和科技中心，也看不見中國的基建追上來的面貌：中國的公路和高鐵已遠勝美國，單是以復興號每小時 350 公里的時速，跟華盛頓和紐約間的火車時速只是每小時 120 公里比較，便看出端倪。

　　美國商人比政客更了解中國，因為他們更接地氣，知道中國文化的「和為貴」，「遏制是無用的」，單是「接觸」亦是無用的，一定要「投入」和「誠信」，才可以化敵為友。如何降低美國文化中的「衷心無誠，盡出於偽」，改變其刻板印象，中國人須下大工夫，這要由民間開始，由了解美國的多樣化始！

2019 年 1 月 16 日

美國的相對衰落

245

美國惟我獨尊難長久

錢穆讀美國歷史，簡單明白，42 年前寫有（括弧內文字為筆者附註）：

「當前的美國人，遠從英倫移殖，一面殲滅了大羣印第安紅番（據美國良心史家研究，1492 年哥倫布發現美洲，估計當時印第安人在 3,000 萬至 1 億之間，當前只佔美國人口 0.8%，信不信由你），一面畜養了大羣黑奴（當前拉美移民已超過黑人）……較之其前面大英帝吸納了大羣歐西意、法猶太移民（結果猶太人控制了全權），定下門羅主義，在世界那一邊生息茁長。

自經兩次世界大戰，一躍高踞全球羣雄之首座，掌握列強會盟之牛耳，舉世瞻其容光、仰其鼻息（凡 73 年）。較之其前面大英帝國之盛況尤遠過無不及。誠可謂在世界人類歷史上又展開了一新頁……

但就其歷史言，移民初來，最遠不到四百年。獨立建國，最近恰足兩百年。再經西部開發（由西班牙取得佛羅里達，由墨西哥取得得州、加州、新墨西哥州），而擴大成為今日美國（當然還有由俄國買來的阿拉斯加州）。」

美國心理：忽視歷史，偏重將來

錢穆又言：「統觀全部美國史，殊無煊赫輝煌之事功，除卻華盛頓、林肯幾位人物，可資後代追憶外，亦乏驚風駭浪之波折，因緣時會，平步青雲，真可謂是天之驕子。因此，美國人心理，亦不免忽視歷史，偏重將來。求變求新，似乎可以漫無止境般向前。」

這些年來，美國人自評其總統排名為：一、奧巴馬；二、克林頓；三、列根；四、特朗普；五、老布殊；六、小布殊。再過 40 年，人們還會追憶誰呢？美國總統訪英遭遇民眾抗議，40 年前誰又會想到呢？惟我獨尊難長久！

2019 年 2 月 11 日

美國債主是誰人

踏入豬年，美國國債升破 22 萬億元（美元，下同），但美國債鐘網顯示的全國總債項是逾 73 萬億元，個人債務約 19.5 萬億元，破 20 萬億料亦為不遠之事。餘下來的是企業債務，亦「得人驚」[1]，美國每個家庭的平均債務達 85.8 萬元，欲移民者請三思，一入鄉就孭[2] 一身債。

究竟豬年的無妄之災是甚麼呢？再看債鐘最大的數字，貨幣及信貸有關的衍生工具金額達 629 萬億元，2000 年數字只是 88.9 萬億。換言之，20 年間上升了 6 倍，這是沒有監管的數字。一旦出事，誰是交易對手，誰是中間人？

2008 年危機，對手是 AIG，但絕不能倒，否則銀行家家出事。如今交易量又大了多少倍，交易員這幾年賺到盆滿缽滿，理論上銀行的資本充足率已進步幾個巴仙，但衍生工具的交易額是升幾倍的。世人的眼光只在中美貿易，其赤字在 2018 年不過是 0.478 萬億元而已，能跟上述的數字比較嗎？

回看美國國債 10 年漲 1.1 倍，由 10.6 萬億攀至 22 萬億元，表面上有 8 年是前美國總統奧巴馬貢獻的，但實際上是補小布殊留下的鑊，花了 5 年才把每年財赤控制下來，但平均數最能騙人。奧巴馬的戰績是每年增 1.16 萬億元，他交出一個不錯的經濟體，惟負債是 19.9 萬億元。

現任總統特朗普則讓每年國債以 0.99 萬億元上升，還未算那些築牆的小錢。外國僅持約 6.18 萬億元美債，故大部分債都是美國公眾的，包括社會保障金、醫療保險金等。日本情況也差不多，誰的風險最大呢？難算也！

2019 年 2 月 27 日

1　粵語，讓人害怕。

2　粵語，背負。

當中美面對貧窮挑戰

　　中美社會截然不同，一個是中國特色社會主義社會，一個是資本主義社會，但兩國的堅尼系數相差不遠，美國是 0.47，中國是 0.45。中國是由 2007 年的 0.5 降下來，美國卻是由 0.4 升上去。

　　美國最富裕的 1% 人羣所佔的財富不斷增加，聯合國報告顯示，2016 年已佔 38.6%，90% 人口所佔財富呈減少趨勢。瑞信報告更誇張，全球最富裕的 1% 擁有的財產由 2008 年的 42.5%，上升至 50.1%，中國最富裕的 1% 人羣估計只佔 33%，美國在富人減稅後，堅尼系數只會更高。

　　世界上貧富懸殊的主兇被指為全球化，這個概念在 2014 年已被提出來討論，當時中美的堅尼系數都是 0.47，何其巧也。

　　中國被美國精英指摘為沒有民主、沒有選舉的地方，但中國 5,000 年來的傳統就是如此，投票不重要，民意上達才重要。21 世紀有了大數據，而在中國，大數據最大的用戶就是政府，所以民意可以上達，反而民主地方的政府精英是離地的，遠離民意。

　　美國在 1787 年立憲，直到 1954 年才批准黑人、白人要同校，而真正執行還要在兩年之後（因為學校停課兩年），由警察攜同執行，這項民主的達成一共用了 170 年。到黑人當總統，一共等了 223 年，所以美國人不要苛求其他國家幹甚麼了。

去全球化難解決貧窮問題

　　中國到 2020 年要全部脫貧，美國貧窮線下人口維持在 15% 左右，以食物券維生者達 4,000 多萬人，失業率再低，也有人不願工作。

　　去全球化可以解決貧窮問題嗎？相信不會。中國推行精準脫貧，有目標、有計劃才可能實現目標；美國等實行資本主義制度的國家，一定要反思，世界才會進步。

2019 年 3 月 6 日

三代企業興衰比較

　　機械人行將取代人類的工作，那麼青年人今後要投入哪類企業才安全呢？選擇有三種，一是百年老店，如 1892 年成立的通用電氣（GE），二是五十年老店，如 1962 年成立的沃爾瑪（Walmart），三是 1996 年上市的亞馬遜（Amazon）。

　　若論員工數目，Walmart 有 210 萬，GE 21 萬，Amazon 8.8 萬。若論安全穩健，Walmart 評分 AA，Amazon AA-，GE 是 BBB+(十年前還是 AAA)，所以沒有永恆。若論營業額，Walmart 4,950 億美元，Amazon 1,780 億美元，GE 只得 1,220 億美元，百年老店，居然排尾。若論股價，Amazon 1,614 美元，Walmart 97 美元，GE 只得 10 美元。由是市值亦有大分別，Amazon 7,920 億美元，Walmart 2,810 億美元，GE 只得 875 億美元，只是 Amazon 的 11%。當 2000 年，GE 如日當空之際，Amazon 是只有四年歷史的小嬰兒，反差真大。

　　與 CEO 有何關係？GE 的剛剛換人，Walmart 的上任四年，Amazon 卻是由創辦人當 CEO，由開始至今，已經四分之一世紀了。三家企業的員工，哪家最有被取代的可能呢？還需要多久時間呢？值得三思。

　　三家企業都全球化，美國本土生意大，中國市場也不小。美國企業在中華土地的競爭力有多強，是由強轉弱，還是全因中美貿易協議而變強呢？那要看消費者的愛好而言，政府的助力是有限的，甚至 CEO 能力的影響亦是有限的。百年品牌已無助於市場的擴張，只有擁有了解市場需要和勇於服務的員工，才不會被取代。不是嗎？

2019 年 3 月 11 日

美國老人未與時俱進

　　美國民調指出，美國 55 歲以上的人對中國好感度只有 39%，與年輕人（18 至 34 歲）相差達 28%，而執政的恰是那些 55 歲以上的老白男，不管是民主黨或共和黨俱如此。按代表人物如彭斯的看法，中國是用「整體性的政府策略，利用政治、經濟和軍事工具、宣傳手段，來加強其在美國的影響力，以及鞏固其在美國的利益」。在彭斯等人眼中，年輕人對中國的好感是被宣傳影響，正是州官放火之言。所以孔子學院是宣傳工具，所有中國留學生都是間諜。

　　美國老白男的自信心是這樣的。民主黨籍眾議院議長佩洛西又如何？她在克林頓（自己人）時代就強烈支持對對華貿易實行限制，當克林頓要求以一年內中國人權進展作為給予最優惠國待遇的條件時，她就要由美國立法，把中國 5,000 年歷史上未有過的言論和新聞自由帶進中國。要在 12個月內實現言論和新聞自由（當然是美國式的），還要提出一系列單方面的要求。

漠視中方的態度有待轉變

　　20 年過去了，洛佩西有改變嗎？沒有，美國國會運作並不與時俱進，完全不知道微信、微博、智能手機的創新。中國改變了有多少？1900 年代的美國國會想分散中國力量，要大清政府和東南各省總督力量完全分散，易於各自擊破。到民國成立，南北分裂，到二戰之後，國共不能合作，全都是分散中國力量之作。美國國會何時有所改變？年輕人何時能上台，美國才能有所改變。民主民主，也不外如是，何時能主？

2019 年 3 月 20 日

對美國名校醜聞的反思

美國名校入學醜聞當然是「冰山一角」，如果只是一家機構，33 位家長，3 家名校，涉案金額 2,500 萬美元，那豈不是太少了。美國長春藤大學被視為入學天堂，能夠拿到畢業證書，是人生保證，那只是家長們的錯覺。學校名氣並不能決定一個人學到甚麼，在大學裏做甚麼，遠比上甚麼大學重要。

熱愛教育者鳳毛麟角

大學裏大多數學科對學生的要求很少，而學生學到的更少，只有一些為數不多的學生，有思考能力和精力，去尋求也是為數不多的有教育熱情的教授。對這些學生來說，入大學是一場智識的饗宴；對其他的學生，只是要獲得一張成績優等的文憑。而大學生所學的大部分內容，在現實社會中無關緊要，畢業就全部忘記了。

美國的富豪和名人為甚麼要走這條「旁門左道」呢？原因當然是中學時的成績本就不好，若是自己有實力，何須多付一筆費用呢？美國現實的虛偽，是產品「虛有其表」，經不起考驗。一個超貴行李箱第一次用就凹了，戰艇和商用船一撞就散，飛機粗製濫造。只求效率不求效用，吾見之久矣，教育體制也是功能失效。

名校生看起來很棒，但是否有頭腦，很難說，名校只是得利於大量資源，直接補助、校友捐款、助學貸款等，錢多好做事。文憑還是進入上流社會的通行證，僱主們能夠容忍這些名校產品，因為非名校的更差。家長們以為本國教育制度不成，要去美國，但美國早已外強中乾，熱愛教育者鳳毛麟角，難道入了學，還要替子女找教授？悲哀至極。

2019 年 5 月 1 日

美國跨國企業的困境

美國跨國企業的特色是全球化：處處設分號，當地經營獲利；當地沒有內銷市場，就用來當生產基地，全球出口。如此一來，在美國本土的相關部門消失了，人員裁減了。中國在 30 年前既是世界工廠，美國跨國企業移師中國，是必然的事，但在美國被裁減的工人，就把怨恨轉到中國身上，不足為奇。

美國最嚴重的情況在鐵銹地帶，這些美國人中的落後者，心懷痛苦，只會怨恨，怨自己，怨社會，怨國家，政府只好引導去怨中國。美國文化鼓勵競爭，失敗者一無所有，只有忌刻心理，「你成功了，我打倒你」。「即使我沒有成功希望，也要打倒你才甘心」，這是美國文化，由精英到庶民均如此。

貿易赤字也是一個假命題。表面上，美國出口到中國 1,700 億美元，赤字 3,780 億美元，但美國跨國企業在華營業額 3,430 億美元（CNBC 的 2016年數字），到 2018 年這個數字已是 3,800 億美元，所以美國跨國企業在華活得很好。中國企業在美的銷售額才 200 億美元，2018 年，這個銷售赤字是 3,600 億美，和貿易赤字對沖，差額只是 180 億美元，美國還有大量服務盈餘，應追究的是中國。中國人太君子了，君子遇流氓，歷史上也是有手段的，如今最頭痛是美國跨國企業，中國這個 5.8 萬億美元的消費市場，已比美國大了。誰家放棄中國市場，就不再是跨國企業，只是二流貨色，沒有到過北京、上海的 CEO，也就稱不上國際化。《財富》世界 500 強企業，美國只餘 123 家，中國已 108 家了，再過幾年，美國又被超越了。

2019 年 6 月 10 日

美國文化中的謊言

美國作家出書討論該國文化五大謊言。出不出得了錢穆總結的「衷心無誠，盡出於偽」呢？且看。

1. 事業成功可以帶來幸福，當然是偽。美國成功在事業的人多，成功在家庭者少；追求慾的人多，追求靈的人少；事業成功的人躲在公司的多，回家的人少。成功人士一生被焦慮和不安所擁抱，無幸福可言，所以作者說美國需要的是文化大革命。

2. 你可以通過依附知名品牌來獲得尊嚴，這個謊言恐怕東西方共有。

3. 你表現出色，人們就會愛你。多麼膚淺！人類的愛少，嫉妒、怨恨更多，東方人追求謙字，正因如此。

4. 超個人主義，追求沒有束縛的自由，Just do it！豈不知任性妄為，是要受到懲罰的，但不要說一般人，高級知識分子也一樣。

5. 美國社會是圍繞一個內部小圈子形成的，內部是成功人士、精英階層，外部則是大部分的不成功人士，這就是 1% 和 99% 的分別。所以年輕人就被教導向那 1% 裏鑽，實際結果是只能增加焦慮和不滿。「熱愛」子女的家長不惜付出百萬美元買一入學權，連學位都不是，年輕人能幸福嗎？

崇拜成功人士，價值觀模糊

美國人最欠缺的是親密家庭關係，只有到臨死都無人來看才知道，關係有多 superficial。人一生沒有深入的交流，只有膚淺的表現，「盡出於偽」的親情，能得何種回報？美國的價值觀是模糊的，只崇拜成功人士，而本國卻是鐵銹區人士居多，所以能夠容忍甚至讚美令人生厭的言行。這個流行已久的成功文化，千萬不能學，回歸東方是惟一辦法。

2019 年 6 月 14 日

美國數據：初值和調整

美國經濟數據看來不錯，但大部分美國人卻樂不起來，為何呢？原因當然是數據不準確。要知道美國報道的 GDP 數據，那只是「初值」，靠估的，一年後再作「微調」或「大調」，輕舟已過萬重山。尤其是為了選舉，可以「使用一切手段」。比如 2019 年 7 月，美國才調整 2018 年全年的 GDP 數據，由 3% 調低至 2.5%，那是差了 16.6% 或六分之一。

若看每一季的數字更厲害。1Q 由 2.2% 調升至 2.5%，差了 0.3%；但 2Q 開始，由 4.2% 調低至 3.5%，相差負 0.7%；3Q 由 3.4% 調低至 2.9%，相差負 0.5%；而 4Q 更離譜，由 2.2% 調低至 1.1%，相差達 50%。所以 2018 年第四季經濟實際上是極差的。

由此再看 2019 年 1Q，居然有 3.1%，第二季 2.1%，這到明年肯定要調整，但 GDP 增長率實際已下調 32%。中國 2019 年 1Q 是 6.4%，第二季 6.2%，下調 3.1%，與美國的下調 32% 相差 10 倍。

為何美國的數字「輕描淡寫」，直到聯儲局下調利率 0.25% 才有些反應？美國大企業用減稅款來回購自己的股票，美國入口商大量入貨而未出售，也作為營業額，那不是路人皆見嗎？

美國分配不均亦路人皆見，0.1% 人口擁有財富近 25%，而 50% 人口只佔財富不及 5%，美國財富曲線早由「橄欖形」變了倒吊「葫蘆形」，亦是路人皆見。「經濟不增，分配不均，政治不穩，社會不和」，四大死症美國人視而不見，一切還在虛張聲勢中，還要「繼續偉大」。貿易戰大概不到美國民眾吃不消不會停戰，慢慢等！

2019 年 8 月 7 日

對美國學生貸款的反思

　　1989 年美國總統候選人提出美國學生貸款可以還到退休，有人說是天方夜譚，2019 年又有人提出美國學生貸款要免還。30 年變化有多大？原來借款的學生人數累積已達 4,500 萬人。目前美國四年制大學有 2,600 家，學生才 180 萬人在校，但職業學校學生不計其數，是失業收救濟金者的樂園。1989 年學生貸款額才 750 億美元，已是大福利，到 2018 年，違約金額已是 1664 億美元。1989 年，四年制畢業生違約率 12.5%，2012 年後，違約率維持在 11%，2018 年是 10.4%，但學生貸款已是 1.6 萬億美元，全部免還，國債又增 1.6 萬億美元，加上目前的 22 萬億美元，夠晒味[1]。

　　據說美國人好上學，中學生入大學率達 70%，但名校學生每年 35,000 美元，加上食宿費、書本費和交通費，非 7.5 萬美元不可。4 年讀完 30 萬美元，分 10 年還，每年 3 萬美元，賺都未賺到。還到退休，30 年，每年 1 萬美元，美國人賬戶沒有 500 美元的達 80%，好明顯只有違約。

　　美國人讀大學就要自立，家長不負責，鐵銹區的白人家長想負責也無能力，所以學生貸款只能繼續下去，大學畢業生的焦慮可見。唸名校還有希望進入 1%，再唸個 MBA，以前還有希望得高薪。中國的家長最負責，送子赴美，還要付海外生學費，還好是獨生子女政策，不然負擔更大。美國大學雖多，但真正好的不到 100 家，其他讀完回來，英文都寫不好，那些被「照顧」好的，質素更有問題。美國中小學的基礎教育，除了私立名校，水準在國際之下。中國家長們醒來了嗎？不還貸款的人，信用如何，可知！

2019 年 8 月 30 日

1　粵語，滋味足夠。

美
國
的
相
對
衰
落

潛伏政府不服七鷹

美國平民無「知人」之明，既非專業，亦非通人，只會情緒化投票，所以「有識之士」可以用市場營銷術「騙票」。但總統入主白宮，不是表示他能控制 200 多年來主持政務的文官系統。2016 年，特朗普以低投入（希拉莉六分之一的競選資金）而能得勝，只是代表有多少人不喜歡希拉莉所代表的 Establishment。雖然論人頭票，希拉莉勝了 300 萬票；但議席票，希拉莉卻輸了。

文官系統被稱為 Deep State（潛伏政府），特朗普在任內，每簽一個「行政命令」，都要上鏡頭「示眾」，表示這才是他批准的，其他就未必了。表面看來，特朗普逢奧巴馬必反，其實反的是奧巴馬支持文官系統的作品，如 TPP，如氣候協議。其他如打擊中興（00763）、打擊華為、捉拿孟晚舟，恐怕特朗普是事後「被通知」，事件有助於他主持的貿易戰，也就順手牽來。

假如是他的意見，有苦自己知。文官系統這個「潛伏政府」，不服特朗普和他的七鷹們，是不問自明的。2019 年，「七鷹」是指博爾頓（Bolton，國家安全顧問）、蓬佩奧（Pompeo，國務卿）、萊特希澤（Ligathizer，貿易代表）、庫德洛（Kudlow，經濟顧問）、納瓦羅（Navarro，顧問）、羅斯（Ross，商務部長），加上「半鷹」姆努欽（Mnuchin，財政部長），此七人在 2018 年上演七鷹鬥一鶴（劉鶴）。

一年多下來，佔不了甚麼上風，只是不斷抹黑中國，甚至推出「七宗罪」的說法。但七鷹只是表面兇猛，卻無法左右特朗普的行為，每天只是為了保持官位，努力演出鷹派功架，無助世界經濟，嗚呼！

2019 年 9 月 23 日

由籃球世界盃看美國

上世紀八十年代，錢穆已指出美國人太得意了，凡事不肯盡全力，自以為最強，是不會失敗的。2018 年，特朗普發動貿易戰，只不過是重蹈覆轍，朝鮮戰爭、越戰及伊拉克、阿富汗的教訓並未喚醒美國人。

先說運動最強，莫若 NBA 籃球，1992 年巴塞羅那奧運會之「夢之隊」，全部球星出齊，職業球員參加業餘賽，基本上無得打。四分之一世紀後，「夢之隊時代」，已一去不復返，亦代表了美國的軟實力，已不是所向無敵。

2019 年世界盃，美國人只派出一支二流隊伍，熱身賽，敗於澳大利亞，初賽一分僅勝土耳其，八強賽敗於法國，五至八名排名賽敗於塞爾維亞，最後勝波蘭而得第 7 名，真是丟人丟到家了。一流 NBA 教練，巧婦難為無米之炊，無人肯為祖國服務，亦是美國現象。

美國執政團隊目前亦是 B Team 出馬，自認極強，到處極度施壓，但沒有軟實力支撐，很難成功。先是禁止歐洲各國參加亞投行，結果英法德意都不聽話；隨後要禁止各小國和台灣斷交，但連所羅門羣島這個 60 萬人口的小國，也禁止不了。事後又沒風度，說要停止援助，難道人家還不知道這一招？

美國在二戰後到處撒錢，但亦到處割羊毛，從來沒安好心。特朗普又要到處減少援助金，人人都防你這一招，正如全球籃球隊，人人有進步，不再是吳下阿蒙。人人為國家利益而戰，美國力量再強也是一個內部分裂的國家，不是人人都肯為政權效力，只能以半力出戰。加上自以為一切優先，何來盟主的威信，自然只得第七！

2019 年 9 月 25 日

美國的 A Team 和 B Team

　　2016 年美國大選最大的變化，是特朗普打敗了美國體制內的精英，亦即盤據在美國聯邦政府各部門的文官系統。這一批人是美國各大名校的畢業生，進入文官體制，理念一致，自認是治國的主力。總統和他的班底只是表面上的統治者，4 年一任，8 年連任，沒有延續性，只有這班文官才是治國英才。

　　不過百年下來，體制外的精英，華爾街和《財富》500 大企業的經營者已獲取了巨大財富，這班治國精英並未分得一杯羹。而民眾亦對文官系統無法制止貧富懸殊的現象十分不滿，所以選了特朗普來作一個改變。

　　特朗普最痛恨的一輩，亦是這批和他暗地對着幹的政府精英們。這批文官是事務官，不能隨便辭退，特朗普可以隨時炒他帶來的政務官，但對事務官卻無可奈何。所以特朗普出盡手段，炒不了「通俄門」的調查官穆勒，只能炒了司法部的大官塞申斯（Jeff Sessions）來泄憤。

　　美國人喜歡用 A Team 和 B Team 來形容主力和後備的團隊。以前管理的 A Team 主力，目前盤據在國防部（五角大廈）、司法部、國務院、情報部、商務部、財政部、貿易部等，甚至白宮兩翼，亦不是總統所能百分百控制。

　　因為 A Team 是不聽話的，所以特朗普要用 B Team 來當這些部門的主管，可惜這些主管們又不能控制其手下。故美國雖由鷹派主持大局，但他們被視為當年入不了體制的被貶人物，得不到尊敬，又隨時如走馬燈被被炒。美國陷入 B Team 要管 A Team 之窘境！

2019 年 9 月 30 日

美國失業率之謎

英國人評美國失業率 50 年來最低是 Fake News。理論很簡單，看勞動參與率。上次美國吹泡最勁是 2007 年 3 月，勞動參與率是 66%，失業率是 4.4%，這次失業率是 3.7%，但勞動參與率是 63.2%。即是說這 12 年間，有 2.8% 的勞工退出勞動市場，而失業率之差是 0.7%，如果這 12 年前後真的能比較，失業率要再降 2.1%，才能破紀錄。

目前通用汽車已罷工 4 週，而 HP 亦在 10 月宣佈要裁員 16%，2020 年 1 年就裁 9,000 人，零售店破產之聲不斷，如何破紀錄？2020 年是休想了，但美國國債增長是真的。奧巴馬為了救 2008 年那次金融大災難，令國債 8 年內由 10.6 萬億美元增至 19.95 萬億美元，增加了 9.35 萬億美元，應是歷史紀錄，小布殊亦望塵莫及。特朗普接的是個無災美國，雖然奧巴馬末年的 GDP 成長率只有 1.57%，容易突破。

特朗普好大喜功，號稱要超過 3%，甚至 5%，相信的人不多，但特朗普推出 1.5 萬億美元減稅計劃，要企業增大固定資產投資。結果 2017 年成長是 2.22%，2018 年減稅率是 2.86%，不及 3%，遠離 5%，2019 年疲態已露，而且打貿易戰，估計只能得 1.9%。若 2020 年上半年的成長率不理想，對選戰不利，而國債在 2019 年 10 月已達 22.8 萬億美元，在 2020 年選舉可無限制增加國債，上任以來增了 2.85 萬億美元，2019 年破 3 萬億美元已無意外。看手段，美國只能到處加關稅，由中國到日本、印度、歐盟，毫無意外，戰線之長令人咋舌。中國則慢慢玩，劉鶴領隊的第 13 次會議，談談打打而已！

2019 年 10 月 9 日

美國應回顧歐洲歷史

1492 年，明孝宗 22 歲，當了 5 年皇帝，對世界一無所知。怎知道，哥倫布發現了新大陸，歐洲全球殖民時代開始了，這個時代一直到 1945 年日本二戰投降才終止，一共 453 年。

期間凡歐洲人所到之處，全世界的其他民族，或被消滅，或被奴役、統治、侵略、壓迫，只有日本明治維新，急速歐化，獨成例外，還可以對亞洲鄰國幹同樣的事。這 453 年間，歐洲人或歐洲文化只為世界其他民族帶來災禍，並未帶來幸福，而其時代的盟主，由西班牙、葡萄牙、荷蘭到法國、英國，莫不稱盛於一時，但如今安在哉！

1945 年至 2019 年是美國世紀，歐洲諸國都只能當小弟，美國沒有殖民，但卻全球駐軍。一邦獨大，美國優先，全球收保護費，吸納全球資金，干涉全球其他民族的內政，推翻不喜歡的政府，這和「殖民時代」有大分別嗎？都是掠奪財富而已，而美其名曰「民主、自由、人權」。美國是戰爭之國，開國 243 年，只有 16 年無戰爭，世界何時有和平？「天道還好」，美國出了特朗普，將假面具脫了下來，一切赤裸裸，就是要錢。

主常主靜，重內重本

回顧歐洲諸國，總算合成一個歐盟，有了歐元作貸款，但並未能一心一德，反而風雨飄零，英國脫歐，欲罷不能。錢穆論西方文化，只是在「向外、求變、求動，盡在末稍處來進取」，而忘了「向內、平常、求靜」，不在根本處來改進。古之視之，如今之視昔，美國如何走出歐洲人 453 年的困境？中國文化「主常主靜，重內重本」，可以借鑑。

2019 年 10 月 11 日

美對華八大誤判

百年來美國看不起中國，不以為友，甚至不堪為敵，所以作出誤判是必然的。綜合起來，有下列各點。

一、可以輕易取勝。派出七鷹打頭陣，大石壓死蟹之勢，但打了 13 回、18 個月，特朗普才改口說好事近了。還是聽住先 [1]？事關此人，隨時改口。

二、可以命令企業回流。撤出中國有其人，但去的是東南亞，如越南，令越南 GDP 成長 7%，但越南能有多大胃口？越南 2018 年 GDP 僅 2,445 億美元，還不如排在中國第 18 位的廣西省 2,845 億美元。美國是不是想多了。

三、中國不會反制。結果不但反制，還制在痛點農業。一定要減少進口，而不是單加關稅，所以關稅戰，令美國農業成為最大受益者，是誤判。還要多少億美元作津貼？

關稅愈加，赤字愈大

四、美國赤字可以改善。但結果是關稅愈加，赤字愈大。到 2019 年 8 月，單月赤字 320 億美元，2019 年赤字遠遠超過 2018 年的 3,650 億美元，始料不及。

五、中國已在崩潰邊緣。但其實中國愈打愈淡定，反正 GDP 成長在 6% 至 6.5% 區間，沒有大意外，而美國 GDP 已由 2019 年第一季的 3.1% 下降。有來自美國的分析，第四季可以低至 1%，最好也是 1.7%，下跌比中國多。

六、可以令中國人大量失業，可以高至 500 萬人。就算是真的，也只是勞動人口的 0.9%，何況消費業勞動人口仍在增加中。

七、美國企業會放棄中國市場。但中國消費市場已達 5.7 萬億美元，已

比美國 5.6 萬億美元大，怎可能捨棄？

八、反華力量已形成。在精英階層可能如此，但美國普通人仍有 68% 認為要對華友好。這不是誤判是甚麼？

2019 年 10 月 23 日

美國選舉：庸才論

美國開國以來，一直推行「主權在全民，管治在精英」之法。精英們講究「政治正確」，錢權交易合法化、制度化。二戰之後更當上全球盟主，推行自由民主人權，全球駐軍，擔當世界警察，生意全球化。美國老白男們，長期被忽視，怒恨在心久矣。這怨氣既久，特朗普應運而生，推翻一切舊時代舊價值觀，惟一要保留的，是白人處於食物鏈的最頂端而無人可置疑。所以在老白男的世界，特朗普是極端受歡迎的。雖然投他一票的只有 19% 的美國人，但是足以打敗希拉莉，希拉莉恐怕也是最吸引反對票的競選人。另有人懷疑民主黨換了別人可能不會輸，但美國精英也是如此有限。

美國著名小說作家如此說：「美國人不讀書，美國社會對文化不尊重，導致這個國家大多數人要麼無文化，要麼一知半解。很多人懶得動腦筋，根本無能力分辨各種胡說八道，才可以讓政客濫竽充數，蒙混過關。選出來的官員原本應該是頂尖人物，結果甚麼也不懂。」美國人又 90% 不相信政客，而 90% 的政客又次次連任，要下台都是控制不了那些醜聞，和能力無關。所以才有美國「選舉庸才論」的存在。

美國式誇大語言如「HUGE」、「BEAUTIFUL」、「ON FIRE」，令人慘不忍睹，但這就是美國。要發「美國夢」的人真的要三思，真的可以獨善其身嗎？忽然變成間諜的機會恐怕更大。美國在經濟上又是 1% 控制 99% 的社會，但政治上要老白男翻身，反撲那 1%，有多大可能呢？不能只向外掠取來幫補國內，禍事發生了！

2019 年 10 月 7 日

美國對全球資本的吸引力

中國改革開放四十年，全球資本自己決定將生產轉移到中國以獲取更大利潤。美國如此，日本、歐盟如此，港台新韓如此，產生了「企業空洞化」現象，但服務行業補了這個洞。但服務業工資並不如製造業，所以工資停頓二十年。

這是一個國家面對資本而產生的問題，而不是世界各國面對中國而產生的問題。中國只提供基建、勤奮的工人和優惠的稅務政策、超國民待遇。結果是中國工人的工資飛躍，六億人脫貧，消費力大增，成為世界第二大消費者市場。世界各國不感恩這二十年來的廉價產品，卻說中國人搶奪了他們工人的工作，合理嗎？新自由主義鼓吹「國資金融資本在國際範圍內自由流動」，良性的資本投入各行各業，是中長期性的，不是說走就走。而投機性的資本變成熱錢，在全球範圍內流竄，震源中心在紐約。但震源中心的投資者心理上最安全，因為歷史證明美國政府是會出手的（2008 年是例子）。所以一有風吹草動，熱錢流入華爾街，新興市場遭殃，股匯市齊崩，歷驗不爽。

「走得快好世界」¹，人人以為自己是勝利者，特朗普再將稅率由 35% 降至 21%，防止保護主義令全球資本逃逸。但若沒有了利潤，低稅率又有何用呢！美國又進入了加息潮，世界資本就要湧入華爾街，有那麼多資產可買嗎！世界其他地方就不能加息了嗎？這都是清醒些就明白的。新自由主義未敗退，1% 控制世界。但老牌的自由主義卻敗退了，自由價值觀不再是神聖不可侵犯，要再審視。假自由之名，所幹的壞事太多了！

2018 年 8 月 22 日

---

1 羅文演唱的粵語歌曲名，作詞者為盧國沾。

美國精英夢

2019 年最大的「無妄之災」，是特朗普選擇了這一年為中美「超限戰」元年而不自知。在涉港、涉台、涉疆、涉藏、涉華為、涉人民幣、涉科技的「超領域」上無所不用其極。此戰一開，往後三十年，誰當總統也是一樣。中國人也只能全力應戰，水來土掩，不存僥倖之心。

2020 年是明夷卦值年，象徵「晦明」，韜光養晦之餘，「一帶一路」要發全力。美國人不讀歷史，只知戰後七十餘年。1949 至 1989 年，處於美蘇冷戰之期，蘇聯是共產主義大本營，美國人既怕又恨。蘇聯沒有了，俄國已不是共產黨執政，但美國人觀感未改。中國不幸，和俄國並立，都是修正主義國家，是美國的威脅。

這是精英們之見，但美國的精英大部分未到過中國，不知中國文化和五千年歷史，也沒有耐性和恆心去讀。所以要糾正其誤解，遙遙無期。美國以 0.1% 的人控制的跨國企業利益為第一，但中國以國家和人民利益為第一，是第一種不同。第二，中國以主權完整和國家維穩為首位，美國最喜歡對全世界指手畫腳。第三，美國人是個人主義，而中國人是集體主義，沒有國何來家，沒有家何來個人，這點美國人至死不悟。第四，中國猛增軍費，但亦只是美國 7,300 億美元的三分之一。美國在 140 個國家和地區有 374 個軍事基地，中國在南海建幾個島，美國就大叫大喊，當然中國完成北斗系統，和 GPS 比美，美國就要設太空軍了。美國精英的夢是「美國是世界最強大的，其他國家都想和美國一樣」，這個精英夢愈強烈，就愈不切實際。「和平雙贏」才是美夢啊！

2019 年 12 月 24 日

美國經濟最好嗎？

美國經濟怎麼樣？西方國家中最好，那是對的。美國迄今最好，那是吹的！即使失業率 3.6% 是低的，但特朗普 3 年只是由 4.7% 下降至 3.6%，改善了 1.1 個百分點。而奧巴馬管治的 8 年，失業率由 10% 改善至 4.7%，奧巴馬接了小布殊的爛攤子，交給特朗普的卻是好的！

GDP 增長因為減稅效應，2018 年第二季達到 4.2%，從此走入下降軌道，2019 年第三季初估 1.9%，又向上修訂至 2.1%，無濟於事。紐約聯儲銀行預測第四季只得 0.4%，亞特蘭大聯儲銀行更預測為 0.3%，如此一來 2019 年全年 GDP 成長只有 1.9%，和年初目標的 3% 有距離。小布殊 2006 年第一季創過 5.6% 的紀錄，奧巴馬亦在 2009 年第四季達到 5.6%，如何能稱「迄今最好」？這只是謊言之一吧！反正太多了。哪國製造業都不肯回流美國，美國製造業 PMI 只有 47.8，中國亦欠佳，但 11 月達到 50.2。奧巴馬 8 年創下一個紀錄，消費者信心指數由 2011 年 9 月的 60，直升至 2015 年 1 月的 98。特朗普當選時，2016 年 11 月是 93.8，如今亦只是 95.5（2019 年 10 月），好不了很多，亦無法破奧巴馬的紀錄，能不恨嗎？

2019 年 12 月 4 日

歐洲人和美國人的分別

歐洲的戰後嬰兒們和筆者同齡，經常對筆者說，不要以為歐洲人和美國人的成長經歷一樣。他們和香港同齡人差不多，都是從二戰的廢墟中成長的街童而已，少年時候也是無父母管，自己在街頭玩耍，也是「冇皇管」[1]。

1　粵語，指孩子頑皮，不聽管教。

人生就是「學習、成家、看世界、找到歸屬、安靜地過晚年生活」而已，沒有美國人那種要當世界老大的大志。美國人要出人頭地，競爭排斥，拚命當1%，所以70年下來，製造了少量的華爾街貴族，亦製造了大量失敗者，變成鐵鏽區的工人，終身離不開家鄉方圓400公里之處。

歐洲人有文化基礎，比較知道人生。而美國人文化短暫，雖然是由歐洲移民，卻只相信世界繁榮要通過市場無限擴大來獲得。

二戰後大量高質素歐洲人移民美國，加上猶太人和華人，世界最佳人才都來了，美國又豈能不擴大地盤？但拉美移民也來了，人數居然超過黑人，於是又反移民了。

美國人也是不善儲蓄的民族，月光族居多，家中有400美元閒錢的人沒有多少，而財產又通過退休基金投入股市當中，但企業賺錢何處來？國內成熟了，只能向全球擴充市場，才能維持利潤。現在總統要玩孤立，要企業回國，會成功嗎？

歐洲人知道過安寧生活，由大城市回到鄉下就成；美國人本來就住在鄉下，無路可退，也無法找到歸屬，這是文化因素，無解。歐洲人的「社會主義」已成熟，社會支出佔了政府支出大部分，安寧的生活還是可以過的。美國人這方面缺口極大，這世紀難過關！

2019 年 12 月 6 日

美國順差和逆差都來了

美國推行全球貿易戰，結果愈戰愈赤。首先商品戰，2018年貿易赤字是4,192億美元，2019年9月又破紀錄，前9個月增加了407億美元，合計4,599億美元。但貿易戰很易贏，怎會停止？這叫作堅毅，還有服務順差在支持呢？但看歷史紀錄，美國服務出口2015年已日到中天，自2003年至2015年上升了5倍，達2,633億美元，但不知亢龍有悔。2019年前9個月，已縮至1,785億美元，不知不覺，跌了32.2%，商品和服務合計，2,814億

美元赤字。此數字看來還會漲，因為美國領先的領域，也被追上來，或被處理貿易問題的政策所影響了。原來美國最大出口不是汽車，不是半導體，也不是大豆，而是旅遊服務。

外國人花在食宿、學費、保健及其他項目的開支，在 2019 年前 9 個月，就下跌了 0.6%，至 1,605 億美元，快遞公司的收入和利潤，雙雙下跌。

旅遊服務業受到打擊

中國遊客數字會繼續下跌，留學生 36 萬人的數字不保，中國投資金額下降 80%，美國人為了逃避急升的物價，出境就醫和留學者亦日多，知識產權和交通運輸亦受影響。中美交戰，連航班也減少了，此外版稅和支付處理的服務亦減少，特朗普主導中美商務談判，看來看去，都是農產品和工業產品。農業和製造業的人口，其實比服務業人口少，真是顧此失彼。有趣的是，美國商品貿赤上升 10%，服務業順差下降 10%，就是現實。關稅大棒的影響剛好相反，而美國的通脹仍未看到上升的數字，以何故呢？但美國人已感覺到了，消費信心下降，如何管呢？

最令人擔心是美國企業家信心指數在 2019 年 10 月只得 34，下跌了 9 點，是 2009 年以來新低。67% 的 CEO 預期經濟惡化，認為 2020 年第三季進入衰退的 CFO 高達 53%，所以美國跨國企業的老大和老二同樣悲觀。股市高不可攀，金融市場有美元荒現象，國債又少人買，聯儲局宣佈每月購入 600 億美元國債，有何含意？2020 年明夷值年，太陽入地中，晦明之象也！

2019 年 12 月 9 日

無動於衷的美國

美國人數字觀念不濃厚，只要不指出來就蒙混過關。比如美國雙赤（貿赤和財赤），由奧巴馬到特朗普有多大變化，美國一般人就無概念。2016

年 11 月特朗普當選，美國貿赤是 443 億美元，對中國赤字是 302 億美元（12 月當月）。特朗普進行貿易戰三年多，2020 年 7 月貿赤創 12 年新高，達 636 億美元。中國被加了關稅，但美國仍然進口，對中國貿赤不減反加至 638 億美元，證明大家都白辛苦了一場。

財赤又如何？2016 年 12 月，財赤是 5,850 億美元，2020 年 8 月，增加至 33,000 億美元，上升了 4.6 倍，當然又是歷史新高，2009 年金融大災難後，財赤亦不過 14,300 億美元，無可比性。國會把關只是空城計。

GDP 又如何？2016 年 18.6 萬億美元，國債近 20 萬億美元，比率是 107%。2020 年，GDP 預期是 20.1 萬億美元，四年上升 8%，平均每年 2%，比特朗普吹的 3%，差了一大截。國債在 9 月初已靠近 27 萬億美元，比率 134%，年底升至 28 萬億美元亦不可免，比率 140%，雖未如日本的 250%，亦是發達國家的第二名了。拜登提出 1.9 萬億美元計劃國債，向 30 萬億美元進發了。

不要說防疫如何不濟，單是上述幾個數字，已是管治的不濟，符合劣治的標準，但美國有一半人是不肯承認的。還有盟友的看法，9 月皮尤調查中心調查了 13 個國家，包括歐盟國家、中國、英國、日韓、澳大利亞，對美好感度平均降至歷史最低點 41%，其中法國 31%，德國 26%。盟友都如此，不要說其他了，美國人無動於衷，只要能當霸主，不要緊。

2021 年 1 月 2 日

二十年間中美通訊商大變

21 世紀的世界通訊設備商變化之大，令人咋舌。在 2004 年，筆者出版《日本經濟四大教訓》（商務），紀錄了愛立信和新力的合夥公司，並斷言文化差異大，必無好結果，當時的通訊商的領頭羊是諾基亞、摩托羅拉、三星；愛立信、新力的 JV 只能排第 5，希望有 10% 市場份額，最後分手，新力買下愛立信的股份，獨立經營，2019 年新力的市場佔有率是 0.167%，不

知排名到何方。2004 年初一件小事，是摩托羅拉換了 CEO，推翻前任收購華為的 75 億美元。太貴，不買了。2019 年，華為成為通訊業的一哥，摩托羅拉變了真的「無得撈喇」，世事豈能逆料。

2019 年華為估值少說也有一萬億美元。當年的一哥諾基亞變了「失敗者聯盟」，收購了朗訊、西門子、法國的 Alcatel，目前處於世界第三位。但內裏的文化差異，如何解決，不知道。愛立信和新力分手，專營通訊設備，反而成為世界第二，原來專注也是成功之道。第四是中興，雖然被美國修理，但也算後起之秀。

中國由全部向國外採購，到自行生產，也不過是 20 年光景。一條紮帶由進口價每條 7.5 美元，到自行生產的 1 毛錢人民幣，節省之鉅無與倫比。中國通訊業由 1G 時代的無存在感，到 2G 時代的追隨，3G 時代的突破，4G 時代的平頭，5G 時代不敢說引領，但已可以自主，令到中國人通訊費用大減，漫遊免費。筆者由用兒子棄用的蘋果到用自己買的華為，雖說是追上潮流，價格大降亦是最大原因。市場已由西方來到中國，而通訊商的易位，是最大的指標。中國市場就是人口多，費用低。打擊華為，不會使美國領先！華為在世界 500 強已位列 61，領先騰訊了。

2020 年 4 月 24 日

量化遺禍一朝報

2000 年科技泡沫破裂，美股下沉 31 個月，下跌 49%。2008 年次貸泡沫破裂，美股下跌 17 個月，下跌 57%。QE 救市，牛市長達 11 年。末期有特朗普泡沫，卒之 2020 年 2 月 19 日到頂，29,551 點。泡沫被病毒所破，只消一個月，四次熔斷。恐慌指數 VIX 由 15 上升至 83，上升 4.5 倍，股市下跌 33%。美國疫情感染人數迅速破萬，死亡破百。控制不住，連最愛吹牛的特朗普也承認疫情。到 8 月，股市此次下沉多少個月，跌多少，有史為鑑。有上述 2000 年和 2008 年兩個指標，49% 至 57%，平均 53%，時間 17

至 31 個月，平均 24 個月。QE 遺禍，卒之發生了。老牌風險專家，在 2009 年就警告了，無人聽。

美國帝國主義在消逝

美國文化是永遠追求勝利，英文是 Triumph。但他們只得到 Trump，欠了 i，即理想 ideal，和 h，即誠實 honesty。沒有理想和誠實，卻要優先 First，難矣哉。美國人要醒來嗎？

美國一向只有金錢和勝利具有發言權。但又相信要活下去靠祈禱和買槍自衛，一年死於槍下就有 14,800 人。如今金錢在燃燒，勝利又不在望，美國帝國主義在消逝。歷史上，原英屬殖民地國家很少為「英國治下和平期」的衰亡和崩潰而感到惋惜（當然不會所有人都同意）。法蘭西帝國亦如此，美國帝國主義也逃不掉這個規律。美國人在成功期是「創新、合作、平等、勤奮、慷慨」，在特朗普治下，所餘無幾。2020 年衰退已不可免，萬億美元大招救不了大局，徒增國債。全球央行都在減持美債，只能由美聯儲局自購，美國不能再優先了。遺禍一朝報，算來得慢了。

2020 年 3 月 21 日

疫情股災中看中美體制

溫故而知新，在「疫情和股災齊飛」之際，且看歷史怎麼寫。

疫情，2003 年 SARS，病例 8,096，死亡 774 人，損失 400 億美元；2020 年 COVID-19，直至 3 月 21 日，病例破 300,000，死亡近 13,000，損失據聯合國報告，可達 1 萬億美元。2020 年全球 GDP 下降 1.2%，所以平均分攤，美國 GDP 在 1% 以下，中國在 5% 以下。不必奇怪，美國更可能是負數。

2000 年科技泡沫破裂，股市從峰頂下跌 49%，為期 31 個月；2008 年雷曼兄弟破產，股市從頂端下降 57%，為期 17 個月；2020 年 3 月的兩個黑

色星期一，八日股市熔斷四次，下降了 33%，開始震盪下跌之潮，要多久，跌多深，只有到未來去看看才知，不必預測。明夷之年，無非常手段，救不了災，遲疑不決，別有用心，後果更難辨。

大事設小組，小組辦大事

2008 年股災之際，少有人談及體制之爭。這次西方也有有心人看出端倪，說中國的頂層設計有優勢之處，但不夠深入。且看道來，中國管治有句老話「大事設小組，小組辦大事」。

2020 年 1 月 20 日確定人傳人，1 月 23 日，武漢封城，1 月 25 日（鼠年初一），中央應對疫情工作領導小組成立，組長李克強，副組長王滬寧，成員包括丁薛祥（中央辦公廳主任）、孫春蘭（國務院副總理）、黃坤明（中宣部部長）、蔡奇（北京市委書記）、王毅（國務委員兼外交部長）、肖捷（國務院秘書長）、趙克志（公安部部長）。由 1 月 26 日至 3 月 12 日的 47 日間，中央政治局常委開會 6 次，領導小組開會 16 次，目標明確：「生命重於泰山」、「人民生命安全和健康放在第一位」、「民生穩，人心就穩，社會就穩」。42,000 醫療人員由八方入武漢，譜了逆行者之歌。說明中國文化的「以人為本」，不只是書上說的，而是有所實踐。疫情告穩，股市微跌，債券搶手。有非常手段解決問題，中國制度無問題。

美國又怎樣？2020 年 1 月，隔岸觀火，停止中美每月 800 班 250,000 人次航班，援助中國有 22 國，美國無份。疫情視若等閒，只視為流感，一年死幾萬，是正常。

事實上，美國是選舉社會，總統和州長都是選出來的，無上下級關係。美國有 51 部憲法，各行其是，要統一行動很難，舉國體制並不存在，總統既不作為，州長各行其是，就看當地情況。對口罩並無準備，只得 3,000 萬個，病牀 92 萬張，ICU 大概 10%。紐約市為重災區，要求援助，總統卻要

州市自己「攪掂」[1]，可見體制之失靈。

中國 1 月 23 日封武漢，發出警報。美國 2 月 26 日，特朗普才任命彭斯為白宮新冠疫情特別工作小組負責人，3 月 3 日病例破百，3 月 13 日才宣佈進入國家緊急狀態，但勸告國民不必戴口罩。投資者擔心疫情在美國失控，乃有 3 月 9 日至 12 日的二次股市熔斷，股市由牛變熊。3 月 12 日宣佈禁止歐洲盟友入境 30 日，2 日後加入英國和愛爾蘭，更令人大驚失色。3 月 13 日才要國會通過救疫資金 500 億美元，負責提供病毒檢驗，美國人由過度自信變了過度驚慌。由來美國人相信政府的只有 7%，中國人大都相信，是 90%。

美國追求個人英雄主義

中國人可以萬眾一心，逆行者、援助者、國企和民企齊出救亡。美國人卻是個人主義先行，資本主義和社會以利先行。美國醫生和醫療設備號稱一流，但收費奇高，病毒檢驗收費所見由 250 美元至 3,200 美元不等，若人人都驗，全部免費，是多少億美元？國會批出 500 億美元恐怕不夠付免費檢測之費用。

美國追求個人英雄主義，只期望上帝搭救，或者有個超人出來，救了美國。美國迷信國民素質，自我保護，有難買槍自衛，但病毒是槍打不死的。中國被視為國民素質不及美國，但在高效積極發揮下，仍有所作為。美國體制自然有其優點，否則不會稱霸世界 75 年，但這個體制到了 2020 年，已面對分裂的國會和分裂的國民。在宣佈緊急狀態下，總統可以獨裁，無法被制衡，要有全權，但對病毒檢測延誤卻不負任何責任，都是他人的錯。時至 3 月 14 日，仍只檢測了 14,000 例（只是韓國一日之量），一旦檢測盒足夠了，全部免費，病例一日過數千，就不出奇，這一向是美國數字的考慮。此次疫

1　粵語，辦妥。

情在美國，不檢不報，開始得遲，結束也就遲到 8 月，再不幸，到選舉的 11 月，怎麼辦？

2020 年 3 月 21 日，中國疫情已放緩，武漢病例已在歸零，只要嚴防外國傳回病例，便算可接受。疫情之初，西方媒體和政客，不斷對中國污名化，自我、優越、偏執。可是病毒無國界，到兩個月後，西方也出現疫情，「世間公道惟病毒，富國身上不曾饒」。只能全球合作。

在疫情攻擊下，美聯儲雖提前在 3 月 15 日降基準利息至 0%，並提供 7,000 億美元流動資金。但投資者見到彈藥已盡，再降就是負利率。市場利率，如 3 個月 LIBOR 倫敦拆息，在 1997 年亞洲金融風暴，利率是 6%，1989 股災更是 9%，到 2020 年 3 月，3 月拆息只有 0.53%，減無可減，如何救得垃圾企業？慘情[2] 也。

中國由「疫情震中」變成「防疫專家」

談到「人類命運共同體」這個 21 世紀由中國提出的宗旨，誰也料不到，中國 2020 年 1 月是「疫情震中」，但到了 3 月，卻變成「防疫專家」，可以提供中國經驗和中國援助，使各國不必走彎路。「清肺排毒湯」名揚天下，連金銀花、板藍根都在海外賣斷市，中西療法並用，是一創舉。只有在別人最艱難的時候，真情相待，以心換心，才能達到「人類命運共同體」的境界，正如 WHO 的專家 Aylwood 所言，「全世界欠了武漢的人情，只有武漢的犧牲，換來寶貴的經驗」。

2020 年 2 月起，上海醫療隊赴伊朗救援，四川隊赴意大利，江蘇隊赴巴基斯坦，廣東隊赴伊拉克，連歐洲的塞爾維亞也要中國救助，而不是靠歐盟。歐盟團結是個幻象，更變成疫情震中，還是要全人類互相幫忙。至於股災，誰都知道多年來，企業自己回購股票，提高業績，程式交易和 Margin

交易，是股市虛火的三大主因。要人類命運共同，必先除此三害也！

　　這次疫情令世人看清楚中美體制的分別。看到美國政客的嘴臉。更令人憂心的是由疫情演變成超限戰，只祈望世人反思同心協力之可貴。由此得打油詩一首：

　　政客皆病毒，邪惡復平庸。

　　體制既失靈，失控不可免。

　　股匯房債崩，全球乃遭殃。

　　反思是其時，遇毒一起跨。

　　惟望，以蒼生為念，雖然難上難。是為禱。

2020 年 3 月 13 日

中國的復興與外交

中國復興趨勢不可擋

中國復興的趨勢不是一個美國總統能夠改變的，特朗普不能，他的後繼者也不能。

到 2024 年，特朗普不在任了，中國仍然在，中國已存在 5,000 年，成吉思汗鐵木真、康熙如今在哪裏呢？中國從 1911 年，孫中山提出「振興中華」，就開始在復興之路上了，38 年間大小軍閥，由袁世凱到蔣介石，雖然功不補過，但中國畢竟開始走上啟蒙的道路。1949 年新中國成立，消滅了一代的資本家，引進馬克思的「國際主義」，中國走在共貧的階段，馬克思主義的「中國化」需要時日。1949 到 1978 年是摸索階段，中國人 30 年間吃了不少苦，但在 5,000 年的歷史長河也不過是一瞬。鄧小平 1978 年提出改革開放「實事求是」，中國人開始了「時間就是金錢，效率就是生命」、「不管黑貓白貓，能捉到老鼠的就是好貓」、「讓一部分人先富起來」，中國不再「做又三十六，不做又三十六」。1987 年，國運轉了（南懷瑾語），所以 1989 年的外國抵制，也壓住中國國運。1997 年香港回歸了。156 年 155 日 11 小時的屈辱被消除了。

美國不斷打擊中國人

中國所患不在變動之不劇，而在暫安之難變（錢穆語）。進入 21 世紀，中國 2001 年進入 WTO，加入世界大團體，成為世界工廠，與全球貿易往來。美國雖然阻撓 15 年，企圖擋住中國的復興，但 2018 年，中國 GDP 已是美國 65%。美國推出貿易戰，對中國出口美國的貨品收取 10%–25% 的關稅，貿易戰外還有心理戰，要打擊中國人的自信心和自負力，但中國人已經歷 1,000 年以來的外族入侵，血液裏的不屈不撓，非歷史短暫而不愛讀歷史的美國人所能了解。預計 2030 年左右中國 GDP 會超越美國，當然若算購買力平價（PPP），中國早已超越美國，這亦是美國精英們為何會焦慮。但

美國人要「分散中國力量」，是早在 1900 年的「八國聯軍入北京」時代，早由國會訂下的國策，沿用 100 多年。世人早已忘記而已。

中國復興的高頂峰設計在 2050 年（法國漢學家高大偉 David Gosset 語），距今 32 年，所以今日的中國年輕人將會是全球最幸運和最成功的一代，因為他們能夠很了解全世界。外國的年輕人並不太了解中國，2013 年推出的「一帶一路」是有利沿途 66 個國家年輕人的計劃。通過「一帶一路」，中國推出人類命運共同體理念。這是比中國訂下的 2020 年全面小康目標更深一層的大同概念。炎黃子孫不能不讀《禮記》的〈禮運大同〉篇，如今西方也開始讀了，最早研究中國文化是法國人和意大利人，最年輕的美國人也開始了。法國高中學生，除了英文是必修，中文也大受歡迎。雖然美國特朗普要收緊移民和外國人簽證，會影響孔子學院，導致教員不足，但美國年輕人對中國的好感度遠高於其父輩（49% 對 34%），老人家特朗普的影響力是有限的。西方的有識之士完全明白，中國文化和西方文化有互補性，中國也是世界穩定的保證，中國的成功就是世界的成功。

2018 年只是中國復興中的一個轉折，中國文化講究和平，從來沒有對外侵略，「和為貴」是中國文化，而西方仍活在他們的殖民時代，要他們「認知轉變」最少也要 15 至 20 年。老人家的頑固頭腦無法改變，只能等 15 至 20 年後他們退出歷史舞台。

回看 21 世紀之初，小布殊剛上任就要遏制中國，但因「9‧11」事件，改弦易轍，變成中東反恐，中國得到「暫安八年」。小布殊管治一團糟，下台前出現「九一五」雷曼事件，世界進入大蕭條，中國投入四萬億元，堅守人民幣匯率，進入「黃金十年」（2008–2018 年）。期間 GDP 在 2010 年超越日本，GDP 若以 PPP 計算，2016 年超越美國，最重要是脫貧兼培養了中產階級 3 億人。中國將在 2018 年成為全球最大消費零售市場，超越美國，一年 5.8 萬億美元的市場，誰不想攻佔？而美國沒有產品，只有飛機、汽車、手機。手機是中國製的，汽車也是中國組裝的，只有飛機是在美國組裝，能再開放甚麼？看金融業，美國金融的大機構，早已全來了，高科技又不想轉

讓，貿易戰打來兩敗俱傷而已。但特朗普性格就是如此。不到破產心不息，這是百年歷史證明的。老實說，2018 年若以 PPP 計算，中國將達 24.9 萬億美元，早是美國的 121%。要回頭，來不及了。就算以正常計算，中國 GDP 也會在 2028 年超越美國，這是大勢所趨，誰也擋不住的。

2018 至 2028 是中國第二個「黃金十年」

所以 2018 至 2028 是中國第二個「黃金十年」，黃金十年第一個絆腳石自然是美國強攻的貿易戰，但中國首先重視的是國內市場。這場貿易戰若在 2000 年發生，中國零售市場才是美國的七分之一，的確要靠外貿才能保持成長，但到 2018 年，中國零售市場已由 4,720 億美元上升至 58,000 億美元，已和美國國內市場一樣大，上升了 11.3 倍，美國只上升了 75%。美國是一個「民主大眾」市場，消費的是一般日常產品，反而是中國消費者，除了一般產品，亦對品牌有所追求、欣賞和渴望。中國市場成長的速度較快，中國中產階級的人數和消費者將會遠超美國。所以中國只需要在基建內部市場用力，經濟成長就可以保證。

對於美國的市場，中國只能在產品競爭力方面加強，吸收關稅的影響，不需要佔有太多市場。何況低端產品的生產地可以移轉，正值中國推出「一帶一路」之際，移師海外的 66 個國家，再轉出口美國，是長期方法。在短期而言，出口退稅，匯率調整，亦是可行之法。反而美國，貿易赤字將會愈來愈大，惹惱了中國消費者，美國產品將不為消費者所喜，賣不出去，亦有高機率！至於要美國企業返美國經商，亦是鏡中水月，美國有勤勞而廉價的勞工嗎？對新移民又抗拒？美國 CEO 們誰會認同特朗普？短期而言，美國不買中國貨，卻只能買其他國家的貨品，而不是美國貨。貿易赤字不能減，這道至明顯，不待證而自明。

貿易戰只是美國遏華戰略的第一步，隨之而來是科技封鎖、利率戰、匯率戰、教育戰、企債戰、移民戰，如果管理得不好，由冷戰變熱戰亦非不可能。台海、南海都是戰場，反而東海因日本轉軏而熱度降低，變數是

2018 年 11 月的美國中期選舉。特朗普是否被制約，在此一舉。特朗普的一生是不到破產不死心，即使破產也要起死回生，但他面對的不是華爾街的債主，而是世界第二經濟體，對付銀行家的手段對國家用不上。貿易戰進入 2019 年不可免，變本加厲，關稅再加到 25% 或以上是必然的。這就看市場的信心了，目前股市已消化了貿易戰的負面消息。目前上海股市指數守住 2,486 點，中美股市互相影響，再下探才有可能。世界貿易下降 9% 的分析被視為不足道，上世紀 30 年代的世界貿易下降 70% 真心不會重現嗎？

中國的第二個「黃金十年」，要跨過的第二關，是在 2020 年前可能爆發的超級金融危機。貿易戰令美國經濟增速下降至 2% 以下，即產生減稅效應（稅率由 35% 降至 21%，令企業稅後利潤上升 21.5%，PE 保持不變。股價上升是數學原理，市場再高估 PE，股市自然過熱）。在 2020 退潮，所以不論「末日博士」魯比尼或是摩根大通的經濟預測模型，都有 2020 年衰退之歎。穆迪亦加入衰退論了，失業率回歸正常（4.5%）後三年衰退的理論，在 2020 年可驗證。但何等數字是危機呢？這還不算是黑天鵝，所有價格到了高峰而下滑才算，指標如下：

1. 美國股市下跌 20%；
2. 美國企業債券收益率上升 1.15%；
3. 能源價格暴跌 35%，金屬價格下跌 29%；
4. 新興市場政府債券息差上漲 2.79%；
5. 新興市場股市下跌 48%；
6. 新興市場貿易下跌 14.4%。

這個摩通模式並未預測歐盟和英國脫歐後會如何，而且看起來還算樂觀。2008 年雷曼危機，標普 500 指數下跌可是 54% 啊！新興市場匯率在 2018 年 9 月已經崩潰了，股市也好不到哪裏去。中國股市 2018 年不振，其實是 Blessing in disguise。2018 年 9 月的 PE 已是 11.4，而上指 2,486 點，能大跌的空間亦有限了。反而美股若再回升後又跌，災情就慘重了，目前美國 PE 已在高出歷史平均水平 50%，美國企業負債比率亦在歷史高點，而美

元利率到 2020 年將上升回正常水平（6 months libor 由 2.5% 升至 4.5%），美國國債亦將達 22 萬億美元以上。美國政府和企業享受了 12 年的低息環境，到 2020 年再次付高息，能適應嗎？

2020 是美國選舉年，面臨的是貿易赤字擴大（每年 1 萬億美元），美聯儲資產負債表達到 4.2 萬億美元，美國國債和 GDP 比率是 106%（日本更是 240%），美國可以贏日本嗎？目前 2018 年 10 月美國 10 年債券利率已達 3.25%，30 年亦達 3.25%，2020 年會是多少？上升 1% 亦是 2,200 億美元，2,000 億美元的 25% 關稅只得 500 億美元，能幫補多少？關稅是甚麼問題都解決不了的。美國關稅戰再打下去，影響中國 GDP 在 0.2% 至 0.5%，要看中國企業全球化反應有多快，所以 2018 年全年 6.5% 是可期的。2019 至 2020 年就看這次危機的落點和應變方法，美國既已不可靠，這個市場要風險分散，企業要非美國化是必然的。

過了 2020 這關，經後八年就是「一帶一路」全面發揮的時段，不過全世界股市泡沫漲得太厲害了，一定要經過一場金融大災難，才能浴火重生。世界的「多邊貿易體系」要重建，WTO 要改革，「一帶一路」上的國家要重新崛起，非洲要起來了，中美將形成兩個經濟中心。正如歷史上的胡佛總統之後，美國需要一個羅斯福來重建美國，但 2020 年不是 1933 年，美國再不是一呼萬應的盟主，軍力雖強，但道德高地已失。中國將參與重建世界遊戲規則，新型大國關係最終將被全球接受（期待在 2050 年），國與國之間的關係將會是互相尊重，公平交易，互惠互利。資本主義加民主主義都要反思和重建，世界才有希望。特朗普的應劫而生，破壞了美國建制，也破壞了美國在二戰後所建立的「多邊貿易體制」，但所有在劫之人都會及時而止。不要看今天鷹派們耀武揚威，十年後只餘歷史輕歎，水過無痕！

中國在復興路上，勢不可擋！中國人的自信要維持如此而已！

2018 年 10 月 22 日

錢穆書中啟示

2019 年 11 月 1 日，筆者到中文大學邵逸夫堂演講，談《讀史觀勢》中的中國近況和外交關係，對象是新亞書院的 1,500 位學弟、學妹。當然要談一談錢穆的讀史方法：「知人、曉事、論世」。知人必先知己，知道自己在社會的位置，努力扮演好自己的角色；通曉事件來龍去脈，知道事件如何會成勢；然後知世事的浮沉。

歷史是由無數事件的奔流激盪而發生的，有時各自奔流，有時合而為一，大流吃掉小流，小流會失蹤，這是非常現實的。2014 年筆者決定全力寫一套讀錢穆歷史系列，「知人、觀勢、觀世、論人生」都完成了，曉事亦快完成，總算圓滿回報新亞之情。

謙虛、憂患、謹慎

50 年前入學，得讀錢穆《中國通史》，從此引起對歷史的研究興趣，一生受用不盡。而經常翻閱的牀頭書，正是錢穆的《中國歷史精神》、《人生十論》、《世界局勢與中國文化》，也明白西方文化中的「工具文化」、「手段文化」和中國文化之大異，亦知道《論語》中「歲寒，然後知松柏之後凋也」的含義。

中國人是韌力無比的，百餘年苦難，未能使中國人喪志，一旦暫安，就能重建自信心和自負力。這是希臘文化和羅馬文化所不及，這些西方帝國一衰就未能復興。錢穆晚年悟出中國之復興不在台灣，而在大陸，教導台灣人要準備到大陸和同胞共患難，而不是去享福，三大要素是「謙虛、憂患、謹慎」。其實這要訣不只是適合去大陸，而是天下去得。筆者到西方工作十餘年，和法國、美國、加拿大人共事多年，亦是本着這三點，當然還要加倍努力，才能履險如夷，安全退役！

附表：中國復興的節點和預期

1978 年 12 月	通過改革開放政策。之後提出「解放思想，實事求是」。
1984 年 1 月–2 月	鄧小平南巡，其間到過深圳、珠海。
1992 年 1 月 19 日	鄧小平南巡深圳，提出「不改革下台」，社會主義本質是解放生產力。
2001 年 12 月 11 日	中國加入 WTO。
2013 年 9 月–10 月	習近平提出「一帶一路」概念，歐亞大陸成為中國發展合作的重點。
2017 年 10 月 18 日	習近平提出：堅持全面深化改革，完善中國特色社會主義制度，激發創造力。
2020 年 12 月 31 日	中國成為小康社會。 GDP p. c. $\geq$ US $\$ 10,000(2@2010：US $\$ 4,560)；鄧小平標準：US $\$ 1,000$
2035 年 12 月 31 日	中國成為基本現代化社會，包括在國民素質、精神狀態上。
2050 年 12 月 31 日	中國 GDP 達到世界的前 20%。 GDP (PPP) =US $\$ 58.5T$ 中國實現「人類命運共同體」的理想。

300 年世界五大事件

　　錢穆討論過去 300 年世界歷史的時候，覺得西方只認定法國大革命（1789–1814 年）和美國獨立戰爭（1775–1783 年）是影響世界最大的事件，那是過火了。最少英國工業革命（1760–1840 年），也使英國成為 19 世紀最強國。而再看東方，日本明治維新（1868–1910 年），使日本成為世界強國。若放眼 21 世紀，中國改革開放 40 年（1978–2018 年），更是影響世界格局的大事，史家必定要記上一筆，可惜錢穆見不到了。

18 世紀，法國靠文化輸出起家，法語是世界語言，其後衰落了。19 世紀，英國靠工業，全球殖民貿易，成日不落國家，之後亦走上衰落的道路，只餘下一個倫敦是世界金融中心，脫歐後前途未卜，可能再次讓位紐約。新加坡和香港能不能追上來呢？新加坡要依賴美國才能安全，美國若轉弱了，怎麼辦？李顯龍要留給他的接班人去處理。香港也許仍是那個西方人眼中可以提供「中國體驗」的迪士尼樂園，地方雖小，但一出海也可以海闊天空。

21 世紀大勢在亞洲

　　老外是捨不得香港式生活的，即使在 2019 年的「夏季風暴」後，標普仍維持香港的 AA+ 評分，香港在競爭力報告中更升一位到世界第三，僅次於新加坡和美國。世界大勢很明顯是 21 世紀在亞洲，香港為甚麼要重回英國懷抱，走大英帝國曾經走過的老路？由「偉大到平庸」好，還是改行一條上升的軌跡，這是理至明顯，不待證而自明的。至於美國靠戰爭而成霸主的時代，亦過去了，香港沒有戰爭的本錢，脫中沒有可能，只能自求多福，一念之間，走上光明的道路。

2019 年 12 月 20 日

2020 年大變局的來臨

　　1492 年哥倫布發現新大陸，開啟了西方雄霸世界 500 多年的歷史；21 世紀，這個週期到了末端。1789 年法國大革命，為法國人留下 230 年的民主共和政治遺產，「自由，平等，博愛」流傳全世界，影響深遠；到 21 世紀也到了末期。1917 年，美國參戰第一次世界大戰，雄起 100 年；到 21 世紀，又轉回孤立主義，只知加收保護費，看來到 21 世紀，也開始式微了。

　　1945 年二戰後，美國籌建一大批國際組織，聯合國、北約（NATO）、世銀、國際貨幣基金組織（IMF）、世貿（WTO）等等。到 21 世紀，連聯合國會費也拖欠了，這些組織還能支持多久，成疑。1979 年，新自由主義抬

頭，在列根和戴卓爾二人治下，全球化大紅大火了 40 年。但是資本橫行全球後，亦引起貧富極端懸殊，抗議聲四起，看來亦到末期了。

這五大週期一起到了末期，世界在 2020 年到了「大變局」，世界秩序和全球治理體系都面臨大動盪，不管黑天鵝或是灰犀牛都可以重來。2019 年世界經濟增長能不能達到 3% 也存疑，2020 年又如何可以樂觀？當然，2020 年亦是美國大選年，美國經濟一定不能差，但事與願違也不是不可能。

英國脫歐後，英國和歐洲都前途未卜，德國能否復甦？中美貿易戰進入第二階段，戰略焦慮加深，無所不用其極是必然的。中東更加動盪，恐怖勢力碎片化，更危險，油價上升不可免。聯儲局對金融風險表示樂觀，令人詫異，到時真出事就無準備了。筆者在《讀史觀勢》（商務）所提出的十點世界大勢，看來無可避免，各有隱憂更不用說了！

2019 年 12 月 23 日

30 分鐘看完中國史

若將地球歷史濃縮至一年，中國的 5,500 年歷史也就是 30 分鐘而已。而近代衰弱的 200 年歷史亦就僅為 1 分鐘，其餘 29 分鐘大部分是不錯的。

最強大的漢代 422 年，唐代 289 年，明代至清中葉 430 年，是強大的，大概 6 分鐘。

元朝九十餘年也更強大，但都是蒙古人的天下，與中國古代主流的漢文化無關，蒙元只是蒙古王國的一部分。

西方人大概不記得這場「黃禍」，時代太久遠了，能從明朝看起就不錯了，但明清兩代恰是中國皇權最專制的時代，相權被取消，御史的責任亦改為考察官員，而不是由皇帝考察。

唐朝的貞觀往事，漢代文景的無為而治，只是史書上的紀錄，不讀如何知。而漢唐文官系統的選拔方式至今仍可沿用，科舉之弊卻是不到百年就在唐末出現，未能改革而已，西方人又如何知道。

而由晚清開始，1842 至 1911 年是任人魚肉的時代。

1912 至 1948 年是四分五裂的半殖民時代。蔣介石和國民黨精英留給毛澤東的遺產是煙館、妓院和黑幫，國庫餘下的只有 6,800 美元，黃金和故宮寶物都給運走了，還有的是窮困率 97%，文盲率達到 80%。相信中國歷史上開國最窮的政府是中共。

1949 至 1977 年是毛澤東時代，一窮二白還不得不打朝鮮戰爭，買來幾十年美國不敢再打，褲子換來核子，但若中國無核子就是今日的伊朗。文革當然慘，小孩造反，不是又來了嗎？1978 至 1997 年是鄧小平時代，改革開放是人類奇跡。

1998 至 2017 年是世界工廠時代，中國成為第二大經濟體。但是 2017年後，中國忽然進入西方眼中必須遏制的有威脅力時代，但西方不團結，還好。何時平和昌盛呢？

快了！2035 年。

2019 年 12 月 25 日

中國數字的巧妙

看中國經濟數字，建國前幾年，基本無統計，最早也要從 1952 年看起。西方經濟體如 IMF、OECD，莫不由此而起。

中國人口 1952 年來，脫貧 8 億，注意 1952 年人口才 5.7 億，至 2019年逾 14 億，增加了逾 8.3 億人。亦可說，約 70 年間，建國後那批人都脫貧了，如此出生，也是幸運的；中國 GDP 亦由 1952 年的 679 億元（人民幣，下同）升到 1978 年的 3,679 億元，再到 2018 年的 90 萬億元，扣除通脹因素是 175 倍。西方的美國 7 倍，歐洲 5 倍，的確驚人，西方論者每說中國數字有水分，但如今若將中國數字經濟和地下經濟加回去，恐怕又是另外一回事。

所謂數字經濟，是指網購、外賣、互聯網金融、人工智能、物聯網及

共享單車等等。如今的 GDP 定義是 1962 年版，何時有 GDP 2.0 版，世界排名又有改變？這是 21 世紀必然發生的。中國數字最值得注意有二：人才紅利中的大學生數字和工程師數字。21 世紀後，大學已增至 2,879 家、職業學校 10,340 家；大學生畢業已由 100 萬增至 800 萬，大學生數字累積 4,600 萬人，加上海歸 300 萬，已接近 5,000 萬人，其中工程師佔六成，中國才能成為基建大國。香港青年人要面對的競爭不是來港就讀那一批，只有加強自己實力，才有出路。中國營商環境已由 20 世紀世界百名外，升至 2019 年的第 31 名，超過法國、荷蘭、瑞士；中國軟實力亦由世界百名外，升至第 27 名（美國第 5 名）。到中國投資，回報率 11.2%，比世界平均水平 8.9% 為高，97% 美國企業有盈利，外資為何要撤退，退到哪兒去呢？風險不更高嗎？

2019 年 12 月 27 日

中國外交關係初探

美國二戰後建立的外交關係是盟主和盟友的關係，以北約為例，盟主當時有大把錢，所以負擔了七成的軍費，如今負債累累，國債也 22.5 萬億美元了，要小兄弟多負擔些，理所當然。但盟主要小氣，大家就開始不聽話了。古語有云：「有錢使得鬼推磨」，美國財大氣粗之際，大家都要推磨，所以美國人喜歡說自己朋友最多。中國人是交不到朋友的，美國的朋友不准和中國交友，是戰後規矩，所以中國的外交政策，就是不結盟，只是做夥伴。夥伴關係可能比以利相交的盟友關係來得牢靠。

中國的夥伴在 2019 年所見，大概有 100 個左右，最密切是「全面戰略合作夥伴關係」，共 14 個，重點在戰略和是否全面。目前最佳關係是俄羅斯的「新時代全面戰略協作夥伴關係」，最鐵桿是巴基斯坦的「全天候戰略合作夥伴關係」。

再其次是「全面戰略夥伴關係」共 32 個，只欠了「合作」二字。比較特

別是德國的「全方位戰略夥伴關係」和英國的「面向 21 世紀全球全面戰略夥伴關係」，兩個都欠了「合作」二字。日本是美國老二，和中國只能是「戰略互惠關係」，亟宜改進，期以 2020 年習近平訪問日本。以色列亦是和美國極親，乃有「創新全面夥伴關係」，也沒有戰略。和美國交往多年，也成不了夥伴，因為美國只想當盟主。2012 年中國提出「新型大國關係」，美國不理，其後提出「戰略競爭對手」關係相應。對手和夥伴，何時能調和，天下才才太平！

2020 年 1 月 1 日

附表：中國「不結盟」外交關係下與中國有「夥伴關係」的國家

新時代全面戰略協作夥伴關係：俄羅斯
全天候戰略合作夥伴關係：巴基斯坦
全面戰略合作夥伴關係：越南、泰國、緬甸、柬埔寨、老撾、莫桑比克、剛果（布）、塞拉利昂、塞內加爾、納米比亞、津巴布韋、幾內亞、埃塞俄比亞、肯尼亞
全方位戰略夥伴關係：德國
面向 21 世紀全球全面戰略夥伴關係：英國
永久全面戰略夥伴關係：哈薩克斯坦
全面戰略夥伴關係：意大利，秘魯、馬來西亞、西班牙、丹麥、葡萄牙、印度尼西亞、墨西哥、蒙古、阿根廷、委內瑞拉、巴西、法國、阿爾及利亞、白俄羅斯、希臘、澳大利亞、新西蘭、埃及、沙特阿拉伯、伊朗、塞爾維亞、波蘭、烏茲別克斯坦、智利、厄瓜多爾、匈牙利、塔吉克斯坦、南非、吉爾吉斯斯坦、阿拉伯聯合酋長國
戰略合作夥伴關係：韓國、印度、斯里蘭卡、阿富汗、文萊、孟加拉國
戰略夥伴關係：土庫曼斯坦、尼日利亞、加拿大、愛爾蘭、烏克蘭、安哥拉、卡塔爾、哥斯達黎加、約旦、蘇丹、捷克、摩洛哥、烏拉圭、吉布提、玻利維亞、剛果（金）、保加利亞
全方位友好合作夥伴關係：比利時

全方位合作夥伴關係：新加坡
全面友好合作夥伴關係：馬爾代夫、羅馬尼亞
全面合作夥伴關係：克羅地亞、尼泊爾、荷蘭、東帝汶、坦桑尼亞、利比里亞、赤道幾內亞、加蓬、馬達加斯加、聖多美和普林西比、烏干達
友好夥伴關係：牙買加
友好戰略夥伴關係：奧地利（「一帶一路」國家）
重要合作夥伴關係：斐濟
新型合作夥伴關係：芬蘭
創新戰略合作夥伴：瑞士
創新全面夥伴關係：以色列

新亞演講的答問及感懷（講後記）

11 月返港參加新亞書院「當代中國」話題的講座，筆者講題是拙作《讀史觀勢》所引申出來的中國現狀和對外關係，全場有約 1,500 名同學和各位領導及教授們，也算高朋滿座。可惜只得 1 小時，未能盡情發揮，但求指出方向，師弟、師妹們自行研習，也算是一得之見。

開場同唱錢穆所作的校歌「手空空，無一物」，70 年來不變，但大家物質供應已不同，精神糧食要加強。師弟、師妹們總算俾面，全程安靜專注，絕對有尊重知識應有的莊嚴，演講後的答問也有板有眼，反而最尖銳的問題來自內地來的同學，也不算難答。

錢穆對人權作如下觀：「中國人生必有『倫』，人與人相處，乃為倫。故言倫，則決非個人，如夫婦，如父子，如兄弟，如君臣，如朋友，此為五倫。個人獨立，自由平等，即無倫可言。」西方人無倫，乃講權，有人權，無人倫，乃西方文化和中國文化最大不同所在：西方人看世界歷史，只得西方

500 年，而最重要的兩個事件，即為法國大革命和美國獨立戰爭，影響世界數百年。法國大革命推出「自由、平等、博愛」，可說是當年普世價值，但何時偷樑換柱，變了「自由、民主、人權」？可以說反而是狹隘了。

時至 21 世紀，言論自由有了雙重標準。民主是力大的一方壓制力小的一方，人權更是打壓其他國家的工具，完全適合西方的工具文化，衷心無誠，盡出於偽。力少者無權可言，乃趨於激烈。已不知中國文化的「氣量、胸量、識量、度量、寬宏、大量」等是從心不從量的道理了。

亦有問對世界統計的數字是否有信心，這是指筆者所提供的 2050 年全球經濟數字的可信性。到 2050 年的世界 GDP 排名，中國居首佔 20%，印度居次佔 15%，美國變成第三佔 11.6%，印尼居第四佔 3.6%，而日本跌至第八佔 2.32%，英國脫歐後跌至第十佔 1.8%，亞洲四大加起來佔 41%，金磚四國亦是佔 41%，歐盟排名第 27，只是 9%，G7 佔 21%，E7 佔 48%。世界過 30 年後，統計數字確是大變，同學們難以置信亦正常，但這些統計是西方專業如 OECD、PWC 和高盛等各自計算。數字不盡相同，大方向相近，筆者才採用，這可不是中國人計算出來的。

至於歷史數字，1989 年柏林圍牆倒塌時，西方世界佔全球經濟 80%，2019 年只錄得 40%，這是 30 年間的事，再過 30 年變成 21%，有沒有可能呢？應該有，所以筆者在《讀史觀勢》中列出十大走勢。

（1）中國睡醒，還推出「一帶一路」和「世界命運共同體」兩大目標。

（2）美國消停，只知用極度施壓和制裁兩招，不知仁政為何物。

（3）日本掙扎，反而到了脫美返亞的大考量關頭。

（4）歐洲安於逸樂，連製造業也衰退了。加之英國脫歐，團結力量又少了一環。

（5）金磚成團，將成比歐盟 G7 更大的經濟體。

（6）四小龍轉型，不能只做中間人，而是要釐清自己在世界的位置，努力扮演自己的角色。

（7）東盟、印度崛起，兩者隨中國之後成為重要實體，必遭西方打壓

冒起的速度。

(8) 非洲造勢，人口大增成為新動力，誰先着手，誰最有前途，中國人在非洲已超過 100 萬。

(9) 中東戰火，美國剎車，引起後遺症，以巴之爭更劇。伊朗、沙特爭雄，令人心驚。

(10) 各有隱憂，首先面對全球衰退，世界進入新時代。事實上西方歷史都只看西方，而忘了東方尚有 19 世紀的日本明治維新，成為強國。

20 世紀的變化波及全球，而鄧小平 1978 年開始的改革開放 40 年，創造世界奇跡，影響 21 世紀，必屬影響世界的大事，不可不曉。錢穆說中國不在「變動之不劇，而在暫安之難變」，暫安已 40 年，往後 30 年爭取繼續暫安，要有非常的手段，而不是「韜光養晦」就可以。

還有同學問及如何讀錢穆的《人生十論》，正中筆者下懷。此書不要看 1955 年版，而要讀 2016 年的北京三聯版，錢穆全集已在大陸全面發行。最好由第三輯的「中國人生哲學」部分讀起，這是錢穆晚年的心得。他已看出台灣人必須返大陸才有作為，要學生們返大陸營商，必須本着共患難的心態，要「謙虛，憂患，謹慎」。這些論述對香港學子有同樣的作用。

果不其然，1987 年台灣解嚴，中國國運轉變。台灣人大批返大陸，但多少人聽從錢穆之言？同學們宜細讀，開卷有益，是為記此次發言的感懷。

2019 年 11 月 9 日

中華文化的理想人

錢穆論中西文化分別，西方是外傾性，偏重物質功利；中國文化是內傾性，主要從理想上創造人、完成人，要「使人生符合理想，有意義，有價值，有道」，「有人格，有德性」，自己先來「合道」，然後希望人人「合於道」。

理論上，人人都可以做得到，人人皆可為堯舜，人人皆可為聖人，實際

上做得到的人不多。「聖人」太高了，做個「完人」就不錯了。中國歷史命脈一向只靠「人」，政治可以腐敗，財富可以枯竭，軍隊可以崩潰，但只要有人就好。中國歷史不論治、亂、興、衰，永遠有「人」維持着「道」，中華民族才可以不亡。

西方一衰就不復起，因為只講物質。財產過億，講事業，做大公司老闆，連總統都可以當了，但忽略了人本身的內在意義和價值。人人都可做聖人，以孟子的標準：「伯夷，聖之清者也；伊尹，聖之任者也；柳下惠，聖之和者也。」

任是「積極向前」，「負責領導」；清者，「隱居避世」；和者「隨和」，各有其道，都是完美之人。據西方標準，清者與和者，不會被記載，因為無功業，而任者亦分成功與失敗兩種，失敗者亦不入史冊，和者如比干、屈原、文天祥、史可法、諸葛亮，在中國歷史上都是受敬愛的。人生何求，活在他人心中，被敬被愛而已，億萬家財，著作等身，也未必獲得敬愛。看看美國今天。

歷史上的清者還有陶淵明、王維、管寧（三國第一人）；和者如箕子、杜甫、白居易、曾鞏。這些人不在歷史的舞台中央，但不失為文化的完人，為詩聖、文雄，證實不論在任何環境，都可以做一個理想的完人。

2018 年 7 月 3 日

中國人三部曲和美國

1949 年，毛澤東說「中國人站起來了」，那是經過百年的苦難和無數仁人志士的前仆後繼。1978 年鄧小平改革開放，實事求是，經過 40 年奮鬥，「中國人富起來了」，但人均僅是世界上的中等，和真富還有距離。中國人不能驕傲起來啊，2020 年達到全面小康，才是現實，還有「中等收入陷阱」在前面等着。

2018 年，新目標是「中國人強起來了」，強有甚麼好呢？「國強必霸」

是西方文化的必然，東方文化的「仁者無敵」，西方人是不相信的。皇帝的外衣是「仁慈的霸者」，美國人用了這外衣 70 年，如今要剝掉它了，世人還未大悟，新衣下的皇帝是怎麼一回事？

FT 的 Wolf 說得好，「他信奉交易甚於聯盟，信奉雙邊主義甚於多邊主義，信奉不可預測性甚於連貫性，信奉強權甚於規則，信奉利益甚於理想。」

霸主一向是「強權即正義」，行為特色是凌霸，自怨自艾，無稽之談。例子不可勝數，加上自戀成狂，相信自己的謊言，一切輕鬆取勝。

驕兵必敗，就在目前，特朗普不可能永遠存在，但特朗普主義會繼續下去。他的繼承人也許沒有明顯的個人缺陷，所以執行得更有效率，以低成本來維持霸權，這是特朗普主義支持者的夢想。

但貿易戰一開，首先受害就是此輩，美國就是要「中國人強起來」失敗，而不是權力共享，這是完全可以預測的。可以預見是中美的較量會延續三十年五十年而不止，中美經濟差距會消失，但科技差距仍保持，直至「人才戰」形勢逆轉。美國移民政策不改是可能的！

2018 年 8 月 17 日

中國人的消費社會

美國人樣樣都要第一，當中國的 GDP（按購買力平價法計算）超過美國之際，還可以解釋那是理論上而不是實際的。雖然這理論是美國人創的，但當美國預期今年中國消費者零售金額會達 5.8 萬億美元，世界最大消費市場寶座也要讓位，美國人就要出手了。

若看歷史，2000 年美國零售金額是 3.3 萬億美元，是中國 4,720 億美元的 7 倍。過去 17 年，中國以每年 10% 至 12% 的速度增加消費，共增1129%，美國只增加 75%。假以時日，中國一定超過美國，即使人民幣不再強勁，超過美國也就是 2019 年的事。

還有一項數據證明中國零售額可能被低估，就是餐廳、酒吧等的消費。

現時中國涉及金額為 6,000 億美元，美國則為 6,784 億美元，看似美國較多，但實質上中國餐飲大多不開發票。以 14 億人口計算，中國人均每日消費額只得 8 元人民幣（1.17 美元），美國則是 6 美元，中國被嚴重低估。

另外，還有奢侈品這個「小眾市場」。中國人迷戀名牌，瘋狂購買奢侈品有幾千萬人之眾；美國文化是「民主大眾」，體現在消費觀念上，最佳品牌就是 Levi's 牛仔褲。美國人完全缺乏中國人對奢侈品的追求、欣賞和渴望，所以中國個個大城市都有 LV，美國僅止於洛杉磯比華利山的金三角幾條街。不要以為奢侈品多由荷里活明星做代言人，表示美國人愛奢侈品，論等級層次，美國完全敗給亞洲。去美國經營奢侈品生意，等於自殺，因為市場就只有那 0.1%。現今世界，在奢侈品市場中，中國認了第二，沒有人敢認第一，消費者紅利用不完，這部分也是零售金額一部分。美國現時才怕中國成為消費社會，太遲了！

2018 年 11 月 21 日

「一帶一路」五年記

「一帶一路」是 2013 年 9–10 月提出來的，筆者在《讀史觀勢》(2016 年) 中花了一整節來討論，不覺又已經兩年了，發展神速，當時有人把它和馬歇爾計劃相提並論。

其實五年下來，不論在目標和規模，都遠遠超過，單看金額和參與者，已經不可比。馬歇爾計劃只是幫助歐洲 18 國，金額 127 億美元，即使用現值計，也不過是 1,270 億美元。「一帶一路」開始時是沿線 66 國，但五年後已覆蓋全非洲 53 國，已涵蓋全球三分之二的人口了。

「一帶一路」原計劃 1.4 萬億美元，五年後已投入 2,100 億美元，遠遠超過馬歇爾計劃。馬歇爾計劃基本上提供原料半成品（28%）、食物肥料（27%）、機械車輛（16%）、燃料（13%），都是美國產品，約為美國 GDP 的 5%，對美國 GDP 增長也是大有裨益的。「一帶一路」是建基礎設施，如鐵

路、水壩、港口、機場，令到當地可以自力更生，突破關鍵瓶頸，非洲日後大發展，以此為先機。馬歇爾計劃只是一個幫助西方重建的計劃，是有選擇性的，後來雖加上亞洲計劃 60 億美元，為的也是扶助日本（41%）為主，包圍中國的鄰居也得益，包括南韓（15%）、台灣（15%）、菲律賓（14%）。

「一帶一路」目前看來是「拋玉引磚」，美國啟動的「印太計劃」，金額只是 1.13 億美元，後來又說要國會同意增資於海外私人投資公司（OPIC）和國際發展融資公司（IDFC），但金額亦只是 600 億美元，還是全球性的，杯水車薪而已。日本也說要和亞洲開發銀行（ADB）合作，搞高質量基礎設施合作，金額是 1,100 億美元，但落實多少？以日本的「小心」和怕風險心態，也是只聞樓梯響，不是嗎？

2019 年 1 月 11 日

天下大同和軍事印象

西方人看中國文化歷史，不會有耐性看 5,000 年，能看 500 年就不錯，更多是看近百年。最多是注重「黃禍」時代，以及中國對外戰爭的史實。如何使西方人明白中國人「平天下」的概念，根據呂思勉在 1935 年的解釋：「中國所謂平天下，就是要各個不同的民族同化，使俱進於大道。因為中國人認自己的文化是最優的，所以和別個民族分爭角立，是中國人所沒有的思想。」

事實上，中國在歷史上還屢受異民族的迫害，甚至被其所征服，這才激起反抗行動。雖然如此，中國人未因此而放棄「世界大同」的思想，中國人和人家「分爭角立」，只是以人家欲加害於我時為限，如其不然，中國人仍願與世上人共進於大道，共臻於樂利（乃有人類命運共同體）。壓服他人，削滅他人，甚至消滅他人的思想，中國人迄今是沒有的。

這是了解中國 5,000 年來文化的結論，但西方歷史學家如保羅・甘迺迪的歷史觀，只有新中國 1949 年成立之後的歷史：新中國從「它誕生之日」，

「同列強交往中所起的突出（更不用說敢作敢為）作用」，「它同美國在朝鮮和中國金門、馬祖的衝突……解放西藏……它同印度的邊境衝突……它憤然和蘇聯決裂，並在有爭議的邊境軍事交鋒……它同越南進行流血的反擊作戰……」

甘迺迪的結論是：「在整個 20 世紀五十年代和六十年代，中國實行敵對外交政策，幾乎與所有鄰國發生過軍事衝突。」西方人的歷史感是短的，對中國這 20 年的印象，不為中國 5,000 年的大同思想所融化，事情就難了。

2019 年 4 月 10 日

「帶路」入非洲，超出西方想像

1978 年，最樂觀的「中國通」們，也不會想到 40 年後，中國的工業產值會上升 53 倍到了 28 萬億元，年均增長 10.8%，所以今日中國的「一帶一路」伸展到非洲，也不是甚麼新鮮事。

西方式的風險評估，充滿了優越感，西方做不到的事，非西方無可能做到。根據西方的大數據，當年的亞洲投資都是過分樂觀，所以 5 年前「一帶一路」出來，美國人只會嗤之以鼻，判定一事無成，也不會投入非洲市場。也是白人優越感在作怪，認為非洲怎可能有還款能力呢？投資只能是製造「債務陷阱」。且看這次中非峰會中，中國新提供的 600 億美元金援，有 150 億美元是無償援助、無息貸款和優惠貸款，並無付息的問題，還本可以長期。

中國的承諾有連貫性，不像美國一換總統，就可以翻臉。還有 200 億美元是信貸額度，和 50 億美元進口貿易融資，是進出口業務的周轉資金，有買賣就有得還，彼此互利。中國至今已投入 1,100 億美元，設企業一萬家，九成是中小企業，在非洲的中國人已超過一百萬人。

中國商人吃得了苦，西方人無法比，當初嫌中國落後，不肯來華工作的西方幹部還少嗎？中國大企業當初為了原材料而來，如今已改為為建設基礎設施而來。非洲是大市場，且看 15 個水壩、25 個港口、10 個機場、火

中國的復興與外交

295

車鐵路 7,400 公里，還有體育館、購物中心。工廠林立，連出口鞋到美國的中資公司也僱用 5,000 非洲工人，業務早可移轉。美國要全球加關稅，才可阻止中國企業海外公司出口，非洲當然重要！

2019 年 4 月 19 日

百年前的建國方略

今年是五四運動一百週年，但更不能忘記 1919 年 6 月孫中山所發表的《建國方略》。100 年過去，國人努力達到了多少呢？

第一方略要數建鐵路 16 萬公里。在 2019 年，全國鐵路達 13 萬公里，但有高鐵 3 萬公里，這是當時想像不到的。

高鐵的時速 350 公里更是「天方夜譚」，如今更有了「一帶一路」、「六廊六路」，遍建歐、亞、非各洲，再過 100 年會是甚麼光景？可見批評家說的「車大炮」[1]。如今的中國假以時日，有驚人的成就，清末被半殖民了 100 年，卻無所作為。

至於第二方略，是建廣州為世界第一大港，超英趕美的思想出來了。100 年後，世界十大港口中有七個在中國，第一大港是上海，後面依次是深圳、寧波、香港，廣州才是第五，其後是青島、天津，英美港口不入十大。這點是達到了。孫中山為何看不上上海呢？香港也曾是世界第一。

「天下為公」還須努力

再看吸引外資的第三方略，這點是成功了，2015 年單年就錄得外資流入金額達 1,360 億美元，創歷史新高；而 2018 年仍有 1,350 億美元。同時，中國也成為資金輸出國，不過貿易戰一起，內地投資美國的資金在去年暴跌

1　粵語，吹牛。

83%，大概往後會成常態。但流美股市資金開始卻步，是全球性的，大家要小心為上。

第四方略是國人皆懷為眾人服務的理念，責任感強，無畏無私。「天下為公」還須努力，世界命運共同體的理念來了。回顧 100 年前，文盲有 90%，今日僅 5%，國民素質已不可同日而語，當然永遠可以改善，文化中的劣根性，全世界都有。筆者走遍天下，發現在外國，令人看了搖頭的事，也是不少的！

2019 年 6 月 28 日

早來比晚來好

筆者的「讀史系列」出到第四本《讀史論知人》(商務)，目的不外乎提高讀者對中國歷史的「溫情與敬意」(錢穆)，以及希望讀者和他們的後輩能「認識了自己的舞台，再來扮演自己的角色吧」，不要只知有西方觀念，而不知東方道理。有讀理科的朋友說正好補當年不讀歷史的不足，更有老友開始明白當年「八九」一幕也許別有因由。

回看歷史，鄧小平在 1978 年實行改革開放，10 年後的 1988 年，改革開放進入深水區。1986 年中國申請入世，美國正在阻撓，政治上西方自由思潮泛濫，經濟分配不均，貪污盛行，學生不滿，各種矛盾爆發。年輕人不管在國內外，都相信西方一片好心，不會搞 21 世紀稱為「顏色革命」的東西，多天真啊。

1989 年 7 月，鄧小平說：「這場風波遲早會來，早來比晚來好。」這一年鄧小平 85 歲了，尚有精力去應付這場風波，負起歷史責任。歷史人物總要任勞任怨，且看明朝的張居正，生前死後都給人罵，而一番功業，死後被全盤推翻，功敗垂成，只因 58 歲就壯年去世。

鄧小平大幸活到 93 歲，可以二次南巡，力挽狂瀾，西方不得逞。要知 1989 年後，歐美進行制裁，筆者東家卻申請在廈門開分行，被認為雪中送

炭，立刻批准，1990 年開業。這場制裁，兩年後過去，這和 21 世紀制裁伊朗、朝鮮，並無分別。所以看事件，一定要長時間來看，一時的罵名不可免，凡事要從中華民族的根本利益來思考問題。「實事求是」是鄧小平的法寶，「知人」便知一切，不是嗎？

2019 年 7 月 10 日

鄧小平的海歸預言

中美較量是一場人才戰，筆者的人才方程式，是人口加 IQ 加教育程度的總和，誰的總量大，誰就得到最後勝利。1978 年改革開放之初，很多人反對派學生赴美留學，怕他們一去不返，事實上以當時美國吸引移民的魅力，自是沒法擋。但鄧小平獨排眾議，說：「當國家愈來愈強大的時候，留學生終歸會回來。」

這句話要時間考驗，25 年後的 2003 年，出國留學學生 11.7 萬人，回國 17.1%。2015 年，出國 52.3 萬人，回國 78.1%。到 2018 年回國已達 90%，但誰又料到美國在 2019 年居然視留學生為間諜，學習科技都有罪呢？

研發費 2025 年追平美國

中國甚麼都要自力更生，增加教育經費是必須的。2001 年至 2014 年間，中國增加了 1,800 所大學，「千人計劃」吸引了大量教授們返國，當然如今又是罪名，不過大勢已成。中國 STEM 學生，每年達 500 萬，是美國的 10 倍。蟻多褸死象[1]，何況不是蟻，而是科技尖子。中國的研究費用亦急起直追，若不是華為被美國狙擊，就不知華為的研發經費如此龐大。

1　粵語俗語，比喻弱者數量多，齊心協力，可戰勝強者

讀史論曉事

2000 年，中國的研發費用只是美國 12%，2015 年已追至 75%，預計 2025 年可以追平。有費用自然吸引到海歸，甚至其他美國移民，美國再不是移民「夢幻之鄉」了。當「二等人」的感受，在 20 世紀只能湊合，人生就過去了。21 世紀是「亞洲化」的時代，人生發展必在亞洲。提心吊膽，隨時被查的生活好過嗎？何況白人優越感，永不退潮，以目前趨勢來看，中國愈強大，華裔在美愈難捱。讀史觀勢，看不清大勢，莫謂言之不預也！

2019 年 7 月 12 日

「實事求是」打新時代牌

《讀史論知人》（商務）收集了三篇有關鄧小平的文章，最重要是記錄了鄧小平的 32 字箴言，奉行了 40 年，行之有效。最重要是「實事求是」，不要務虛，只要有實力，真金不怕洪爐火，不能崇拜，也不必恐懼。

「韜光養晦」不是當縮頭龜。當今世界透明度極高，美國偵察手段遍佈天下，在華為 5G 實現之前，全球資訊權全在美國手中，中國真的能隱蔽實力嗎？沒可能。

惟一差異是美國「視而不見」，就如「9‧11」前那種不相信會發生的心態，所以不要說因有人「高調」而泄露了秘密。美國的智庫研究中國是十分徹底，只是結論不同而已。

目前中國「有所作為」，「一帶一路」是衝出西方戰略包圍網必須的回應。美國的極度施壓手段，中國以橋牌加圍棋的文化回應。既有鄧小平式的橋牌「偷牌」法，也有圍棋戰略的「互活」法。

華為不求受制於人

華為和它的美國供應商，基本上就是「互活」的關係。華為勝在有其他代替品，但如何安排才不會在未來「受制」於人，才是要考慮的。美國一味用拳擊法，要讓對手「一拳倒地」（KO），看來已知道無效，要另謀他法了。

「衷心無誠，盡出於偽」已為世人所知，也被防了，美國文化也一般是「不見棺材不流眼淚」，有時見了棺材也恍如不見。不是切切實實見了經濟損失，破產多了，失業來了，通脹退不了，是不會「後悔」的，又隨時可以「反悔」。

對股民來說，又是一場「無妄之災」而已，中國人自信心和自負力回來了。鄧小平時代拿着一手「弱牌」，實事求是，也無甚麼光可韜，但總算撐到今天，且看這一手「新時代」牌，會如何打！

2019 年 7 月 15 日

天命與運勢

西方人學得把「危機」兩字拆成「危險和機會」，津津樂道，但 21 世紀，西方人更應學會把「命運」拆成「天命與運勢」，才是正理。中國文化傳統由此引伸無限，北宋五子之一邵雍的兒子邵伯溫說過：「世俗所謂命者，某所不知。若天命，則知之矣。」

睇相看命，那是世俗術數，是大數法則的餘緒。但天命則是大自然規律，也是民心所嚮往。對美好生活的嚮往，也就是大自然法則，西方人也注重 Mother Nature。天命是不變的，所以變的是運勢，勢轉則運來，「一世好運」也是良好的願望。

切實做事，所託賢者

「無妄之災」就是警告不要做有妄之爭，所以筆者所著的《讀史觀勢》（商務）就是如此一本書。運勢來了就要有人去做事，所託賢者，其事順，謂之順勢。所託非人，其勢逆，前途到處絆腳石。

賢人多因教育成功，放棄教育一切不成功，歷史上會有把持命脈的人出現。中國近世的轉勢點在乾隆末年，用和珅，那是頂點。乾隆視西方科技如無物，康熙則視科學為皇家讀物，不得流傳民間，乃部族政治的後遺症。

中國乃衰二百年之久。

變革中吸取外來精華

中國到 21 世紀崛起，西方當然要阻擋，但其勢已成，自有國運。而沒有制度可以不加變革，百年不衰，西方制度正逢變革之時而不肯變，是逆勢而行。選人乃愈選愈平庸，行事只看短期利益。

在全球化的 21 世紀，乃全球受累。限制極度自由，降低貧富懸殊，是最基本的兩件事，亦是天命。中國的崛起是中華傳統文化的復興，只有善於變革，吸取外來精華，才能順天命，有運勢，短期阻滯，不足論！

2019 年 7 月 19 日

中國的攻勢防禦法

中國自古以來就是農業文化，最大敵人是北方的遊牧文化，到近代自英國開始，最大敵人是商業文化。史學家認為商業文化就是遊牧文化的變種，同樣有「侵略性」。到了 20 世紀中葉，中國文化也向商業文化靠攏，但和西方不同，西方發展了資本主義，中國則推行了中國化的社會主義。在人類幾千年歷史來看，資本主義和社會主義只是短短一二百年，絕不是「歷史的終結」。任何制度都要有一種良好的精神來維持，精神一衰，最好的制度也要崩潰。

勝不驕，敗不餒

西方文化剛好就在 21 世紀遇上精神衰落的現象，只求利己，而要全球付出代價，這必然等待他們的賢人出現，才能改善。中國面對這種現象，只能防禦，但自秦始皇建萬里長城防禦北方以來，中國都是採取「攻勢防禦法」，是「強性的和平」，有堅強和優越的戰鬥精神。諸如漢代霍去病打匈奴、唐代李靖打突厥、明朝徐達驅蒙元、戚繼光打倭寇，採取一勞永逸的

殲滅戰略，買來百年的長期太平。但歷史循環，第二次外患又來，逼得中國重新努力，再一次以新的大規模的攻勢防禦來鞏固疆土。

但歷史上中國總是適可而止，漢武帝、唐太宗都在大勝後收兵，中國崇拜的都是失敗英雄如岳飛、文天祥，勝了適可而止，敗了不屈不撓，再圖復興。「勝不驕，敗不餒」，是最深沉、最強韌的和平精神。中華民族能維持幾千年而不倒，決不是偶然的，每到危急存亡之秋，自然有優越的將帥、高質素的士卒出現。和平的中國人也是有戰鬥力的，讀歷史便知。

2019 年 8 月 16 日

中國留學生何去何從

上世紀八十年代，日本經濟蒸蒸日上，日本豐田、本田汽車在美暢銷，日本企業亦拚命在美國收購，由摩天大廈到高爾夫球場和五星級酒店，美國人最怕有朝一日老闆變成日本人，日本成為美國最大威脅。1991 年，有報告指出「某國給美國企業和大學錢，以便影響他們，並接觸到美國的技術和研究；派學生和科研人員赴美國大學獲取知識，並從媒體上影響美國公眾」。日本留美的大學生 1997 年是 47,033 人，到了巔峰，從此下滑，到 2016 年下降到只有 40%，18,780 人，美日高等教育交流從未恢復。

2019 年，美國人只將此報告的「日本」兩個字改為「中國」，就可以一字不易刊出了。2019 年，中國學生留美 36 萬人，印度也有 18 萬餘人，遠比日本當年多。自從日本發展減緩之後，作為壞蛋和美國威脅的形象，很快就從美國媒體上消失了，如今取而代之的是中國，印度卻未受影響。

美國政府調查中國學者和留學生，華裔亦不放過，人人都可能是間諜。一些孔子學院亦已關閉，合作的科研項目被審查，中國的海歸能不日益增多？中國學生去美國留學意願亦收縮，恐怕又如日本當年一樣，還有中國「千人計劃」的學者們，日後更不好過。中美科研關係大受打擊，何時能恢復，還是從此脫鈎？當年美日脫鈎，看來影響美國不大，但中國留學生是日

本最高峰時的八倍，沒有哪個國家可以取代，印度也不能，得益者當然是歐洲。北約在美國高壓下，亦只同意說中國是挑戰亦是機遇，而不是威脅，科技合作機會，只會更多！

2020 年 3 月 27 日

東西文明的最大分野

在西方人眼中，改革開放 40 年後的中國不再是落後的國家，而是「一個擁有獨特價值觀和傳統的文明型國家，並排斥西方價值觀的普世主張」。當然西方人對中國文化的諸子百家，無法明白，單是「致中和，天地位焉，萬物育焉」這 11 個字，聽也未聽過，但他們知道「隨着中國的經濟影響力與日俱增，中國的行事方式開始與自由序秩的行事方式產生衝突」。

百年來，由大清至民國初年，中國的少數知識分子和統治階層人士，對中國傳統文化「極端的不自信」，懷着「極端的自卑心理」，只肯盲目崇拜西方，而不肯了解中國社會、經濟、宗教各方面的一切，成為西方殖民主義者的代理人。而西方又偏偏以他們來代表全中國，同時誤會了中國人的真相和實情。到了中共時代，西方和中國變成敵人，西方只知毛澤東不信邪，最大印象是清末的義和團精神和朝鮮戰爭的人海戰術，其實完全不明白東西文化的分別。

早在 60 年前，錢穆已告訴中國人，西方是工具文化、手段文化，而東方是道義文化、自然文化，西方是性惡論（人有原罪），東方是性善論，西方是人定勝天，東方是天人合一，西方人重法律，東方人重規矩（孔子到七十才從心所欲，但不能逾矩）。西方是科學文化，東方是藝術文化，西方重飲食男女，東方重孝弟忠信，西方重人權，東方重倫理，西方要進取，東方重知止，西方要獨霸，東方重包容。西方價值觀有多好，不外乎工具而已，不去了解自己，亦不去了解別人，怎能說是普世價值呢？不是嗎？

2020 年 2 月 13 日

由 PISA 看未來

PISA 比較世界各地 15 歲學童的綜合實力，是未來人力資源的指標，多年前中國由上海隊代表出賽，拿了幾屆冠軍。有人認為不公平，上海太強，不能代表中國，換了隊後，果然中國得不到冠軍。2019 年，中國改由北京、上海、江蘇、浙江四個省市代表參賽，人口約 1.8 億人，有代表性吧，結果仍是冠軍，亞軍新加坡，澳門取代香港，得到季軍。澳門人口才 63 萬，居然有此實力，令人讚賞，有人謂凡威權政府下的學童，較會比賽，香港愈來愈弱，也無辦法。

不過下面還有台灣，由老蔣父子的威權時代，改為投票時代，領導只是用來被人罵，成績下降是必然的。有多落後呢？只有數學排第 5，閱讀排第 17，已是進步了 6 名，科學排第 10，香港排第 9。台灣自號科技綠色之島，何以致此，令人費解。所以有人嫌香港學生中英閱讀的程度不足，比台灣還是好得多，送學童去台灣，可以休矣。

大陸各省市學童的實力如何，其實自己可以舉辦個聯賽，大灣區要組隊，和長三角比一比，還有西南聯隊、京津冀隊。一較雌雄，令大家心中有個譜。中國目前 IT 業人才最缺乏，2017 年的缺口達 765 萬，每年供應只是 100 萬，所以讀數學科學者，「皇帝女唔憂嫁」。2018 年人工智能業的工資上升 30% 至 50%，前景看好，還一定要向外吸納人才。增加教師和學生學位，只是杯水車薪。如今 5G 已開始，6G 還有 10 年，只要肯策馬中原，何愁未來？只是這場是國際賽，全球都來也！

2020 年 2 月 17 日

繼續消費是硬道理

在上海的消費場所是完全無法感受到特朗普所吹噓的中國 300 萬人下崗的，只要價廉物美，到處大排長龍。上海大媽甚至不惜去美國 Costco 大賣場排三個鐘頭隊搶購，又去排長隊退會員戶籍，如何了解消費者行為才是大學問？

反而美國消費者信心指數由 7 月的 98.4 降至 8 月的 89.8，是 2012 年 12 月以來最大單月跌幅，卻不見特朗普團隊提及。要知 9 月 1 日再加關稅、美國勞動節週末的燒烤食物成本要上漲 15%，如何是好？每個家庭多花 1,000 美元，也是大事。

全球經濟，已是黃台之瓜，G7 開會提供甚麼經濟數字？G7 的 GDP 在 2019 年第二季，成長率平均只是 0.46%，醜死人。以美國為第一出口地的德國，出現負數 -0.1%，要脫歐的英國更是 -0.2%，要不是加拿大有出色的 0.9% 演出，G7 更危矣。第三季會有好消息嗎？

日韓之爭，注定彼此大傷，南韓第 2 季 GDP 成長率只有 1.1%，但已是四小龍中的第 2 位，台灣居然以 2.4% 排在第 1，吐了多年怨氣，但要求神。台積電可以繼續向華為供貨，否則不堪設想。新加坡以 0.1% 墊底，貿易疲軟是主因。香港只維持在 0.5%，那是「無妄之災」之前。看來四小龍下半年都不會有起色，號稱要超越中國的印度，亦後繼無力，只有 5% 的成長，再次居於中國第二季的 6.2% 之下。若和 1979 至 2019 年平均 9.34% 相比，中國當然是放緩了，但其體量仍然驚人，出口仍然在成長。確實美國高估自己能傷害中國的能力，亦低估中國自保的能力。繼續消費是硬道理！

2019 年 9 月 4 日

「五四」百年後反省

　　錢穆遠在 1964 年論五四運動以後，並無學術成績可言，只有學術的對抗，是「國故」和「新思潮」的對抗。而一般青年，「易於接受無學術，無根柢之過激主張，不易接受較深沉，較富中庸性的學術理論」。錢穆謂，當時的學人，到晚年時自悔者甚眾，當時後生之對前輩，則「不信仰、不尊重」，亦可謂學術與一般人事脫離，且愈去愈遠。五四是 1919 年，若五四後，中國能長治久安，甚至暫安，新學術或可萌芽。

　　但 1931 年日軍已開始侵華，學術當然無法進展。而與五四運動同時進行的新文化運動，由胡適等提出「疑古運動」，「打倒孔家店」、「廢止漢字」、「羅馬拼音」、「線裝書扔茅廁」、「全盤西化」，當時看是風起雲湧，但百年後看之，幾乎是笑話，完全不可行。

　　這也就是學術無基礎之故，潮流不是學術，時代一過，就被淘汰，這是百年歷史所考驗的。惟一留下來而成功的，是「白話文」成為當代語言，但民國一代的「白話文」亦和今日「白話文」大有分別。漢字簡體化，亦成為事實，幫助中國降低文盲率，有大功焉；繁體字自有其好處。

　　港台兩地的年輕人，中文水準日降，是不是繁體字太難呢？至於中國人生活上，「全盤西化」已成事實，衣食住行都已西化到極致，和百年前不能比。只是民主自由人權這些題目，在西方亦變成改變別人的口號，沒有百年不壞的制度，西方亦要大改革。能幫助學生等人變好的制度才值得學，學一個殘破的制度，只有壞處，沒有好處。資本主義開到荼蘼，要重塑了。不必急，已等了百年呢！

2019 年 9 月 11 日

重視貧困率才能脫困

1978 年鄧小平改革開放，也是不得不改了。這年中國貧困率是 97.5%，這一年香港開放銀行業，全世界都可以來開分號，香港突然需要大量金融人才。適逢其會者，人人薪水倍增，達五位數字，窮人都變富戶。太古城單位不要 20 萬元，百萬富翁可以退休而無憂了。

40 年後，中國貧困率降至 3.1%，扶貧是官員們最重要的業績，連深圳也要降中小企業的稅，為低收入的士司機降稅。消減貧困率是中央最大心願，但香港呢？貧困率居然是 20.1%，社會又怎能不亂呢？犯罪率固然很低，但若犯罪卻不算犯罪，那麼低犯罪率失去意義。貧富兩極化是社會不穩定的主要因素，只是成立一些基金會是不會有效的，脫貧後的人們是鬧不起來的。自古以來的執政者都很明白，香港向美國學習，不要在貧困率處學習。美國的貧困率只是 12.7%，但美國 3.2 億人口，有 3.6 億把槍，人人都可持槍上街，一言不合，拔槍而起，香港最少不致如此。

很多人想移民美國，要注意是要去做事，還是要去退休。美國中學畢業生的實際收入 50 年來一直在下降，所以低學歷者不能去，香港學歷去了也打折。社會保險基金到 2034 年就歸零了，所以失業無保險。醫療保險信託基金到 2030 年亦歸零了，有病無保險。美國 99% 人口的收入增長遠低於法國，只有 1% 才有保障，香港要不要學呢？

正確認識問題，才是解決問題的第一步，開會是解決不了問題的。法國也有黃馬甲大會，至今未退潮 —— 窮的問題！

2019 年 9 月 18 日

「博學篤行」之現代化

「育兒先育己，以身來作則」是筆者教育孫兒的座右銘。給四歲孫兒的生日禮物是「博學之，審問之，慎思之，明辨之，篤行之」這五句話，確也琅琅上口。但如何實行，如何現代化，也是對兒子的考驗。

「博學篤行」還是人家大學的校訓呢！有的是時間，但若能在中小學時代就準備好，就不怕將來有人工智能威脅。其實，這五句話代表着要訓練兒童具備的各種能力。

古代學子只要從事「經學」，通一經就是博士，就可以當官去，生活無憂。如今經學已廢，代之而起是文學、史學、科學、數學、社會學、哲學，甚至孫子兵法也成一學。所以今日的「博學之」，是指培養閱讀能力、語言能力、廣大視野的能力，不能坐井觀天，只知當地事，而不知天下事。

「審問之」，最重要是有不輕信假消息的能力、提問的能力。華裔兒童自古欠缺問問題的意願，即使問了，也要訓練。不要怕問了低級的問題，甚麼問題都可以有高深的答案，只看答題者是誰。

「慎思之」是培訓聯想能力和創新能力，21世紀凡事多元化，多極化，不如此思維，不得要領。「明辨之」，訓練思辨能力和獨立思考的能力，年輕人最欠此力，容易被騙，要撥亂反正，又要花費大量時間。「篤行之」，是最實際的能力，其中要有毅力和意志力，堅持到底，有自信心，還要有能適應的能力。有了這五種能力的訓練，才能進入社會後受歡迎，亦有戰鬥力。有足夠的耐心和意志，才能做到「先為不可勝，以待敵之可勝」，先求不敗，以待敵之自敗，不亦能乎！

2019 年 10 月 16 日

「致中和」的重要性

　　錢穆堅持：讀歷史，要明白歷史的真相。每一個朝代的建立和長久，必因有學術思想支持，所以了解和復興中國文化傳統為第一要事。春秋戰國最後統一於秦，不是因為秦國兵力強大，而是統一於戰國諸子百家爭鳴，最後形成「文化理想之調和，以化異為同，漸臻於一」。所以秦之統一是醞釀於當時人類的文化理想。秦始皇的主要手下，基本上是戰國時的客卿。丞相李斯，楚人；大將蒙恬，齊人。

　　秦始皇焚書坑儒，是歷史上大罪惡，但焚書乃楚人李斯的建議，焚民間的書，而不焚中央王室的書，所本是一時的思想統一。否則「七國咁 ¹ 亂」，如何治國？非謂愚民、實行專制，讀史不可不知。

　　正如多年後看西方傳媒對「香港 2019 年事件」的報道，不知者亦信以為真，所以「誰人寫，為何寫，為誰寫」，是讀史第一須知。

　　秦始皇並未廢博士官制，亦不准排斥六經博士，卻少有後世報道。戰國諸子已創「天下觀」，但天下觀中仍保持「楚本位」和「齊本位」，保持自己的「民族觀」。國乃天下本源，棄其國，則無天下。中國以「家族」為本位，家族各自獨立，結合則成鄰里鄉黨，擴而成國與天下。錢穆稱為「和」與「中」。

　　中國傳統，「致中和，天地位焉，萬物育焉」，此與西方不同。西方主張「個人主義」，所育者和所位者都是自己（Ego）。歐洲變成歐盟，不到五十年，英國脫歐，歐洲又要散。爭衡殺伐是否重來，誰也不知，中國新思想是「人類命運共同體」，乃為救星？

2019 年 11 月 27 日

中國的復興與外交

中英黃金十年親「華」可「為」

21 世紀，中英關係歷史進程愈趨密切：2004 年簽訂「全面戰略夥伴關係」；2011 年中英同意在倫敦提供人民幣金融產品；2015 年是關鍵的一年，3 月英國率先申請入股亞投行，德、法隨之，成為逆美國之意的先河；2015 年 10 月，習近平訪英，中英進入「黃金時代」，首相卡梅倫更宣稱中英進入「黃金十年」。

2016 年 3 月，英國取代新加坡成為最大的海外人民幣清算中心；2018 年，倫敦人民幣日均交易額為 730 億美元，首度超過英鎊、歐元交易額，成為中國以外最大的人民幣交易中心，市場佔有率 36%；新加坡和法國都只有 6%；這塊肥肉，誰捨得？

人民幣交易中心利潤豐

2011 年，外資持有中國債券 870 億美元；2018 年 12 月，持有金額達 1.73 萬億美元，上升 19 倍。外國央行持有人民幣儲蓄上升 80%，人民幣交易會為倫敦帶來數十億美元利潤，足以代替因英國脫歐導致的歐元交易收縮。

人民幣對英國的重要性不言而喻，另外中國投資英國金額早已超過 400 億美元。國與國間只有「永遠的利益」，英美「五眼聯盟」的盟國只是情報交換關係，與首相間還有一個五人委員會，未見得關係那麼密切。

脫歐在即，另找靠山

所以「螞蟻金服」收購 Moneygram 失利，但在英國收購 Worldfirst 卻過關，並不奇怪；而華為的 5G 早已投資英國，英國情報機構認為華為 5G 風險可控，亦「理之當然」。英國脫歐在即，沒有中國投資來彌補脫歐損失是不成的，美國既然拒絕中國投資，英國的最佳策略是坐享其成，「一帶一路」

和人民幣是兩大磁鐵，中英「黃金十年」怎能不用？英國老奸巨猾，看得清楚！不奇怪！

2019 年 2 月 25 日

由中日友好到中印友好

日本在 2017 年為了推銷子彈火車給印度，下了甚麼血本？項目金額是 170 億美元，即使 85% 貸款，也要 145 億美元，年期長達 50 年，貸款利息 0.1%。回看日本 38 年來對中國的貸款，1979 至 2017 年間，只貸了 33,165 億日元，折合 301 億美元，只是印度這一項貸款的二倍而已，還分了 367 個項目。安倍花錢「唔駛本」[1]，此之謂也；利率更不用說，不可能「近零」。

38 年來，貸款最高峰一年是 2000 年，金額是 2,000 億日元，也不過是 18 億美元而已，和印度這一項的 145 億美元是不能比的。到 2007 年，日本已不再提供新的日元貸款援助，而中國亦早已進入還本期，每年平均還款 1,000 億日元。中國政府的還款信用是 AAA 級，數十年來從未拖欠。筆者在 1979 年安排第一個中國貸款時，法國老闆囑咐，貸款合約不必太執着，只要利率計算分明，寫明延誤利息如何計算清楚就好。因為對法國而言，歷史上無不良紀錄，債是一定還的。

日本 ODA 貸款倒是全球性的。以前貸給中國，本是中日友好象徵，當年連北京、武漢機場的基礎設施，都有日本機器，自然有日本貸款。到釣魚島之爭，貸款亦已經停止了，中國自己亦有大量外匯，其實不必日本貸款。當然在 2000 年時，美元收益比日本貸款利率高得多，而 21 世紀以來，在中國崛起之下，日本用多少資金來援助其他國家，本來是協助出口機器，但亦變成有政治目的。目前是日印友好最重要，所以安倍一出手，便是 38 年來

1　粵語，不用花成本。

中國的復興與外交

貸款中國數額的一半，日本首相權力之大，官員配合度之高，教人愕然！

歷史證明打壓才是機遇

　　1978 年中國改革開放，弘揚「時間是金錢，效率是生命」，利潤成為目標，一切欣欣向榮。農民和工人都得到好處，沒有鬧事的理由，一切向錢看，自然有貪污受賄的現象，也有人會不滿。學生最易激動，而西方世界在在這段時間，在在不遺餘力輸出新自由主義私有化方案和「自由民主」！香港還是英國殖民地，當然中毒最深而不自覺，1989 年的六四風波成為西方反華顏色革命的最高潮。這場運動，鄧小平看得清楚，工農不亂，少數人翻不了天，乃出手平定了這場運動，這也是歷史上一個小點。香港人卻念念不忘 30 餘年，其他中國人不太明白為了甚麼，歷史上的大學生申怨事件，還少嗎？

亦敵亦友

　　自 1990 至 2001 年 12 年間，以美國為首的西方世界對中國進行制裁不斷，外資中斷，美國猶為兇悍。鄧小平意識到改革開放以來，最大失誤在教育，特別是對青年人的教育，乃有後來的 985 工程（1998 年）大量投資一流大學的計劃，20 年後乃見到開花結果，中國出現大量的工程師、電腦人才，還有愛國情懷。但 1997 年以後的香港，再次失誤，忘了年輕人的教育，可歎！「一國兩制」要保護，但年輕人的教育卻是共同的。

　　1997 年，西方發動亞洲金融危機，割羊毛，東盟、韓國大敗，大中華區卻無損，西方這時卻出現了裂痕。1999 年歐元面世，歐盟變成美國的主要戰略對手，減輕了中國的壓力。但 1999 年 5 月，仍然發生了中國駐南聯盟大使館被炸。2001 年 4 月，美國偵察機和中國軍機在南海相撞，發生中國機師喪生的慘劇，中美關係到達臨界點。

2001 年 9 月 11 日，美國發生了「9‧11」事件，「美國國土絕對安全」的神話幻滅，歷史終結了，而中國忽然變成反恐的「戰略夥伴」，中國亦被放行。2001 年 12 月，加入了 WTO，15 年的長期封鎖，告一段落，這是中美持久戰的第一階段。這段時間，中國進行了國有企業的巨大改革，建立了現代企業制度，這是美國始料不及。2020 年世界 500 強居然有 129 家中國企業，比美國還多，豈有此理？中國企業不再是上世紀九十年代西方人輕視的 SOE[1]，而是戰略性企業，同時又出現了民營企業如華為、騰訊、阿里巴巴等，可以和西方企業平起平坐。而美國亦變成去工業化的金融帝國，歷史上一向標榜平等的國家，已成為世上最不平等的國家，1% 佔有 80% 的財富，異族和老人毫不重要。

中國在打壓中，累積了巨大力量，美國的錯誤和愚蠢，給了中國巨大機遇。2017 至 2020 年的特朗普危機，亦復如是，歷史會證明的！等 10 年再回顧！

2021 年 1 月 23 日

百年大變局的到來

2020 年已過去，但被確定為世界由面臨百年未有的大變局，變成經歷百年未有的大變局。首先 G7 的 GDP 由二戰後的世界 70% 下跌至 30%。西方十億人口亦只代表世界的 13%，已沒有威震全世界的分量，G7 的地位由 G20 取代。但西方人不服氣，一定要打壓由中國代表的第三世界，手法一仍是打壓中國人的地位，將老掉牙的議題如新疆、香港、台灣、南海，打得火熱。

在傳媒自我渲染之下，在西方世界，中國人地位有所下降。但如何下

---

1   state-owned-enterprise, 國有企業。

降，也不會回到滿清、民國時代。同時中國人自信心和自負力已回復了。想中國人因此怨恨政府，只是緣木求魚。將中國人和政府分隔，亦是一場空想。2020 年最大的變化是西方世界的民主、自由、人權理念已瓦解。一個普通中國人亦恍然大悟，美國式自由、民主、人權不外如是，中國人放棄了對西方人偽善的幻想。戴口罩這等小事，亦變成自由的代表。

中國五千年歷史，本來就是「犧牲小我，完成大我」的過程。放棄小羣的部分自由，換來大羣的繁榮，本來是流淌在中國人血液中的信念。西方誤以為香港和台灣的中國人可以代表全體中國人的思維，本來就是一個大誤區。美國選舉的紛亂，英國脫歐成局，代表西方繼續撕裂的過程。不合作的西方，仍要控制全世界，但又欠缺合格的領導力。第三世界的管治能力日升，西方日衰，是不可避免的大變局，看不清局勢，就不知道如何自處，禍及子孫！

2021 年 1 月 4 日

成爲「中國通」的條件

「中國通」的基本認知

無意中拿了「中國通」作為演講題目，其實「中國通」是泛指那些熟悉「中國故事」，對發生的事件能作正確反應的外國人。中國人本身不能稱為「中國通」。200 年前，西方人和中國打交道是通過「買辦式」人物，稱為「洋買辦」。

中國改革開放 40 年，每家國際企業莫不任用一位中國人當他們的智囊，俗稱 China Man 或 China Woman，專門解答在中國的疑難雜症，近年更在如何規避「聲譽風險」，免得出事愈弄愈糟。這些「中國智囊」有異於「中國通」，本身有着中國五千年文化的傳承，不必如老外要首先學習漢語，但要看如何應對中國由五千年前到近代二百年，再至鄧小平 40 年改革開放的歷史。香港和台灣人所欠缺的是中共開國前 50 年的那一段，在大陸人眼中是離地的。

港台人也欠缺同學、同鄉、同業的關係網，要惡補不容易，外國人更難以夢想，再以西方意識形態思量中國事物，總是會變形的。在文化上，四書五經固難，但王通、朱熹、王陽明的學說和影響，怕亦難明。地理比較容易，14 個陸地鄰國看地圖就知道了，但界碑有多少塊，日後交通會發展到甚麼地步，目前一級城市羣和二級城市羣，已經發展到何地步，未去過沒有發言權。

經濟圈的幾大板塊若只知「粵港澳大灣區」一個，那是太偏狹了。好男兒志在四方，龜縮在香港自由港，而未去過海南島自由貿易港，則不知自己風險在哪裏。中國的國際公共產品有「一帶一路」，亞投行、金磚銀行的發展主事人是誰，總得多少知曉。「中國通」不易為！

2018 年 4 月 27 日

中國文化與競爭力

中美交鋒之際，再讀呂思勉《中國通史》有關歷代中原和北方民族的競爭，深有感觸。

文中說：「兩個民族的競爭，不單是政治上的事。」古代競爭，不像現代要動員全國的人力和物力，但政治趨向是無形中受社會文化指導的，所以某一民族，在某一時代，適宜於競爭與否，就要看這一個民族在這一個時代中文化的趨向。

中原和北方民族的競爭分三期。第一期是公元前四百年秦趙燕和北方騎兵相爭，到五胡亂華，再到六世紀末反被同化的 1,000 年；第二期是四世紀鐵勒入大漠南北，至十世紀五代十國沙陀人被滅國的 600 年；第三期是契丹興起，遼金元清起於東北，到日本侵華，建立滿洲國，直至日本被打敗為止，亦 1,000 年。

首兩期北方民族是被征服，第三期是以征服者形式侵入中原，對應這三期的競爭，中原文化亦分三期來應對。第一期是先秦諸子學說，延續至兩漢，至王莽失敗；第二期是魏晉南北朝到隋唐的玄學和佛學；第三期是宋元明理學。漢朝獨專儒術，但國力強大。漢武帝和匈奴競爭，國力懸殊，不惜民力，最後成功，是因國力強大，而非戰略成功。

唐朝屈於突厥多年，最後反擊成功，後遺症是蕃將坐大，引起安史之亂，是無華夷之防，民族主義並未發揚。到宋明朝理學，治心有效，治世無方，是不適宜於競爭的理論，乃有宋明之滅國。到清朝興起，只有考據學，是宋學的旁支，上不了枱面，乃有西方文化入侵。中國由抗拒，到西學為用，到打倒孔家店全盤西化，到引入馬列主義，再到回頭重儒學，中西合璧競爭力這次受考驗！

2018 年 8 月 8 日

美國人所了解的中國

連美國前國務卿基辛格都謙說「不了解中國」，那麼在美國人眼中有多少個中國呢？美國人不會讀中國五千年歷史，最多是和美國開國同期的兩百多年。

第一個是《望廈條約》(1844 年) 時的清朝，表現在荷里活電影中有豬尾巴的清朝人，吃的是李鴻章帶來的雜碎。這是無能的弱中國，美國人要通過《排華法案》(1882 年)，不准中國人來當勞工，到 1943 年和日本開戰後才停止，說句遺憾要再等 70 年 (2012 年)。1900 年的八國聯軍入北京，美國人亦率先入城，「分散中國力量」成為國策，多少人如今尚知，倒成疑問。

第二個是四分五裂的軍閥時代 (1912–1949 年)，這是「亂中國」。馬歇爾主持「國共和談」，無功而返。

第三個是毛澤東時代 (1949–1976 年)，是個不信邪的硬中國，打了一場朝鮮戰爭，又奪得聯合國成員資格，美國力保台灣而不得。中國 1971 年入聯，尼克遜、基辛格 1972 年就訪華。尼克遜是受戴高樂影響：「不會等人家強大了才去建交」；但尼克遜因水門事件下台，建交由卡特和布熱津斯基主持，談了 7 年才在 1979 年建交。

第四個是鄧小平時代 (1978–1997 年)，這是改革開放時代，投資由港台日新主導，美國人失了先機。但在中國入 WTO 問題上糾纏不清，最後由朱鎔基拍板，2001 年中國入世，花了 15 年工夫，從此外資享「超國民待遇」；美國仍不滿足，要求充分開放投資控股 100%，認為中國仍是可欺的。

2018 年進入習大大時代，美國亦在國營事業、互聯網、高科技上力求壓制中國，但中國已不是百年前的中國！

2018 年 11 月 2 日

終必復振的中國文化

外國人不讀中國文化史，摸不着頭腦，最少應看看史學家陳寅恪是怎麼說的：「華夏民族之文化，歷數千載之演進，造極於趙宋之世，後漸衰微，終必復振。」

趙宋之世是 960 年至 1279 年，宋亡元起，蒙古人不用漢人於政治，文化仍在民間蓬勃。百年而元亡，明朝復起，到「明清之際的轉變，大部分是明代內部自身的政治問題，說不上民族的衰老」（錢穆語）。事實上，明末人物不比唐宋亡時失色，以整體奮鬥力而言，亦是壯旺的，所以清朝用漢文化，仍有百多年的興盛，而衰微起於道光二十二年簽《南京條約》。割讓香港的 1842 年，到 2018 年已歷 176 年了，如今也是該「復振」或「復興」，而不是西方所說的「崛起」，這也是西方人不識中國史之故。

惟拼與幹，再無他法

「國強必霸」是西方觀念，中國文化是「天人合一」，演化成世界命運共同體，這須待西方年輕一代修讀了中國史才能接受。要今日當權的「老白男」接受中國復振，放棄「自由主義霸權」獨霸世界，不是「漫長的過程」，而是無可能，要等下一代才有機會。

習大大這次指出目前的時刻是：「船到中流浪更急，人到半山路更陡」，是「愈進愈難，愈進愈險而又不進則退，非進不可」，這四個「進」字說明了問題的難度。

中國人只能拼和幹，再無他法，貿易戰只是掩眼法，美國人要改變別國的體制及文化，這一戰恐怕沒有 30 年不為功，到時「老白男」都去了。新一代有新概念，1919 年五四運動，30 年後才有新中國，五四百年後（2019 年）再 30 年，中國文化「復振」成功，完成陳寅恪的預言，旨哉！

2018 年 12 月 24 日

中國消費模式的轉變

有人以「榨菜、二鍋頭和公仔麵」三種廉價食品的利潤上漲，而推論中國消費降級。三者都不在筆者飲食名單中，難以置評。但中國今日的消費主力在八十後和九十後這 36% 人口中，人數達五億，這些人的消費習慣如何？公仔麵的消費量實際上已走下坡，太多代替品了。

也許要看看咖啡、紅酒和麵包的利潤如何，更見真章。中國人飲咖啡不過剛開始，人均消費量才 3 杯，美國為 363 杯，英國為 250 杯。難怪星巴克要開到 6,000 家，但本地品牌也來加入戰團，要炮製靚過美式的咖啡，方法多得是，在環境、售價上的競爭已開始了。

若咖啡售價下降，是否消費降級？恰恰相反！中國除了貿易戰迎戰美國外，其他地方的關稅是在下降，加上有中國產品如國產紅酒供應，葡萄酒售價也是愈來愈合理，少了暴利。

近年變化最大的是物流效率和網上購物，連筆者都不去超市了，一切送上門，而且價廉物美。是不是消費降級？不是！消費者更願意花錢在優質食物上了，生猛海鮮可以在商場內自購，然後在附近食店加工，加工費只要 22 元。日日蒸生猛海鮮，所費無幾。

仍在暴利中的是麵包西餅店，法國長棍每條 16 元，西餅 30 元至 40 元，但願意買給子孫吃的老人家多得很；飲下午茶更是時尚，和吃午餐差不多價格。當然房租和醫療費用是升得快，須知道全球健康人口只得 5%，病號 20%，亞健康人口 75%，你便知道醫療一項多麼重要。中國病號確認為 19%，比世界平均值低 1% 而已，要醫療費用降級，好難！大家好自為之，花得就花！

2019 年 1 月 21 日

小康可期，大同難得

　　儒家的大同小康世界，不以數字為標準，而以時代為分野，三代以前是大同，三代時大同轉化變成小康，小康再發展成亂世，就是孔子所處的春秋時代。到了漢代統一，再發展回小康，但周而復始，並非回到大同。呂思勉分析這個世運循環：大同只是古人所想像回憶最好的世界，是不合實際的，是歷史上一個誤解，來之無益，反而引起糾紛。

　　大同世界是「內部毫無矛盾，對外毫無競爭」的境界，可能回到這境界嗎？無可能，在大同世界裏，物質享受或者遠不及後來的世界。

苦樂在於關係

　　試想一個沒有冷氣機的世界，當今熱浪下沒有冷氣機如何生活？「然而人類最親切的苦樂，其實不在物質，而在於人與人間的關係」，所以大同時代的境界，永存在於人類的記憶中。

　　小康時代又是一個怎樣的世界？春秋初期，列國戰爭還未劇烈，一國之中，雖有階級對立，但利害共同體還未被破壞淨盡，秩序還不算十分惡劣，人生其間，還不至於十分痛苦。就如帶病延年之人，雖不算健康，也是亞健康，這就是孔子所謂的小康了。

　　其實，不論大同或小康，人民都是追求安居樂業的。中國古代是農業社會，業就是農，所以只要風調雨順就好，反而安居難。即使時至 21 世紀，安居的定義就是「安定，安全，安靜，安穩」，有那麼難嗎？有，尤其到老年，安居更難。

　　在中國歷史上，小康可期，大同難得，當中難在倫理上的「服從」二字，子從父，妻從夫，臣從君。但不知在上者不得制裁，決不安分盡職，小康之世，轉向亂世，不在外敵，而在內部，切記！

2019 年 1 月 25 日

中美結還是中美離

　　美國政論家多年前提出 Chimerica 概念，談的是中美結合，互相取利，中國是勤勞打工仔，努力貢獻，既提供產品，賺到錢又買老闆的國債，賺的是辛苦錢。可是，美國視之為中國搭順風車。打工仔有多少身家？要打工之外自行創業，復興以前家族的光榮，美國認為不可，因為偷了我的科技，於是要打工仔先交稅，做了「關稅人」，還要搞出 Chiexit，筆者謂之中美離婚。由結合到離婚已經 40 年光景，這場「協議離婚」是否在 2019 年 3 月能達成，誰也不知，充滿不確定性。

　　這場婚姻本來就是一方長期花錢，一方長期儲錢，一方變成另一方的 ATM。但既要離婚，又要改變對方性格，不准玩高科技，不准發展自己的貨幣，既要改變意識形態，又想着現實利益。

老闆視打工仔為最大威脅

　　打工仔其實不只替老闆打工，亦和老闆盟友們有商業關係，貢獻全世界成長的 30%，沒有功勞也有苦勞，但老闆眼中這就是最大威脅。打工仔要做大全世界大餅，然後可以分得多一點，這是 14 億人對美好生活的嚮往。對各種資源，如食品、汽車、電力的分配，雖不能達美國水準，也可以提高些，惟這正是美國和西方列強的心結。世界大餅的成長速度不斷下降，上世紀六十年代是 5.3%，2019 年是 3.5%，打工仔只要維持中度增長，在科技、軍力、金融各處加大投資，復興 5,000 年文化力量，時間在誰一方，是很明顯的。中美結，本來就不是很平等，但打工仔要培養實力，只好忍；中美離，對誰都無利，只是無妄之災，望天打卦[1]！

2019 年 3 月 22 日

1　粵語，望着天空算卦占卜，形容聽天由命。

中西領袖教養之分別

基辛格在書中寫道：「依照美國政府的制度，總統是惟一由全國選舉產生的官職。」西方政體，大概如此。錢穆則道：「宗教、哲學、文學、藝術乃及各部門自然科學家，皆須由學術培養，不由選舉。」

民眾公投不專不通

何以總統必由選舉產生呢？全民由精英和多數民眾組成，而精英由「明於道的通人和擅一技的專家」組成，多數民眾既不屬專家，亦不屬通人，則多數亦何遽可信？不止是選總統，英國脫歐的公投亦屬此類，公投兩年後，脫歐利弊尚未可見，但多數民眾已無法修正。

總統由選舉產生，其以下的從政人才則由專家擔任，人人各擅所長，互不相通，出弊病不奇怪。這些專家共成一政府，主要在法律不在德行，西方歷史上出了亞歷山大、凱撒、拿破崙、希特勒等不世出的領袖，為大羣禍福所繫，但都是天縱英才，非由教養。

錢穆指出：「人類若漫不以教養領袖為事，所爭乃日個人自由，其對領袖則惟以法律箝制為能事。」但法律條文總有漏洞，箝制亦非易事，一意孤行，歷史上屢見，於今尤甚。

只有中國傳統文化，重道義教養，君師得其教養，人羣則有「共通的自由」。世人只爭「個人的自由」，而不爭「共通的自由」，只專個別之「專」，而不爭共同之「通」，「一通可以容百專，百專不能成一通」。

專得愈細，通則愈窒，羣道乃壞，專業中出一專家已難，專家專業中出一通人，則難上加難。民選既由大眾 —— 非專家非通人 —— 中選出，其獲選者是一專家已難，為一通人更難，這就是中西文化制度的大分別，難懂嗎？

中西文化融會貫通之時

遠在上世紀五十年代，錢穆遊日本歸來，得出一個結論，中國和日本應該合作，把中西文化融會貫通，將有助於全世界的進程。70 年後，似乎毫無進展，中日合作是一個夢，要靠自己。到 2019 年，英國歷史學家弗格遜認為：亞洲文化（以中國文化為主）和北美文化（以美國為代表的歐陸文化）將會融會貫通，但時間是 21 世紀下半葉，最少也有 30 年。

如此看來，中西文化結合的概念已有足足 100 年，如何結合還沒有頭緒？若從歷史來看，世界上各大民族，只有中國成為一源遠流長、積厚流光的大民族，至於其他民族「只向前，不顧後，一味求變求新，求速求快，本源易竭，則下流易滅」。

弗格遜也說：「任何文化，不管表面看來有多偉大，亦並非不可擊倒的」，這是他對西方歷史的觀察。西方說起來是一體，事實上「種族地域」各有不同。希臘亡了，羅馬在意大利興了，並不重視希臘史；羅馬亡了，北方蠻族起來了，亦不重視羅馬史。現代國家興起，500 年來，葡西荷法英德各自有自己歷史，雖然互相有牽涉，因各擁一方，飢飽肥瘦不相關，從而彼此陌生。

錢穆形容以「秦越人相視」。美國人從歐洲移民來，但讀歐洲史，亦如「秦越人相視」，沒有對民族、生命的情感。弗格遜又說：「如果人們不讀幾本偉大人物所寫的書，基本上仍是野蠻人。」

所以就從讀中西雙方偉大作品開始。中西文化不同，各有其崇拜的人物，中國文化有貫穿歷史命脈的人物，名單易得，西方無不知也！

2019 年 4 月 5 日

中國零售早已大於出口

中國出口商最新數字出爐，多年以來外資企業佔中國出口的半壁江山50% 的情況改變了。2019 年 4 月底，外資企業只佔 40.1%（2.03 萬億元），民營企業升至 49.9%（2.525 萬億元），國企只佔 10%（5,000 億元），最有活力的民營企業出口上升 13.1%，國企下跌 4%，外資企業降了 0.1%。

專攻美本土者不知所措

貿易戰形式變成邊打邊談，特朗普最新策略是 No Rush，那就慢慢來吧！外資企業要不要撤資呢？有本地市場者不會，有全球市場者亦不會，只有專攻美國本土市場者，不知所措，是最大受害人，除非美國大額津貼已繳關稅款！

國營企業肯定不會以美國為主要市場，本地市場利潤可幫補。民營企業最靈活，義烏的中小企業有一年時間來轉軌，早去了「一帶一路」，美國市場能做就做，沒有利潤就算了，否則銀行亦不會客氣。當然美國市場仍佔出口近19%，但已在下降中，重要性比 10 年前已下降，分散風險是經營的金科玉律。

繼續消費化解貿戰影響

中國本土市場已成熟，2019 年第一季已達 9.78 萬億元，上升 8.3%，高於預期，化成美元，2019 年全年最少是 5.75 萬億美元，亦超於市場估計的5.7 萬億美元。美國能達到 3.3% 成長，零售市場亦只是 5.6 萬億美元，2000年中國零售市場只是美國的七分之一，十八年後超越美國，又是一個大意外。

中國中產階級人數突飛猛進，全國網上零售額也「標青」[1]，2019 年第一

1　粵語，出眾，拔尖。

季按年增長 15.3%，金額 2.24 萬億元，已是總零售額的 23%。中國出口金額只是全國零售額的 39%，是重要，但並不致命。大家團結一致，繼續消費，關稅戰的影響化於無形！

2019 年 5 月 13 日

回看中國貿易史

美國人如今悔恨很多事，其中之一是克林頓鬆手，讓中國進了世界貿易組織（WTO）。2000 年中國入世之前，貿易額只有 4,773 億美元，順差 241 億美元，微不足道。不過，到了 2018 年，貿易額已是 4.62 萬億美元，18 年上升近 10 倍，更有順差 3,800 億美元，而這順差居然 83% 由美國人奉獻，所以美國要加關稅 25%。

83% 順差由美奉獻

順理成章，是否能降低順差呢？其實中國已在如此做，中國貿易順差最高峰在 2015 年，是 5,919 億美元，後來已減少 2,119 億美元，但不是對美國減。美國要中國開放市場，可以，要有人買美國貨才成啊！軍火又不賣，高科技又不賣，只賣農產品，沒有這個市場呢！

中國要多買 1,500 億美元的美國貨，少賣 1,500 億美元的中國貨，彼此就平衡了，如今中國零售市場已達 5.7 萬億美元，剛剛超過美國的 5.6 萬億美元，2000 年還只是美國零售市場的七分之一。美國人也是怵目驚心，中國單是奢侈品市場就是 730 億美元，但美國有多少奢侈品名牌呢？應該從歐洲盟友買些品牌回來，也好用啊！

中國 2018 年貿易總額是 4.62 萬億美元，美國佔 13.6%，出口總額 2.5 萬億美元，美國佔 18.9%，入口 2.12 萬億美元，美國只佔 7.4%。貿易戰的 10% 關稅，在第一季都影響不大，美國人相信 25% 才能有切膚之痛，不試不知。

中國正在「一帶一路」發力，不賣給美國，改賣給「一帶一路」國家。中

國 2019 年 GDP 約為 14.4 萬億美元，少了 1,000 億美元生意，就是 0.7%，很傷嗎？全年計仍有 6%，看看德國只得 0.5%，意大利 0.1%，日本可能是 0%。無妄之災也不算很大，心態好就好！

2019 年 5 月 15 日

中國市場沒有瘋

在 1989 年日本最瘋狂之際，日本股市升至近 40,000 點，市值是全球股市的 28%，和美國並肩。但 30 年後，日本股市市值只是美國五分之一，一蹶不振，內地股市的市值如今和日本差不多，也是美國的 20%，佔世界股市市值的約 8%，所以中國並未瘋起來。

另一個指標是奢侈品的購買量，1989 年之際，日本全國奢侈品熱，中國人還未知奢侈品是甚麼。日本買了全球奢侈品的 76%，而美國是普通人社會，奢侈品不能流行，日本人當年獨領風騷。

30 年後有何變化呢？日本人購買奢侈品的量由 70% 降至 10%，美國人維持在 22%，歐洲人雖然是奢侈品發源地，只佔了 18%。中國人領先了，但亦只是 32%，和日本人當年的 70%，差得遠了。

不同的是，當年日本人是全民熱。年紀大的渡邊太太們，固然大買特買，年輕少女則以援助交際方式取得資金，13% 的女學生賣淫為業，不以為恥，但畢竟風潮過去了。

收入趨升，品味提高

再看中國，則是八十後和九十後這批新一代成為奢侈品購買主力，亦是最富有的一羣，住房佔有率達 70%，個個是屋主。因為父母富有，他們還成為家中的 KOL（主要的意見領袖），買甚麼由他們決定，平均年齡比西方和日本年輕 10 至 20 歲，後起有力，預料將來消費力更強。

估計 2025 年，中國人於全球奢侈品消費貢獻達 46%，日本只餘 8%，

成為「中國通」的條件

327

美國降至 17%，歐洲則為 14%。在降關稅、開放市場之後，誰不要來佔領市場？中國消費者並不瘋狂，只是隨着收入日增，品位日高而已，入世之時估不到。

2019 年 5 月 17 日

對中美民間的了解

中美互相不了解，那是很正常的，沒有到美國長住幾年，很多日常的事都不知道。比如憲法，中國只有 1 部，美國卻有 51 部：聯邦政府 1 部，其他 50 個州各有 1 部。州長是選出來，不受總統管理，各自為政，總統只管外交、國防和關稅，所以全世界人人都知道美國這三方面的事，因為其他不歸他管。總統只能管理聯邦政府員工 280 萬人，其中有 60 萬是郵政局的，只會愈來愈少，加上那 135 萬軍人和 80 萬國家護衛員而已。

50 州政府卻有 740 萬員工，加上教師共 1,620 萬人，所以聯邦政府停擺，影響沒有傳統所吹的那麼大。中國政府公務員 5,000 萬，那中央就等於管理相當於韓國全民的人口了，其中包括機關人員 700 多萬，其他是專業單位如教育、醫療、科研和文化。

美國總統哪裏管得那麼多，美國人不相信政府，是天生的，美國人不喜歡儲蓄，那是另外一回事，但卻是中美問題中無法解決的議題。美國大學生 70% 畢業後有負債，平均 33,000 美元，三分之二的人後悔讀大學，欠了一生債。美國人的自豪感由 2001 年的 87%，降至 2019 年的 45%，對科技成就仍有 91%，但對政府體制已降至 32%，共和黨人的自豪感仍有 76%，但民主黨人卻只有 22%，美國人分裂已很明顯。國家的偉大是靠國民的自豪感和凝聚力，靠 135 萬的軍隊，可以所向無敵，但卻無法管制 75 億的世界人民。中國老一輩，是有知識有擔當，受得了委屈；新一輩是有眼光，有朝氣，多了解世界一點就好！

2019 年 9 月 13 日

兩代「中國通」的分野

　　隨着老一輩的「中國通」，如基辛格升上神枱[1]，布熱津斯基去世，美國的中國政策不再由「中國通」來訂定，而是由「反華派」來運行。基辛格和布熱津斯基的徒子徒孫們暫時只能排邊站，對中國的真知灼見是要看美國人對「反華資訊」的判斷力有多強。可惜的是，美國「中生代」的精英們，連中國都未去過，遑論要在 40 年間訪問中國 100 次以上的老一輩們。美國「中生代」在中國崛起的 40 年間成長，看見中國逐步強大，心中不是滋味。

美國「中生代」反華盛行

　　以前的「反華派」，是「不屑與中國為友，亦不屑與中國為敵」的一輩，如今是「不想與中國為友，只想與中國為敵」，這是美國兩代精英的基本分別。新生代的精英不是不博學，只是不審問；不是不審思，但不能思辨。

　　這是大數據時代，中國用大數據來探測民意，滿足民意，本是佳事，是社會進步。到「反華派」眼中，是對人權的侵犯，社會信用評價、人臉識別都是不對。美國隨意獲取他國秘密是可以的，所以華為 5G 要封殺，因為量子加密技術，令美國監控失效。中國管控社交媒體是不可以的，不准美國臉書及推特入境更是罪大惡極，但他們被美國封號卻可以。

　　「千人計劃」是惡意的，在美的華裔科學家都是間諜；「一帶一路」是攻擊性的，降低美國影響力；香港「一國兩制」是不成功的，中國的一切都是為了全球霸主地位，是要取代美國。這些，「中生代」反華派已經定性，不可能改。他們不需要中國，沒有中國要好得多。哪一天他們變成非主流，中美才會好，TEAM B 當道，是現實！

2019 年 10 月 30 日

1　粵語，指表面上被抬到高位，實則被架空實權。

人心之所同然

二戰後美蘇對峙，中國當了過河卒；但冷戰繼續，一邊反極權反鐵幕，另一邊反帝國反資本，局面是人心並不完全在某一邊，冷戰雙方彼此相反，「卻喚不起一個涵蓋雙方的正義更高的理論」。如此冷戰 40 年，表面上 1991 年蘇聯解體。但美國繼續仇視俄羅斯，鐵幕沒有了，極權仍然存在，但人家也是一人一票了。西方帝國因英國沒落而沒有了，美國沒有殖民地，但全球駐軍，也差不多。資本主義亦變質了，新自由主義、全球化這些新號召出來了，但 30 年下來，只是達到貧富更懸殊的目標。

中國放棄了蘇聯那一套，也沒有接受美國那一套，推出中國特色社會主義；西方當然不會放棄自己那一套，只推出「中國崩潰論」，坐着看好戲。但計劃和市場混合制，居然演出超水準，40 年下來，經濟好了，而理論上亦推出「人類命運共同體」，「一帶一路」、「亞投行」，紛紛出籠。

中國除了是世界工廠，亦成為世界市場，零售市場金額居然已超過美國，全世界企業都不能放棄這個新市場，是不是錢穆所指出的「人心之所同然」？中國再不能被稱為鐵幕，每年都有一億四千萬人自由出國和返國，留學生亦有九成變成海歸，西方國家再不能用「仁義之師」這個藉口，因為信用已在中東消耗淨盡。

新自由主義開到荼蘼，民主投票亦變成騙局，資本主義必須重塑，但那位「大智慧、大仁慈、大勇敢」的偉人出現了嗎？只來了「The Chosen One」，歷史能脫離悲劇嗎？

2019 年 12 月 2 日

世界最佳結局

2020-2050 年最佳事件：總結與展望

1. 中美商貿協議在 2020 年簽定，取消所有關稅，特朗普最終下台。中美進入互相尊重階段，「超限戰」亦告終。歷經 30 年的困難時期，在中國的冷靜和理性的手段下，令美國的領導精英終於明白長期的衝突沒有贏家。中國的「一帶一路」大戰略已發展到全球，只餘北美最後一個堡壘亦攻破了，「和而不同」，「人類命運共同體」，成為普世價值之一。基辛格此前不斷強調中美合作，否則有「災難性結果」。中國綜合國力已超越美國，雖然人均 GDP 仍未能超越。美國始終是世界強國，正如百年前的英國，美元亦是世界貨幣之一，但不再是惟一。人民幣、歐元、美元並立，中國不再是美國最大的供應國，貿易赤字平衡。世界已是 G8 世界，中美科技，並駕齊驅。

2. 區域全面經濟夥伴關係協定（RCEP），在 2020 年由 14 國先行簽訂。印度五年後參加，美國要重新加入 TPP，但已無大影響，東盟早已取代美國成為中國第二大貿易聯盟，在這 30 年會再取代歐盟，成為中國第一大貿易聯盟。「一帶一路」成為中國和東盟最大合作框架。

3. 德國默克爾早已退位，中歐關係在法國馬克龍領導下，不再是系統性競爭對手，而是「機會和挑戰」。英國脫歐成功，歐盟變小，但得益於「一帶一路」，中歐合作上有前途。

4. G7。這個由美日英德法意加組成的 G7 集團，1975 年成立時佔世界 GDP 67%，2018 年只佔 46%，人均 GDP 仍是世界平均值的 5 倍，西方要力保其優勢是不可免的。但以 2019 年第三季而言，G7 成長速度停滯不前，只有美國仍有 1.9%，法國 1.4%，英國 1%，意大利 0.3%，加拿大 0.3%，日本 0.2%，德國是歐洲火車頭，只有 0.1%。所以在新興國家上升，G7 下降之下，2050 年 G7 又佔 21%，世界五分之一。這還不到百年，G7 的繁榮不再，日本是否要脫 G7 入亞呢？

5. 金磚集團 BRICS。金磚一詞是美國投行人士偶然鑄出的一個詞，在

2019 年已舉行了五國領導人第 11 次會晤，成為多邊主義的保護者，發出的《巴西利亞宣言》，炮口一致指向貿易保護主義、霸權主義、霸凌主義、單邊主義等的挑戰，追求公平、公正、平等，在團結合作下，前景比 G7 要好。到 2050 年 BRICS 實力佔世界 41% 不是夢，若期間拉得亞洲另一個 I——印尼加入，成為 BRIICS，實力更增加 45%，不論人口、經濟都比 G7 強大。這只是 30 年的事，大家都看得到的。

6. 美日韓同盟。這個目標明為防朝鮮，實則面向中俄的同盟，其實只是美國收保護費的集團，2019 年 11 月，美國要加保護費，韓國由 7.8 億美元加 5 倍至 50 億元，日本則加 4 倍至 80 億美元，獅子終於開大口了，最後是全球都一樣。但朝鮮是否有那麼可怕呢？美朝領導人不是都見了好幾次面嗎？美國國務卿玩不過金正恩，美國改派特使比根，再任命為副國務卿，繼而取代國務卿，那是另一場「炒魷」活動。但面對美朝關係，改變不了。放棄核能力，伊朗在前，朝鮮不笨，只能繼續，但朝鮮問題一解決，美日韓同盟也就散了，誰願交高額保護費？一旦有戰爭，生靈塗炭是日韓，很清楚！

7. 北約腦死亡。2019 年馬克龍提出這個概念，亦不奇怪。歐洲要自立，俄國不是曾經入了 G8 嗎？都已聯盟，還有以前那麼可怕嗎？俄國已不是共產黨執政了，西方人為何仍要如此敵對，亦是無解。這與意識形態無關，美國拼命要歐盟諸國將國防預算增加至 GDP 的 2%，歐盟 GDP 在 2018 是 18.8 萬億美元，2% 是 3,750 億美元，對美國而言，歐盟是更大的肥羊。英國脫歐給的軍費如何付法呢？也是 2%？美國為了收保護費，甚麼都是「不公平」！俄國威脅有多大？歐盟心中沒有譜嗎？「腦死亡」是不是拐點呢？有三十年來看。

8. 印度後起。印度是金磚國之一，一榮皆榮，早日加入 RCEP 為上策。印度一向外交平衡，戰略自主，但面對中國「一帶一路」倡議，美國則推出「印太戰略」，印度要在中美之間，還有在美俄之間平衡。土耳其要買俄國 S-400 導彈已掀大波，印度向土耳其取經，美國恐怕要制裁，太棒了。

中印關係中橫跨一個和鐵桿兄弟巴基斯坦的問題，還有一個是貿易不

平衡問題，在未來 30 年解決，對保持「中巴走廊」暢通和邊境安寧有莫大作用。印度要在未來 30 年保持經濟繁榮，GDP 超過其他國家，成為第三經濟體，就看其在美國「印太戰略」所能扮演的角色。和中國親善，將「戰略合作夥伴關係」再進一步，無可避免。中印文化交流二千年，中印合作可期，美國印太戰略最終無疾而終，是三十年內的大事！

9. 人民幣國際化：在未來三十年內，勢在必行。首先在香港以外，成立離岸人民幣交易中心（倫敦和澳門）。在 2019 年 11 月已成功，倫敦已取代香港，每日成交量 85 萬億英鎊，人民幣的演進由 RMB1.0 的發行紙幣，到 RMB2.0 的電子化。微信支付和支付寶等工具，進入百姓家，成為支付工具。而 RMB3.0 則是人民幣數字化（數碼、數位），成為加密貨幣，應用區塊鏈技術。目前此項專利中國佔 67%，十大公司佔 7 家，假定 RMB3.0 為大量數字貨幣交易所接納，人民幣變相自由兌換，無需傳統外匯結算，不用 SWIFT，也能解決外匯外流的風險。所以區塊鏈的出現，是解決人民幣外流的問題要項，此後 30 年變化更快，美元霸權可以維繫多久呢？我們看得見。此外，中國亦已推出人民幣交收系統，日後貨幣匯率穩定性，更上一層樓。

10. 四小龍轉型。廿世紀七八十年代，四小龍風光一時，高速成長，但愈成熟的經濟，長成愈慢，是經濟的週期。香港得到中國代理人的角色，台灣依賴中國為大市場（40% 出口），韓國以中日為市場，新加坡握馬六甲海峽之利。但時至廿一世紀，中國各大城市崛起，外資亦蜂擁而至，四小龍黯然失色。

2020 年 IMF 估計，四小龍的 GDP 成長率是韓國 2.2%，台灣 1.9%，香港 1.5%，新加坡 1%。香港經 2019 年浩劫，恐怕 1.5% 也不易，惟一方法是向高科技轉型。其實 2019 年最悲傷的是韓國，人民患上「集體抑鬱症」，社會問題為「階級固化，上升渠道狹小，貧富差距加大，社會階層撕裂，就業率欠佳」，30 至 39 歲的人羣最悲觀。只望在往後 30 年有好的國家領導出現，實現朝鮮半島統一，亦解決朝核問題，在 2050 年成為四小龍之首。新加坡「四小龍」中是最成功的，因為李光耀在上世紀定下吸收優質移民政

策，引來二百萬新移民，解決人口老化和質素問題，應該可以保持下去。台灣除了和平統一，別無他法。2050 年中美應已和平而平等相處，台灣問題自然解決，台灣融入「一帶一路」。

香港的「獅子山精神」已過氣，新的「鳳凰山精神」出現，法治成為強項，成為大灣區領頭羊，土地問題早已解決。大嶼山全面開發，大灣區成為香港人福地，安居樂業，人口過千萬，成為全球金融第一，超越倫敦、紐約。是為禱。

11. 中東形勢。往後 30 年，中東危機日甚，美國的影響力日減，俄國重返中東，中國影響力亦增加。「一帶一路」經過中東是必然的，是否有新能源出現是一大變數。以巴問題很難解決，伊朗是否擁核應已解決，伊拉克脫出美國手心是形勢的必然。伊斯蘭人口變成世界第一，伊斯蘭文化復興將會在 2050 年前出現。

2020 年 1 月 30 日

如何利用儒家學說修正西方矩陣管理法

筆者在上世紀七十年代初唸 MBA 的時代，企業組織還是金字塔式的 Line & Staff 形態，西方的矩陣管理法（Matrix Management）還在萌芽階段，能談到 LOB（Line of Business）已經很了不起了。但隨着產品錯綜複雜，國際化程度日深，跨國企業組織隨之變化，國際大銀行如花旗首先試行矩陣，分層授權徹底進行。但控管日難，矩陣管理是命途多舛，不斷修正，亦日益流行。到了上世紀九十年代，連筆者的歐洲僱主亦在改革聲中試行矩陣管理法，摸着石頭過河。當時負責的主管名言："Change is forever"；有錯必改，沒有策略和組織形態是永恆的，所以大家要有心理準備，隨時被改變職位，能者居之。筆者心中想，有點《易經》的味道，要變易，尚簡易，亦不易，變易者組織，簡易者程序，不易者賺錢。

西方管理層在上世紀九十年代口中不離《孫子兵法》，注重戰略，

側重培訓，是將兵之道。要學習儒家金字塔理論尚遠，要明白《周易》八八六十四卦，要等到 21 世紀，下一代的 CEO 再談了。雖然法國人自拿破崙開始已將《孫子兵法》唸得滾瓜爛熟，但何以百餘年來，並未更上一層樓？無論如何，隨着法文的沒落，法國研究東方管理亦未能有太大影響，只能看美國人了。

西方矩陣管理法的不足

西方矩陣管理法是多元組織，一以產品為主，一以功能為主，一以地域為主，一以客戶為主。但資訊卻未能追上來，有了組織很久，仍未能提供可以置信的成本分配，從而利潤誰高誰低，亦無定論。但對前線的員工而言，一個人上面可以有三至四位主管。正如羅馬人所言：「一個奴隸有三個主人就是一個自由人。」而在美國社會，這個自由人可以要求過分的獎金而無人制衡，反正有業績，但這個業績可能是紙上的、未經證實的，可以是未來的收益，而未來的變數太多。人心不足蛇吞象，發展到今日，一個交易員收入比 CEO 還高的現象，已不是新聞了。

西方矩陣管理法既有漏洞，人的因素就愈發重要。據筆者多年和美國人交手的觀察，其人性變化有四：

一、20 世紀 80 年代：Sky is the limit（天頂才是限）。

二、20 世紀 90 年代：Greed is good（貪念是好）。

三、21 世紀初：Winners take all（勝者全取）。

四、21 世紀前 20 年：Greed is legal（貪念乃合法）。

以上四者的前提都是合乎法律，亦即是達到最低標準，遊走法律邊緣，出了事只要可以打官司即可。美國法律定案曠日持久，美國人急功近利，於是凡事都可妥協（settlement），天下幾乎沒有不可 settle 的案件。君不見連世紀大破產 —— 安隆公司的銀行家們，一個 settlement 就是 70 多億美元，如此就不必認錯了，好像是合乎法，但是否合乎情、合乎理，小民就不必論了。但在 2001 年發生安隆破產後，大家亦可以安然無事，付錢了事。那麼

subprime 案為何不可以發生呢？AIG 要被拯救，亦豈非矩陣管理法中的一環出了事，而其他部門懵然不知，一齊跌下凡塵呢？

儒家學說的應用

21 世紀是全球化日深的世紀，東方企業不能不走出去，大概亦不得不走上利用西方矩陣管理的老路。但東方人民族性不同，當然要糾正美國人的特性。雖然此前已有日本人全球化，但日本人是內穿和服來全球化，希望全球各地員工亦要穿和服，所以成功例子不多。最少在回報率上，比歐美企業相差很遠，不是學習的對象。

21 世紀是東方企業領導人創造組織和管理跨國企業方法的時機，應用儒家學說來修正西方矩陣管理法的不足，可以有如下方法。

1. 知止。美國文化缺乏東方文化中「初寫黃庭，恰到好處」的境界，而「定、靜、安、慮、得」正是企業 CEO 自處、自我解壓之法。管理企業充滿壓力，令人焦慮，抑鬱、自我折壽，有多少 CEO 是長壽的呢？好像沒有人去統計。

2. Jim Collins 的 *Good to Great* 提出 CEO 五個層級的領導。其實早在五百年前，明代儒者已提出三種領導人才，更深入。試比較如下。

① 儒家一等：深沉厚重（低調、溫和、寬厚、勇毅、堅定）。

Collins 第五級：沉默內向、低調、謙沖為懷、專業堅持。

② 儒家二等：磊落豪雄（光明磊落、透明度高、豪傑性格）。

Collins 四級：激發下屬，熱情追求清晰的願景和高目標。

③ 儒家三等：聰明才辯（智慧一流，辯才無礙）。

Collins 一至三級：個人才華，能團結人心，有效率和效力。

Collins 的研究只是三十年的業績，而且未遇上大衰退，而儒家觀察已有二千年的歷史，可信性更高，更符合東方精神。西方人只知「飛龍在天」而不知「亢龍有悔」，所以總是過不了最後一關。

3. 孔子金字塔。此處是說孔子的五倫：「父子有親，君臣有義，夫婦有

別，長幼有序，朋友有信。」這是東方處理人際關係的準則。西方只講契約，不講精神，不講人情，但契約永遠有漏洞，官司可以永遠打下去，甚麼關係都是假的。要用東方《易經》所注重的吉（吉祥）、亨（亨通）、利（有利）、咎（有小過）、悔（有悔）、吝（有錯）、厲（有危）、凶（凶險）來處理組織的行動，難啊！

2021 年 1 月 2 日

2050 年 E7 主導世界變局

2050 年世界人口和 GDP 的局面如何，年輕一代要特別注意。七大工業國（G7）在 1976 年成立，GDP 佔世界的 66%，2016 年已降至 30%，2050 年更只有 21%；人口比重則由 2018 年的 10%，降至 2050 年的 9%。

七大新興國（E7）的人口到 2050 年，佔世界比重 42%，GDP 更佔 48%。屆時，世界人口第一是印度的 16 億，中國縮水為 13 億，但人均 GDP 會大躍進，以購買力平價（PPP）計，將會是 45,000 美元；和美國的 77,676 美元相比，已去之不遠，美國人再不能財大氣粗了。

金磚國 BRICS 可能也擴充，把印尼這個 I 拉進來，金磚國的 GDP 亦是世界的 45%，能沒有發言權嗎？G7 的領導們看得很清楚，這亦是 21 世紀的百年大變局。

E7 的新興國家不再新興，而是成熟了。超強 G2（中美）主導的局面，亦將會有很多 E7 國家加入，墨西哥、土耳其、沙特阿拉伯和尼日利亞都將躋身世界 14 大經濟體。

人口不足 5,000 萬的地方難入流，連上海的 30 年大計亦將人口目標訂在 5,000 萬了。南韓人口不足 5,000 萬，朝鮮半島的局面亦會有變化。

印度難管理 16 億人口

香港 50 年不變的時限亦已過去，台灣問題早應解決，世界百年的大變

局在前 50 年就變了，變幻才是永恆！令人擔心是 2019 年，美國人的幸福感下跌至全球 19 名，只得 6.89 分，再下去會變成怎樣？

美軍仍擁有最強軍備，亦最好戰。同時印度是幸福感下降最多的五個國家之一，要管理人口 16 億的世界人口第一國，容易嗎？且是民主選舉的國家。其變化將對金磚國影響最重要、最關鍵！

2019 年 7 月 8 日

G7 的將來

G7 峰會為何仍有人注意呢？世界的中心已由大西洋轉到太平洋。無疑 1975 年 G6（加拿大是後來才加入）的 GDP 佔世界 70%，新興國家無發言權，中國還未開始改革開放。1997 年把俄國納入成 G8，最少武力是世界最強的，還有發言權。2014 年俄國收回克里米亞，被踢出局，世界矚目又回到 G7。但這時已是美國獨大，GDP 在 2018 年的 20.5 萬億美元，已超過其他 6 國之總和的 17.5 萬億美元，所以變成美國和小兄弟們了。

特朗普要橫行，無視氣候變化，繼續大量消耗石油和煤炭，不來開會，又奈何！同時，G7 的 GDP 已降至全球的 44%，更慘的是，預計 2050 年 G7 的 GDP 只佔世界的 21%，人口只是全球的 8%。還有甚麼資格耀武揚威呢？

亞洲國家漸趨重要

亞洲世紀的定義是，2020 年亞洲 GDP 超越非亞洲 GDP；亞洲投資額超過非亞洲投資額，亞洲人口遠超非亞洲人口，這和 19 世紀 G7 殖民全球時代有天淵之別。G7 仍在運作，常然勞民傷財，至少遊客在會期被禁遊了，但這是西方優越感在作祟，怎肯放棄呢？沒有議題就拿香港來開火，這批老兄也真活在雲端，不接地氣！

2019 年 G7 峰會邀請了印度、澳大利亞、南非和智利，卻沒有中國，沒

世界最佳結局

有中國的 G7 就不是 G7 了，中美只能在 G20 峰會碰頭，那也是形勢問題。真正的 G7 可能是金磚四國加上美、日和歐盟代表，或許是德國，而美國要玩孤立。日後大概是 E7 出現，由金磚四國加上印尼、墨西哥、土耳其，這才是今日的九十後、零零後所應注目的地方，不是嗎？

2019 年 12 月 11 日

繁榮指數帶來的啟示

英國智庫列格坦研究機構每年刊出的繁榮指數（The Legatum Prosperity Index），包括 167 個國家和地區，已將全球 99.4% 的經濟包含在內。中國大陸、香港和台灣都有數字，獨欠澳門，相信是在調查之初的 2009 年，不將澳門放在眼內之故。

筆者看這類報告，只看金磚四國、四小龍、東盟國家和中日韓的得分，再將中美和香港、新加坡的數字比較一下，那就夠了。結論是，要繁榮指數得分高，要面積小、人口不多才成，所以 2019 年繁榮數字排頭 10 名的都是北歐小國，連 2008 年出了大問題的冰島也排第 10，靠近北極也能繁榮！

四小龍 2019 年排名，香港 15，新加坡 16，台灣 24，南韓 29。2019 年四小龍都有無妄之災，經濟倒退，但香港居然力壓新加坡。細看指數內 12 項細項的得分，新加坡其實在全球排名有 5 項第一：「教育、市場准入、健康、投資環境、經濟質量」。同樣 5 項的排名，香港教育第 4，市場准入第 3，健康第 6，投資環境第 5，經濟質量第 9。但新加坡在個人自由排第 95，自然環境排第 91，兩項大失分。中國在個人自由更排第 159，美國排第 22，可見西方智庫對強有力的政府是給顏色的。新加坡和中國在這兩項若有改善，繁榮指數立即飛升，中國 2019 年排第 57，已是大躍進。

反觀美國，排在第 18 名，是 19 個高繁榮指數的國家之一；美國健康指數排第 59，中國排第 21，美國人肥胖率 36%，已是健康險境；美國教育排第 14，因為大學排名較高，中國只排第 56，絕對有改善空間；生活條件，

美國排第 29 位，是在下降中，反而中國排第 66，是在上升軌道。再過 10 年，中美指數會接近是必然的！

30 年後是甚麼時代

21 世紀最大問題是，美國太注重於維持「全球霸主」的稱號而無意全力應付「後美國時代」的現實。小布殊上任之初，遇上「9‧11」，改反恐為第一要務，要全球通力合作，但在拉登、卡達菲、薩達姆先後被殺後，美國又回到對付「修正主義國家」的老路。二戰之時，德國是「修正主義國家」；即對美國所創建的現狀造成威脅的國家，到 21 世紀，蘇聯沒有了，但俄國這個承繼者，又回到修正主義國家了，中國亦免不了。

但特朗普來了，他又要改變現狀，拚命退羣，只餘下聯合國、世界銀行、IMF 和 WTO 還未退。但在後美國時代，這四個組織亦不大聽話，所以美國先不交聯合國會費，批評世銀借錢給中國，阻撓 WTO 的法官上任，IMF 女 CEO 被換，去了歐洲央行。

後美國時代，美國、歐盟要接受俄國作為西方一分子，北約要用平常心看中國，不是挑戰，更不是威脅。美國應由中國寵絡伊朗、朝鮮，天下一家。「一帶一路」不是美國障礙，而是融合北亞和中東的牽頭者，人類命運共同體概念，要取代美國霸權，是歷史的必然，只是一個進度的問題。英國一百年前也是千方百計不肯讓位，而中國又不是要取而代之，只是現實是世界多元並舉一段時日而已。

到 2050 年，連 G7 的 GDP 也只是全球 21%，那時世界的 G20，當然是全世界發言的代表者。那時美國還是不是世界債務國，利率是多少，還有沒有財力支持全球派兵，科技還是不是領頭羊，世界人才哪裏去，30 年後便知曉！

歷史並未終結

柏林圍牆是 1961 年開始建的,只過了 29 年,柏林圍牆被拆,東西德統一。37 歲的日裔美籍人福山,憑《歷史的終結》一書成名,居然維持了 30 年的盛名,但事實上,歷史並未終結。多年前德國朋友就說他們想將磚頭一塊一塊砌回去。德國在經濟上,東西部是一國兩制,東部工資和養老金都遠低於西部,東部政治上反而是右翼崛起,有移民矛盾,東德人那些在運動場上的拚勁,已消失無蹤。

「歷史的終結」是最大的誤會。蘇聯解體了,華盛頓獲得一個超越羅馬之榮耀的歷史機遇,俄羅斯失去了「第三羅馬」的古老地位,但並未加入美利堅帝國,也沒有改變生活方式。華盛頓也未能統一整個歐洲文明,歐洲居然在 1999 年出現了歐元區,還好英國並未加入,否則今日英國脫歐,歐元豈不糟糕。柏林圍牆倒下 10 年後,俄羅斯人均 GDP(PPP)只是美國的四分之一,但 2018 年,在普京治下,人均 GDP 已追至接近二分之一了(US$27,100 vs US$61,000)。中國出現中國特色社會主義,別出蹊徑,人均收入更由 8% 升至 30%,資本主義國家由美國到歐洲、日本,都緩慢進展,2008 年金融危機爆發,就是因監管不力。克林頓 1999 年簽的金融鬆綁法案,也是 10 年樂極生悲,沒有中國的出錢出力,美利堅好不過來。

但西方人會感恩嗎?不會。那承認西方模式失敗嗎?也不會!只會發力打壓後起之國,但中國之後,還有印度、印尼相繼崛起,日本何時脫美回亞,也是歷史的輪迴而已。亞洲的財富和影響力只會不斷增加,歷史永遠不會終結,更不會是西方式的,不是嗎?

2020 年 2 月 14 日

中美品牌之爭

10 年前，西方人都認為中國沒有品牌，中國人只愛外國貨，美國人更認為人人都要吃麥當勞，愛看 NBA 籃球，愛穿美國牛仔褲，eBay 可以在中國所向無敵，中國人人只愛用蘋果手機。10 年間，變化的是商品質量，外國本土都差不多了，反正都是中國製造。西方公司沒法控制經營成本，中國能製的產品都無利可圖了。家樂福又怎能和盒馬鮮生合併呢！

中國消費市場 5.7 萬億美元，在 2018 年已超過美國的 5.6 萬億美元，2019 年分別只差在匯率。人民幣在貶值吧！但 2021 年中國是世界最大消費者是無疑的。多謝特朗普的打擊，華為突然世界通曉。2019 年中國品牌價值（英國人評估）是 19.5 萬億美元，上升 40.4%，美國品牌只是 27.5 萬億美元，上升了 7%，而中國只要維持 40.4% 這個速度，2021 年，中國品牌價值，就超過美國了。美國人能接受這現實嗎？

老實說，反華的美國精英是出盡八寶[1] 了，但美國平民是反精英的。認為應與中國友好的，根據芝加哥學會的調查，高達 68%，要打擊中國的只有 31%，所以精英們並不代表美國。以目前走勢，中國消費者已習慣用支付寶、穿李寧鞋、飲茅台，運動品牌不一定是 Nike，家電用海爾，連酒櫃也是海爾，誰會用美國品牌呢？年輕一代用德國汽車多於美國汽車，美國人自以為很 cool 的品牌只會愈來愈不流行。所以即使中美貿易協議簽定了，市場開放了，餘下事情是要消費者肯買美國品牌，否則只限於沒有品牌的農產品，其他商品要接受考驗，競爭才開始呢！

2020 年 2 月 15 日

1　粵語，用盡渾身解數。

用《孫子兵法》看中美三十年

孫子是春秋戰國這個亂世的英豪，諸國爭雄，如何能分勝負呢？《孫子兵法》的「計」篇，主張有五樣要比較：「道天地將法」，此五者，「知之者勝，不知者不勝」，不是秘密。《孫子兵法》在拿破崙時代已傳入歐洲，西方人也研究了二三百年，美國人承繼歐洲，連商場也研究多年，但官方似乎不重視。

孫子將這五項比較，問了七個問題：若用來問中美往後 30 年之爭，頗有意思，大家亦可各自有自己的答案。

1. 主孰有道？有道自然得人尊重信任。美國目前信譽破產，往後還有多位總統，但都是美式民主選出來的，由平庸到偉大都有可能。中式的選賢與能方式，是千錘百煉的，應無大意外。

2. 將孰有能？將的要求是「智信仁勇嚴」，這要逐個比。美國的「將」如走馬燈，三年換 40 人，中國穩定，集體領導。

3. 天地孰得？誰更注意天地變暖，支持環保，誰勝。

4. 法令孰行？那就見仁見智了，各自有看法，各自有憲法，要百年常心。

5. 兵眾孰強？美國軍費甲天下，當然最強，中國要祈以 10 年，才能追上（那是俄國人的看法），重要的是北斗系統的完美化。

6. 士卒孰練？美國年年打仗當然熟練，但中國就國慶所見，訓練也是嚴格的。

7. 賞罰孰明？這就吾不知矣！孫子「計」篇最後忠告，是「強而避之，怒而撓之，卑而驕之，佚而勞之」，「攻其無備，出其不意」，「多算勝，少算不勝，而況於無算乎」。誰更有耐心，更能算，自然能勝。「極度施壓，忽然一鬆」的戰法，在孫子眼中是小兒科，且看 30 年！

2020 年 3 月 18 日

四分之一世紀末中美的變化

1995 年筆者主持東家的北亞業務，負責推廣大陸業務的同事大叫生意難做。筆者說大陸上市公司近 1,000 家，你們在其中挑 200 家出來，就做到你唔[1]做，只看你有多大功力去分析和開發。

我們美國同事面對 8,000 家美國上市公司，也只敢到「500 大」中的企業推廣，其他在這個弱肉強食、隨時被併購的美國市場，能活多久，誰也不知道。這時候（以 1994 年底報表為準）最大的企業還不是美國的，而是日本的電訊公司 NTT，市值 1,380 億美元，第二才是美國 GE，870 億美元，第三是 EXXON，750 億美元。到 2018 年有何變化呢？微軟第一，10,360 億美元，NTT 只是微軟的 13%。第二亞馬遜 9,360 億美元，GE 只是亞馬遜的 9%。第三是蘋果 9,130 億美元，EXXON 亦只是蘋果的 8.2%。美國的實業公司早已放在一旁，而 GE 再也不是 AAA 公司，而是有風險的企業，而美國上市公司已減半，只得 4,400 家了。但無所謂，只做 500 大，且看多少家可以進身入局而已。

而大陸變化更大。1997 年時的說法是，大陸要排隊上市的公司有一萬家，而上了市的只有千家而已。結果到 2019 年，亦只有 4,800 家上市而已，但已比美國多了 400 家。還有那些在境外如美國、香港上市的公司，在美國已面臨退市危機，要返國了。所以大陸上市的公司只會更多而不少。這行業如何分析風險，如何合規經營，所需財經分析員要多少，不是遠遠超過美國嗎？上海還不是亞洲金融中心？因為人民幣還未全面開放，上海 2020 年計劃已到岸了，市場會發生何種變化呢？毋忘歷史！

2019 年 11 月 10 日

1　粵語，不用。

亞洲世紀的現實感

　　21 世紀之初，經濟學家提出亞洲世紀的概念，G7 乃「精美」[1]，嗤之以鼻。2020 年，以中日韓印為首的亞洲 GDP 將會超越非亞洲區的 GDP，只是亞洲世紀是甚麼？金磚國概念也許要包括印尼了，BRIICS 和 2008 年「歐豬四國」PIGS 不能相比。IMF 預測 BRIICS 對世界經濟貢獻率將在 50% 以上，美國打噴嚏，世界不一定感冒了。在 2013–2018 年的五年間，中國對世界貢獻率是 28%，美國只是一半，所以自 2018 年以來，美國一直奉行蓄意破壞中國經濟的政策，其中最大是加 25% 關稅。但聯合國計算，中國企業只吸收了 8%，而美國消費者要忍受 17% 的加價，誰最受罪呢？所以特朗普的支持率已降至 40%，比拜登低了 17%，特朗普能不急嗎？當然 2025 年，世事已與他無關！

　　到 2050 年又如何？PWC 的推算，以 PPP 計算，中國 GDP 佔世界 20%，印度第二，佔 15%，美國已降至第三 11.6%，印尼第四 3.6%，可憐日本，人口減少，GDP 也降至世界第八，佔 2.3%，美日聯手只得 13.9%，G7 加起來也只是 21%，而 BRIICS 是 44.6%，加上土耳其墨西哥的 E7，是 48%，世界還能是 G7 話事嗎？這是 30 年後的光景，今日年輕人都可以看得見，但如何看清楚自己的位置？到哪裏發展，方能扮演好自己的角色？E7 打噴嚏，世界會感冒，才是現實，新自由主義已成為歷史名詞，貧富懸殊的現象、氣候問題都由 E7 來主導。中美摩擦沒有大意義，亞洲文化復興，亞洲人如何準備，是現實！

2020 年 4 月 15 日

1　網絡用語，「精神美國人」的簡稱。

附表：中國國內外發展戰略

國外：	「一帶一路」：2019 年，擁有 60 個港口，1,200 條新航線
國內：	京津冀協同發展區
	雄安新區（白洋淀）
	長江經濟帶，包含上海自貿區新片區
	粵港澳大灣區（一區含兩特別行政區、九市），包含中國特色社會主義先行示範區 —— 深圳
	海南島自由貿易港，配合 21 個自由貿易試驗區
	青島 —— 上合組織示範區
	廣西北部灣 —— 西部陸海新通道（重慶、成都為起點）
	世界級城市羣：長三角、珠三角、京津冀、成渝
	第一集團（北京、上海、廣州、深圳）
	第二集團（杭州、南京、武漢、重慶、成都、天津、蘇州）

中美文化互補之道

　　美國文化的弱點一向是無止境地追求更高的效率，而不注重有無效力。CEO 們只注重下一季的業績，而不注重長期風險，甚麼都講求「成本效益」。連教育和醫療亦是如此，追求表面風光而不注重實質。這次「病毒大流行」來了，一切壞處就加倍顯露了。所以大家看到，美國永遠做不到武漢的「寧可牀等人，不願人等牀」，病牀是嚴重不足，要做到病人「應收盡收，應治盡治」，也是沒有可能的。美國是一個窮人「能死不能病」的國度，亦是美國文化的缺陷。

低失業率假象

美國一直吹失業率創紀錄，由 2009 年的 10.5%，一直降至 2020 年 2 月的 3.5%，誰也不肯承認這個失業率是由「臨時合約工」所創造出來的。這些無保障、無福利、低薪的工作，支持了極低的失業率，但只要一個月，2020 年 3 月就沒了一千萬份工，失業率至 4.4%，而 2020 年第二季即 6 月底，失業率可達 15%，失業人數是 2,500 萬。CEO 們為何如此容易就將員工炒了呢？歐洲就做不到！「成本效益」令到有長期意義的工作消失，白宮內的疾病風險管控被併到其他部門，CDC 駐北京的人員減了三分之二，都是此類。口罩不足，防護服不夠，存貨 Just in Time，不出事時都是最有效率，但大禍一來，就趕工都不及了。

美國 CEO 在 2019 年被裁了 1,640 名，2020 年第一季又被裁了 220 名，但他們都有「黃金降落傘」，只有臨時工甚麼都沒有。CEO 退役年齡是 59 歲，但美國政壇成功的都是 70 歲以上的「老白男」，和數字世界早已脫節，但仍主控大局，是甚麼現象呢？老人家們要管理 21 世紀這個新世界，只憑 20 世紀的經驗和直覺，不肯聽人言，但 21 世紀的 ABCD，半點也不曉，能知道名字就不錯。但人工智能（AI）、區塊鏈（Block Chain）、雲計算（Cloud Computing）、大數據（Data Analysis）又豈是離開科學已久，在政商界打滾的常人可以懂的？50 年前讀的 MBA 課程，早已失效。

美國文化需要大補品，最欠一個「道」字。「得道者多助，失道者寡助。寡助之至，親戚畔之；多助之至，天下順之。以天下之所順，攻親戚之所畔，故君子有不戰，戰必勝矣。」這是孟子在二千多年前的教導。美國文化最好戰，失去了盟友，就沒得玩，效率再好，體型再大，也是虛的，大隻當牛使！

2020 年 3 月 28 日

中美領導力平衡的轉折點

讀史曉事，乃指知道事件的一環扣一環，凡事必有轉折點。20 世紀最大事件是美國接班英國，當世界的領導人，而史家認為轉折點是，1956 年7 月至 11 月的埃及「蘇伊士運河事件」。1955 年 4 月，邱吉爾二任首相退役，由保守黨的伊登（Sir Anthony Eden）接任。1956 年 6 月，英國撤退出埃及駐軍，7 月，埃及總統宣佈接收蘇伊士運河，英國捨不得，聯合法國、以色列出兵，埃及反抗，美國介入。11 月英法以聯軍兵敗退出，史稱蘇伊士運河事件。

伊登在 1957 年 1 月引咎辭職。美國向世界證明，英國作為全球強國的統治地位不復存在。全球輿論追附美國，支持埃及，美國得大量盟友認可，從此正式雄霸世界，於今 63 年了。

到了 2020 年，發生了「新冠病毒大流行」，全球受影響，中國先受影響，歐洲繼而成為震中，美國隨之，成為世界第一。10 年之後，歷史學家重新檢驗這一事件，會不會認為這就是美國開始漫長衰退的轉折點呢？今日西方評論家仍認為言之過早，美國不必認輸。事實上，中國只要平起平坐，大家互相尊重，不干涉別國內政而已，為何如此難？很明顯，要美國衰落，需要有「特殊的時代，特殊的地域，特殊的人物」三者一齊出現，才會有希望。這是一個病毒迅速全球化的時代，美國是一個種族分裂和體制分裂的地域，而特朗普更是一個不在乎盟友的利益的盟主，不論在歐洲或是在亞洲的盟友都可以感受甚深。美國民主體制已證明可以將不適合任總統的人送入白宮，醫療體系和教育體系千瘡百孔，領導層都是二流貨色，沒有想像力，只憑過去經驗和直覺去處理這個多元的世界。

美國在這次疫情中進退失據

21 世紀，要領導全球，本身當然要有財力和實力，但要全世界認可，

領導者要向全球表現力能勝任，包括以下幾點。

一、國內治理能力。美國在這次疫情進退失據，首先淡化，繼而卸責，那都是官僚主義的弊病。中國早期在湖北武漢亦有此弊，但 20 天後已採取特殊行動。1 月 23 日，武漢封城，全國馳援，全民配合隔離。兩個月後，武漢確診數目歸零，計劃復工。2020 年第一季雖受重創，第二季反彈可以預期，還有餘力援助全球，受援者達 89 個國家。而美國則是「美國優先」，封禁中國，無可厚非，但連盟友也照封，令盟友心碎，遑論有醫療物資援助。美國要出大招救亡，其實要救股市，四次熔斷，兩次黑色星期一，全國富人大傷，卒之要派糖。四口之家可得 3,000 美元拯救資金，分四期，可達 6 萬億美元。美國國債已是 23 萬億美元，誰來買？又是印銀紙。美國人之奇，奇在如此。仍有 37% 的美國人相信特朗普對病毒之言，真是盲目相信，如此國民，如何領導別人？

二、全球危機處理能力。2015 年面對埃博拉病毒，美國奧巴馬仍能組織全球 40 多國共同合作抗疫，顯示其領導力。但此次美國無行動，只顧自己，要法國馬克龍二次電話要求，才同意法國號召 G20 開會。當然只能視頻會議，會上習近平提出四個倡議，成為主調。要召集和協調全球危機應對行動，需要強大的體制能力和意願，要信息共享，關鍵在物資供應應暢通些，這些事，早已由中國主動提供。由於美國政府狹隘的自私自利和拙劣的應對之道，美國將不再被盟友視為國際領導者，美國亦不相信國際組織提供的信息，對本身的專家亦不重視，只視為花瓶。這次疫情，美國沒有通過領導力測試。世界更慘情，中國此役先入先出（FIFO），先接受援助，繼而出口援助，有助日後世界對中國的觀感，最少意大利已轉軚。

三、全球公共產品的供應。美國出口的「自由民主人權」，成為公共產品多年，如今已被「美國優先」所取代。美國的不斷退羣，最重要的巴黎氣候協定亦退出，不重視與 WTO 的關係，要阻礙 WTO 的運行，如何能領導世界？中國自從提出「一帶一路」，大受歡迎，此次疫情，令「人類命運共同體」更發光發熱。中國在對疫情的研究、臨床研究、財政刺激，都大有為領

導的形勢。中國對上海合作組織（SCO）的作用，對中東歐的 17+1 機制，對東盟的 10+1 機制，中國對非洲聯盟、歐盟等的作用，日後將大有發展！

美國影響力衰退

中美領導之爭，基本上亦是體制之爭，筆者已在〈疫情股災中看中美體系〉一文中討論甚詳，不再贅述。中國是集體主義文化，有異於美國個人主義文化，而國家中央領導能力，明顯佳於美國的遲疑不決，以選票為第一要素。從保護公眾生命安全的角度來看，中國已完全追上美國了。且看這次疫情之初，美國處置遲緩，手段生澀，毫無章法，只求淡化，不檢不報。無論國內外，都無法展現出領導力，繼而孤立歐洲，實行禁運，關閉邊境，只顧國內，令歐洲盟友，大大傷心。

從 G7 不能達成共同宣言，美國的「武漢病毒」成泡影，可見美國影響力之衰退，疫情過後，要回歸常態就難了。沒有強有力的領導層，是美國當今之弊，但美國國民在此之際，支持特朗普的比例居然由 45% 升至 49%，可見其弊亦在國民的素質。集體鬆懈，懷着不以為意的傲慢，如何抗疫？對付病毒，中國經驗，是有特殊行動，「菩薩心腸，霹靂手段，解救眾生」是中國文化，不能照搬，但亦可參考。當今世界最大憂慮，是今冬病毒重臨，而疫苗尚未發展成功，怎麼辦？中、美、歐洲惟有合作，共同發展抗疫的疫苗和醫治方法，而不是打口水仗。中美領導力實已相等，2020 年的世界領導必要做到謙虛、互信和分享，美國即使未放棄領導，恐怕也未必達到要求，不是嗎？

2020 年 3 月 30 日

優化的熊貓，惡化的老鷹

石齊平論中美之爭，是「被中國優化的社會主義」和「被美國異化的資本主義」之爭，結果是分明的，只是時間上的問題。

上世紀美蘇之爭，其實只是西方文化之爭。美國生產的資本主義和德

國生產的社會主義惡鬥，中國只是旁觀者。觀察到蘇聯的三個「百分之百」的弊病：計劃經濟（Planned Economy）、國有企業、全面鎖國。中國藥方是：規劃經濟（Planning Economy）、國私兼收、改革開放。

鄧小平採用「摸着石頭過河」、「效率就是生命」、「拓展市場經濟」、「歡迎外資來投」、「讓一部分人先富起來」的策略，加上中國人民的勤勞智慧，40 年開花結果。中國文化的「包容性、自信心、執行力」自然勝過美國民族性中的「嫉妒心、傲慢心、好勝心」。

資本主義的最大弱點 —— 貧富極度懸殊，是救不了的，美國最大的成功是吸引了全球人才到美國，一齊開發高科技，才有今日。但白人至上主義在過去 4 年勝出，高端人才如今要三思美國夢了，特朗普過去 4 年最大業績，是將美國人的醜陋之處表露無遺，世人能看清楚了。

印度文化中的治理寶典《五卷書》如是說：「在甚麼地方，不應該尊重的人受到尊重，應該尊重的人得不到敬意，在那地方，一定發生三件事情：災荒，死亡，還有危機。」

德不配位，必有災殃，個人如此，國家亦然。既然有因，必定有果，無論如何掙扎，不改老毛病，甚麼都是假！龍在西方是負面的。中美之爭，中國最好用熊貓代表。「優化的熊貓，對惡化的老鷹」，過程會平和點，對全人類都好些。

2021 年 3 月 25 日

中國究竟超越了甚麼？

拜登說在他任內不讓中國超越美國，他又表示他準備競選連任，暗示「任內」直指 2029 年。那就要如普京了，祝他健康！

那麼中國已經超越美國，怎麼算？比如 GDP，以購買力算，2020 年中國 GDP 已是 26.5 萬億美元，是美國的 129%。當然，名義 GDP，中國只是美國的 71%。但 2028 年日本預測中國可追上，那可是拜登「任內」！

中國佔世界貿易總額的 14.5%，美國只是 8.5%；中國外匯儲備 3.2 萬

億美元，遠遠超越美國。中國銀行系統資產是 32 萬億美元，是美國 2 倍，無得追。美國中產已由上世紀八十年代的 60%，跌到目前 40%。中產是儲蓄的泉源，沒有中產，沒有肥羊。

中國全球貿易夥伴 130 個，美國 56 個，誰的朋友多，很清楚！中國貨櫃吞吐量佔全球 40%，十大貨櫃港佔了 7 個。中國是全球奢侈品最大市場，佔 35%，美國不是大戶。

電子商務零售規模，中國是美國 3 倍；移動支付，中國是美國 50 倍。信用卡在中國無大用，美國信用卡超過 1 萬億美元。中國人用自己錢購物，美國用未來錢度日。

中國互聯網用戶已達 9 億，遠超過美國人口 3.2 億。中國中產階級 4 億人，已超越美國總人口。中國 5G 專利佔全球 40%，美國只能說在美國無效。

人民幸福感中國達 93%，當然超越憤怒的美國人，中國信任政府的達 90%，美國遠遠不及，這都是美國人自己做的調查，這張名單還可以寫下去。算了，拜登任期愈長，這張名單愈長，這是歷史走勢，不可擋。

2021 年 1 月 2 日

中美百年馬拉松末段

拜登 2021 年百日講話據稱反應還不錯。那究竟是不是他強勢呢？第一，看百日演講收視率，看電視的人數估為 2690 萬人，2017 年特朗普吸引了 4770 萬人，2009 年奧巴馬首講更達 5240 萬人。拜登分別是他們的 56% 和 51%，可謂慘淡收場。

第二，看百日支持率。拜登全計得 52%，比特朗普 42% 好，但主要來自民主黨人的 90%，共和黨人只得 13%；奧巴馬得到的是民主黨 93%，共和黨 36%。反過來看共和黨總統，小布殊得共和黨 89%，但民主黨亦有 58%；里根更是共和黨 90%，民主黨 62%。可見幾十年前，兩黨支持率不是一面倒，總統也可以吸引到非自己所屬黨派的支持票。

到了 2021 年，拜登得到的是極端待遇。奧巴馬在 2018 年的選舉諾言是讓八成美國人 25 年內坐上高鐵，結果一敗塗地，8 年內一里高鐵也未建好，他好歹也有 36% 的共和黨支持率。特朗普也要搞基建，但 4 年只能建了半道墨西哥牆，其他也是一事無成。拜登拋出 2.3 萬億美元基建計畫，在 13% 共和黨支持率下，又會有何功業？

中美這場國家間的百年馬拉松，跑了七十多年了，奧巴馬要讓美國愈跑愈快，沒有成功；特朗普要中國愈跑愈慢，也失敗了。拜登目前對中國態度，是「特規拜隨」，沒有新意，只是拉攏盟友，大家一起「抗中」。但美國已後勁不繼，盟友落後更多，幫不了手，中國愈跑愈近。一場新冠，令美國更焦慮，焦慮之下，甚麼招都敢出，已沒有了面子問題。基辛格怕會「打起來」也是過慮，拜登弱勢，能出絕招嗎？

2020 年 5 月 17 日

東升西降的轉折點在何年

將來歷史上會記載，中國的轉折點在 1978 年，鄧小平救了中國，以「實事求是，改革開放」，打開了中國的大門，鼓勵了人民的積極性。從此這道門再也關不起來，40 年經濟持續成長 9%，一代一代的努力，造成今日的「東升」局面。

中美轉折點，美國信用大跌

那麼「西降」呢？那個轉折點在哪裏，目前還未有定論。1991 年，蘇聯解體，日本這個老二被打得跌落「迷失十年」，美國稱霸全球。世人「羨慕、敬畏、依賴、尊重」美國到了頂點，克林頓不可一世，臨別放了中國一馬，同意中國進入 WTO，G7 追隨。是不是轉折點呢？

接任的小布殊不同意，2000 年，中國 GDP 才是美國的九分之一，有那麼大威脅嗎？小布殊認為有，但 2001 年發生了「9·11」事件，小布殊注意力去了中東，踏入阿富汗陷阱，一去 20 年，花錢無數，國債大增，世人不

再「敬畏和尊重」美國。小布殊最後一年 2008 年，寬鬆的金融管制，次按失控，金融界內亂，雷曼破產，全球受影響，但無人受罰，美國信用大跌，再不是「依賴」的對象。

美國去工業化，不再是生產大國，只控制科技產品的上流，影響力下降，卻也是正路。美國需要中國支持，中國國債買到二萬億美元，仍在尊重美國，還是援助美國，不好說。2008 年仍不是轉折點，「羨慕」美國的「一流人才」仍很多。移民是寶，直至 2016 年特朗普當選，德不配位，但「美國優先」，移民被阻，美國再無超教育水平的勞工，世界最佳港口、公路等基礎建設，最有活力和能力的移民。已移民的膽戰心驚：科技投入不足但阻止外國學習，不再遏止魯莽行為，立法變成兒戲，鼓勵冒險創業的精神衰退，如此四年，加上槍枝氾濫，種族歧視正式上槍，審查華裔科學家，哪還有可以羨慕的生活？又回到「錢學森時代」。

模範生的轉折點

如此還未轉折，2020 年，COVID-19 來了，抗疫無力，世人看得明白，美國當模範生的歷史時刻結束了。但歷史上，衰落的大國永遠不願相信轉折點已經來臨，大英帝國 1919 年早就不成了，一定要捱到 1956 年的蘇伊士運河事件，才不體面地退出。美國也是如此，要等未來的歷史學家落筆。

要求盟友聽候調遣永遠是最後一招，G7 如是，QUAD 亦如是，歷史證明這是徒勞的。

歐洲調查顯示，56% 的歐洲被訪者已不以美國為領導，美國民選制度亦開到荼蘼。民選不是民主，正如甘地所說：「民主只能建立在信任的基礎上。」愛德曼報告顯示，美國人信任美國政府的只有 33%，信任中國政府的國民達 84%，哈佛報告中更達 93%，2021 年 5 月加拿大約克大學調查的信任度更是 98%。轉折點怎樣才算來到呢？美國也只能死不認輸了！不是嗎？看史家將來怎麼寫！

2021 年 5 月 17 日

香港和台灣的前景

再探香港、台灣的深層次問題和紓解之法

　　清道光十七年（1837），英女皇維多利亞登基，18 歲。五年後，英國和大清簽訂《南京條約》，正式將香港變成殖民地。歷經 156 年 155 日 11 小時，香港才在 1997 年 7 月 1 日回歸祖國，實現「一國兩制」，實施《基本法》。清光緒二十一年（1895），明治維新已 27 年，日本和大清簽訂《馬關條約》，台灣變成日本殖民地，直至二戰日本敗北，歷經 50 年，台灣才回歸中國，由蔣介石、蔣經國父子經營 43 年。1988 年蔣經國去世，22 歲前是日本殖民地居民的李登輝奪權，從此走上「去中國化」之路。歷經陳水扁、馬英九、蔡英文，凡三十年了，「一國兩制」仍被視為洪水猛獸，拚命推銷「杧果乾」（亡國感），擁美自重有票源。

港台同胞曾做大陸「開荒牛」

　　30 年前，香港和台灣是中國兩顆明珠，經濟體量 GDP 合起來是中國大陸的 60%，外匯存底合起來亦比中國大陸多。香港和台灣資金進入大陸，風頭一時無兩，實際上只是大陸的「開荒牛」羣體。大部分的香港人和台灣人一直沒有到過大陸，對大陸毫無認識，只接受西方媒體的觀點，而其中最有決定性的時刻（defining moment）是 1989 年 —— 鄧小平所說的：遲早都要來，早來好過遲來 —— 的那場風波。西方制裁中國，而香港要回歸中國又在 1984 年決定，15 年過渡期正在進行中。30 年過去了，究竟香港和台灣的「深層次問題」是甚麼？如何解決，確是令人頭痛。清華大學王振民教授在 2015 年討論過這個問題，可以根據他的思路，重新整理如下。

社會深層次問題早有端倪

　　2019 年香港夏日為「無妄之災」。筆者最大的收穫，是證實西方傳媒亦可以如此無稽，如此敵視中國，只從自己的角度來報道事件，指鹿為馬，

以暴民為良民，充分詮釋了特朗普所謂的 fake news。時光倒回 30 年，回到 1989，6 月 4 日筆者在南韓首爾看 CNN 報道，鏡頭全部是血紅的，有可能嗎？CNN 記者真的能拍到血腥嗎？筆者從此不信 CNN 任何報道至今。天安門事件到底發生在天安門，還是長安街？白衣秀士沒有死！學生領袖可以逃脫。這一切都是學生們可以組織的嗎？分明就是一場顏色革命的元祖。

港人無心細讀《基本法》

中國自 1978 年底，開始改革開放。1979 年是改革元年，改革觸動了很多利益，1989 年是改革十年後，有成就，也有不滿，是正常的。年輕人自五四運動以來，都易輕信過激思想，無真相，只以理論，易趨極端。這事一百年來，屢驗不爽，而要對此加以糾正和遏止，又不知費卻國家民族多少元氣和精力。30 年過去，六四運動的學生領袖中沒有出現一個像樣的人物，亦可見這場運動是無根和無理論號召的。鄧小平繼續推進改革開放，以「摸着石頭過河」的精神，不斷試驗，以至成功超出全世界的預期，亦引來美國之妒，亦證明顏色革命之失敗。

但在香港，卻延續了 30 年的「維園靜坐」。當年的二十歲青年如今已五十了，他們的子女也二十多歲了，天安門事件的「報道」在他們的心頭，永不消滅，亦不肯相信這可能是 fake news。國家在「河水不犯井水」的原則下，並不處理這個問題，而這個問題變得深入民心。政府早已換屆，鄧小平、李鵬都不在了，香港這一批人不肯認祖歸宗，變成香港的深層次問題。

香港要搞「港獨」，只是極少數；懷念「港英殖民時代」的亦不是太多，但足以壞事！這些人只希望真能「自治」，不受「西環」影響，完全不明白中國法律的細緻和全面發展，和 30 年前已不可同日而語。對司法制度的不信任，深入人心，反修例亦是表現之一。怕被拉回中國而無法自救，不知道美國無錢莫打官司，孟晚舟事件還不清楚嗎？對《基本法》更是無心細讀，認知極少，不信調查一下多少人看過《基本法》內容，多少尚未看過？

台灣是另一個問題。美國數十年前就留下「台獨」的種子，如今深綠最

少有兩成，有「二‧二八」家屬，有日本「皇民」家庭、有日裔、有被蔣氏皇朝迫害人士，是死硬派，去之不易。但日本殖民者對台灣人的看法是「愛錢又怕死」，這點其實香港、台灣是共通的，看今日香港青年出動，人人蒙面，不怕死為何蒙面？收錢才出街，如何不愛錢？還是小錢。大陸今日亦有所謂「精日」、「精美」分子，所以香港有「小英國人」，台灣亦有親日人士和親美人士，毫不稀奇。香港有大量加拿大、英國回流人士，台灣亦有大量移民美國者海歸，以及日本皇民的回歸，所以不肯認祖歸宗的人肯定是有的；祖國真富強，他們更怕死，這些深層次問題只能等這一代人去了，才能解決。

台灣改革教育，年輕人變「自然獨」

另一個深層次問題是台灣「去中國化」教育。蔣經國知人不明，而壽命又不夠長，否則台灣和平統一，可以在鄧小平、蔣經國這兩位留俄的師兄弟手上完成，但國運如此。李登輝上台，1994 年指派諾貝爾化學獎得主李遠哲進行教育改革，1996 年 12 月完成教改指引，台灣由 1994 年的 30 所大學，20 年後變成 166 家，師資何處來？台灣大學生的質素下降，所以才有大學生起薪低至 22,000 新台幣（5,500 港幣）的狀況，而大陸大學生起薪已升至 5,909 人民幣（6,519 港幣）。

教改完全失敗，連李登輝都指摘李遠哲。但教改「成功」之處，是將中國史改成亞洲史，「我國詩人李白」變成「中國詩人李白」，培養成「太陽花一代」，年輕人變成「自然獨」。滅人之國先要滅其歷史，台灣有中國觀念者只有老人家，還要是「非台語」人士；馬英九重獲政權，卻無法在八年內扭轉乾坤，亦罪人也。

通識教育代歷史，錢穆有知亦莞爾

香港更奇怪。「去中國化」，英國人在 156 年半之間辦不到，筆者一輩讀中國歷史仍可讀全套，雖然林則徐被醜化，但一到長大便知其非。但5,500 的歷史太難讀，專注力不足，沒有耐性，不勤力是年輕一代特性。歷

史沒人讀，但索性在回歸後以「通識教育」代替歷史，結果是通通「唔識」，或者通通「識錯」。22 年間，「去中國化」居然做到了。良法美意，在執行非其人、二主失敗之下，王安石都辦不到，又怎能希望在英國人培養出來的文官系統可以辦到？錢穆在此，為之一笑！此亦必須解決的深層次問題。

香港最深層次的問題恐怕是資本主義的煩惱。1990 年美國經濟學家佛利民（Milton Friedman）曾說香港是最具備「自由市場經濟」的地方，要看資本主義運作，一定要去香港。三十年過去了，資本主義疲態畢露，必須反思和重塑了，這是北美商學院教授們的結論，最大問題是貧富懸殊加劇。香港資本主義制度下，在回歸前的 1996 年，香港頂層 20% 的人的收入，是底層 20% 的人的 13 倍，到 2016 年已是 23 倍，到 2019 年恐怕再升至 26 倍，就是 double 了，不值得反思嗎？

內地繁榮富強，香港有人沮喪

三十多年前，當「一國兩制」提出來的時候，受到西方觀念影響的香港人，都認為自己的一制是最好的，最怕是變成社會主義那一制，「五十年不變」是希望五十年後，變成自己的一制，皆大歡喜。目前青年鬧事，亦是怕五十年後怎麼辦？但三十多年後，中國社會主義這一制看來是富強繁榮的代表。中國對世界增長的貢獻，1962 至 1978 年只是 1.1%，1979 至 2012 年變成 15.9%，2013 至 2018 年更達 28.1%。數字證明一切，香港人沒法不沮喪，最不智的辦法是拒絕了解，拒絕接觸，拒絕入內地。香港人到內地來來去去就是那一批，台灣亦如此，甚至有二百萬人到了大陸工作居住。那餘下的一千多萬，仍然是無知的，最喜歡的就是看到大陸的壞消息，一句「大陸就是如此」便無限安慰。此類人士，在家中影響兒女，在學校影響學生，自己不肯上街，卻鼓勵青年上街，以為戴口罩就無人認得，是鴕鳥政策。走得一時，走不了一世，總是要面對，這種深層次的心態如何才能扭轉？裝睡的人是不會醒的。

香港這 22 年來，只有 2003 年沙士（SARS）時最差，2008 年富人損失

慘重，窮人影響不大。但隨着全球銀根寬鬆，內地一制不斷在支援香港一制，所以樓價繼續上升，直至全球榮景不再，深層次問題才一起大爆發。有心人利用形勢，以港台阻止中國前進，是很明顯的。三十多年來新自由主義入侵香港，已成功製造了極少數的富人和 20% 的貧困戶，其弊病顯露無遺。

香港這一制最照顧頂級富人，但一出事有民怨就「派糖」，能走法國式的福利路線嗎？那這一制不就完蛋嗎？低收入羣體不能買樓，那是幾十年來的現實，但最低層可以入住公屋，反而是中產階級不被照顧。公屋供應遠遠不及新加坡的 80%。新加坡也是實行個資本主義的地方，亦是香港的競爭者。目前跨國企業亞洲區總部仍以香港為最多，超過新加坡、上海，但經 2019 夏季之禍，跨國公司會不會重新考慮遷址？這是香港的危機。香港租金最貴，但學費較低、稅率較低，仍具吸引力，但一旦不安全，就糟糕。香港評分被惠譽降級，穆迪亦將評分由正面降至負面，對發行債券亦不無影響。香港既不能改制，惟有改革。香港過去行大運，因中國內地積弱，加上有奮鬥精神，才有今日。隨着中國內地之崛起，惟有希望大灣區計劃帶來新的運氣，力保全球第三大金融中心地位是必須的。

愛國愛港是「港人治港」先決條件

香港一百年來，最值得稱道是英國作風，夠紳士，講文明。香港法源自英國法，法治健全、講規則、重規矩、守程序、不激進、少暴力，人人安居樂業，有英國式保守傳統。英國雖然沒有成文憲法，但八百年來，有足夠的歷史供按例來執法。但三十年前，美國新自由主義進襲香港，一切改變了，為了取勝可以不擇手段，可以盡出於偽。到了九七回歸，英國法沒有了，《基本法》才是主導，但英國八百年的案例，還在用嗎？沒有答案，這不是深層次問題是甚麼？《基本法》過了 22 年，還有多少條未實施？香港法只有一百多年歷史，如何判案？所以市民都奇怪，為何「上午警察拉，下午法官放」，能得到解釋嗎？沒有專家能出來為市民解惑！司法裁判由英國人主導的現狀是維持五十年不變嗎？還要不要延長？

「港人治港」的先決條件是由愛國愛港的人治港，特首和司長要放棄外國國籍。行政、立法、司法三者，司法裁判居然由外國人主持，愛國是愛他們自己的國，愛港要看行為，但為何沒有接班制度，沒有培養計劃？這亦是深層次的問題，必須得以解決。如何維持「司法公正」，是一個大命題，市民無權表達意見。嗚呼！這些市民不解之謎，為何律政司不出文章來解惑呢？

香港人最忌諱是「西環治港」，西環者中聯辦也。中聯辦的角色是甚麼？香港人是不清楚的，官有多大也是不清楚的。香港人根本對中國官制不明白——正國級、副國級、正部級、副部級，甚至 27 級體制，明白的人不多。香港是特區，特首相當於國家何級？中聯辦主任較高級嗎？董建華、梁振英退任後，是全國政協副主席，是副國級，是較特首高一級嗎？不清楚。這亦是深層次問題。香港青年可能加入北方那一制嗎？

怕老闆變內地人，萌「攬炒」[1] 心態

新自由主義進入香港三十多年，最大的影響是香港企業的管理方式。上世紀六七十年代香港青年，從入企業起，雖無終身制，但上下一家親，齊齊拚命，發揮獅子山精神，刻苦、不計較、互相幫助。企業和員工一齊發財，薪水足以買樓、養妻活兒，供給優質生活。但上世紀八九十年代，形勢大變，五十歲退休在望，但無生活保障，優勝劣敗，只有 1% 最發財，CEO 最着數[2]。

這一代青年人再無退休保障，只有逼退機制，生活小資但儲蓄全無，錢財早已用於供樓或租樓，所以焦慮、不安、挫折感、朝不保夕的威脅長存。人人望子成龍，但好學校有限，只能埋怨香港政府和北方威脅。而內地青年

1　粵語，指同歸於盡。

2　粵語，指有利可圖。

的進步，由「跟隨、突破、同步到引領」。有如上世紀，美國人最怕老闆變了日本人，香港人亦不能不怕老闆變了內地人，這是無可奈何，乃有「攬住一齊死」的心態。但事實上只傷了自己子女和香港人，內地人只是換個地方投資而已。

香港五十歲以下幾代（25-45歲）都有這危機，所以只要自己子女不上街，其他青年人上街，心中支持，口中不言。這深層次問題不解決，炸彈永遠藏在「無樓、無儲蓄、無長工、有子女壓力」。其實是整個資本主義社會的問題，這一刻一定要反思和重塑，不是靠政客可以解決的。

身份認同是大事，「去中國化」要停止

結語：香港、台灣經濟下沉一段時間不可免，要浴火重生，要解決這一大批深層次問題，如何令港台人士同意認祖歸宗，是中國人的一件大事。「去中國化」一事要停止，要撥亂反正。資本主義要重塑，要改變貧富懸殊，但又不走福利社會路線，增加公屋是必由之路。要回歸保守政治傳統，消除激進手法，完善《基本法》未完成的部分。港台人士要加強對內地一制的了解，知己知彼，百戰不殆。何況世界上沒有哪一制，可以永遠不修正改革而可長存。如何變化，就看大家努力，但這些深層次問題，不是香港人可以全部自行解決的，中央的幫助不可少，不是嗎？不要再受「河水井水」之惑就是了。

2019年9月23日

香港和香港人

1997年6月自法國返港，行前法國高人論香港：HONG KONG WILL BE FINE. HONG-KONGER MAY NOT。是說：香港前途美好，香港人卻未必。當時不得其解。23年後，恍然大悟。法國高人是「中國通」，又曾在香港工作多年，1980年就和筆者論香港和深圳關係：香港人口不足，沒有二千萬人，成不了大事，只能是配角；新加坡當時人口更是三百萬，不增人

口，沒有前途。李光耀改變移民政策，增至五百萬，安全靠美國，經濟靠東盟和中國，但始終有安全問題。李光耀到死仍記掛終極生存問題：50 年後新加坡還在嗎？

香港沒有這個問題，香港有強大後盾，是中國一部分，所以只有發展經濟的問題，另一個是人心的問題。1997 年是第一次回歸，是主權回歸，人心並未回歸。澳門在 1999 年回歸，是主權和人心同時回歸，可以全力轉型。在博彩業有發展，同時會議中心生意成功建立，還可以發展金融等，成為另一個離岸人民幣中心，發展有珠海「飛地」。教育有躍進，15 歲中學生的 PISA 成績，已可在香港和台灣之上，排在世界第三，出乎很多人的意料之外。澳門人沒有阻礙前進的「優越感」，與時俱進，成為愛國教育基地，這也是始料不及的。當然，深圳開始也不是一帆風順，但進入 21 世紀，轉型成中國矽谷、科技之都，人口更突飛猛進，到達一千五百萬，比香港多一倍。這個人口變化，亦是在意料之外，所以法國高人所預料的「大香港」和「大深圳」概念，並未出現！

2020 年 9 月 21 日

香港回歸 2.0

香港人多年來以深圳為「按摩」和「包二奶」的去處，怎麼會料得到，深圳人口是香港兩倍，GDP 比香港大，科技比香港進步，股市亦步亦趨。到了廿一世紀，要吞下深圳已無可能，甚至要當粵港澳大灣區的龍頭，亦是困難重重。在「一國兩制」下，香港當然也不會變成深圳的一部分，本來香港以「法治、安全、效率、自由」來吸引全球，西方人都安於香港的環境，香港苦的是夾心階層。在新自由主義泛濫三十年後，中華文化在年輕一輩確是失去吸引力，香港人欠缺家國情懷源於歷史原因：「去中國化」在無聲中進行了三四十年（反而台灣是擺明車馬，1994 年進行教改）。

「欲亡其國，先去其史」，DSE 考中國歷史科的學生只有 6,000 人，真

可憐。錢穆感歎：「今天的中國人，卻又是最缺乏歷史知識的」，不是無的放矢。中國五千年歷史太長了，沒有溫情和敬意，是讀不下去的。去中到推中、恐中、反中，都是有連貫性的。台灣的 817 萬和香港的 160 萬，就定義了 2020 年，人心不歸，災禍不止，香港要回歸 2.0，並不容易。

香港在改革開放之初，內地教育尚未回復，香港提供「人才、資金、技術」，是天之驕子。但三十年就是一代，香港再沒有領先的本錢，仍然保持優越感，是愚蠢的。內地一年的大學畢業生八百多萬，就超過香港人口了。歷史一再證明，一個城市繁榮到了最盛，就不出人才，因為生活太安逸了，只能變成吸引外來人才之地。香港連港交所 CEO 都已是內地人多年了，金融局是最後堡壘，最後老闆是內地人，是免不了的結局。

2020 年 10 月 12 日

台灣興衰

研究經濟增長多少，不得不歎服：綜合國力等於「人口、IQ 和教育程度的總和」這個結論，一切都只是時間上的問題。從歷史角度看，一場馬拉松或者龜兔賽跑，都是一回事。

在亞洲，日本和四小龍先拔頭籌，以為是制度的成功；歷史若在 1990 年停止，那可能是對的，但歷史不會停頓，百年亦只是一個小數字。

1949 年，台灣在海角威權管治，與民主沾不上邊；到 1991 至 1994 年，到達經濟頂峰，筆者這段時間在台灣工作，政治沒有可能出錯，一切毛病都被經濟增長所掩蓋，真是順風順水。台灣「錢淹腳目[1]」，富得流油，GDP 居然是大陸的 45%。那 200 萬由大陸移居台灣的中國精英分子，痛定思痛，勤奮工作，但移居 45 年，一代中年，垂垂老矣。

1　閩南語，指腳踝。

本土青年未能接班

台灣本土青年未能接班，有接班能力的人都移民到美國。只在 25 年間，台灣經濟增長由 10% 下降至 2%。台灣和日本一樣，都是反移民社會，沒有新血支援，這個綜合力量的因素發揮不出來。威權政治變成無公權力社會，一切動不起來，一切都可以扯後腿。

所以來到 2019 年，台灣 GDP 增長在 4.5% 以下，由第一大省降至第七大省。再過 20 年，適台 90 年後，台灣的經濟體量降得更低，省份排名大概在 10 名以外，人均 GDP 在 2018 年已被深圳、廣州、無錫、蘇州所超過。到 20 年後，排名應被其他省所超越，雖不致無足輕重，亦不過爾爾。惟是軍事戰略上若被外國所用，危害仍大，歷史是無情的，百年一樣！

2019 年 3 月 18 日

教育基地論

最近在上海不論見到誰人，必問香港如何了？上海復旦大學教授張維為直接說，香港已成「教育基地」，但最佳基地仍是台灣，充分教育了西方兩黨政治的無奈，導致經濟原地踏步。新自由主義 30 年來進襲全球新興地區，只有中國進不來，最嚴重是南美。自由主義的惡果如下。

1. 導致成千上萬的普通百姓陷入貧困。

2. 極少數人可以發家致富，依靠的是自由無限制加上無極競爭。最慘情的南美國家是洪都拉斯，處於貧窮線下的居民佔 71%，十五大家族的財富佔去 GDP 的 80%。香港還算幸運，處於貧窮線下的居民佔 20%，十大家族的財富佔 GDP 約 35%（有說是 42.5%）。

台灣兩黨制是選兩個爛蘋果，執政者極無能，居然在民調率佔優勢，這些民眾出了甚麼問題？不是最佳「教育基地」是甚麼？青年怎麼辦，基本工資每月 23,800 元新台幣（折合約 5,434 元人民幣），大學生的薪酬竟然比基本工資還要低，大陸大學生的人工平均每月 5,909 元人民幣，大陸一流大學

畢業生月入更平均可達 6,721 元人民幣。

　　中國青年人有自信，未來發展會好過父母。很簡單，30 年前的社會，人均 GDP 是 1,000 美元，如今已是一萬美元，最少增長了 10 倍。連美國青年人也認為不會好過上一代父母的生活水平，至今還在與父母同住，不能自立，美國也是「教育基地」。不出國不知祖國好已是共識，「一國兩制」一定要進行下去，原因是可以當樣板。1984 年時怎樣想也不至如此，當年港人月薪是內地人 200 倍，奈何「實事求是」、「摸着石頭過河」，在 30 年內擊敗了獅子山精神，這就是歷史和人生。

2019 年 9 月 27 日

明珠蒙塵

　　1975 年 3 月，筆者赴台灣工作，4 月蔣介石病逝，嚴家淦接任。1978 年 5 月 20 日卸任，蔣經國接任，正式任元首。同日，美國派安全顧問布熱津斯基訪問北京，會見 1977 年三度復出的鄧小平，重談中美建交，選的日子，當然有意味。

　　七個多月後，1979 年 1 月 1 日，中美建交，美國對台灣斷交，廢約（協防條約），撤軍。美國國會親台者大怒，通過《與台灣關係法》，4 月 10 日，卡特簽署成為法案，軍火商大喜。筆者在台灣的老友大驚，立刻棄台返港，反應甚恐慌。筆者東家洛克菲勒早就有消息，1978 年中就要在香港分行設立中國貿易融資部，專做大陸生意。筆者已用普通話在台灣生活了三年，正恰使用，被調回港，人生再一次轉折。這一年，台灣外匯儲備創新高，僅次於日本，是世界第二，美國「還君明珠」，未至「雙淚垂」，亦只得堅持中國大陸和台灣要和平統一，卻又要賣「防禦性武器」給台灣，當然是高價保護費。中美建交是鄧小平復出的第一件統一大事。

香港、台灣明珠蒙塵乃不可免

　　五年後，1984 年 12 月 19 日，這次是中國和英國發出《中英聯合聲明》。1997 年香港回歸，回歸後英國無主權，無治權，無監督權，但仍有 13 年過渡期可以搵水[1]，英國是真的「還君明珠雙淚垂」。但美國對台灣如此，英國還能做甚麼？「聯華抗俄」是主旨。西方世界的兩顆明珠，走上回歸之路，是歷史軌跡，但西方世界，心有不甘，一定要留下西方價值觀和影響力，但西方的兩黨結構和民主制度卻已到向下發展的拐點，香港、台灣明珠蒙塵乃不可免！如何修復，是大工程，正如錢穆所言，要「費卻國家民族多少元氣與精力」。政治不安定，社會無出路，歷史一再明示。人們要醒來，別無他法。

2020 年 4 月 28 日

棄我溝渠

　　1979 年美國棄台，但留下一條生路，就是維持台灣移民配額每年兩萬人。和大陸一樣，台灣的人才和資金大量移美。當時說法是，台灣政府有多少外匯存底，台灣人就有多少美金在海外，沒有了美國協防，還談甚麼「反攻大陸」。

　　蔣經國是鄧小平蘇聯時代的師弟，當然知道這位大師兄的厲害。1987 年，蔣經國已到晚年，乃順應潮流，解除民國三十八年的戒嚴令，老兵可以返大陸探親，台灣中小企業亦不放過這個上進機會，大舉投資大陸。南懷瑾稱 1987 年這一年是中國轉運之年，錢穆亦稱兩岸必走上和平統一之路。

　　當然世運不是如此一帆風順，蔣經國誤用了在日本殖民時代出生、受教育的李登輝，台灣走上「台獨」之路。民主選舉只是一個手段，而西方民

1　粵語，賺錢。

主制度的崩潰是全球性的。官僚結構和民主體制的崩潰，乃在台灣成為試驗場，是大陸民眾最佳的教育基地。以色列一年內三次大選以致勞民傷財的狀況，台灣還未發生，但年年各種選舉，執政者已無時間思考。既無大戰略，亦無戰術，只能用「杜果乾」（亡國感）作為口號。

蔣經國去世才 32 年，台灣號稱 2,300 萬人口，但其中 200 萬早已西遷，不是工作就是生活，回台灣只因有醫保。如今被當局敵視，不知何去何從。1990－1995 年的台灣，確是掌上明珠，GDP 是大陸的 40%，何其貴也！如今只是 4%，由經濟第一大省跌至第六，預期第十。

台灣逐步走入險境

晉傅玄的《短歌行》：「昔君視我，如掌上珠，何意一朝，棄我溝渠。」中美交惡，台灣是掌上棋子，台灣自可親美、抗中、遠中、脫中，不亦樂乎！無視病毒危及經濟，2020 年，台灣當局仍死撐 GDP 可以保 1%，但 IMF 預測負增長 4%。ECFA 6 月若不續，出口不振是必然。TSMC 對華為的出口成謎。南向不彰，歐美不振，台商不回。最慘大陸人觀感改變。台灣由「最美的風景是人」，到「拿回來也沒用」，就是由「掌上珠」到「棄我溝渠」。

台灣在 813 萬選票的支持下，逐步走入險境，以疫謀獨，兩岸脫鈎。其他人等無力挽回，兩岸互信盪然無存，加上美國仇中已成型，台海風險加深，當局仍有高支持率，怡然自得。棄我溝渠，不以為意，誠可歎也。

2020 年 5 月 18 日

台灣在 2020 年得益於大陸經濟迅速復甦，出口大增，全年 GDP 勁升 2.98%，是大好事。到 2021 年 5 月，疫情反彈，在缺水缺電下，經濟前景，蒙上陰影。

2021 年 5 月 24 日

台灣人台灣事

400 年來，台灣人被葡萄牙人、明鄭、滿清、日本、美國、國民黨，民進黨等勢力管治，哪段時間最有尊嚴，說不上，總之是悲情。21 世紀，對台灣而言的大風險，是中共在門口，美國雖說在 1979 年撤軍了，但長臂管治，並未離開。美國軍機飛入台灣領空，台灣軍方也是聲都不敢哼一聲的。台灣民眾以中國人身份回到大陸只是 1945 至 1949 年之間，只有 4 年，1949 年後，兩岸隔絕 38 年，互稱為匪，但總算統一於「一個中國」。

只有美國人，希望「分散中國力量」，要攪「一中一台」，但國共都不同意。美國人自己從英國手中獨立出來，順理成章認為台灣也應獨立，但尼克遜改變了一切。在「聯中抗俄」的戰略下，要和中國建交，建交在卡特手上完成。台灣被美國出賣了，但美國也「仁慈」地推出《與台灣關係法》，同時保留移民配額，一年仍有二萬人，和中共配額一樣，香港只有 500。

台灣人自 1979 年，能移就移，幾十年下來，移了百萬大軍，也移了許多資金。這些人既反蔣也反毛，也是支持台灣獨立居多。1945 年日本交還台灣，人口約六百萬，其中有多少日裔和通婚留下的子女？50 年下來應也不少，被稱為隱形少數，實際有多少人，沒有確數。但心懷「故國」，能通日語的皇民，確也不少。1949 年來了一百五十萬外省人，大部分是軍人，但只佔台灣人口 20%。老蔣只信外省親信，形成日後省籍之爭。外省人是精英嗎？有多少人，五十萬，是全中國人口 0.1% 而已，僅此而已。中央研究院院士 81 人，到台灣只有 8 名，到美國 12 人，留中 61 人，精英在何方，一看便知！

2020 年 9 月 10 日

台灣的希望

1949 年，若真以為所有精英都去台灣，成為中華文化的保護者，中國就沒有那麼快復甦了。無疑，老蔣保留了繁體字，而老毛推行簡體字。論藝術，繁體勝，論效用，簡體勝。到上世紀六十年代，老蔣還搞文化復興運動，自海外邀得錢穆、林語堂到台灣，共襄盛舉，但都是表面文章，兩人都未得重用，文化亦未復興。反而搞了個新的科技園，吸引了一批科技人返台灣發大財，有了科技加工業，但若論高科技，量子衛星、核聚變、石墨烯，台灣又遠遠落後了。相反，台灣出了大批從政的法律人和醫生，但從事科技和深造博士的人卻少了。

目前台灣中學生 PISA 成績，遠遠落後於大陸、澳門和香港，人才紅利下降。在李遠哲主持的教育改革下，去中國化，去歷史，台灣 20 至 29 歲承認自己是台灣人亦是中國人的只有 10%，90% 是「教育獨」。所以台灣選舉，國民黨已立於必敗之地，只看輸多少而已。2020 年 1 月的大選，國民黨的老人家大敗，「中生代」出頭，亦未必挽回江山。2020 年選舉，只能屈於柯文哲、郭台銘之下，居第三，淪為小黨可期！

台灣人很明顯願意保持現狀，能拖則拖。台灣人面對中國越來越強大，惟一的靠山是美國。兩岸問題，相隔不是台灣海峽，而是太平洋。中美實力均衡之日，美國將會義無反顧，出賣台灣，台灣人亦無可奈何，只得接受現實。但「人心不歸，災禍不止」，如今令台灣心甘情願回歸，是未來 30 年的功課。歷史上台灣多次回歸，效果都不好，希望下次成功！

2020 年 1 月 12 日

台灣的限期和人心

台灣到 2020 年，人口只有大陸的 1/60，GDP 亦只有 1/24，幾乎是 1990 年二分之一，相差太遠。以省份來計，當年是第一大省，今年是第六大省，幾年後會跌出十大省行列，所以從經濟上，台灣籌碼不大。國民黨經 2020 年一役，很難復起，以後是綠白營世界，「一國兩制」很難走下去，只能重新定義。綠營有人拋出「大中國」概念，統一在這架構上，是希望將華人組全都召集起來，也算是「和平統一」的一種方法。「台獨」不可以就是不可以，台灣政客不敢公然台獨，只有靠美國國會玩台灣概念，變相台獨。美國建立正式辦事處，變相承認，都是可能選項，日後只看如何見招拆招。

不要忘記「分散中國力量」是美國最高宗旨，台灣只是超限戰中一枚棋子，會被玩到最後，美國得到最高利益才會停止。台灣政客視政治為一場生意，等被到賺得最高利益，對台灣抽血，才會停止。拖得就拖，美國放棄，台灣就會和平統一，這得等中國國力可以壓倒美國之後，才會發生。2050 年應是最遠期限，到時中國軍事、經濟、文化的綜合國力，世界第一，台灣回歸問題迎刃而解。但人呢？人心不歸，災禍不止，不準備台灣的人心回歸，不算成功。李登輝在 1990 年代曾以摩西自詡，帶台灣人「出埃及」，但忘了「出埃及」去了幾年，第一代無人到福地。這也是歷史吧！

2020 年 7 月 30 日，李登輝病亡。也等不到 40 年後的 2030 年。可憐的是台灣青年被洗腦了，台灣去中國化了，如何回歸呢？

2021 年 5 月 28 日

對去中國化的反思

台灣要去中國化，但甚麼是中國文化，其實是搞不清楚的。以為去了老蔣銅像，加些日本神社，就可以去了中國文化嗎？

中國文化最少分四期。一是先秦兩漢時代的諸子之學，超過千年，研究矯正社會病態，要「撥亂世，反之正」，是一套封建社會和農業社會的道德倫理和政治制度的文化，到王莽變法失敗而止。

第二是魏晉南北朝、隋唐時代的玄學和佛學，大約 700 年，是佛學中國化的一個階段。玄學、佛學講究人性，要將壞人改變作好人。認為社會是各個分子所構成，社會的好壞，原因在個人的好壞，而個人的好壞則在於其內心的好壞。這是逃避現實世界的文化。

第三是宋學，亦即宋元明三朝的理學，由 11 至 17 世紀主宰了中國的思想凡 600 年。這時中國已進入商業社會，一切要分工合作，自給自足社會和大家族已衰落。宋儒的理學要改良先秦的農業社會理論，治心有價值，治世不可用，教人修養內心一流，教人處事則空疏，持論過高、不切實際是毛病。秀才教雖好，但宋終因黨爭而亡，結論是宋學不適宜競爭，而 18 世紀，西方列強到來，當然競爭不過。

第四是清朝以來的 400 年了。西洋教士來華，帶來天文學、科學、醫學，中國人乃有「中學為體，西學為用」，到五四運動的全盤西化。但清朝由康熙時代已浪費了 200 年，沒有科學何來核能力，西方邏輯推理思維對思考問題大有幫助。馬克思主義也要中國化。東西文化如何融合，成為真正的普世價值，而不是純用西方的價值觀，今後 100 年努力的大方向乃在此。去中國化，不可能成功。

2020 年 6 月 1 日

中美抗疫後的變化

牛市逝去的感懷

2011 年 3 月 11 日，日本福島大地震，傷亡慘重，至今未平。2020 年，也是 3 月 11 日，美股大地震，11 年牛市告終。道瓊斯指數由峰頂 29,551（2 月 12 日）下跌至 23,553（3 月 11 日），跌了 20.3%。

2019 年 3 月 10 日，埃賽俄比亞的波音 737MAX 航班失事。波音股價的高點是 398 美元。2020 年 2 月 12 日，波音仍維持在 347 美元。直至 3 月 11 日，加航取消了 11 架飛機訂單，股價才跳水到 187 美元。投資者的耐心真夠。等了一年，才讓股價跌 53%。這次是連加拿大都敢「反面唔買」，美國這霸主怎麼當啊？

股東利益第一的時代已過去？

2020 年 3 月 3 日，GE 的世界第一 CEO 中子彈傑克去世了，「冇眼睇」股市下跌。但他去世前，GE 股價已跌至 8 美元，比起他退休的 2011 年，股價 60 美元，世界第一市值的威風，不可同日而語。他有沒有責任呢？畢竟接班人員自己挑的，沒有甚麼民主！同樣做 16 年，是替他補漏，還是世界變了，股東利益第一的時代已過去了呢？

江湖上說，做中子彈傑克的手下要是特殊材料做的，否則忍不下去！俱往矣，股東利益第一要翻篇了。GE 市值到 2005 年仍有 3,700 億美元（如今 700 億美元，波音 1,056 億美元），仍是世界第一。如今要一萬億美元才有機會。價值兩字都是人字旁，所以是人捧出來的，但亦可以是賈的。賈者假也。

美國人 2019 年資產多了 10 萬億美元，大都是股票。2020 年 2 至 3 月的 19 個交易日，10 萬億美元就報銷了。當然美國股票 85% 是由 10% 的有錢人所擁有，但大有大輸，小有小輸。45% 的美國人連 400 美元都拿不出來。信心哪裏來？

2020 年 3 月 1 日

抗疫後國民素質的復甦

　　改革開放以來，中國國力增加許多倍，但國民素質仍被西方人詬病。出國人口由 0 到 1.4 億人，是前所未有，但部分人士的行為，卻被視為「土豪」和「蝗蟲」，令人傷心。但中國由農業社會，轉入工業社會，再至科技社會，步伐太快，教育趕不上，只能徐徐圖之，要有計劃。

　　中華文化的力量，卻又往往需要大衝擊，才能大爆發。2020 年的新冠肺炎病毒，令人看到中國新一代的「家國情懷，不計生死，不計得失，不計名利，團結一致」，原來中華文化仍在中華民族的血液中。這次抗疫精神，只要保留下來，就是中華兒女的素質大甦醒，而不是大改善了。

重拾中華文化

　　中華文化在清代部族統治而衰落，到 1919 年的五四運動，全盤西化，放棄儒家精神，放棄家教，當時只有 5 億人口。如今 14 億人口，教育資源相對不足，最有效是靠家風，古時傳下來的「孔子家訓」、「顏之推家訓」、「司馬光家訓」、「曾國藩家訓」，全部入了茅坑，令人不知不曉。曾氏家書也曾風行一時，但欠了家國情懷，遠遠不及吳越王錢鏐家族的《錢氏家訓》，從個人、家庭、社會和國家層面來教子弟，其書文字不多，句句精警，值得推介。「執法如山，守身如玉」，「大智興邦，不過集眾思；大愚誤國，只為好自用」是隨便錄兩句。

　　錢穆認為中華文化，教人如何「做人」，西方文化，教人如何做「公民」。「公民」守法守規，只要不違法，甚麼都可以做，去到極端，就是遊走法律邊緣，但求訴訟過關，甚至修法以符合己之私。立法有私心，是西方之弊，以追求自由人權之名，鼓勵競爭，製造大量失敗者，造成貧富懸殊，民心不忿。筆者在西方多年所見，不論普通市民，或者精英階層，素質都在下降，偏執、自我優越者，更多不勝數，此「陰陽失位」也。

此次疫情中，遂見到西方偏執者。大呼中國無人權，實行污名化，更見甚為不然。中國只能獨善其身，不加理會。中國人的素質，在培養中華文化中的如何做人，如何度過人生，如何處理名和利，如何尊重五倫，達到小康，再謀「人類命運共同體」，是為大同。西方的文化話語權最終止於其10%的世界人口。

此次疫情，世人可以看到初期地方官員的不是，可以引以為鑒。到中華文化核心力量，一統江湖，世人即可看見「中國速度、中國規模、中國效率、中國效力、中國動員、中國愛心、中國能量」。「天下興亡，匹夫有責」，見諸支援武漢的「逆行者」身上，「犧牲小我，顧全大局」就是中華素質。所以人民素質的提升，可以從人生（東方式）和生活（西方式）兩方面合併而行。隨着中國城市化，農民入城，追隨城市規則（西方式），素質自然提升，這是西方式。生活上另可師從日本的生活衞生習慣和交通規則。

改變中國人過去的陋習

這次疫情更彰顯了下列準則。

1. 食飯用公筷（西方人分而食之，無此問題）。

2. 勤洗手，少摸面。

3. 生病時必戴口罩，為他人着想。

4. 遛狗不留冀（西方大衰退），總之為他人着想，自己稍作犧牲。各家自掃門前雪，一定要戒掉。

5. 須注意個人健康之道，此亦是事實。

中國人長大過程中欠缺正確訓練，父母很少注意，結果是，長大後，行不會行，站不會站，筷子不會正確使用，刷牙亦隨隨便便，養成日本醫生所謂習慣病。生活細節不知曉，宜有生活健康手冊一本。至於不吐痰，打噴嚏用紙巾掩住，都是最基本的，而為「小農心態」者所忽略。至於城市規劃，萬

事排隊不打尖[1]，守秩序，紅燈不過馬路，駕車讓行人，學日本人盡量不給人麻煩、不搶購，這都是西方生活素質裏中國人易犯錯的地方，公民守則而已。

至於人生部分，則是中華文化比較優秀。上文所提及的家風，由家長主導，《錢氏家訓》可作範本，看近年錢家子弟之盛，錢穆、錢學森、錢鍾書等等，其傳皆可看。如何「做人」是大事，科技時代太少敬畏。小農時代也有「舉頭三尺有神明」，儒家君子慎獨，錢穆勸學生要謙虛、憂患、謹慎，是「做人」的基本。中國人要重拾自信心和自負力，卻又不被人視為「趾高氣揚」，凡事都要拿捏得好，這也是中庸之道，「不自用，集眾思」。中國人素質在抗疫之後，再大步跨上。是為禱。

2020 年 3 月 1 日

患難見真情

「疾風知勁草，患難見真情」。在新冠病毒橫行之際，「真情」是見到「真實的情況」。西方智庫多年經營的數字模式，極具權威性。不論大學排名、經濟發展、人權狀況、自由度、競爭力、健康安全，結果都是西方完勝，東方落後。

此次疫情中，最明顯是西方發表的全球健康安全指數 GHSI，第一名是美國 83.5 分，英國第二 77.9 分，荷蘭第三 75.6 分，隨後是丹麥、瑞典、法國、瑞士、加拿大。中國排名在第 51 位，只得 48.2 分，朝鮮第 193 位，17.5 分。結論是西方國家，富有、強大、極其發達，可以應付任何疾病危機；東方國家，只能被人看笑話。此次疫情之初，西方媒體和偏執政客，充斥着對中國毫不掩飾的敵意，所有問題都被説成中國政府無能的證明。希望中國垮台的心態，令人搖頭。

1　粵語中指插隊。

西方數學模式理宜反省

到 2020 年 1 月份，中國採取史無前例的武漢封城，更變成西方口中的人權問題。幸好結果是有效防止疫情擴散。3 月份，武漢歸零，反而美國變成世界第一，病例向 20 萬進發，更「得人驚」是福西醫生預測死亡人數可在 10 萬至 20 萬之間，不是流感「咁簡單」。中國病例只是 8 萬多。得 83.5 分的美國和得 48.2 分的中國，表現何以如此不同？塞爾維亞總統在幾年前驚呼：The world is upside down，智者之觀察。中國在做美國應該做的事。所以西方數學模式理宜反省。

競爭力世界第一的美國，何以如今被預測今年第二季 GDP 增長可以是負 30%？人權排名全球 88 的中國，何以人民生命安全權得到保障，還有力援助友邦？法國人說，在困厄中的朋友才是真正的朋友。患難見真情，此言不虛。

2020 年 4 月 2 日

明夷震中在美國

名夷卦六爻，主有三次侵襲，都會受傷，傷得多重，就看採取了甚麼特別對策，有就傷得輕些，沒有就傷得重些。從全世界而言，這次「震中」在美國，三種病毒，分次而攻，1 月新冠病毒，3 月經濟病毒，5 月政治病毒。

美國 1 月視新冠病毒如無物，沒有特別行動（中國採取武漢封城的特別行動），3 月病毒爆發，引爆股市四次熔斷，到 6 月失業人口 4,260 萬，失業率超過 25%，領食物救濟人口 5,400 萬。5 月政治病毒爆發，警察暴力執法，殺黑人如無物，引發 350 個城市抗議，但白宮火上澆油，威脅以兵力平亂，非常手段，適得其反。這才是農曆閏四月，還有好一段時間來捱呢！

明夷卦是講商紂王的故事，社會進入晦明階段，商紂王荒淫無恥，周文王、箕子、微子、比干都落難。周文王手下通過送美女救了周文王，箕子要裝傻入獄，等周武王時代才放出獄，都是採用非常手段來自保。明夷的結

局如何，看「上六」，「不明晦，初登於天，後入於地」。商朝初登於天，照亮四方，那是商湯滅夏的時節，但到了商紂王，是「後入於地，失則也」。甚麼是「失則」？失天道，失人心，失社會公義，就夠了。商紂王的結局，誰都知道。

沒有了軟實力，沒有了號召力，還想繼續當老大，又到處退盟，不肯交會費，欠了一大堆債，又想不還。晦明之際要「明其志，明其心，明其道」，甚麼都不明，那只有晦氣了。美國人民有耐心等到 11 月才決定嗎？上街不止。奇哉！

2020 年 6 月 8 日

疫期讀書感懷

疫情下宅在家中，最佳消遣就是重讀一些哲人的思想，再消化一下。30 多年前初到美國，高速公路上經常發生槍擊事件，一位華僑忠告：「在美國要活下去靠向上帝祈禱和買槍自衛。」後來發現同事家中地庫有槍庫，收藏多枝槍械，做人要更謙遜才能保命，離開後亦從未返回洛杉磯。

錢穆在《中國歷史精神》教做人：「如果別人心裏常有你，念你的好，這就是你的人生不朽了。」如何不追求名和利，而有人記得？看那些援助武漢的逆行者，不論名字是不是為人所知，已經不朽了。「公眾健康和人民的安全，是政府的第一位。」本來是天經地義，但西方居然主張分強弱，分老幼，全民先染疫，自製抗體，嗚呼！民粹主義最新定義出來了，即「找尋一個外國替罪羊，使本國人民忘記自身的困難」。為甚麼有市場？因為「社會上大多數人沒有判斷力」。

這是歷史學家的觀察。很多人在埋怨教育制度，但歷史學家許倬雲卻指出，埋怨是沒用的，因為大師們都是「自學成功」的，都是以古人作師承，而不是上學學到的。近人錢穆、梁漱溟，都沒有讀大學，卻二三十歲已在大學教書。錢穆說：「新亞校風是好的，可是學風還嫌不夠，大家不要單單聽

講，也得在課外多自修多閱讀。」大師們閱讀之多，到晚年大多眼盲。不要怨今日沒有大師，不是教育制度的問題，只要學會閱讀，一切靠自己。疫情期間更應多閱讀，多訓練自己的判斷力，不盲從，一切為時未晚。

若人人都念着你的「不好」，也是有的，歷史上的秦檜、蔡京，也是另一種「不朽」！

活在「奢華年代」

100 年前，人們活在「悲慘年代」，如今我們活在「奢華年代」。物質條件，唾手可得，沒有了「悲慘年代」先輩們的意志、精神、刻苦、理想，只知學西方，追求「自由」。年輕時最誤人的詩是：「生命誠可貴，愛情價更高，若為自由故，兩者皆可拋。」當時的自由，是指不亡國的自由，如今卻變成「任意妄為、不管他人死活」的自由。如今只是為了「不受病毒感染」，也要犧牲一些個人自由，西方疫情失控，也是因為自由這個烏托邦。「世間公道惟病毒，貴人身上不曾饒」，不是嗎？

2020 年 4 月 6 日

結論

　　21 世紀的大事毫無疑問是中美博奕。美式的互鬥民主衰落，中式的協商民主興起。第一階段的節點在 2020 年，中國達到全面小康社會，向和平社會及法治社會邁進。時維 2020 年，中美的分野，以美國選出特朗普這位特殊人物作為時代改變的開端，四年若不夠，特以八年繼之，是歷史的佈局。1945 年，世界三大強人，是美國羅斯福 63 歲，蘇聯斯大林 67 歲，英國邱吉爾 71 歲，在雅爾塔開大會，決定世界的前途。但羅斯福當年以腦溢血死亡，邱吉爾被選民唾棄下台，斯大林一枝獨秀，支持了 8 年，亦以腦溢血下台。邱吉爾雖然二次出山，但已無法改變二極世界美蘇共治的局面。英國退出舞台，美蘇冷戰 45 年，蘇聯解體，克林頓八年獨霸，但美國亦達到高峰，從此下落。中國 2001 年入世，亦是扭轉乾坤的大事，美國卻遇上2001 年 9 月 11 日的紐約大災難。美國由小布殊帶領，中東征戰 8 年，人窮財盡，累積大量國債。2008 年遇上 9 月 15 日的雷曼兄弟破產，全美重要銀行面臨「大到不能倒」，由政府拯救。2011 年中國工業總產值已等於美國的120%（2007 年，中國工業總產值才是美國的 62%）。美國自 1911 年以來，一百年來從未能被任何國家超越其工業總產值，而 1911 年恰是大清亡國，中國脫離家天下的時代。美國衰退比想像得快，百年一過，就不一樣。

　　美國不是不求變，2008 年選出第一個黑人當總統，為了一個 CHANGE字，重返亞太，並未成功，黨爭太厲害。2016 年，再選一個商人，追求GREAT AGAIN，願景是實際，但現實是殘酷的。美國當然仍有最強大的軍費，但軍力是不是能反映其強大，還是軍費只是代表特定分子的利潤？一個國家的強大，一是要領導人物，二是要強大的團隊，三是要法治文化（東方文化，更講法治和德治同樣重要，西方不重於此）。

1945 年，美、蘇、英的領導都是強大的；2020 年，三強已變成：美國特朗普 74 歲，中國習近平 67 歲，俄羅斯普京 68 歲。領導能力方面，美國已是力不從心，只代表美式的「老白男」管治，中國的雄起，是因為在三強中管治團隊最強。中共這 70 年來，承繼中國文官文化中的「銓敍」，培養了一大批有底層經驗、久經考驗的文官。沒有人能如美式的坐直升機法，忽然插隊，又經常被炒，又有 DEEP STATE 在攪亂。中國在廿一世紀，再加上有「大數據」的資料，熟知民意，只差着力的輕重。俄羅斯團隊比較不為人知，充滿神秘感。美式法治文化本來是強力的，但歷時一久，就多了 Settlement 文化出現，以罰款代罪，以國會為交易平台，所以有巨款，可以解決一切。兩黨相爭，只問 POSITION，美式民主已到不改不成的光景，但只聞聲不見人。中國式協商民主，變成新路向，當然迷戀美式法治的人，很多仍未醒來。

　　中國對外，推出「一帶一路」和「人類命運共同體」，亦是世界公共產品。G7 有疑慮，要打擊，但 G7 到 2050 年，GDP 只是世界 21%，新興世界代表其他 79%，帝國殖民時代已遠去。所以英國脫歐，可以引致蘇格蘭脫英，北愛爾蘭加入愛爾蘭，英國真的只餘下倫敦了。歐盟沒有了英國，但可以和亞洲大陸相連，歐亞一體，是正確方向。中東戰火，亦可能因美國退出而熄滅，巴以問題最終解決，伊斯蘭人口成為世界之最，土耳其再興起。非洲在 2050 年後成為世界大市場。世界在 2020–2050 年最大的確定性是美國的不確定性，中國文化以仁道代替霸道，不求當盟主，互利互助通商，以和為貴。中西文化最終融會，天人合一，世界安寧昌繁，生生不息，也是本書祈望。是為禱。

張建雄

2020 年 1 月 16 日

　　此文成於 16 個月前，如今歷史事件走勢不變。美國總統換成拜登，仍是老白男。特朗普則不認輸，要四年後重選。遏華政策不改。美國要重返

伊朗核協議，仍在糾纏中。退兵阿富汗，亦在執行中。巴以衝突再起，並不意外。東盟隨中國興起。印度則因疫情，經濟發展無可避免放慢。中美關係仍是全球事件進展的主調，大家拭目以待。

2021 年 5 月 24 日

跋

　　中國復興是一件罕見並能改變世界格局的歷史事件。西方雖然相對衰落，但無法改變五百年來的統治者心態。19 世紀以來的殖民地已紛紛獨立，但西方由美國代表，卻仍全球駐軍，當上世界警察，凡事都指手畫腳。帝國雖已逝去，但帝國行為仍在。

　　踏入廿一世紀，2001 年的紐約「9•11」事件，以為是美國轉弱的轉折點，豈知小布殊選擇出兵中東，伊拉克 - 阿富汗戰爭最少令美國增加了六萬億美元的國債。美國軍力仍是全球霸主，但最後仍要撤出伊拉克和阿富汗。2001 年安然破產，本來是美國最受欽羨的企業，卻是做數[1] 的大騙子，但無礙美國企業的股價大升。2005 年卡特蓮娜颶風，顯出美國吏治的笨拙，但直到 2017 年瑪莉亞颶風再襲，吏治仍然沒有改善。2008 年發生兩件大事。猶太金融家馬道夫大騙局，連猶太人的錢都敢騙，判了 150 年。馬道夫只能死在獄中，華爾街都安然無恙。但同年 9 月 15 日，雷曼兄弟破產，證明美國金融全部是 TBTF[2]，大到不能倒。復活後，居然股價大漲到 2020 年 2 月，遭遇到新冠病毒的打擊，才打回原形。美國軟實力之一是荷里活電影，但電影界的性醜聞傳媒是一直不敢報導。直到 2019 年，Harvey Weinstein 的醜聞掩不住，判了 23 年，但仍可「以病就醫」。還有一個 Jeffrey Epstein，死於獄中，使醜聞不致擴大。多少事件被淹沒，誰說美國有公道？

　　2019 年還有美國大學收新生醜聞，原來名校學位都有價，真是金錢的社會。美國數十年來，以「誇文化」自誇，有最有能力的官員，最佳管理的

1　粵語，做帳。

2　Too big to fail.

企業、最先進的金融系統、最賢達的領導人、最好的基礎設施、最優質的醫療系統、最有效率的工業實力、最忠心的盟友、最無堅不摧的軍事力量。但 2020 年的一場 COVID-19 病毒，美國由漫不經心，不以為意，到疫情大爆發，也只是三個月的事。究其原因，也是統治者心態。百年來，美國看中國就是：「中國不好時蔑視，中國出色時輕視，中國變好時敵視。」新冠病毒首先在中國爆發，美國人就如看大戲，以為中國一定不妥，亦未伸出援手。但中國是第一個遭遇病毒，又第一個擺脫病毒的國家，亦是第一個遭遇經濟冷卻，又第一個處理好經濟救援的國家。不因美國的「蔑視、輕視、敵視」而改變。當然，中國經病毒一役，亦了解到美國（為代表的西方）對中國仍然是「遙遠而陌生」的。西方的統治者仍未醒覺，曾經科學落後的中國，經過一百年後，已經是優等生了。

2020 年，病毒對廿一世紀的大國興衰，起了推波助瀾的作用。中美各自在自己國土上進行了一場與新冠病毒之戰。中國生命至上，以人民為中心。上下一心，逆行救病。美國則經濟股市至上，白人優先，各自為戰。戰果很明顯，全球本是健康共同體。美國已無法再被視為國際領導者，美國人本身的自豪感和優越感，亦消耗淨盡。疫情中，又出現警察暴力執法，殺戮黑人，引發城市示威大遊行，種族歧視的深層病因再現。特朗普還要「出兵」平亂，連國防部都有異議，但盟友居然無人敢發聲批評，西方的偽善可見。西方對中國崛起的憂慮更無以復加，但道德高地已喪，中國只「廣積糧，緩稱王」，但求做「人類命運共同體」的一部分。「得道者多助；多助之至，天下順之」，此亦讀歷史而曉事之至理也！

21 世紀最大事件是中美關係的變化。美國對華政策最後一招是美台建交，逼中國攤牌。台海是否會一戰？若當真一戰，戰後如何治台和安定全球意見當然重要。但 21 世紀內，西方的自由、民主、人權會不會是主流意見，還是只是佔世界八分之一人口的西方少數羣體的意見，值得讀者們三思。這是百年問題，還是千年問題，歷史才會給我們答案！

往後三十年，雖然東升西降不可擋，但大自然反撲，舊疫雖去，新疫

又來，氣候變化，環境污染，人類只能和衷共濟，共抗時艱，不能再啟超限戰。這是一個覺醒的年代，西方至上思維要退潮了。惟其如此，人類命運共同體方會發生最大效用。科技進步，心靈更要進步。是為禱。

張建雄

2021 年 5 月 25